BASTEI
LÜBBE

Peggy Guggenheim

Ich habe alles gelebt

Aus dem Amerikanischen
übersetzt von Dieter Mulch

BASTEI
LÜBBE

BASTEI-LÜBBE-TASCHENBUCH
Band 10 442

Titel der Originalausgabe:
OUT OF THIS CENTURY – CONFESSIONS OF AN ART ADDICT

Lizenzausgabe mit Genehmigung des Scherz Verlags Bern und München:
Gustav Lübbe Verlag GmbH, Bergisch Gladbach
Printed in Western Germany 1984
Einbandgestaltung: Grompner & Partner
Satz: ICS Computersatz GmbH, Bergisch Gladbach
Herstellung: Ebner Ulm
ISBN 3-404-10 442-0

Inhalt

1

Kindheit mit Goldrand

Schon 1923 habe ich einmal begonnen, meine Memoiren zu schreiben. Damals lauteten die ersten Sätze: »Ich stamme von zwei sehr guten jüdischen Familien ab. Mein einer Großvater wurde wie Jesus Christus in einem Stall geboren, oder genauer gesagt, über einem Stall in Bayern; und mein anderer Großvater war ein Hausierer.« Viel weiter bin ich, glaube ich, mit dem Buch nicht gekommen, weil ich zu jung für die Aufgabe war und eben noch nicht genug zu sagen hatte. Jetzt fühle ich mich der Sache schon eher gewachsen, darf auch nicht länger warten, damit ich meine Erinnerungen noch rechtzeitig zu Papier bringe.

So bescheiden das Leben meiner Großväter begann, so prachtvoll ging es zu Ende. Der im Stall geborene Großvater hieß Seligman. Mit vierzig Dollar in der Tasche fuhr er im Zwischendeck nach Amerika, machte sein Glück zunächst als Dachdecker, dann als Uniformschneider für die Unionsarmee während des Bürgerkrieges; später wurde er ein bekannter Bankier und Vorsteher des Tempels Emanu-El. So brachte er es in seinem gesellschaftlichen Aufstieg erheblich weiter als mein anderer Großvater, der Hausierer Guggenheim, der aus Lengnau in der deutschsprachigen Schweiz stammte. Guggenheim dagegen übertraf Seligman im Ansammeln von Vermögen; denn er kaufte im Laufe der Zeit fast sämtliche Kupferminen der Welt auf.

So hielten es die Seligmans denn auch für eine Mesalliance, als meine Mutter Benjamin Guggenheim heiratete. In dem Telegramm an die Verwandten in Europa hieß es abfällig: »Florette verlobt mit Kupferschmelzer Guggenheim.« Wegen eines Übermittlungsfehlers des Telegrafenamtes blieb es als Familienwitz in Erinnerung: Aus *»Guggen-*

heim smelter (Schmelzer)« war »*Guggenheim smelt her* (roch an ihr)« geworden.

Als ich auf die Welt kam, waren die Seligmans und Guggenheims reiche Leute. Großvater Seligman blieb dennoch stets ein bescheidener Mann, der nie Geld für sich selbst ausgeben mochte und sogar noch bei seiner Krankenschwester am Essen sparte. Er lebte kärglich und schenkte alles seinen Kindern und Enkeln. Bis zu seinem dreiundneunzigsten Jahr behielt er alle unsere Geburtstage im Kopf und schrieb jedem regelmäßig seinen Scheck aus. Das summierte sich im Laufe der Zeit; denn immerhin hatte er elf Kinder und fünfzehn Enkel.

Die meisten seiner Kinder waren etwas seltsam, wenn nicht gar verrückt. Offenbar kam das von den schlechten Erbanlagen, die sie von Großmutter mitbekommen hatten. Es muß wirklich schlimm mit ihr gewesen sein, weshalb die Ehe denn auch getrennt wurde. Großmutter soll in benachbarte Kaufläden gegangen sein, sich über den Ladentisch gebeugt und in vertraulichem Ton gefragt haben: »Wann, glauben Sie wohl, daß mein Mann das letzte Mal mit mir geschlafen hat?«

Aber auch die Brüder und Schwestern meiner Mutter waren alles andere als normal. Eine meiner Lieblingstanten war eine unheilbare Sängerin. Wenn man zufällig mit ihr zusammen an der Fifth Avenue auf den Bus wartete, fing sie ungeniert an, Tonleitern zu singen, und verlangte, daß man mitmachen sollte. Ihren Hut trug sie entweder auf dem Rücken baumelnd oder schief übergestülpt. Immer hatte sie eine Rose im Haar, und lange Hutnadeln stachen gefährlich aus ihren Haaren, nicht etwa aus dem Hut hervor. Man sah sie nie ohne Federboa, und mit ihren langen Röcken wischte sie den Straßenstaub auf. Als Köchin imponierte sie mir besonders durch ihre leckere Tomatensülze. Wenn sie nicht am Klavier saß, fand man sie in der Küche; oder sie studierte die neuesten Aktienkurse und Rennberichte, denn sie war eine eingefleischte Spielerin. Sie hatte einen merkwürdigen Bazillenkomplex und war ewig damit beschäftigt, ihre Möbel mit Lysol abzureiben.

Im ganzen gesehen aber war sie eine außerordentlich charmante Frau, und ich mochte sie herzlich gern. Ihr Mann dagegen teilte diese Gefühle nicht. Nachdem er dreißig Jahre lang mit ihr in Krach gelebt hatte, wollte er sie eines Tages mit einem Golfschläger umbringen. Als das nicht gelang, ertränkte er sich in einem Stausee, wozu er sich schwere Gewichte an die Füße gebunden hatte.

Der Onkel, den ich von allen am meisten mochte, war ein äußerst vornehmer Gentleman der alten Schule. Nachdem er sich von seiner steinreichen Frau getrennt hatte, wohnte er ganz bescheiden in zwei kleinen Zimmern und gab sein Geld für Pelzmäntel aus, die er irgendwelchen Mädchen schenkte. Ich glaube, fast jedes beliebige Mädchen hätte nur die Bitte aussprechen müssen, und sie hätte einen von ihm bekommen. Er trug das Band der Ehrenlegion, verriet aber mit keinem Wort, wie er zu dieser Auszeichnung gekommen war.

Ein anderer Onkel schien sich nur von Tierkohle zu ernähren. Seine Zähne waren davon im Laufe der Zeit ganz schwarz geworden. Eine seiner Taschen war wasserdicht gefüttert, darin trug er Eisstückchen mit sich herum, an denen er ständig lutschte. Bereits vor dem Frühstück fing er mit Whisky an und aß so gut wie nichts. Wie die meisten anderen Onkel und Tanten war er ein unverbesserlicher Spieler; und wenn er – was leider häufig geschah – alles verspielt hatte, drohte er mit Selbstmord, damit Großvater ihm wieder Geld gab. Er hatte eine Geliebte, die er in seinem Zimmer versteckt hielt, und niemand durfte zu ihm hinein, bis er sich eines Tages erschoß und die Familie schlechterdings nicht mehr fernhalten konnte. Bei der Beerdigung empörte es die anderen Kinder ungemein, daß Großvater mit der Geliebten seines Sohnes am Arm bei der Trauerzeremonie erschien.

Dann gab es noch einen Onkel, der war ein Knauserer und drehte das Geld dreimal um, bevor er es ausgab. Gewöhnlich tauchte er mitten während eines Essens auf, verkündete, daß er nicht den geringsten Appetit hätte, aß dann aber alles auf, was in seiner Reichweite war.

Mein zweiter Großvater, Meyer Guggenheim lebte glücklich und zufrieden mit der Tochter seiner Stiefmutter, die er geehelicht hatte. Sie hatten eine noch zahlreichere, wenn auch etwas weniger absonderliche Nachkommenschaft als die Seligmans, nämlich sieben Söhne, drei Töchter und dreiundzwanzig Enkelkinder. Als Großmutter Guggenheim gestorben war, wurde Großvater von der Köchin gepflegt. Er muß wohl ein Verhältnis mit ihr gehabt haben. Ich war noch ein kleines Kind, als er starb.

Zur Welt gekommen bin ich in New York City, in der westlichen neunundsechzigsten Straße. Meine Mutter hat mir einmal erzählt, daß die Hebamme gerade hinausgegangen war, um ihr die Wärmflasche neu mit heißem Wasser zu füllen, als ich mit meiner typischen Voreiligkeit in die Welt geschlüpft sei und wie eine Katze geschrien hätte.

Meine Schwester Benita war damals schon drei Jahre alt. Sie war die große Liebe meiner Kinderjahre, eigentlich bis ich erwachsen war. Wobei ich mich frage, ob ich je erwachsen geworden bin.

Bald nach meiner Geburt zogen wir in ein Haus in der östlichen zweiundsiebzigsten Straße nahe am Eingang zum Central Park. Wir wurden Nachbarn der Rockefellers und Stillmans, und gegenüber wohnte die Witwe von General Grant. Mein Vater ließ das neue Domizil nach eigenen Plänen umgestalten und aufs eleganteste einrichten. Fünf Jahre später wurde hier meine Schwester Hazel geboren, auf die ich immer höllisch eifersüchtig war.

Das Haus hat sich bei mir mit all seinen Einzelheiten so tief eingeprägt, daß es noch Jahre danach in meinen Träumen eine Rolle spielte. Um hineinzukommen, ging man zunächst durch zwei Glastüren mit einem kleinen Vorraum dazwischen. Dann betrat man eine kleine, marmorgetäfelte Eingangshalle, in der ein Springbrunnen plätscherte. An einer der Wände hing ein ausgestopfter Adler, den Vater selbst geschossen hatte, obwohl das gesetzlich verboten war.

Ein Aufzug führte in die Repräsentationsetage, zum Eßraum mit der hohen Decke, den getäfelten Wänden und sechs dezent unbedeutenden Wandteppichen, zu einem kleinen Salon voller Ziergewächse und zum Empfangssaal, in dem ein riesiger Wandteppich hing, der Alexander den Großen darstellte, wie er als Sieger in Rom einzieht.

Nach vorn heraus lag unser Louis-Seize-Wohnzimmer mit seinen wandhohen Spiegeln, Gobelins und Brokatsesseln. Auf dem Boden lag ein Bärenfell mit einem riesigen roten Maul. Die Zähne der Bestie brachen immer wieder aus und mußten angeleimt werden. Ein Konzertflügel nahm gebührenden Platz in dem Raum ein, und ich erinnere mich, daß ich mich einmal abends darunter verkroch und weinte. Mein Vater hatte mich vom Tisch weggeschickt, weil ich – im zarten Alter von sieben Jahren – zu ihm gesagt hatte: »Gelt, Papa, du hast eine Geliebte, weil du nachts immer so viel weg bist?!«

Die Mitte des Hauses war von einer Glaskuppel überwölbt, durch die das Tageslicht einfiel. Nachts wurde sie von einer tief herabhängenden Lampe erleuchtet. Eine breite Treppe führte in weiten Spiralen hinauf bis in den vierten Stock, wo mein Reich war. Wenn Vater abends nach Hause kam und zu Fuß die Treppen heraufstieg, pfiff er immer eine bestimmte Melodie, um mich herunter- und ihm entgegenzulocken. Vater war mein Abgott, und ich stürzte ihm auf halber Treppe in die Arme.

Im dritten Stock residierten meine Eltern. Nach der Straße zu war eine Bibliothek mit samtbespannten Wänden und hohen Bücherschränken, die die Klassiker enthielten. Ein großer Louis-Quinze-Tisch mit gläserner Tischplatte war der Schauplatz meiner Essenstortur: Ich wurde von einem Dienstmädchen gefüttert, dessen einzige Pflicht darin bestand, dafür zu sorgen, daß ich genug aß. Ich hatte aber nie Appetit, und wenn meine Tränen nichts mehr halfen, konnte ich meine Leiden nur dadurch beenden, daß ich mich übergab.

Nach hinten zu hatte meine Mutter ihr Zimmer, in das man durch einen Ankleideraum gelangte. Es war mit rosa Seide ausgekleidet, ein riesiges Doppelbett stand in der

Mitte, und vor einem hohen freistehenden Spiegel ließ Mutter sich täglich die Haare bürsten, entweder von ihrer französischen Zofe oder von einer Friseuse, die eigens zu diesem Zweck ins Haus kam. Das war gewöhnlich die Stunde, während der ich bei ihr im Zimmer spielen durfte.

Den oberen Stock hatten meine Schwestern und ich für uns allein, bis Großvater Seligman zu uns zog.

Meine Kindheit verlief im höchsten Maße unglücklich; ich kann mich einfach an nichts Angenehmes erinnern. Als kleines Mädchen hatte ich nie Freundinnen. Bis zu meinem fünfzehnten Lebensjahr ging ich auch nicht wie andere Kinder in die Schule, sondern hatte Hauslehrer.

Mein Vater wollte, daß seine Kinder einmal zu den Gebildeten gehören sollten und daß uns »guter Geschmack« anerzogen wurde. Er war selbst kunstinteressiert und kaufte zahlreiche Gemälde. In München ließ er uns Mädchen von Lenbach porträtieren. Ich war damals erst vier und kann mich an die näheren Umstände nicht mehr erinnern. Lenbach malte mich merkwürdigerweise mit braunen Augen statt mit grünen und mit roten Haaren statt kastanienbraun. Bei meiner Schwester Benita erlaubte er sich weniger künstlerische Freiheiten, vielleicht, weil sie so schön war mit ihren braunen Haaren und braunen Augen. Noch zwei weitere frühe Porträts befinden sich in meinem Besitz, eins von mir allein und eins mit Benita zusammen, auf dem ich goldene Haare habe. Ich hüte sie als die größten Schätze, die mir aus der Kindheit verblieben sind.

Am besten kann ich mich an den Central Park erinnern. Als kleines Mädchen nahm mich meine Mutter zu Fahrten in ihrer Elektrokutsche mit. An der östlichen Allee ragte ein Felsen heraus, der einem zum Sprung geduckten Panther glich, den ich »die Katze« nannte. Jedesmal, wenn wir an »der Katze« vorbeikamen, tat ich so, als ob ich mit ihr telefonierte, sie begrüßte und von unserer Ankunft verständigte. Als Telefon benutzte ich das Sprechrohr unserer Kutsche.

Später fuhr ich im Park mit meinem kleinen Tretauto

spazieren. Eine Qual war jedoch das Schlittschuhlaufen im Winter, weil meine Fußgelenke zu schwach waren und ich immer sofort entsetzlich fror. Ich litt grausame Schmerzen, wenn meine Zehen an dem kleinen Ofen auftauten, der in einer Hütte für die Schlittschuhläufer geheizt wurde.

Im Central Park hatte ich übrigens auch einen schlimmen Reitunfall: Als ich unter einer eisernen Brücke durchritt, machten ein paar Jungens, die mit Rollschuhen oben drüberfuhren, einen solchen Lärm, daß mein Pferd durchging und mich abwarf. Mein Fuß verfing sich aber im Steigbügel, so daß ich eine ganze Strecke auf der Erde entlanggeschleift wurde. Die Folge war ein verrenkter Fuß und ein zweifach gebrochener Kiefer. Ein Zahn, den ich beim Sturz verloren und den ein Polizist von der Erde aufgelesen hatte, wurde mir per Post zugestellt, vom Zahnarzt desinfiziert und mir dann wieder implantiert. Dieser implantierte Zahn mußte noch lange vor möglichen Schlägen gegen den Mund geschützt werden, bis er richtig angewachsen war. Da diese Gefahr hauptsächlich beim Tennisspiel bestand, hatte ich den großartigen Einfall, Tennis nur noch mit einem Teesieb vor dem Mund zu trainieren. Wer mich sah, mußte denken, ich hätte die Tollwut. Übrigens wußte ich, daß die Implantation ohnehin höchstens zehn Jahre halten konnte. Der Zahn fiel denn auch prompt genau zehn Jahre später aus.

Als ich fünf oder sechs Jahre alt war, begann Vater, außereheliche Beziehungen anzuknüpfen. Es begann mit einer Krankenschwester, die bei uns wohnte und meinem Vater täglich den Kopf massieren mußte, weil er unter Neuralgien litt. Nach Ansicht meiner Mutter waren diese Schwester und ihr schlechter Einfluß die Ursache all ihren Kummers. Mein Vater war von den Massagen völlig abhängig, und Mutter brauchte Jahre, um sich von der vergiftenden Anwesenheit dieser Person in unserem Haushalt zu befreien. Danach hatte Vater dann eine Geliebte nach der anderen. Solche Dinge belasteten natürlich meine Kindheit und machten mich frühreif, zumal ich ständig von meinen Eltern über ihre Sorgen ins Vertrauen gezogen wurde.

Als kleines Mädchen nannte mich mein Vater stets Maggie; erst später wurde aus mir eine Peggy. Vater war eine faszinierende und elegante Persönlichkeit. Er war sehr lieb zu mir, und ich vergötterte ihn. Zugleich litt ich darunter, daß er meine Mutter unglücklich machte, worüber wir gelegentlich in Streit gerieten. Jeden Sommer nahm er uns mit nach Europa. Wir fuhren nach Paris und London, wo Mutter Hunderte von französischen und englischen Seligmans besuchte. Bei den Reisen machten wir regelmäßig in vornehmen Badeorten Station. Leider war Mutter sehr geizig mit Trinkgeldern. Mir war es einmal schrecklich peinlich, alle unsere Koffer mit Kreidekreuzen markiert zu sehen, was nichts anderes bedeutete, als daß die Gepäckträger des Hotels von Trouville ihre Kollegen des nächsten Hotels vor uns warnten.

Wenn wir nach Europa fuhren, begleitete uns eine gewisse Mrs. Hartmann, die Vater engagiert hatte, damit sie uns in die schönen Künste einführen und sich um unsere Bildung kümmern sollte. Sie nahm uns also mit in den Louvre, ins Musée Carnavalet und zu den Loireschlössern. Auch brachte sie uns französiche Geschichte bei und machte uns mit Dickens, Thackeray, Walter Scott und George Eliot bekannt. Ein vollständiger Kursus über Wagner-Opern gehörte ebenfalls zum Programm. Gewiß tat Mrs. Hartmann ihr Bestes, um uns anzuregen und unsere Vorstellungswelt zu bereichern, aber ich war damals leider mehr an anderen Dingen interessiert. Insbesondere hatte ich mich unsterblich in Rudi, einen Freund meines Vaters, verliebt; das war ein ausgemachter Lebemann, und ich frage mich heute vergeblich, welche Qualitäten ihn mir damals so anziehend erscheinen ließen. Ich war so sehr in ihn verliebt, daß ich wahnwitzige Briefe über meine Leidenschaft schrieb, in denen es etwa hieß, daß »mein Körper an das Feuer des Kreuzes genagelt« wäre. Als dann Rudi eine meiner Kusinen heiratete, die meine Mutter mit nach Europa gebracht hatte und deren Ehe – wie ich fürchte – von meinen Eltern arrangiert worden war, brach ich in

Tränen aus und fühlte mich schmächlich hintergangen. Ich beklagte mich bitter und nannte es eine Schande, daß er mit der Zuneigung von zwei Frauen zur gleichen Zeit spiele. Damals muß ich ungefähr elf gewesen sein.

Immerhin hatte ich während dieses exaltierten Lebens auch solidere Interessen. Ich sammelte mit großer Gewissenhaftigkeit elegante Wachspuppen und zog sie mit selbstgemachten Kleidchen nach der neuesten Mode an. Angeregt war ich dabei wohl von unseren Sommeraufenthalten in Trouville, wo die Damen der Welt und Halbwelt so überaus chic gekleidet gingen.

Einmal saß ich mit meiner Schwester Benita und meiner Gouvernante bei Rumpelmeyer in Paris. Eine Dame an einem Nachbartisch zog immer wieder meine Blicke an. Dies schien auf Gegenseitigkeit zu beruhen. Als ich Monate danach meine Gouvernante mit Fragen nach der Geliebten meines Vaters quälte, sagte sie schließlich, ich wäre ihr bereits einmal begegnet. Blitzartig stand mir wieder das Gesicht der Dame bei Rumpelmeyer vor Augen, und auf weitere Fragen gab die Gouvernante zu, daß ich auf der richtigen Spur war.

Diese Dame hieß Gräfin Taverny. Sie war weder hübsch noch jung, und ich habe nie begriffen, was mein Vater an ihr fand; wahrscheinlich besaß sie die gleiche sinnlich angenehme Ausstrahlung wie die Massageschwester.

Die Gräfin war dunkelhaarig und hatte etwas Äffisches im Gesicht. Besonders ihre Zähne fielen mir als häßlich auf, und Mutter redete immer von »den schwarzen Zähnen« dieser Person. Wiederholt führten Begegnungen mit ihr zu peinlichen Situationen. Einmal passierte es im Modesalon Lanvin, daß meine Mutter mit Benita und mir in einen Vorführraum dirigiert wurde, wo ausgerechnet die Gräfin Taverny saß. Mutter drehte sich auf dem Absatz um, und wir verließen fluchtartig den Raum. Die Leute bei Lanvin wußten sofort Bescheid und gaben uns taktvoll einen Probiersalon ganz für uns allein.

Die »Gräfin«, wie sie bei uns hieß, oder auch »G.T.«, wie

Vater sie abgekürzt nannte, war hochelegant. Einmal hatte sie sich ein Kostüm aus Astrachan machen lassen, was meine Mutter höchlichst erregte. Mein Vater gab ihr daraufhin Geld, damit sie sich das gleiche Kostüm machen lassen konnte. Als gescheite Geschäftsfrau, die sie war, verzichtete Mutter jedoch darauf und legte das Geld in Aktien an.

Gräfin Taverny hatte eine Vorgängerin gehabt, die mir nie zu Gesicht gekommen war. Ihr wäre es beinahe gelungen, meinen Vater zu heiraten, und es war nahe daran, daß Mutter sich von ihm hätte scheiden lassen. Aber die gesamte Guggenheimsippe kam einzeln und in Gruppen, um sie umzustimmen. Die Besucher gaben sich die Klinke in die Hand mit dem einzigen Ziel, die Katastrophe abzuwenden. Mutter gab schließlich nach, und ich weiß nicht, wann die Affäre zu Ende ging; jedenfalls erhielt die enttäuschte Dame eine gewaltige Abfindungssumme, und noch viele Jahre wurde zweimal jährlich ein Teil meines Einkommens auf ihr Konto überwiesen.

Auch Gräfin Taverny hielt sich nicht lange und mußte ihren Platz einer jungen blonden Sängerin überlassen. Sie war mit meinem Vater zusammen, als er 1912 mit der *Titanic* unterging. Mit den Überlebenden der Katastrophe kam sie nach New York zurück. Seit 1911 hatte sich Vater mehr oder weniger von der Familie abgesondert, sich aus dem Geschäft seiner Brüder zurückgezogen und seine eigene Firma in Paris aufgemacht. Sicher versprach er sich davon ein freizügigeres Leben; aber die Veränderung hatte weiterreichende Folgen, als er sich träumen ließ:

Er hatte sich von der Familie ausbezahlen lassen und damit den Anspruch auf ein gewaltiges Vermögen verloren. Im Frühjahr 1912 wollte er nach achtmonatiger Abwesenheit wieder einmal zu uns zurückkommen. Seine Überfahrt hatte er zunächst auf einem Dampfer gebucht, der dann jedoch wegen eines Heizerstreiks nicht auslaufen konnte. Dieser zufällige Umstand sollte Vater das Leben kosten. Als am 14. April die Besucher der Metropolitan Opera nach der Vorstellung aus dem Gebäude strömten, schallten ihnen die

Rufe der Extrablattverkäufer entgegen, die vom dramatischen Untergang der *Titanic* auf ihrer Jungfernfahrt berichteten. Von insgesamt zweitausendachthundert Menschen wurden nur siebenhundert gerettet. Mein Vater war nicht dabei. Ein Steward, der dem Untergang entkommen war, berichtete uns später von dem Unglück und übermittelte Vaters letzte Botschaft an seine Familie. Er und sein Sekretär hatten dem Tod im Abendanzug entgegengesehen. Als echte Gentlemen waren sie gestorben, um Frauen und Kindern die Plätze auf den Rettungsbooten zu überlassen. Der Leichnam meines Vaters wurde nie gefunden.

Schon vor dem Tode meines Vaters war unser Haus beim Central Park an eine Tante vermietet worden, und wir wohnten in einem riesigen Appartement im St. Regis Hotel, das eine Art Hochburg der Guggenheimsippe geworden war. Unter uns wohnte Onkel Daniel mit einem ganzen Flur für sich allein. Jeden Freitag abend versammelte sich die Familie, wobei die Onkel von ihren Geschäften sprachen und die Tanten sich in einer besonderen Ecke über die neueste Mode unterhielten; und darüber gab es viel zu erzählen, da sie alle Kundinnen der teuersten Modesalons von New York waren.

Vaters Tod bewirkte in mir eine tiefe Betroffenheit, und ich gewann dadurch ein neues Verhältnis zu meiner Religion. Ich begann, regelmäßig an den Gottesdiensten im Tempel Emanu-El teilzunehmen.

Es dauerte Monate, bis ich den Schock der *Titanic*-Katastrophe überwand, und ich brauchte Jahre, um den Verlust meines Vaters zu verschmerzen. In gewisser Weise bin ich nie damit fertig geworden und habe seither immer einen Vater gesucht.

Vater hinterließ seine geschäftlichen Angelegenheiten in einem höchst unerfreulichen Durcheinander. Nicht genug damit, daß er ein riesiges Vermögen durch die Auflösung der Teilhaberschaft mit seinen Brüdern verloren hatte; auch das Geld, das ihm ausgezahlt worden war, etwa acht Millionen Dollar, ging in Paris verloren. Von alledem hatte meine

Mutter keine Ahnung, und wir lebten weiter auf großem Fuß wie zuvor. Die Guggenheim-Onkel gaben uns großzügig jede beliebige Summe und hielten uns über die tatsächliche Situation in Unkenntnis, bis meine Mutter eines Tages doch die Wahrheit erfuhr und drastische Schritte unternahm, um die unmögliche Lage zu beenden. Zunächst griff sie auf ihr persönliches Vermögen zurück, verkaufte Gemälde, Gobelins und Schmuck und mietete ein bescheideneres Appartement mit weniger Personal. Eigentlich kam sie ziemlich gut zurecht; aber obwohl wir ja niemals wirklich arm waren, entwickelte sich bei mir das beschämende Gefühl, nicht mehr zu den reichen Guggenheims zu gehören. Ich kam mir wie eine arme Verwandte vor und litt unsäglich bei dem Gedanken, wie dürftig ich im Vergleich mit der übrigen Familie dran war. Großvater Seligman starb vier Jahre nach meinem Vater, und Mutter erbte von ihm ein kleines Vermögen, womit wir unsere Schulden bei den Onkeln abtrugen. Es dauerte sieben Jahre, bis die Onkel Vaters Nachlaß geordnet hatten. Sie wußten es so zu regeln, daß meine Schwestern und ich noch je 450 000 Dollar erhielten; Mutters Erbteil war sogar noch etwas größer.

Selbstverständlich hielten wir die Trauer ein. In Schwarz kam ich mir zugleich wichtig und verlegen vor. Zu meiner großen Erleichterung durfte ich im Sommer Weiß tragen. Wir fuhren nach Allenhurst an der Küste von New Jersey, wo die meisten der uns bekannten jüdischen Familien ihren Sommerurlaub verbrachten.

Alle Guggenheim-Onkel hatten großartige Villen an der Küste. Einer hatte eine Elsässerin zur Frau und pflegte französischen Geschmack; deshalb ließ er sich ein Haus bauen, das eine genaue Kopie des Petit Trianon in Versailles war. Bei einem anderen Onkel mußte es eine italienische Villa sein mit pompejanischen Innenhöfen, lauschigen Grotten und versunkenen Gärten. Großvater Seligmans Haus in West End nahm sich daneben bescheiden aus. Es hatte an jedem Stockwerk umlaufende Veranden, wo die Familienmitglieder die meiste Zeit auf Schaukelstühlen verbrachten. Die Villa war in ihrer rein viktorianischen Gestaltung so häßlich, daß sie fast schon wieder interessant wirkte. Den Höhepunkt des Ganzen bildeten die Familienporträts: Mutter, ihre zwei Schwestern und fünf Brüder waren alle in diesem Haus geboren und als Kinder porträtiert worden. In zeitgenössischer Kleidung aus schwarzem Samt mit weißen Spitzenkragen dargestellt, hielten sie Vögel, Bibeln oder Reifen in der Hand. Die Augen waren so sehr betont, daß das Semitische überdeutlich hervortrat.

Jeden Sommer, in dem wir nicht nach Europa fuhren, verbrachten wir an dieser gräßlichen Küste mit Schwimmen, Tennis und Reiten. Europa war uns natürlich lieber, und 1913 konnten wir Mutter überreden, wieder mit uns über den Atlantik zu fahren. Als 1914 der Krieg ausbrach, waren wir in England zu Besuch bei Sir Charles Seligman, einem Vetter meiner Mutter. Ich weiß noch, wie ich ihn durch meinen leichtfertigen und unbescheidenen Appetit schockierte. Während er schon die drohende Lebensmittelknappheit vor sich sah, die der Krieg mit sich bringen mußte, verlangte ich eine zweite Portion Braten, nur weil ich noch Senf auf dem Teller hatte!

2

Backfischzeit

Noch als sechzehnjähriges Mädchen war mir der Gedanke an Sexualität, wenn er mir überhaupt in den Sinn kam, verwirrend und abstoßend. Das änderte sich ein wenig, als ich mich in Freddy Singer, den Neffen der Nähmaschinen-Singers verliebte. Sein Bruder schwärmte zur selben Zeit für Benita. Wir wohnten alle zusammen in einem Hotel in Ascot und verbrachten bei Tanz und Tennis eine unbeschwerte Zeit miteinander. Ein viel weniger verlockendes Erlebnis hatte ich, als ich bei einer der Seligman-Großtanten in Kent zu Besuch war. In ihrem Haushalt lebte ein junger Medizinstudent aus München, der nicht interniert wurde, weil er von Geburt Amerikaner war. Er wollte mich unbedingt verführen und amüsierte sich über meine ängstliche Zurückhaltung, die ihn in seiner Rolle noch zu ermutigen schien. Als ich ihm später in New York wieder begegnete, fing das Spiel von neuem an; nun wollte er mich sogar heiraten. Gleichzeitig war er aber auch in meine Kusine und engste Vertraute verliebt; während ich noch zur Schule ging, war sie bereits eine reife Frau und fünfzehn Jahre älter als unser gemeinsamer Verehrer. Nachdem er sich für meine Kusine entschieden hatte, führten die beiden eine glückliche Ehe und bekamen reizende Zwillingstöchter.

Während des Krieges wurde ich endlich in die Schule geschickt, und zwar in die Jacoby-Schule, eine Privatschule für jüdische Mädchen, zu der ich jeden Morgen durch den Central Park ging. Leider bekam ich schon wenige Wochen nach meinem Schuleintritt Keuchhusten und Bronchitis, so daß ich den Winter über das Bett hüten mußte. Ich kam mir ziemlich allein und verlassen vor, weil Mutter sich mehr als sonst um Benita kümmerte, die in diesem Jahr zu den Debütantinnen gehörte. Trotzdem bewältigte ich nachher das Pensum ohne Nachhilfe und mußte die Klasse nicht wiederholen. Da ich nun mal keine Intellektuelle bin, mußte ich mich gehörig anstrengen. Großen Spaß machte mir allerdings die Lektüre, und ich habe während dieser Zeit viel gelesen.

Während meines zweiten Schuljahres erlebte ich zum erstenmal so etwas wie ein eigenes gesellschaftliches Leben. Mit meinen Klassenkameradinnen und einigen anderen Mädchen veranstaltete ich monatlich eine Tanzparty, zu der jede von uns etwas Geld beisteuern mußte. Wir durften auch den einen oder anderen Jungen einladen.

Im Sommer 1915 wurde ich zum erstenmal von einem jungen Mann geküßt. Er fuhr mich jeden Abend in Mutters Auto aus und borgte sich anschließend regelmäßig den Wagen, um damit nach Hause zu fahren. Am nächsten Morgen um sieben lieferte er ihn dann auf dem Weg zum Bahnhof wieder ab, von wo aus er nach New York zur Arbeit fuhr. Da mein Verehrer kein Vermögen hatte, wollte Mutter nichts von ihm wissen; dennoch hielt sie an sich bis zu dem Abend, an dem er mich zum ersten- und letztenmal geküßt hat. Wir waren in der Garage, und er beugte sich zum Kuß über mich. Leider lehnte er sich dabei mit dem Arm auf die Hupe und weckte meine Mutter. Mit einer Flut von Verwünschungen kam sie herbeigestürzt und rief: »Glaubt der etwa, mein Auto wäre ein Taxi?« Selbstverständlich sah ich den jungen Mann nicht wieder, und Mutter triumphierte. Einige Jahre danach sollte sich jedoch zeigen, daß sie, gemessen an ihren eigenen Lebensregeln, einen Fehler gemacht hatte; denn der junge Mann erbte ein Millionenvermögen.

Nach Abschluß der Schule verzichtete ich darauf, aufs College zu gehen, was ich in der Folge noch sehr bereuen sollte. Eigentlich wurde ich nur von Benita davon abgehalten, weil, wie sie sagte, ich es ihr auch ausgeredet hatte. So wußte ich zunächst nichts Rechtes anzufangen, las viel und belegte Kurse in Geschichte, Wirtschaftswissenschaften und Italienisch. Eine Lehrerin namens Lucile Kohn gewann einen starken Einfluß auf mich, den stärksten, den eine Frau je auf mich ausübte. Durch sie bekam mein Leben eine völlig neue Wendung. Das kam nicht etwa plötzlich, sondern war ein ganz allmählicher Vorgang. Sie hatte den leidenschaftlichen Wunsch, die Welt zu verbessern. Ich ließ mich zu radikalen Ansichten bekehren, ich verdanke ihr den nötigen Impuls, ein neues Bewußtsein entwickelt und mich schrittweise aus der erstickenden Atmosphäre befreit zu haben, in der ich erzogen worden war.

Während des Krieges lernte ich stricken, und als ich es einmal angefangen hatte, mochte ich nicht mehr damit aufhören. Ich nahm mein Strickzeug überall mit hin, zu Tisch, zum Konzert, oder sogar ins Bett. Bald konnte ich wie im Schlaf stricken und schaffte einen Socken pro Tag. Großvater Seligman war sogar über mein Stricktempo verärgert, weil ich seiner Meinung nach zuviel Geld für Wolle ausgab. Sein Geiz war eben noch größer als seine Vaterlandsliebe.

Da wir während des Krieges nicht mehr nach Europa reisen konnten, nahm uns Mutter in einem Sommer mit nach Kanada. Wir fuhren die gesamte Strecke im Auto, und während draußen die wunderschöne Landschaft vorbeizog, waren meine Augen meistens auf mein Strickzeug gerichtet. In Kanada freundeten wir uns mit Soldaten an, die bei Quebec stationiert waren, und so wurde uns Mädchen die Zeit nicht lang. Auf der Heimfahrt wurden wir höflich, aber bestimmt aus einem Hotel in Vermont hinauskomplimentiert, weil wir Juden waren. Immerhin durften wir bis zum nächsten Morgen bleiben, da die Hoteliers rechtlich verpflichtet waren, Übernachtung zu gewähren. Das Erlebnis führte bei mir jedoch zu einem neuen Minderwertigkeitskomplex.

Nach unserer Rückkehr ging ich auf eine Sekretärinnenschule, wo ich Stenografie und Schreibmaschineschreiben lernte. Ich hoffte, auf diese Weise irgendeine Aufgabe bei der Armee erfüllen zu können. Leider war ich zu dumm, um mit den anderen Mädchen, die alle aus der Arbeiterklasse stammten, Schritt halten zu können. Ihnen gegenüber fühlte ich mich als Versager, und es dauerte auch nicht lange, bis ich aufgab.

1916 war ich selbst als Debütantin an der Reihe und gab eine glanzvolle Party im großen Saal des Ritz. Von dieser Zeit an ging ich oft zu Gesellschaften und wurde von jungen Herren abends ausgeführt. Solcher Zeitvertreib kam mir allerdings völlig sinnlos vor, obwohl ich gerne und gut tanzte. In dieser künstlichen Atmosphäre begegnete ich nur Leuten, mit denen man kein einziges ernsthaftes Wort reden konnte.

Nicht lange danach zogen wir in die Park Avenue Nr. 270 um. Mutter erlaubte mir, die Möbel für mein Zimmer selbst auszusuchen, und wollte alles bezahlen. Leider ging ich ausgerechnet am heiligen Yom Kippur, dem höchsten jüdischen Feiertag, zum Einkaufen, obwohl sie mir das ausdrücklich verboten hatte. Entsprechend hart wurde ich bestraft: Ich mußte die eingegangenen Verpflichtungen nun aus dem eigenen Taschengeld bezahlen. Wochenlang half mir Benita aus.

1918 meldete ich mich zum Kriegshilfsdienst. Ich betreute junge Offiziere, half ihnen beim Einkauf ihrer Uniformen und anderer Dinge, erteilte Ratschläge und erledigte Schreibarbeiten. Zuerst arbeitete ich zusammen mit meiner Schulfreundin Ethel Frank. Als sie krank wurde, machte ich alles alleine und geriet in einen bedenklichen Gesundheitszustand, litt an Appetit- und Schlaflosigkeit und wurde von Tag zu Tag dünner und zappeliger. Ich konsultierte einen Psychotherapeuten und fragte ihn, ob er meinte, ich würde den Verstand verlieren, worauf er bloß witzelte: »Sind Sie auch sicher, daß Sie überhaupt einen zu verlieren haben?« Dabei war meine Frage gar nicht unberechtigt. Ich hatte mir nämlich angewöhnt, jedes abgebrannte Streichholz aufzuheben, das ich fand, und konnte bei dem Gedanken an mögliche Brandgefahren nicht schlafen. In ihrer Verzweiflung engagierte meine Mutter Mrs. Holbrook, die auch meinen verstorbenen Großvater gepflegt hatte. Sie mußte mich ständig begleiten, während ich in meinem Kopf alle Probleme Raskolnikows wälzte und mich fragte, wie groß meine Ähnlichkeit mit Dostojewskis Helden sei. Endlich gelang es der unbeirrbaren Willenskraft meiner Pflegerin, mich auf andere Gedanken zu bringen, und allmählich wurde ich wieder normal. Während dieser Zeit war ich mit einem Fliegeroffizier verlobt, einem der vielen Soldaten, die damals bei uns ein und aus gingen.

Im Frühjahr 1919 heiratete Benita Edward Mayer, einen jungen amerikanischen Flieger, der gerade aus Italien zurückgekommen war. Das war eine unglückselige Geschichte. Eigentlich gehörte ihr Herz einem russischen Baron, den sie 1914 in Europa kennengelernt hatte und der inzwischen als Attaché seiner Botschaft in New York lebte und oft bei uns war. Obwohl er Benita ganz offensichtlich liebte, kam es aus mir unerfindlichen Gründen nie dazu, daß er ihr einen Heiratsantrag machte; und in einem unbedachten Moment heiratete sie dann den Flieger, weil er sie mit Selbstmordankündigungen unter Druck setzte. Unsere gemeinsame Freundin Peggy und ich waren als Trauzeugen bei der Zeremonie im Rathaus dabei. Gleich danach sagten wir Mutter Bescheid, die die Eheschließung umgehend rückgängig machen wollte. Auch bei Benita selbst schienen einige Zweifel aufzukommen; dann fuhr sie aber doch mit ihrem Piloten zur Hochzeitsreise und bezog anschließend mit ihm eine eigene Wohnung. Er war ein in oberflächlicher Weise hübscher Mensch ohne jeden Anflug von tieferem Empfinden. Für Benita war er mir einfach nicht gut genug; ich war schrecklich eifersüchtig und litt sehr unter der Trennung von ihr.

Im Sommer 1919 wurde ich volljährig und trat mein Erbe an. Mutter machte sich Sorgen um mich, weil ich jetzt nicht mehr unter ihrer Kontrolle stand. Als erstes machte ich eine große Reise quer durch die Staaten. Mit einer Kusine meines Schwagers als Begleiterin ging es von den Niagarafällen nach Chicago, dann zum Yellowstone Park, durch ganz

Kalifornien hinunter nach Mexiko. Hollywood steckte damals noch in den Kinderschuhen und war ein so kleiner Ort, daß er kaum auf der Karte verzeichnet war. Immerhin wohnte dort eine meiner Kusinen, durch die ich mit einigen Filmleuten Bekanntschaft machte. Die kamen mir alle mehr oder weniger verrückt vor. Auf der Rückreise ging es durch den Grand Canyon. Als wir wieder in Chicago eintrafen, wurde ich dort von meinem Verlobten, dem Flieger, empfangen, der inzwischen seinen Abschied von der Armee genommen hatte. Er stellte mich seiner Familie vor – alle stammten aus Chicago –, aber ich machte mich nicht sonderlich beliebt, weil ich zuviel am Provinzialismus von Chicago herumkritisierte. Als ich abreiste, machte er mir auf dem Bahnsteig klar, daß es mit uns nichts mehr werden könne. Ich war ziemlich unglücklich darüber, weil ich mir eingebildet hatte, daß ich ihn liebte und geduldig warten wollte, bis er in der Papierindustrie genug verdient hätte, um mich heiraten zu können. Er hieß Harold Wessel.

Im Winter 1920 plagte mich eine so entsetzliche Langeweile, daß mir schließlich nichts Besseres einfiel, als meine Nase durch eine Schönheitsoperation verbessern zu lassen. Leider gefiel sie mir nach dem Eingriff noch weniger als vorher. Ich fuhr zu einem Spezialisten nach Cincinnati. Der zeigte mir verschiedene Gipsmodelle von Nasen und ließ mich die gewünschte Form aussuchen. Mir schwebte eine Stupsnase vor, »an ihrem End' gebogen wie ein Blütenkelch«, wie ich es in einem Tennyson-Gedicht gelesen hatte. Die Operation wurde nur mit örtlicher Betäubung durchgeführt, und ich litt Höllenqualen. Mitten während der Operation erklärte der Chirurg plötzlich, er könne die gewünschte Form nicht herstellen und ich sollte mir eine andere aussuchen. Die Schmerzen waren aber so unerträglich, daß ich verzichtete und ihm sagte, er solle aufhören und alles so lassen, wie es war. Das Resultat dieses Versuches einer Verschönerung war eine schmerzende und unförmig geschwollene Nase, mit der ich mich nicht mehr nach New York zurücktraute, weshalb ich im Mittelwesten Unterschlupf suchte. Meine Nase fing an, wie ein Barometer zu reagieren; ich konnte schlechtes Wetter vorhersagen, weil sie dann besonders anschwoll. Um mich abzulenken, fuhr ich mit einer Freundin nach French Lick in Indiana und verspielte dort fast tausend Dollar – genausoviel wie die Operation gekostet hatte.

Nicht lange danach kam Margaret Anderson zu mir und bat mich um finanzielle Unterstützung der *Little Review*, sowie um eine Empfehlung an einen meiner Onkel. Sie behauptete, daß man Kriege am besten dadurch verhindere, daß etwas für die Kunst getan werde. Da ich noch jung und ahnungslos war, hoffte ich, den nächsten Weltkrieg wenigstens um einige Jahre hinausgeschoben zu haben, als ich fünfhundert Dollar für ihre Monatszeitschrift spendete. Mit meiner Empfehlung schickte ich Margaret zum »Pelzmantelonkel«, und wenn er ihr kein Geld gegeben haben sollte, was ich nicht genau weiß, so bin ich doch sicher, daß sie wenigstens einen Pelzmantel bekommen hat.

Zwar verdanke ich Lucile Kohn meine radikalen Ideen; aber meine eigentliche Emanzipation erfolgte auf ganz andere Weise, als sie sich das je hätte träumen lassen. Ich war eines Tages bei meinem Zahnarzt und sah, daß er jeden Handgriff selbst erledigen mußte, weil seine Assistentin erkrankt war. Ich bot ihm an, die Schwester, so gut es ging, zu vertreten, wofür er mir 2,35 den Tag bezahlte. Ich machte Telefondienst für ihn, empfing die Patienten, hielt Instrumente und kochte sie aus. Natürlich gab es Patienten, die mich erkannten und Dr. Scoby fragten, ob sie sich nicht getäuscht hätten und ob ihnen tatsächlich Miss Guggenheim die Tür aufgemacht hätte. Das dauerte freilich nur so lange, bis die Assistentin wieder Dienst tun konnte; aber es war mir von da an zum Bedürfnis geworden, eine geregelte Tätigkeit auszuüben. Ich ging als Hilfskraft zu meinem Vetter Harold Loeb, der in der Nähe des Grand Central Bahnhofs einen kleinen Buchladen für radikales Schrifttum betrieb. Ich saß oben im Laden auf einer Empore und durfte Buchungen machen, Schecks ausschreiben und andere langweilige Dinge erledigen. Nur wenn die Verkäufer Mittagspause machten, war es mir vergönnt, aushilfsweise unten im Laden Bücher zu verkaufen. Darüber beklagte ich mich einmal dem Schriftsteller Gilbert Cannan gegenüber, der ein häufiger Besucher des Ladens war und oft stundenlang dort verweilte. Er meinte nur: »Nimm's nicht tragisch, auch Lady Hamilton hat mal als Küchenmädchen angefangen.«

Obwohl ich nur eine kleine Angestellte war, schwebte ich jeden Tag auf einer Parfümwolke, mit Perlohrringen und einem superelganten Pelzmantel in den Laden. Mutter war dagegen, daß ich arbeitete, und kam öfters nachsehen, was ich trieb. Sie brachte mir Überschuhe, wenn es zwischendurch zu regnen angefangen hatte, was mir natürlich äußerst peinlich war. Auch meine reichen Tanten kamen und kauften Bücher buchstäblich per Meter, damit sie genau in die Regale paßten; die Maße wurden tatsächlich vorher mit einem Zollstock abgenommen.

Zwar erhielt ich keinerlei Lohn gezahlt; dafür hatte ich zehn Prozent Ermäßigung auf alle Bücher, die ich kaufte. Um mir die Illusion zu geben, ein großes Gehalt zu beziehen, nahm ich an moderner Literatur mit, was mir unter die Finger kam, und entwickelte mich zu einer unermüdlichen Leserin.

Immerhin lernte ich in dem Laden einige berühmte Leute kennen, darunter auch meinen zukünftigen Mann, Laurence Vail, sowie Leon Fleischman und seine Frau Helene, die später den Sohn von James Joyce geheiratet hat. Der Umgang mit den neuen Menschen war faszinierend für mich: Sie erschienen mir richtig lebendig, voll menschlicher Wärme und an wesentlichen Dingen interessiert. Aber ich konnte meine Schüchternheit nie ganz überwinden. Bei Laurence Vail war das anders. Er war damals achtundzwanzig, und er erschien mir wie ein Wesen aus einer anderen Welt. Als einziger Mann unter meinen Bekannten ging er immer ohne Hut und ließ sein blondlockiges Haar frei im Wind wehen, was ihn mir beunruhigend und anziehend zugleich machte. Da er den größten Teil seines Lebens in Frankreich verbracht hatte, war sein französischer Akzent unüberhörbar, besonders an der Art, wie er seine Rs rollte. Völlig ungeniert schien er sich nicht im geringsten darum zu kümmern, was andere Leute von ihm dachten. Wenn ich mit ihm die Straße entlangging, hätte es mich überhaupt nicht gewundert, wenn er sich plötzlich in die Luft erhoben hätte und davongeflogen wäre; so wenig schien er mit gewöhnlichen Verhaltensweisen gemein zu haben.

Ich freundete mich mit den Fleischmans so sehr an, daß ich schon fast zur Familie gehörte. Ich verliebte mich wohl in Leon, der mir wie ein griechischer Gott vorkam; aber Helen machte das nichts aus; sie waren sehr frei in ihrem Umgang.

Einmal nahm mich Leon mit zu Alfred Stieglitz, einem der frühesten Förderer moderner Kunst in den USA. In seiner kleinen Galerie hielt ich das erste abstrakte Bild in der Hand, das ich je bewußt betrachtet habe. Es stammte von Georgia O'Keeffe, und ich drehte es viermal herum, bis ich ahnte, was oben und unten war. Das schien den beiden Spaß zu machen. Stieglitz habe ich erst fünfundzwanzig Jahre danach wiedergesehen; doch unser Gespräch knüpfte an der gleichen Stelle an und ging weiter, als ob es überhaupt nicht unterbrochen worden wäre.

Bald danach fuhr ich wieder nach Europa. Ich hatte keine Ahnung, daß ich die nächsten einundzwanzig Jahre vorwiegend dort verbringen sollte, was mich von der Fahrt jedoch nicht abgehalten hätte. Mutter war auch zur Überfahrt entschlossen, und weil sie wußte, daß sie mit mir nicht mehr allein fertig wurde, nahm sie als Begleiterin Valerie Dreyfus mit. Voll Begeisterung und Ungeduld schleppte ich die beiden Damen durch ganz Europa. Mutter wurde es bald zuviel, und sie überließ mich Valerie; die wußte wirklich mit mir umzugehen, spornte mich sogar noch an und war eine fabelhafte Reiseführerin, weil sie überall schon einmal gewesen war und sich überhaupt aufs Reisen verstand. Auf diese Weise kamen wir nach Holland, Belgien,

Spanien und Italien. Vorher hatten wir noch mit Mutter zusammen Schottland, ganz England und die Loiregegend bereist.

Damals stand noch meine Lust, alles kennenzulernen, in einem seltsamen Mißverhältnis zu meiner Unfähigkeit, etwas für die beschauten Gegenstände zu empfinden. Allmählich jedoch wuchs meine Begeisterung für Bilder und zugleich mein Gefühl für die Dinge. Es dauerte gar nicht lange, bis ich wußte, wo jedes sehenswerte Gemälde in Europa hing, und ich scheute nicht davor zurück, Stunden über Land zu fahren, um nur ein einziges aufzusuchen und anzuschauen. Ein guter Freund namens Armand Lowengard war ein ausgemachter Kenner italienischer Malerei. Als er sah, auf welch fruchtbaren Boden seine Anregungen bei mir fielen, förderte er meine Lust, Kunststudien zu betreiben. Er behauptete, ich wäre niemals imstande, Berensons Schriften über Kunst zu begreifen, und die Bemerkung verfehlte nicht ihren Zweck: Umgehend beschaffte ich mir sieben Bücher dieses großen Kunstkritikers und machte mich mit ihrem Inhalt vertraut. Seither habe ich bei der Betrachtung von Kunstwerken stets nach Berensons sieben Kriterien Ausschau gehalten; sobald ich einem Gemälde mit »taktilen« Eigenschaften begegnete, durchfuhr es mich. Armand war übrigens im Krieg verwundet worden, und es ging ihm ziemlich schlecht. Meine Vitalität brachte ihn fast um, und obwohl er von mir fasziniert war, mußte er schließlich doch auf mich verzichten: Ich war einfach zuviel für ihn.

Ein anderer Freund damals hieß Pierre und war ein Vetter meiner Mutter. Ich kam mir ungemein sündhaft vor, als ich einmal ihn und Armand am selben Tag geküßt hatte. Pierre wollte mich heiraten; mir ging es aber bloß darum, so viele Verehrer wie möglich auf meiner Liste zu haben. Mit derart bescheidenen Vergnügungen sollte ich mich allerdings nicht mehr lange zufriedengeben. Vorerst jedoch rivalisierte ich noch mit meiner russischen Freundin Fira Benenson; wir wohnten beide im Hotel Crillon in Paris, suchten uns im Einsammeln von Heiratsanträgen zu übertrumpfen, zogen uns nach der neuesten Mode an und benahmen uns unglaublich albern.

Dann sah ich die Fleischmans wieder, die ich dazu überredet hatte, nach Paris zu ziehen, und durch sie kam ich auch wieder mit Laurence Vail in Kontakt. Eines Tages holte mich Laurence zu einem Spaziergang ab. Erst gingen wir zum Grabmal des Unbekannten Soldaten, dann schlenderten wir an den Seinekais entlang. Ich trug ein elegantes, nerzbesetztes Kostüm, das ich selbst entworfen hatte. In einem Bistro wollte Laurence mir etwas zu trinken kommen lassen, und da ich nie zuvor in einem einfachen Pariser Café gewesen war, sondern nur die extravagantesten Bars kannte, wußte ich nicht recht, was ich bestellen sollte, und verlangte schließlich einen Porto Flip.

Mit damals bereits dreiundzwanzig Jahren wurde mir meine Jungfräulichkeit zunehmend lästig. Meine Verehrer wollten mich zwar alle heiraten, waren aber viel zu gut erzogen, um je die Grenzen der Schicklichkeit zu überschreiten. Ich besaß eine Sammlung von Fotografien der pompejanischen Wandgemälde, auf denen verschiedene Liebesstellungen abgebildet sind. Sie erfüllten mich mit Neugier, und ich wollte sie alle ausprobieren. Laurence schien mir dafür gerade der Richtige zu sein.

Er wohnte zusammen mit seiner Mutter und seiner Schwester Clotilde in einem vornehmen Appartement in der Nähe des Bois de Boulogne. Manchmal war auch sein Vater da, wenn er nicht seine übliche Nervenkrise hatte und in einem Sanatorium weilte. Der Vater war Maler und stammte zur Hälfte von amerikanischen, zur anderen von bretonischen Vorfahren ab. Seine ständige Neurasthenie war ein auswegloses Problem für die Familie. Nichts hatten sie unversucht gelassen, er blieb ein unheilbarer Neurotiker.

Laurence machte gerade wieder einmal einen Versuch, sich von seinem Zuhause zu lösen. Seine Mutter, eine aristokratische Dame aus New England, gab ihm aber nur ein kleines Taschengeld von hundert Dollar monatlich, was bei ihrem Jahreseinkommen von zehntausend Dollar nicht gerade großzügig war. Sie gab eben alles für ihren Mann aus, dessen eigenes Vermögen schon längst aufgezehrt war; denn es gab kein Sanatorium in Europa, das er noch nicht aufgesucht hatte. Um zu Geld zu kommen, hätte Laurence wohl eine Arbeit annehmen können; aber dafür mochte er seine Zeit nicht opfern; immerhin war er ein begabter, wenn auch vorläufig noch unbekannter Schriftsteller.

Als er mir nun anvertraute, daß er ein kleines Appartement mieten wolle, bot ich ihm an, die halbe Miete zu zahlen und es mit ihm zu teilen, in der geheimen Hoffnung, auf diese Weise der Verwirklichung meiner Wünsche näher zu kommen. Erst sagte er ja, dann kamen ihm aber Bedenken. Als ich ihn danach wiedersah, hatte er ein Hotelzimmer in der Rue Verneuil im Quartier Latin genommen. Er besuchte mich im Hotel Plaza-Athénée, und als er mich an sich zog, überließ ich mich so selbstverständlich seinen Liebkosungen, daß er über meinen fehlenden Widerstand ganz erstaunt war. Allerdings machte ich ihm klar, daß mein Zimmer nicht der geeignete Ort war, weil meine Mutter jeden Augenblick hereinkommen konnte. Er meinte, wir könnten ja mal zu ihm in die Rue Verneuil gehen. Sofort setzte ich meinen Hut auf, und es blieb ihm gar nichts anderes übrig, als mich mitzunehmen. Und so verlor ich auf höchst einfache Art meine Jungfräulichkeit.

Ich fürchte nur, es muß für Laurence sehr anstrengend gewesen sein, weil ich alles haben wollte, was ich auf den pompejanischen Fresken gesehen hatte.

3

Meine stürmische erste Ehe

Unter allen Bohemiens war Laurence der größte. Es gab kaum einen Maler oder Schriftsteller, den er nicht kannte, vor allem die Amerikaner, aber auch viele Franzosen. Lange war das Café de la Rotonde am Montparnasse der Haupttreffpunkt gewesen. Dann bekam Laurence eines Tages Krach mit einem Kellner oder mit dem Geschäftsführer; daraufhin wechselte die ganze Clique hinüber ins Café du Dôme auf der anderen Seite des Boulevards, und nie wieder haben sie den Fuß ins La Rotonde gesetzt. Laurence konnte fabelhafte Partys veranstalten. Die erste, die ich miterlebte, fand im Appartement seiner Mutter statt, und es ging drunter und drüber. Ich hatte einen französischen Schriftsteller von eher bürgerlicher Lebensart mitgebracht, und damit er sich im Bohememilieu auch ja recht wohl fühlen sollte, saß ich fast den ganzen Abend auf seinem Schoß. Laurences Vater war ausnahmsweise einmal nicht auf Kur und ziemlich aufgebracht über den Lärm und das Durcheinander im Haus. In seiner Verzweiflung wollte er in einer Toilette Zuflucht suchen, wo er jedoch zwei jungen Herren begegnete, die sich weinend in den Armen lagen. Im Badezimmer fand er auch keine Ruhe: dort störte er zwei kichernde Mädchen auf. Da es ihm sehr wider den Strich ging, nicht selbst im Blickpunkt der allgemeinen Aufmerksamkeit zu stehen, entlud er seine Wut in einer großen Szene. Außer seiner Frau hat aber wohl niemand so recht zugehört.

Nicht lange danach machte mich Laurence mit zwei seiner ehemaligen Freundinnen bekannt, Mary Reynolds und Djuna Barnes. Beide waren auffallend schön, insbesondere hatten sie solche Nasen, wie ich mir eine von meiner Fahrt nach Cincinnati vergeblich erhofft hatte. Mary war dunkel, groß, mit weichschimmernden Augen und hatte eine sehr gute, elegante Figur. Zwar war sie die einzige Person unter all den Bohemiens, die überhaupt über etwas Geld verfügte; doch sobald eine Summe aus Amerika eintraf, verlieh sie das Geld oder gab es unverzüglich aus. Sie war Kriegerwitwe, und es hieß, sie warte auf einen gewissen Norman, der noch mit seiner Ehescheidung zu tun hatte und dann zu ihr nach Paris kommen wollte.

Djuna war ganz anders; sie war damals bereits eine bekannte Schriftstellerin. Leon hatte von mir hundert Dollar geborgt, um ihre Überfahrt mitfinanzieren zu können. In Europa trat sie mit ihrer journalistischen Tätigkeit hervor, fuhr von Land zu Land und interviewte berühmte Leute. Die Artikel brachten ihr mit der Zeit bedeutende Summen ein; nur war sie damals noch nicht reich. Von Helen Fleischman lernte ich eine Lektion in Großzügigkeit, als es darum ging, Djuna mit Kleidung auszustatten. Helen öffnete einfach ihren Kleiderschrank und sagte zu Djuna: »Bitte bediene dich!« Da ich Helen nicht nachstehen mochte, schenkte ich Djuna zwei Lieblingsstücke, mein rotbraunes Cape und einen Hut mit Hahnenschwanzfeder. Sie sah darin aus wie ein italienischer Bersagliere.

Als Laurence Helen unser neues Verhältnis eingestand, trug sie es mit Fassung; aber Leon war wütend. Jedenfalls gehörte Laurence von da an zu mir, und ich konnte gar nicht genug von ihm bekommen.

Einmal nahm mich Laurence mit auf den Eiffelturm, und wie wir so auf Paris hinunterschauten, fragte er mich, ob ich ihn heiraten würde. Ich sagte sofort ja und fand es großartig; aber kaum hatte er gefragt, bereute er es auch schon wieder. Von da an schwankte er ständig. Immer, wenn er so aussah, als wolle er seinen Adamsapfel hinunterschlucken, war mir klar, daß er seinen Heiratsantrag bereute. Auch wurde er zunehmend besorgt wegen unserer Zukunft und fuhr einmal sogar mir nichts dir nichts nach Rouen, um mit sich allein zu einer Entscheidung zu kommen. Mrs. Vail bestand darauf, daß ihr Sohn Mary Reynolds mitnahm, und bezahlte ihr sogar die Fahrt, wahrscheinlich in der Hoffnung, auf diese Weise so viel neues Durcheinander zu stiften, daß Laurence mich vergessen würde. Die beiden hatten aber die ganze Fahrt hindurch nur Streit, und bald kam ein Telegramm aus Rouen, daß Laurence mich immer noch zu heiraten gedachte.

Da wir dann aber so gut wie verlobt waren, mußte ich Mutter doch endlich etwas davon sagen. Sie kam auf dem schnellsten Weg von Rom zurück, um die Heirat zu unterbinden. Sie wollte unbedingt erst »Referenzen« haben. Nun hatte Laurence in St. Moritz einmal die Bekanntschaft des griechischen Königs gemacht. Dies benutzte er jetzt, um sich über meine Mutter lustig zu machen, und nannte den König als Referenz. Mutter war ganz verwirrt, als sie den Namen in ihr Adreßbüchlein eintrug. Sie erkundigte sich sogar bei mir, wie man sich im Umgang mit einem König zu verhalten habe.

Es gab wirklich niemanden, der unsere Heirat gern gesehen hätte. Leon Fleischman redete auf meine Mutter ein und erklärte, was es für eine Katastrophe werden würde, jeder beschwor mich, von der Heirat Abstand zu nehmen. Natürlich hörte ich auf niemanden und konnte kaum erwarten, bis es endlich soweit war. Anwalt Charlie Loeb trug dazu bei, daß es rasch ging. Wir suchten ihn auf, um uns nach den rechtlichen Formalitäten zu erkundigen, und ehe wir es uns versahen, hatte er bereits alle notwendigen Papiere bereit, das Aufgebot bestellt und einen Ehekontrakt mit Gütertrennung aufgesetzt.

Nach der öffentlichen Ankündigung der bevorstehenden Eheschließung glaubte ich fast schon, daß es tatsächlich dazu kommen werde; doch Laurence entschloß sich urplötzlich, die Trauung zu verschieben und mit seiner Schwester Clotilde nach Capri zu reisen. Ich sollte derweil nach New York fahren, wo wir uns im Mai wiedertreffen wollten, falls uns der Sinn immer noch nach Heirat stand. Dann, an einem Nachmittag, als er alles fast schon reisefertig gepackt hatte, wollte er ausgehen, um die Fahrkarten für seine Reise zu besorgen. Meine Mutter, die Mutter von Laurence und ich saßen, jede mit ihren eigenen Gedanken beschäftigt, im Hotel und sahen mit gemischten Gefühlen unserer Zukunft entgegen. Da erschien Laurence plötzlich kreidebleich und fragte: »Peggy, willst du mich morgen heiraten?« Natürlich sagte ich ja, war aber immer noch im Zweifel, ob er womöglich doch kneifen würde, und kaufte daher kein Hochzeitskleid, sondern bloß einen neuen Hut.

Am Morgen des Hochzeitstages wurde ich ans Telefon gerufen. Mrs. Vail war am Apparat und sagte: »Er ist weg«, was ich selbstverständlich als Mitteilung verstand, daß Laurence abgereist sei. So war es aber nicht; sie wollte mich nur darauf vorbereiten, daß ihr Sohn auf dem Weg sei, mich abzuholen. Wir fuhren mit der Straßenbahn zur Trauung im Rathaus des 16. Arrondissements in der Avenue Henri-Martin. Trauzeugen waren Helen Fleischman und meine Schwägerin Clotilde Vail. Mutter fing fast an zu weinen, weil ihre Unterschrift bei der Zeremonie nicht vorgesehen war. Wir konnten sie nur dadurch beruhigen, daß sie ihren Namen mit ins Trauregister eintragen durfte. Sie mußte Unmengen von Champagner spendieren, und dann gab es eine riesige Party im Plaza-Athénée.

Jeder von uns hatte seine Freunde eingeladen, und dementsprechend buntgewürfelt war denn auch die Gesellschaft. Laurence hatte alle seine Bohemefreunde aufgeboten, aber da es ihm peinlich war, ihnen die Eheschließung mit mir mitzuteilen, hatte er nur Rohrpostbriefe wie zu einer gewöhnlichen Party verschickt und nicht einmal erwähnt, wer die Braut war. Mutter hatte alle französischen Angehörigen der Seligman-Sippe und ihre anderen vornehmen Freunde verständigt. Auf Einladung von Mrs. Vail kam fast die gesamte amerikanische Kolonie von Paris zur Party, und ich hatte alle meine Maler- und Schriftstellerfreunde gebeten.

Nachdem wir stundenlang getanzt und Champagner getrunken hatten, meinte jemand, es wäre wohl an der Zeit, daß Laurence mit mir auf die Hochzeitsreise ginge; aber Laurence hatte keine Eile, und an Aufbruch war nicht zu denken. Es hatte sich ihm schwer aufs Gemüt gelegt, daß er sich nun von seiner Schwester Clotilde trennen sollte, mit der er sich wie mit sonst niemandem verstand. Um ihn zu trösten, bot ich ihm an, sie mit nach Capri zu nehmen, das als Ziel der Hochzeitsreise vorgesehen war. Als ich dann aber auch meinen Russischlehrer Jacques Schiffrin einlud mitzukommen, wollte Laurence nichts davon wissen und protestierte, bis ich Jacques wieder ausgeladen hatte.

Am nächsten Morgen gab mir mein Arzt eine Spritze, weil ich eine Grippe noch nicht recht überwunden hatte. Er beglückwünschte mich natürlich und meinte, ich würde jetzt ein herrliches Leben beginnen; aber obwohl ich gerade geheiratet hatte, war mir doch ziemlich öde zumute. Bis zur letzten Minute hatte mich Laurence mit seinem Wankelmut so sehr in Atem gehalten, daß ich erst jetzt dazu kam, meine eigenen Gefühle zu prüfen. Nachdem ich nun endlich am lang erstrebten Ziel war, schien mir das Erreichte bereits wieder fragwürdig.

Zwei Tage später fuhren wir nach Rom. Mutter kam zum Abschied an den Bahnhof und brachte mir einen Paß mit, in dem mein neuer Name, Marguerite Guggenheim-Vail, eingetragen war. Er war für den Notfall gedacht, daß ich es mit Laurence nicht aushielte und ihm davonlaufen wollte, was ohne eigenen Paß gar nicht möglich gewesen wäre.

In Rom besuchten wir meinen Vetter Harold Loeb, der zusammen mit Kitty-Cannell die Zeitschrift *Broom* herausgab. Harold war schockiert, als er Laurence mit bloßen Füßen in Sandalen daherkommen sah. Während Laurence irgendwelche ehemaligen Freunde wiedersah, versuchte ich, meine Unabhängigkeit dadurch unter Beweis zu stellen, daß ich meinerseits Freunde von früher in der Stadt besuchte. Eigentlich hatte ich mir eine Hochzeitsreise viel aufregender vorgestellt.

Laurence kannte Capri bereits gut, während ich nur einmal wenige Stunden auf einer Reise dort verbracht und außer der Blauen Grotte kaum etwas gesehen hatte. Da wir nun für länger dableiben wollten, mieteten wir eine Villa ganz oben auf der Tiberiusseite. Der Rückweg vom täglichen Bad im Meer war in der Hitze allerdings recht beschwerlich. Wir probierten verschiedene Strände aus und mieteten ein Bötchen, mit dem man hinaus- und dem Dampfer entgegenruderte, der von Neapel herüberkam. Das Leben auf Capri erschien mir so einfach und natürlich, daß es mich mit einer bis dahin nie gekannten Lust erfüllte. Wenn man einmal auf dieser Zauberinsel gelandet ist, kommt man schwer wieder von ihr los. Der Liebreiz dieses Stückchens Erde und seine traumhafte Lage im Golf von Neapel sind fast zu schön, um wahr zu sein. Das gesellschaftliche Leben spielte sich im wesentlichen auf der Piazza des Hauptortes Capri ab, und man ging zum Café Morgano, wenn man Freunde und Bekannte treffen wollte. Autos gab es überhaupt nicht auf der Insel, und auch nur wenige Fuhrwerke. Die Verbindung zwischen der Anlegestelle und dem Städtchen wurde durch eine Seilbahn aufrechterhalten. Da man völlig von der Versorgung per Schiff vom Festland abhängig war und rauhe See die Verbindung manchmal tagelang unterbrach, konnte man die Realität völlig vergessen und lebte in einer entrückten Atmosphäre wie in einer Opera buffa.

Wir hatten seltsame Nachbarn. Der uns am nächsten wohnende hatte ein Haus, das noch ein schönes Stück weiter an der Straße zu den Ruinen der Tiberiusvilla hin lag. Es war ein schwedischer Graf, Nachkomme von Marie-Antoinettes treuem Liebhaber Fersen. Er lebte mit einem Schafhirten zusammen, den er auch adoptiert hatte; um ihn an sich zu binden, hatte er ihn erziehen lassen und ihm das Opiumrauchen angewöhnt. Sie waren ein hübsches Paar, und Capri war voll von solchen Leuten. Eine alte Frau verkaufte Korallen auf der Straße. Von ihr hieß es, sie habe mal ein Verhältnis mit der Königin von Schweden gehabt. Im Jahr vor meiner Ankunft war noch die Marchesa Casati mit ihrem Leoparden durch die Insel gestreift, Krupp hatte sich mit seinen Kriegsgewinnen eine herrliche Villa bauen können. Mrs. Compton-Mackenzie lebte in einer Villa mit Blick auf die sogenannten Faraglioni-Felsen, während sich Mackenzie selbst nur eine kleine Steinhütte ganz oben in der Heide hatte errichten lassen.

Bald sollte ich merken, in was für eine seltsame Familie ich hineingeheiratet hatte. Bei all ihrer Umständlichkeit war meine Schwiegermutter doch eine feine Dame der alten Schule, und sie trug das in ihrem Benehmen zur Schau. Wenn sie sich auch mit unserer Heirat nicht einverstanden erklärt hatte, nahm sie mich doch liebevoll auf, als es nun mal nicht mehr zu ändern war. Ich glaube, sie mochte mich sogar mit der Zeit gut leiden und war die erste Person in meinem Leben, die mich hübsch fand. Welch ein Balsam für meine Minderwertigkeitsgefühle! Meine Schwestern hatten nämlich immer für hübscher gegolten als ich, und es war überraschend für mich und tat mir gut, als Mrs. Vail Benita und Hazel kennenlernte und behauptete, ich sähe besser aus als meine Schwestern. Mrs. Vail akzeptierte mich also als Schwiegertochter; aber ich durfte nie »Mutter« zu ihr sagen.

Laurences Schwester Clotilde dagegen war ein ständiger Stachel in unserer Ehe. Sie hing mit geradezu bewunderns- werter Leidenschaft an ihrem Bruder, und er an ihr. Bei den beiden schien alles zur Geschwisterliebe zu drängen, und da sie sich den letzten Schritt nicht erlaubten, wurde die Leidenschaft nur immer stärker. Wenn Clotilde etwas sagte, fing sie meistens mit »mein Bruder« an. Keinen Zentimeter gab sie von Laurence preis und erweckte in mir ständig das Gefühl, aus Versehen in einen Raum geraten zu sein, der längst von jemand anders bewohnt wird. Entweder drückt man sich in eine Ecke, oder man zieht sich höflich zurück. Da Clotilde eine so dominierende Persönlichkeit war, litt ich auch darunter, daß sie unseren Haushalt führte. Mein Leben wurde obendrein dadurch erschwert, daß sie sehr anziehend war und ständig Liebesverhältnisse hatte, was mich anfangs schockierte; aber ich legte bald meine puritanischen Vorurteile ab. Laurence dagegen wurde jedesmal wieder eifersüchtig, wenn sie einen neuen Liebhaber mitbrachte, und benutzte mich als Prügelknaben, um seine Wut auszulassen. Clotilde hatte auch den Vorteil, daß sie fast vier Jahre älter war als ich, mehr schon eine reife Frau, der gegenüber ich mir wie ein unerfahrenes Kind vorkam. Mit ihrer schönen Mezzosopranstimme hatte sie sich jahrelang als Sängerin ausbilden lassen. Ihre Haare waren genauso blond wie die ihres Bruders, und da beide die römische Hakennase ihrer Mutter geerbt hatten, sahen sie sich zum Verwechseln ähnlich, nur daß Clotilde eine recht zierliche Figur hatte.

Die ersten drei Wochen hatte uns Clotilde in Capri allein gelassen; danach wohnte sie bei uns und brachte eine italienische Freundin mit, die wenigstens ausgleichend wirkte; aber wenn Laurence und Clotilde zum allgemeinen Treffen auf der Piazza erschienen, kam ich mir völlig ausgeschlossen vor.

Verpflichtungen hatte ich in Capri so gut wie nicht, denn unser Haushalt wurde von vier italienischen Schwestern besorgt, die jede Nacht mit Soldaten in unserem Garten schliefen. Sie erhielten sehr wenig Lohn, und nur zwei von ihnen wurden überhaupt bezahlt; dafür hielten sie sich schadlos, indem sie uns beim Einkaufen nach Strich und Faden beschummelten und die Hälfte unserer Vorräte nach Hause mitnahmen. Die Amerikaner erwarteten eigentlich gar nichts anderes, und als Clotildes Freundin, die die Sache als Italienerin besser durchschaute, dem Treiben ein Ende machen wollte, wurde sie von Laurence nicht einmal unterstützt. Die Dienstmädchen waren im übrigen ganz charmant, sangen den ganzen Tag über neapolitanische Lieder und bürsteten mein langes Haar, mit dem ich nicht alleine fertig wurde. Auch kochten sie leckeres Essen, und wir schätzten uns glücklich, daß wir sie in unserem Haushalt hatten.

Laurence rümpfte über meine Familie die Nase, konnte die Guggenheims nicht leiden und machte ständig Witze über sie. Einmal kam Tante Rose auf einem Maultier zu uns heraufgeritten, weil ihr der steile Weg zu beschwerlich war. Dazu meinte Laurence, das Maultier sei das geeignete Beförderungsmittel für sie, habe es doch bereits im Alten Testament dazu gedient. Ein andermal erklärte er mir, er würde am liebsten alle meine Onkel über den Felsrand werfen, wie schon Tiberius seine Feinde umbringen ließ. Ich war so empört, daß ich in Tränen ausbrach.

Im Spätsommer reisten wir ins Engadin. Es war mein erster Aufenthalt in St. Moritz, und ich war sehr beeindruckt von dem dortigen Gesellschaftsleben, an dem wir im übrigen gar nicht sonderlich teilhatten. Wir verbrachten unsere Zeit zurückgezogen im Familienkreis mit Mrs. Vail, Clotilde und gelegentlichem Besuch aus England und New York. Laurence und ich spielten viel Tennis. Wir gewannen sogar gemeinsam ein Turnier, so gut waren wir aufeinander eingespielt. Ich reagierte auf den kleinsten Wink, und er konnte sich immer auf mich verlassen.

Im Herbst brach ich zu einer lange geplanten Reise nach New York auf. Ich wollte unbedingt Benita wiedersehen und ließ mich durch nichts davon abhalten. Laurence fuhr derweil mit Clotilde ins Baskenland, und zwar auf einem Motorrad, das er als Hochzeitsgeschenk von Benita erhalten hatte.

Inzwischen hatte ich gemerkt, daß ich ein Baby erwartete. Wenn mir auch ziemlich übel war, fühlte ich mich doch tief beglückt und telegrafierte sofort, um Laurence zu verständigen. Er empfing mich in Southampton, und es war ein glückliches Wiedersehen. Wir machten Pläne für die Geburt des Kindes. Es sollte Gawd Guggenheim-Vail heißen und in London geboren werden, weil wir vermeiden wollten, daß es die französische Staatsbürgerschaft erhielt; Laurence und sein Vater waren nämlich beide in Paris geboren, und die dritte Generation wäre unweigerlich von den Franzosen für den Militärdienst beansprucht worden. Laurence hatte übrigens trotz seiner amerikanischen Staatsbürgerschaft während des Ersten Weltkrieges in Frankreich gedient, und zwar als Verbindungsoffizier der amerikanischen Armee bei der schweren Artillerie.

Durch meine Kusine Eleanor erhielt ich die Adresse eines zuverlässigen Arztes in London, der mir sagte, wann mit der Geburt zu rechnen wäre und daß ich noch bis Mai in Frankreich bleiben konnte.

Als ich Eleanor in Sussex besuchte, beglückwünschte mich ihr Mann zu dem aufregenden Leben, das mir durch meine Verbindung mit Laurence bevorstünde. Ich weiß gar nicht, warum damals jeder meinte, ich hätte ein aufregendes Leben vor mir. Gewiß, es war dann auch turbulent genug; aber woher wußten die das bloß im voraus?

Laurence war eine dynamische Persönlichkeit, ein hübscher Mensch mit großer Ausstrahlungskraft, der sehr charmant sein konnte und viel Erfolg bei den Leuten hatte. Ich kam mir neben ihm ganz klein vor und war so unerfahren, daß ich seine Umgangsformen nur bewunderte und für das Nonplusultra feiner Lebensart hielt. Er war stets voller Ideen, die er nie zu Ende führte, weil er immer neuen Einfällen nachjagte. Sie kamen ihm wie anderen Leuten die Platitüden. Seine Vitalität war unverwüstlich, und er konnte drei Nächte hintereinander aufbleiben, während ich immer meinen Schlaf brauchte. Freilich lag ich oft wach, wenn mir der Gedanke keine Ruhe ließ, daß er zuviel trank und in Unannehmlichkeiten kommen konnte. Durch Laurence erhielt ich Zugang zu einer neuen Welt, und es war tatsächlich aufregend – oftmals allzu aufregend.

Im nachhinein läßt sich schwer sagen, wie der ständige Unfriede zwischen Laurence und mir angefangen hat. Vor unserer Ehe hatte es im Plaza-Athénée mal eine Auseinandersetzung gegeben. Laurence machte eine Szene und warf wütend die Tür hinter sich zu. Damals hatte ich natürlich keine Ahnung, daß dies eine Probe von dem war, was sich später regelmäßig wiederholen sollte. Laurence war ungemein heftig und benötigte möglichst viel Publikum für seine Szenen. Um sich auszutoben, zertrümmerte er alles mögliche im Haus; besonders gern griff er zu Geschirr, Spiegeln und Leuchtern, oder er warf meine Schuhe zum Fenster hinaus. So ein Krach dauerte gewöhnlich stundenlang, manchmal Tage, einmal sogar volle zwei Wochen. Vielleicht wäre es besser gewesen, wenn ich in ähnlicher Weise gekontert hätte; aber ich setzte mich bloß hin und heulte, was seine Wut erst recht entfachte. Wenn bei einem Krach das große Finale nahte, konnte es passieren, daß er mir Marmelade ins Haar schmierte. Am schlimmsten fand ich es, wenn er mich auf der Straße herumstieß oder in Restaurants mit Gegenständen um sich warf. Einmal hielt er mir den Kopf in der Badewanne unter Wasser, bis ich dachte, ich ersticke. Sicher war ich an alledem nicht ganz unschuldig und habe Laurence oft gereizt; aber er hatte ein Bedürfnis, Szenen zu machen, und besonders Clotilde diente ihm jahrelang als Publikum. Sie reagierte sofort, wenn ein Streit im Anzug war, wurde nervös und ängstlich; und darauf hatte Laurence es abgesehen. Sobald ihm jemand mit Autorität entgegentrat und sagte, er solle sich nicht zum Narren machen, wirkte das Wunder, und er ließ sofort von dem beginnenden großen Auftritt ab.

Mit seiner aufbrausenden Art geriet Laurence auch in der Öffentlichkeit in mancherlei Schwierigkeiten und wurde öfters verhaftet. Ich erlebte zum ersten Mal solch einen Krawall mit, als wir zur Vorstellung von Raymond Roussels *Locus Solus* gingen. Der ganze Saal pfiff das Stück aus; nur Laurence fand es gut und gab seine Meinung laut kund. Er provozierte eine Riesenkeilerei, aus der ich mich, so gut es ging, heraushielt, weil ich gerade schwanger war. Die Vielzahl seiner Gegner zwang Laurence bald zu Boden, und er mußte von einem Polizeikommissar gerettet werden. Der stellte uns eine eigene Loge zur Verfügung, damit wir das Stück in Ruhe zu Ende sehen konnten.

Einen anderen großen Krach provozierte ich im Hotel Lutetia durch meine eigene Taktlosigkeit. Ich hatte inzwischen wieder Russischunterricht bei Jacques Schiffrin genommen und verkündete Laurence, daß ich mich in meinen Lehrer verliebt hätte. Laurence ergriff ein Tintenfaß und feuerte es gegen die Wand. Dabei ging das Telefon zu Bruch, und der Raum wurde über und über mit Tinte bekleckst. Wir mußten das Zimmer neu tapezieren lassen, und wochenlang kam ein kleines taubes Männlein, um die Flecken mit wunderlicher Geschicklichkeit vom Boden zu entfernen, indem er mit allerlei Flüssigkeiten nacheinander hantierte.

Mein Geld verhalf mir Laurence gegenüber zu einer gewissen Überlegenheit, die ich oft niederträchtig ausnutzte, indem ich ihm immer wieder klarmachte, daß es *mein* Geld sei und er nicht einfach darüber verfügen könne. Zur Strafe verstärkte er meine Minderwertigkeitsgefühle und hielt mir vor Augen, wie froh ich sein dürfe, in die Bohemewelt aufgenommen worden zu sein. Außer Geld hätte ich doch nichts zu bieten, und ich sollte gefälligst dankbar sein, wenn ich es all den herrlichen Leuten geben könne, mit denen ich jetzt verkehren dürfe.

Laurence genoß es, wenn er große Partys feiern konnte, und wir nahmen jeden Anlaß wahr, um Feste zu veranstalten. Er legte auch großen Wert darauf, daß ich die ausgefallensten Kleider trug, nahm mich mit zu Poiret, wo ich mir die elegantesten Kostüme kaufen mußte, was allerdings bei meiner rasch anschwellenden Taille ein vergeblicher Aufwand blieb.

Im März kam meine Schwester Benita nach Europa, weil sie bei der Geburt von Gawd dabeisein wollte. Als sie sah, was für ein abenteuerliches Leben ich führte, war sie schokkiert und machte mir Vorwürfe. Sie war zutiefst konventionell, und es gelang ihr nicht, zwei so verschiedene Welten bei sich in Einklang zu bringen.

Mit meinem Schwangerschaftsbauch kam ich mir inzwischen vor wie das Ei von Brancusi. So fuhr ich Ende April nach London, um ein geeignetes Haus für uns zu suchen. Laurence sollte mit dem neuen Wagen nachkommen. Wir hatten einen Lorraine Dietrich gekauft. Ich mietete ein hübsches Haus auf Camden Hill in Kensington. Es war alles sehr bequem, und es gab auch genügend Platz darin, um

Gäste und Pflegeschwestern bei dem kommenden Ereignis unterzubringen. Mutter wohnte mit Benita und meinem Schwager im Ritz. Da sie sich wegen jeder Kleinigkeit aufregte und uns nur unnötig nervös gemacht hätte, hielten wir sie, solange es ging, über den erwarteten Nachwuchs in Unkenntnis.

Am entscheidenden Abend war niemand von der Familie da. Laurence fuhr los und holte die Hebamme, die abrufbereit gesessen hatte. Sie gab mir die richtigen Anweisungen. Die Wehen fingen an, und die Schmerzen wurden immer schlimmer. Als der Arzt kam, waren meine Schmerzen schier unerträglich, und ich sagte natürlich ja, als er fragte, ob ich eine Narkose haben wollte. Ich kam mir vor, als ob ich von wilden Pferden auseinandergerissen würde, und es dauerte eine Ewigkeit, bis ein zweiter, feierlich gekleideter Herr erschien, sich umzog und meine Leiden beendete. Das Chloroform tat zwar rasch seinen Dienst, bewirkte jedoch auch, daß Gawd sich nun keinen Zentimeter mehr vorwärtsbewegte und der Arzt die Zange zu Hilfe nehmen mußte. Um acht Uhr, gerade rechtzeitig zum Frühstück, war es dann soweit. Als ich aus der Narkose erwachte und hörte, daß ich einen Sohn geboren hatte, war es mir ganz seltsam, daß ich so lange Zeit ein männliches Wesen in mir gehabt hatte.

Für Mutter kam die Nachricht von der Geburt ihres Enkels so überraschend, daß sie den Anruf für einen Scherz hielt. Sie besuchte uns erst am Abend und war dann völlig perplex, tatsächlich den kleinen Gawd vorzufinden. Wir nannten ihn Michael Cedric Sindbad Vail. Wir wählten den Namen Cedric im Gedanken an einen guten Freund, den Maler Cedric Morris, auf Sindbad war Laurence wegen seiner Vorliebe für die Märchen aus Tausendundeiner Nacht gekommen; meine Wahl war auf Michael gefallen. Der Junge war goldig, wenn auch häßlich mit seinem runzligen roten Gesicht, schwarzen Haaren und riesigen abstehenden Ohren. Unsere Tagschwester war äußerst streng, und wir mußten den ganzen Spaß mit dem Kleinen für den

Abend aufsparen, wenn die engelsanfte Nachtschwester erschien. Der Arzt verordnete mir zur Schonung drei Wochen Bettruhe.

Um diese Zeit kam als neuer Gast Peggy in unser Haus. Anders kann ich sie in diesem Buch nicht nennen, da sich ihr Nachname viel zu oft geändert hat. Sie war mir schon von der Schule her bekannt und hatte zuerst meinen Vetter Edwin Loeb geheiratet, was leider nicht gutging. Benita und ich mußten ihr bei der Scheidung helfen. Bei uns erholte sie sich von der überstandenen Trennung, und ich war froh, daß auch Laurence sie gut leiden mochte. Peggy blieb in ihrem Wesen immer ungreifbar und läßt sich schwer beschreiben. Wenn es wirklich einmal gelang, sie auf eine Aussage oder Meinung festzunageln, erfuhr man bestimmt am nächsten Tag, daß sie jemand das genaue Gegenteil erzählt hatte. Sie verstand jeden und durchschaute alles, konnte daher auch nie Partei ergreifen und kam uns immer doppelzüngig vor. Dennoch war sie die einzige wirklich intelligente Frau, der ich je begegnet bin. Peggy tauchte immer in kritischen Momenten meines Lebens auf. Mir war, als ob ich bloß meine Aladinlampe hervorholen mußte, um sie herbeizuzaubern.

Den Sommer verbrachten wir in der Normandie, wo wir uns eine Ferienwohnung mieteten. Clotilde und Peggy waren bei uns und Mina Loy. Louis Aragon war damals Clotildes Freund und kam zu Besuch, auch Harald Loeb kam mit Kitty Cannell und Man Ray mit seiner Kiki. Einmal hatten wir auch James Joyce und Nora zu Gast.

Im Herbst entschlossen wir uns zu einem erneuten Aufenthalt in Capri. Peggy, Mary Reynolds und Clotilde kamen mit. Diesmal bezogen wir Quartier in einem kleinen Hotel mitten im Ort. Kusine Eleanor hatte mir in London ein Kindermädchen vermittelt. Sie hieß Lilly und hatte sich seit unserer Abreise um Sindbad gekümmert. Sie war von Natur aus gewissenhaft und eine Perle von einem Kindermädchen.

In Capri geschah, was einmal kommen mußte: Laurence

geriet durch seine Eifersucht in ernste Schwierigkeiten. Er beleidigte einen italienischen Liebhaber Clotildes, verletzte einen Polizisten und wurde ins Gefängnis gebracht. Da Laurence einmal den Bürgermeister von Capri beleidigt hatte, war das sein geschworener Feind, und Laurence mußte zehn Tage im Gefängnis auf seinen Prozeß warten. Unser Anwalt war der Rechtsberater des amerikanischen Konsulats und ein alter Fuchs. Er fand genügend Leute, die bezeugten, daß Laurence an dem Abend betrunken gewesen war und nichts Böses gewollt hatte. Das Schweigen des verletzten Polizisten hatte allerdings einiges gekostet. Und so wurde Laurence endlich wieder auf freien Fuß gesetzt. Wir verließen Capri umgehend und fuhren nach Amalfi, um dann den Winter in Ägypten zu verbringen. Clotilde und Peggy kamen nicht mit, sondern fuhren nach Paris zurück.

In Kairo mieteten wir einen Fremdenführer, der uns alle Sehenswürdigkeiten zeigte und vor allen Dingen dafür sorgte, daß wir auch fleißig einkauften. Zum Essen gingen wir nur in arabische Restaurants, und einmal gelang es uns auch, eine Moschee zu besuchen; natürlich nicht in der heiligen Gebetsstunde. Abends bummelten wir durch die arabischen Stadtviertel, was für Ausländer, insbesondere für Damen, als unschicklich galt; aber wenn Laurence irgendwo ein Schild sah, das den Angehörigen der englischen Armee den Zutritt verbot, mußte er erst recht hineingehen.

Einmal sahen wir einer hübschen Nubierin beim Bauchtanz zu. Sie war völlig dunkelhäutig, ähnelte aber sonst Hazel so stark, daß ich sie meine Schwester nannte. Laurence war so versessen auf sie, daß ich mich entschloß, ihm den Abend für sie freizugeben. Wir wohnten damals im Hotel Mena House nahe den Pyramiden von Gizeh. Laurence packte mich also in den Omnibus zum Hotel und warf meine Einkaufspäckchen lieblos zu mir herein, weil er sie den ganzen Nachmittag hatte tragen müssen. Eigentlich, so dachte ich, hätte er mein Opfer etwas freundlicher quittieren können. Mitten in der Nacht kehrte er endlich ins Hotel zurück. Zufällig kam ich dazu, wie er sich im Bad auszog, und ich merkte, daß etwas nicht stimmte. Er mußte zugeben, daß er sich angesteckt hatte. Voller Wut darüber, daß auch ich davon hätte betroffen werden können, verweigerte ich mich ihm tagelang. Er erzählte mir, das Bett der Bauchtänzerin sei so hoch gewesen, daß er ohne ihre Hilfe nicht hinaufgekommen wäre. Sie habe ihn einfach unter den Achseln gepackt und wie eine Puppe hochgehoben.

Ein andermal erlebten wir ein Zeltlager in der Wüste, was keineswegs so sportlich-spartanisch ist, wie es klingt; im Gegenteil, man kann sich kaum etwas Luxuriöseres denken. Wir zogen mit einer vollständigen Kamelkarawane los, mit Koch, Dienern, Möbeln, Gerätschaften und Lebensmitteln. Es war ein sehr lohnendes Unternehmen, denn nur so kann man die Wüste richtig kennenlernen, dieses riesige Sandmeer mit seinen nach allen Richtungen hin wogenden Dünenwellen in den verschiedensten Formen, manchmal sogar mit Bergen und Felsen. Die Eintönigkeit wird so selten durch den Anblick einer Luftspiegelung oder durch eine Oase unterbrochen, daß man sich völlig verloren vorkäme, wenn man nicht hin und wieder anderen Karawanen begegnete. Das Kamelreiten ist übrigens höchst unbequem, weil die ruckartigen und schwankenden Bewegungen sehr anstrengen und man nie in einen Trott oder Galopp wechseln kann. Für mich war es eine einzige Qual. Später habe ich das Reiten auf einem Esel versucht, was mir großen Spaß machte, denn der Schrittrhythmus der Esel ist fast noch angenehmer als der von Pferden.

Als es sich herumsprach, daß wir einen Ausflug nilaufwärts machen wollten, kamen alle Fremdenführer von Kairo gelaufen, um uns eine Dau zu vermieten. Einer lud uns sogar zu sich zum Essen ein; in seinem Haus am Wüstenrand gab es eine Mahlzeit mit dreizehn Gängen. Wir ließen uns trotzdem nicht verleiten und flohen nach Luxor, wo wir ein bescheidenes Boot mieteten, das zur Fortbewegung auf die launischen Nilwinde angewiesen war oder auf eine Mannschaft von acht Leuten, die bei Flaute zum Ufer übersetzten und das Boot mit Seilen schleppten. Laurence und ich wurden oft so ungeduldig davon, daß wir lieber selbst am Ufer entlangliefen und dann irgendwo warteten, bis sie mit dem Boot nachkamen.

Wenn man sich einmal auf eine solche Nilfahrt eingelassen hat, darf man es mit der Zeit nicht mehr genau nehmen. Ich wurde fast verrückt vor Ungeduld, während Laurence sich in die Kajüte zurückgezogen hatte, um an seinem Buch weiterzuschreiben. Er war Schriftsteller und mit seinem puritanischen Arbeitsethos gegen Langeweile gefeit. Sindbad war unter Lillys Obhut in einem Hotel in Assuan geblieben; so versuchte ich, mich damit zu unterhalten, daß ich eine tragende Ziege kaufte und die Geburt der Zicklein abpassen und beobachten wollte. Die kamen aber ausgerechnet in der einzigen Stunde meiner Abwesenheit vom Schiff, als ich Bekannte auf einem vorüberfahrenden Dampfboot besuchte. Zwar ließ mich der Kapitän noch rasch holen, doch ich kam zu spät. In der Folge fing das ganze Schiff an, nach Ziege zu riechen; ich wurde es leid und schenkte die Tiere dem Kapitän. Wir hatten auch zwei Lämmer an Bord, so zahm, daß sie uns auf den Schoß sprangen. Sie waren eigentlich als Proviant gedacht; aber ich konnte den Gedanken nicht ertragen, daß wir die lieben Kerlchen essen sollten; so bekam der Kapitän auch diese Tiere als Geschenk.

Wir fuhren ganz hinauf zur zweiten Nilstufe bei Wadi Halfa, wobei wir die bedeutendsten Tempelanlagen und Abu Simbel besuchten. Nicht das gegenwärtige, sondern das frühe Ägypten beeindruckte mich am tiefsten. In den Zeugnissen der alten Ägypter trat mir eine merkwürdige Mischung aus Grausamkeit, Würde und Verfeinerung entgegen, was sich in den kostbaren Reliefs der Gräber ausdrückte wie auch in den Proportionen und überwältigenden Ausmaßen der Tempel, zwischen deren Säulen man sich geradezu winzig vorkam. Einige Tempel standen halb unter Wasser; so paddelten wir mit einem Ruderboot in den Tempeln von Komombo und Phaleas herum.

In Wadi Halfa wollte uns der Gouverneur eine besondere Ehre erweisen und gab uns einen Empfang; denn es war wohl selten, daß Leute in einer Dau so weit nilaufwärts fuhren. Uns gefiel das Verhalten der Briten in ihren Kolonien überhaupt nicht, und so waren wir auch von dieser Einladung nicht besonders entzückt.

Auf dem Rückweg wurden wir eine Strecke weit von einem Dampfer in Schlepp genommen. Es war bezaubernd, Ägypten im Mondlicht rasch vorüberziehen zu sehen, während wir es in der Sonne nur im Zeitlupentempo an uns vorbeischleichen sahen. In der hellen Mondnacht erkannten wir alles wieder, was uns bei der Hinfahrt aufgefallen war.

Dreieinhalb Wochen hatten wir mit der Fahrt auf dem Boot zugebracht. Jetzt hatte ich keine Ahnung, wieviel Trinkgeld die Leute von uns erwarten durften. Wir probierten es mit einem Pfund für jeden; aber sie machten bloß lange Gesichter. Als wir jedem noch ein Pfund dazugaben, brach dagegen Jubel unter den Leuten aus. Ich war damals noch ziemlich geizig, und Laurence hatte es nicht leicht, wenn er mit meinem Geld etwas erledigen mußte, weil ich immer dazwischenredete. Das Trinkgeld für den Dolmetscher bezahlte er deshalb aus der eigenen Tasche.

Zurück in Kairo, ließen wir Sindbad und Lilly im Hotel Mena House und fuhren nach Jerusalem. Dort wurde mir zum ersten Mal peinlich bewußt, daß ich eine Mischehe eingegangen war, denn die Juden in Jerusalem schauten mich schief an. Tief beeindruckt waren wir von der Klagemauer. Allerdings fand ich den Anblick meiner Glaubensgenossen schwer erträglich, die dort in aller Öffentlichkeit stöhnten, jammerten und die Glieder verrenkten. Ich war froh, als wir das Land der Juden wieder hinter uns ließen.

Per Schiff ging es nun nach Genua und von dort mit dem Nachtschnellzug nach Paris. Nach unserer Ankunft schickte ich Laurence mit Lilly und Sindbad voraus und übernahm es, allein mit den Zollbeamten fertig zu werden. Glücklicherweise wurde nichts beanstandet, aber ich kam selbst fast aus dem Staunen nicht mehr heraus, als ich nachher im

Hotel Lutetia anfing, alles auszupacken. Es war wie der Auftritt eines Zauberers, der ein Ding nach dem anderen aus dem Zylinder zieht. Jeden Sonntag gaben wir Cocktailpartys und zeigten unseren Gästen die Kostbarkeiten aus dem Morgenland.

Jetzt, da wir Sindbad bei uns hatten, reichten die Räume im Lutetia nicht mehr aus, und wir mieteten für das nächste halbe Jahr ein Appartement am Boulevard Saint-Germain. Es war von einer Vornehmheit à la Proust, und wir mußten einiges tun, um es für unseren Geschmack bewohnbar zu machen. Unser Hausherr, der Vicomte de Cambon, war denn auch entsetzt, als er merkte, wie wir seine edlen Louis-Seize-Möbel in eine Abstellkammer räumten und statt dessen eine rustikale Einrichtung bevorzugten. Laurence stellte seine gesamte Bibliothek auf, und zusammen mit dem, was ich an Literatur in die Ehe gebracht hatte, bestimmten Bücher den Charakter der Wohnung. Beim Auszug verursachten wir übrigens eine Menschenansammlung auf dem Boulevard, weil wir die Bücher nicht brav die Treppe hinuntertrugen, sondern zum Fenster hinauswarfen und unten in Bettlaken auffingen.

In der neuen Wohnung feierten wir phantastische Bohemefeste, und Laurence bestand darauf, daß ich mir dafür bei Poiret ein neues Abendkleid kaufte. Wir fanden etwas Schönes aus Goldstoff, das jetzt, da ich wieder schlank war, wie angegossen saß. Eine Russin, die mit Strawinsky verlobt war, machte mir einen Kopfschmuck aus Goldnetzband dazu, in dem ich aussah wie Tutenchamun. In diesem Kostüm mit einer langen Zigarettenspitze wurde ich von Man Ray fotografiert; es war einfach sensationell.

Damals trank ich verhältnismäßig wenig, und ich langweilte mich auf Festen zu Tode, bei denen sich andere betranken. Ich konnte die Leute nicht ausstehen, die sich in meiner Wohnung übergeben mußten, und am meisten haßte ich Gäste, die sich auf meinem Bett herumknutschten. Einmal ließ eine Dame sogar ihr Korsett liegen und mußte es dann später abholen. Sobald die Gäste weg waren, lief ich wie meine Tante mit der Lysolflasche herum, weil ich eine panische Angst vor Geschlechtskrankheiten hatte.

Zu einem dieser Feste lud ich eine Kusine ein, die mit ihrem zweiten Mann auf der Hochzeitsreise war. Sie war fassungslos über zwei hübsche junge Männer, die eng umschlungen miteinander tanzten. Und dann bat ich sie auch noch, auf unser Silber aufzupassen, weil ich keine Ahnung hatte, wer wohl unsere Gäste waren; denn Laurence hatte die Gewohnheit, in angetrunkenem Zustand alle möglichen Leute aus irgendwelchen Bars mitzubringen. Zudem veranstalteten wir jeden Sonntagabend ein Haus der offenen Tür. Bei einer dieser Partys gab es eine peinliche Szene zwischen Man Ray und seiner Freundin Kiki. Sie ohrfeigte ihn und nannte ihn einen dreckigen Juden. Meine Mutter war zufällig dabei, und sie war so empört, daß sie Kiki gehörig die Meinung sagte.

Mutter ist es wohl nie besser als zu dieser Zeit gegangen. Sie konnte ihr eigenes Leben führen, hatte nicht mehr unter Vaters Untreue zu leiden, und ihre Kinder waren alle verheiratet; aber sie konnte ihre Töchter nicht loslassen. Jeden Morgen rief sie mich an, teilte mir mit, wie das Wetter sei und wie ich mich entsprechend anziehen müsse. Es war nicht zum Aushalten! Das schlimmste aber waren die langweiligen Partys im Ritz und ihre ständigen Vorwürfe, daß ich ein falsches Leben führte. Merkwürdigerweise gefielen ihr unsere Bohemefeste dennoch recht gut. Wer nicht reich war, war für sie ein Bettler, und eine Frau mit einer unehelichen Liebesbeziehung unweigerlich eine »N.G.«, Mutters Abkürzung für *»no good«* (taugt nichts). Es war ihr uneingestandener Kummer, daß ich keinen jüdischen Millionär geheiratet hatte. Laurence wurde allerdings von dem Bannstrahl nicht getroffen, weil er mit ihr flirtete. Sie hätte ohne weiteres wieder heiraten können, und Anträge wurden ihr wiederholt gemacht; aber sie war wohl eine »Ein-Mann-Frau«; und nach dem Pech, das sie mit Vater gehabt hatte, mochte sie ihre Energien nur noch darauf verwenden, glückliche Ehen für andere zu stiften.

Während des Winters führte Mary Reynolds ein ziemlich wildes Leben. Ich hatte ihr bei Poiret ein Abendkleid machen lassen, mit dem sie nicht selten in Begleitung mehrerer Leute im Bett landete. Einmal verlor sie ihren Schlüssel und blieb bei Marcel Duchamp über Nacht, woraus dann so etwas wie der Hunderjährige Krieg entstand. (Marcel war sehr begehrt, und es war nicht leicht, ihn an sich zu binden. Ihm gefiel das verrückte Leben überhaupt nicht, das Mary führte.)

Aber auch Duchamp war ein seltsamer Mensch. Er hatte seit seinem berühmten *Akt, die Treppe hinabsteigend,* also seit 1911, keinen Pinsel mehr angerührt. Als wir ihn kennenlernten, spielte er nur noch Schach und gehörte zum französischen Team. Nebenher kaufte und verkaufte er Brancusi-Plastiken. Marcel war ein hübscher Normanne und sah aus wie ein Kreuzritter, ein unwiderstehlicher Typ mit einer merkwürdigen Schwäche für häßliche Freundinnen. Mary war eigentlich viel zu hübsch für ihn, hat ihn aber schließlich doch erobert, wenn es auch noch Jahre dauern sollte.

Im Frühjahr 1924 veranstaltete Graf Etienne de Beaumont die »Soirées de Paris«. Auf seine Kosten mietete er die berühmte Music Hall Cigale am Montparnasse und rief an Künstlern herbei, was in Paris Rang und Namen hatte: Strawinsky und »Les Six« komponierten die Ballettmusiken; als Tänzer traten die berühmtesten Stars auf, von Lifar bis zu Massine. Die Bühnenbilder stammten von bekannten Malern wie Picasso, Max Ernst, Picabia, de Chirico und Miró. Es war eine sehr fruchtbare Zusammenarbeit mit gegenseitiger Anregung, weil die Künstler nicht wie bei Diaghilews Russischem Ballett bloß Befehlsempfänger waren. Die »Soirées de Paris« wurden zum großen gesellschaftlichen Ereignis, und man mußte einfach dabeigewesen sein. Übrigens hat man bei dieser Gelegenheit zum letzten Mal wirklich gute Choreographie auf der Bühne gesehen.

Neben den Ballettabenden brachten auch die neuen Schauspielstücke angenehme Abwechslung, zum Beispiel

Cocteaus *Roméo et Juliette* oder *Le Mouchoir de Nuage* von Tristan Tzara, die damals gerade inszeniert wurden. Unser sonstiger Lebensrhythmus war eher eintönig. Ich glaube, ich käme auf Jahre, wenn ich alle Stunden zusammenzählen wollte, die wir in Cafés verbracht haben, im Café du Dôme, in La Coupole, im Select, im Dingo, im Deux Magots und im Bœuf sur le toit.

Während des Winters wollte ich mir unbedingt einen Bubikopf machen lassen. Clotilde und ich waren in unseren Kreisen die einzigen Frauen, die noch immer lange Haare hatten. Mir wurde das ständige Kämmen und Bürsten lästig, ganz abgesehen von den Kopfschmerzen, die ich davon bekam. Gewiß war es schönes Haar, lang, lockig und kastanienbraun; aber eines Tags faßte ich den Entschluß und ließ es abschneiden. Zu Hause traute ich mich Laurence nicht unter die Augen und versuchte, meinen Kopf unter einem Hut zu verstecken. Als er mich endlich ertappte, wurde er so rasend, daß er mich unter den Toilettentisch warf. Natürlich habe ich meine Mähne von damals aufgehoben; aber sie war nicht mehr ein Teil von mir.

Im Frühjahr kam Benita wieder mit ihrem Mann nach Europa. Sie fühlten sich noch mehr als früher von unseren wilden Bohemefesten abgestoßen. Laurence war nicht gerne mit meiner Familie zusammen, hielt es aber für völlig selbstverständlich, daß ich seine Verwandten akzeptierte. Dennoch fuhren wir in jenem Sommer alle zusammen nach St. Moritz und von dort aus zum Comer See. Wir wohnten in Tremezzo, schwammen im See, spielten Tennis, und ich versuchte sogar, Golf zu lernen, um mit den Vails mithalten zu können. Von Benita und ihrem Mann lernte ich Mah-Jongg spielen, was sich bei mir zu einer Leidenschaft entwickelte.

Sindbad lernte inzwischen schon laufen und sprechen und wurde immer hübscher. Er hatte dicke blonde Locken und bereits die meisten Zähne bekommen. Wir waren alle ganz vernarrt in ihn. Ursprünglich hatte Laurence gar keine Kinder haben wollen; als Sindbad aber einmal da war, stellte er sich ganz verückt mit ihm an. Während meiner Schwangerschaft hatte Laurence immer gehofft, daß es ein Mädchen würde. Jetzt versprach ich ihm, nicht eher Ruhe zu geben, bis ich auch eine Tochter zur Welt gebracht hätte. Es sollte aber noch eine ganze Weile dauern, bis unsere Anstrengungen von Erfolg gekrönt wurden.

Benita und ihr Mann traten bald wieder die Rückreise nach Amerika an, während wir für den Spätsommer in Tremezzo blieben. Sogar Mr. Vail war einige Zeit mit uns zusammen, bevor er wieder in einem Sanatorium verschwand. Später fuhren wir nach Mailand, weil Clotilde dort mit einem Opernensemble für eine Provinz-Tournée proben wollte. Laurence und ich reisten weiter nach Venedig, wo wir die nächsten Monate in einem bedrückend altmodischen Hotel an der Riva wohnten. Das war wenigstens billiger als die Luxushotels, an die ich sonst gewöhnt war. Laurence bekam ein großes Arbeitszimmer mit einem Ofen, der beim Anheizen einen scheußlichen Geruch verbreitete. Niemand hätte sich hier auf Arbeit konzentrieren können, und wir entdeckten schließlich, daß der Ofen mit Kondompäckchen vollgestopft war; erst als wir das schwelende Gummi entfernt hatten, konnte sich Laurence wieder an seinen Roman machen.

Das Einkaufen war in Venedig fast so ermüdend wie in Kairo. Auch hier kam es wieder aufs Feilschen an, und es war schrecklich langweilig, sechs oder sieben Mal zu einem Laden zurücklaufen zu müssen, bloß um einen Preis auf ein vernünftiges Maß herunterzuhandeln. Dazu kam die Schwierigkeit, die gekauften Sachen aus Italien mitnehmen zu können, weil der Export von Antiquitäten verboten war. Laurence hatte in der Stadt einen Bekannten namens Favai getroffen, einen alten italienischen Juden, der mit seinem langen Gesicht und dem schwarzen Bart aussah wie von El Greco gemalt. Er lebte vom Fälschen alter Meister, die nichtsahnenden Leuten verkauft wurden, und half uns bei der Suche nach echten alten Möbeln für unsere Wohnung. Vorerst hatten wir zwar noch keine eigene Bleibe; aber es lag für mich auf der Hand, daß wir schon eine finden würden, wenn erst einmal die Möbel vorhanden waren. Favai entdeckte einige sehr schöne Stücke, die selbst einer Museumssammlung Ehre gemacht hätten.

Was mir damals am meisten Spaß machte, war, in Venedig zu Fuß auf Entdeckungen auszugehen. Laurence kannte Venedig seit seiner Kindheit, weil sein Vater regelmäßig im Herbst zum Malen in die Lagunenstadt gefahren war. Es gab keinen Stein, kein Gemälde, keine Kirche, über die Laurence nicht Bescheid wußte. Zu Fuß zeigte er mir alles in dieser Stadt, in der es keine Autos und Pferdefuhrwerke gibt, und ich begann, Venedig wie keinen anderen Ort auf der Welt zu lieben.

Die Piazza San Marco mit ihrer Seifenblasenkuppel über der byzantinischen Kathedrale und mit den Arkaden aus dem 17. Jahrhundert ist zweifellos einer der schönsten Plätze der Welt. Wie schön könnte man hier umhergehen, wenn es nicht die Touristenplage gäbe. Erträglich wird es erst, wenn man in einem der Cafés am Rande des Platzes sitzt, oder abends, wenn man einer Bläsermusik im Freien zuhört. Viel schöner freilich fand ich die kleinen *piazze,* die ich auf den Streifzügen durch die Stadt entdeckte. Sie sind nur den Einheimischen bekannt, weil die Touristen gewöhnlich nicht weiter als bis zur Piazza San Marco gelangen. Dabei hat jeder Stadtteil von Venedig seine eigene Piazza.

Es ist müßig, über die fauligen Gerüche in der Lagunenstadt zu klagen; man vergißt sie schnell angesichts der überwältigenden Schönheit der Stadt, in der die Architektur von zehn Jahrhunderten erhalten geblieben ist. Wenn meine Onkel in ihrer Weitsicht nicht mein Geld festgelegt hätten, wäre ich schon damals der Versuchung erlegen, einen Palazzo zu kaufen.

Einmal wurde unser Kindermädchen krank, und ich mußte mich jeden Tag selbst um Sindbad kümmern. Da er nicht gerne die vielen Brückenstufen steigen mochte und ich ihn kaum noch tragen konnte, engagierten wir eine tüchtige junge Italienerin zur Aushilfe. Wie beschämt war ich, als ich sah, wie da eine kleine Vierzehnjährige, selber kaum größer als Sindbad, mit ihrer Aufgabe fertig wurde; wahrscheinlich war sie daran gewöhnt, sich um eine große Schar jüngerer Brüder und Schwestern zu kümmern.

Oft gingen wir mit Sindbad die Tauben auf der Piazza füttern. Im Winter blieben nämlich die Futter streuenden Touristen aus, und die Tauben waren auf die knappen Rationen angewiesen, die ihnen die Stadtverwaltung zukommen ließ. Jeden Nachmittag erschienen wir mit einem Fünfkilobeutel voll Körner auf der Piazza, und das Geflatter der hungrigen Vögel um uns her war manchmal geradezu erschreckend. Vom Wind ihrer Flügel wurden wir fast weggeblasen.

Laurence liebte es, sich zur Schau zu stellen, und bevorzugte daher eine möglichst auffällige Kleidung. Abgesehen davon, daß er stets ohne Hut ging und sein lockiges Blondhaar frei flattern ließ, erweckte er auf noch manch andere Weise Aufmerksamkeit. So wählte er zum Beispiel für seine Mäntel höchst ungewöhnliche Farben. Sie waren weiß, azurblau, terracottafarben und beige. Hemden ließ er sich aus Stoffen machen, die für ganz andere Zwecke bestimmt waren. Dabei kamen alle nur denkbaren Farben vor. Am liebsten suchte er sich einen ausgefallenen Vorhang- oder Möbelbezugsstoff aus. Mit solchen lebhaften Dekorationsmustern ging er dann zu den vornehmsten Londoner Hemdenschneidern und verlangte zu deren Befremden, daß man ihm daraus Hemden machte. Statt Schuhen trug er lieber Sandalen. Schuhe aussuchen war für ihn eine Tortur und endete oft dramatisch damit, daß er aus dem Laden davonstürzte. Hosen und Jacketts hatte er in unvorstellbaren Kombinationen; vor allem Hosen suchte er sich in den auffallendsten Farben aus. Bei alledem vergaß er nie, seine riesige Sammlung absonderlicher Krawatten zu ergänzen.

In Venedig kam Laurence auf die absurde Idee, ich solle ihm eine Automütze aus Zobelfell machen lassen. Sie wäre gewiß ein ungewöhnliches Statussymbol geworden; aber mir ging diese Extravaganz wider den Strich, und ich erfüllte ihm den Wunsch nicht. Nach langem Streit ließ ich ihm ein italienisches Offizierscape mit Samtkragen anfertigen.

Die Regenzeit vertrieb uns schließlich aus Venedig, und wir gingen nach Rapallo. Dort gab es wenigstens Sonne, die wir allerdings teuer bezahlen mußten. Wie machten die Bekanntschaft Ezra Pounds und gingen jeden Tag in seinen Klub zum Tennisspielen. Er spielte ausgezeichnet, stimmte aber jedes Mal ein Triumphgeheul an, wenn er einen Ball gut plazierte. Als ich Ezra später wieder in Paris traf und ihm gestand, wie sehr mir sein geliebtes Rapallo aufs Gemüt geschlagen war, meinte er bloß: »Möglicherweise haben Sie unangenehme persönliche Erinnerungen an den Ort?« Und ob ich welche hatte! Nicht nur, daß ich mich dort zu Tode langweilen mußte; unsere Ehe war auch von ständigem Krach vergällt, der in Schlägereien in Nachtklubs und Bars gipfelte.

Auf der Rückreise nach Paris nahmen wir die Küstenstraße und machten in einem reizenden kleinen Ort namens Le Canadel Station. Er liegt auf halbem Wege zwischen St. Raphaël und Toulon an der Côte des Maures. Damals war Le Canadel kaum bekannt und wenig besucht. Sein langer, von Pinien eingerahmter Sandstrand war menschenleer. Wir fanden so großen Gefallen an dem Ort, daß wir uns dort niederlassen und ein Haus kaufen wollten. Es fand sich auch bald ein geeignetes Anwesen in der Nähe. Cocteau hatte dort oft den Winter mit Raymond Radiguet verbracht. Es hieß »La Croix Fleurie«, lag direkt an der Küste und hatte einen eigenen Strand, der sich zum Cap Nègre hin erstreckte. Das Haus selbst war nicht besonders einladend: ein nach provençalischer Art weiß getünchtes Gebäude. Über zwei Außentreppen gelangte man auf einen Balkon und von dort in drei geräumige Zimmer. Dahinter lagen noch drei Kammern und ein Bad. Da das Haus so klein war, hatte der Eigentümer einen Flügel angebaut, der das Ganze nicht nur erträglich, sondern wirklich erst hübsch machte.

Dieser Anbau bestand aus einem einzigen großen Raum mit offenem Kamin und drei wandhohen Fenstertüren, durch die man auf eine Terrasse mit Palmen und Orangenbäumen gelangte, etwa fünfzehn Meter über dem Meer. Zu ebener Erde war die Küche mit einem einfachen Kohleherd, zwei weitere Kammern und eine Toilette. Telefon und elektrisches Licht gab es nicht. Eine Doppelgarage mit drei Dienstbotenzimmern gehörte auch noch zu dem Anwesen.

Wir entschlossen uns zum Kauf und bestellten Handwerker, die das Haus für unsern Einzug im Herbst richten sollten; für Laurence wurde ein Studio dem Haus gegenüber in Auftrag gegeben. Nachdem wir nun unseren künftigen Wohnsitz festgelegt hatten, reisten wir nach Amerika.

Mina Loy, die nicht nur dichtete und malte, erfand immer wieder etwas Neues, mit dem sie ihr Glück zu machen hoffte. Sie hatte gerade die frühe Form der Collage, den Scherenschnitt, für sich entdeckt: ausgeschnittene Blumenmotive faßte sie in kostbare Louis-Philippe-Rahmen, die sie auf dem Flohmarkt besorgte. Sie hatte mich gebeten, ihre Arbeiten mit nach New York zu nehmen und dort zu verkaufen. Laurence fiel ein schöner Ausdruck für die kleinen Kunstwerke ein: er nannte sie Jadeblüten. In einem Dekorationshaus an der Madison Avenue organisierte ich eine Ausstellung. Laurence half beim Aufhängen der Bilder; dabei benahm er sich so hemmungslos unkonventionell, daß die Besitzerin des Ladens ihn fortschicken wollte. Erst als ich erklärte, daß er mein Mann sei, mußte sie ihn wohl oder übel gewähren lassen. Die Ausstellung wurde ein voller Erfolg, und ich verkaufte eine unerwartete Menge von Jadeblüten. Benita kaufte zwei, die sie dem Metropolitan Museum anbot, die vom Kurator aber zurückgewiesen wurden. Ich besuchte alle meine alten Bekannten, um ihnen Jadeblüten zu verkaufen, und war davon so besessen, daß ich trotz meines wachsenden Bauches – ich war wieder schwanger – die Bilder durch ganz New York schleppte. Die vielen Rahmen müssen arg auf meiner armen Tochter gelastet haben.

Schließlich hatte ich das Gefühl, daß ich genügend für den Verkauf der Jadeblüten getan hatte, und wir begannen, uns nach einem Haus für die nächsten Monate umzusehen; aber der Gedanke an einen Sommer in Amerika deprimierte uns derart, daß wir nach Europa zurückkehrten. Da wir Frankreich keinen neuen Soldaten schenken wollten, gingen wir in die Schweiz nach Ouchy am Genfer See.

Die Tage vergingen, ohne daß etwas geschah. Dann aber machte Laurence wieder eine fürchterliche Szene. Ich weiß nicht mehr, worum es ging; jedenfalls schleuderte er mir eine ganze Schüssel voll Bohnen in den Schoß, tobte durch unser Appartement, warf Möbel um und zertrümmerte einen Stuhl. Diese Aufregung hat möglicherweise Pegeen in Bewegung gebracht, und am nächsten Tag tat sich endlich etwas. Die Hebamme schickte mich zu einem langen Spaziergang mit Laurence an den See. Es war sehr beschwerlich, und die Schmerzen wurden immer schlimmer. Gegen Abend ließen wir Sindbads Kinderbettchen mit neuen Vorhängen bereitstellen. Das war für Mutter – die natürlich mitgekommen war – das Signal. Immerhin war sie so taktvoll, so zu tun, als ob sie es nicht bemerkt hätte; aber sie saß die ganze Nacht mit Clotilde nebenan und hielt eine Zeitung verkehrt herum vor sich. Um zehn Uhr kam der Arzt; Laurence durfte diesmal dabeisein und mir sogar ein Bein halten. Eigentlich hatte ich mir vorgenommen, ohne Betäubung auszukommen; aber die Schmerzen wurden so arg, daß ich doch nach der Narkose verlangte; die Hebamme hatte alles bereit, und jedesmal, wenn die wilden Pferde mich wieder zu zerreißen drohten, hielt sie mir etwas Chloroform unter die Nase. Als Pegeen endlich kam, sah sie genauso aus wie Sindbad bei seiner Geburt: sie hatte schwarze Haare und blaue Augen. Mit der Geburt des Mädchens hatte ich Laurence mein Versprechen einer Tochter erfüllt, und weitere Kinder wollte ich nun nicht mehr haben.

4

Ländliches Familienleben in Südfrankreich

Nach so langem Aufenthalt in Ouchy drängte es Laurence und mich, endlich in unser neues Haus in Südfrankreich zu ziehen. Laurence fuhr im Wagen voraus, und ich nahm mit den beiden Kindern, dem Kindermädchen Lilly und der Schwester den Schnellzug. In Lyon hatten wir Aufenthalt, und ich ging mit Lilly und Sindbad, um etwas zu essen zu besorgen. Als wir zurückkamen, war der Zug abgefahren und mit ihm das Baby, die Schwester und das ganze Gepäck. Voller Entsetzen dachte ich, ich würde sie nie wiedersehen, da die Schwester keine Ahnung hatte, wo es hingehen sollte; aber dann half mir der Bahnhofsvorsteher: Er ließ den Zug bei der nächsten Station anhalten, wo die Schwester mit Pegeen und den fünfzehn Koffern aus dem Abteil geholt und kurz darauf in unseren Zug gebracht wurde, mit dem wir inzwischen von Lyon abgefahren waren.

Unser neuer Wohnsitz gehörte zu Pramousquier, einem winzigen Ort, der nur aus einem Bahnhof und einigen wenigen Häusern bestand. Achtmal am Tag fuhren Züge, vier von St. Raphaël nach Toulon, vier in der Gegenrichtung, und es dauerte ungefähr vier Stunden, um zu einer der Endstationen zu gelangen. Wir machten allerdings nur wenig Gebrauch von dem Bähnchen, das wie ein Spielzeug aussah und einen Lärm wie ein Express machte.

Jahrelang hatten wir keinen Strom und anfangs auch kein Telefon. Im Haus war ein altmodischer Eisschrank, und wir erhielten täglich frisches Eis mit der Bahn, das einfach aus dem Zug geworfen wurde. Manchmal mußte ich bis Cavalière hinterherfahren, weil es versehentlich dort abgeworfen worden war. Es gab in Pramousquier kein Gras, keine Kühe und also auch keine Milch. Die nächstgelegene Kleinstadt mit Einkaufsmöglichkeiten war Le Lavandou. Von dort kam auch täglich der Postbote auf dem Fahrrad, und es erfüllt mich auch heute noch mit Erstaunen, daß er sich nicht weigerte, uns die Post zu bringen; denn wir hatten eine Schäferhündin, die jeden Uniformträger anfiel und biß. Das war Lola, die wir eines Tages an einem Orangenbaum angebunden vorgefunden hatten. Obgleich sie so bösartig sein konnte, blieb uns doch nichts anderes übrig, als sie bei uns aufzunehmen. Zu Leuten, die keine Uniform trugen, war sie ausgesprochen lieb. Durch Lola wurde mir auch der langgehegte Wunsch erfüllt, eine Geburt beobachten zu können. Ausgerechnet die Couch in unserem Wohnzimmer suchte sie sich dazu heraus, und es war rührend, wie überrascht sie war, als sie plötzlich die Welpen um sich hatte. Drei von ihnen zogen wir auf, und bald jagten sie mit Lola zusammen durch die Umgebung und schnappten Hühner, für die wir oft genug bezahlen mußten. Auch junge Kätzchen mußten gelegentlich daran glauben. Lola blieb mein Liebling, während Laurence eine größere Zuneigung zu Lulu faßte, die mich in ihrem Aussehen immer an ein Krokodil erinnerte. Laurence bestand auch darauf, daß beide Tiere bei uns schlafen durften; dabei wurde Lulu mit der Zeit so groß, daß ich selbst kaum noch Platz im Bett fand.

Unser Gärtner hieß Joseph und war Italiener. Laurence ließ ihn hübsche Gartenbeete anlegen; aber die Hunde scharrten ihm zuviel darin herum, so daß er sie loswerden wollte. Um uns dazu zu bringen, die Hunde wegzugeben, sammelte er morgens mit einer Schaufel alle Häufchen ein und deponierte sie auf der Terrasse rings um unseren Frühstückstisch. Monatelang blieb es uns ein Rätsel, warum die Hunde sich unbedingt diesen Ort zur Verrichtung ihrer Geschäfte aussuchen mußten, bis ich endlich darauf kam, daß Joseph dahinterstecken könnte.

Unsere Dienstmädchen waren Italienerinnen. So sah es in Küche und Speisekammer oft schlimm aus; wir können wohl von Glück reden, daß der Schmutz und die in der Hitze verderbenden Lebensmittel unserer Gesundheit nicht geschadet haben. Aber unser Weinkeller war stets gut bestückt, und es gab immer gutes Essen, weil wir Meisterköche aus Paris engagierten. Einmal kauften wir sogar einen ganzen Satz Kupferpfannen, um einen Küchenchef zum Bleiben zu bewegen.

Laurence sorgte dafür, daß unser Haus immer wohnlicher wurde. Zu den schönen alten venezianischen Möbeln kamen bequeme Sofas und Sessel. Ein Raum wurde zur Bibliothek ausgebaut. Clotilde bekam über der Garage ein großes Studio, und zum Schluß hatten wir insgesamt vier Häuser, weil wir am anderen Ende unseres Grundstücks noch ein Häuschen für unsere Freunde Bob und Elsa Coates bauen ließen. Wir fühlten uns in Pramousquier zu Hause und fast schon als echte Einheimische.

Immer mehr Leute kamen zu Besuch. Zu den frühesten Gästen zählte Mina Loy mit ihren Töchtern Joella und Faby. Mina malte in ihrem Schlafzimmer ein Wandbild. Die Komposition bestand aus Langusten und Meerjungfrauen mit Sonnenschirmen an den Schwänzen.

Im Winter fuhren wir nach Wengen zum Skilaufen; das heißt, Laurence gab sich dem Sportvergnügen hin, während ich mich nicht auf die Bretter wagte, da mein Gleichgewichtssinn genauso schwach entwickelt war wie meine Fußgelenke. Seit meinen schmerzhaften Kindheitserfahrungen vermied ich alles, was mit großer Wahrscheinlichkeit unerfreulich ausgehen mußte. Selbstverständlich wurde es mir langweilig, den ganzen Tag mit den Babys im Hotel zu sitzen und auf Laurence zu warten. Einmal wagte ich mich hinaus und nahm Sindbad auf einem Schlitten mit. Prompt brach ich mir fast eine Rippe. Da faßte ich den Entschluß, einige Tage allein nach Paris zu fahren. Ich nahm mir vor, meine Freiheit auszunutzen und heimlich während dieser Tage ein ausgelassenes Leben zu führen. Laurence hatte in einem alten Handwerksatelier ein Studio, das ein idealer Ort für Bohemefeste war. Dort veranstaltete ich eine große

Cocktailparty, die erste ohne Laurence. Ich war stolz auf meine Selbständigkeit. Am Ende der Party bekam ich, was ich mir gewünscht hatte; leider war ich so beschwipst, daß ich es kaum merkte.

Laurence ließ nicht lange auf sich warten, und als er in Paris eintraf, spürte er sofort, daß ich ihm etwas verheimlichte. Allerdings an dem Abend, an dem er ohne Voranmeldung auftauchte, war ich in völlig harmloser Weise mit meinem Freund Boris Dembo zusammen, der unaufgefordert die Flucht ergriff, als er sah, was Laurence für ein Gesicht machte. Ich war im Lutetia abgestiegen, und Laurence begann sofort, sich in der gewohnten Weise aufzuführen. Er riß Schränke und Schubladen auf, warf meine Kleider auf einen Haufen, meine Schuhe flogen zum Fenster hinaus. Dann wollte er ins Kinderzimmer. Glücklicherweise hatte sich das Kindermädchen eingeschlossen, so daß ihr der Anblick von Laurence in diesem Zustand erspart blieb. In einer Schublade entdeckte Laurence meine abgeschnittenen Haare, die er an die Lippen preßte und mitnahm, als er nach seinem Auftritt davonstürmte. Einige Stunden später kam er wieder, und das Toben fing von neuem an.

Damit war die Sache aber noch nicht ausgestanden. Es ging vielmehr noch tagelang weiter und endete damit, daß Clotilde einen Mann bekam. Ich hatte Laurence zugegeben, daß ich untreu gewesen war, verriet aber nicht, mit wem. Eines Abends saßen wir in einer kleinen Bar am Montparnasse beim Essen. Laurence hatte meine Untreue noch immer nicht verwunden. Plötzlich stand er auf und feuerte mehrere Flaschen in eine Ecke über die Köpfe von vier Franzosen hinweg, die dort friedlich ihr Abendessen einnahmen. Die ließen sich diese Behandlung natürlich nicht gefallen und holten die Polizei. Laurence wurde abgeführt, ich fiel an der Bar in Ohnmacht, und als ich wieder zu mir kam, saß Laurence im Gefängnis. Clotilde war da, weil sie an dem Abend mit uns ausgegangen war, und riet mir, Duchamp anzurufen, damit er uns aus der Patsche hülfe. Der sagte sofort, man müsse die vier Herren bitten, ihre

Klage zurückzuziehen. Leider taten das nur drei von ihnen. Dafür verliebte sich der eine in Clotilde und wurde später ihr Mann. Er sah gut aus, kam aus der Vendée und stammte aus einer alten französischen Offiziersfamilie, also aus einem völlig anderen Kreis. Er schien sich jedoch bei uns wohl zu fühlen, woraus man schließen darf, daß ihn schon damals nichts mehr erschüttern konnte.

Ich glaube, das muß auch das Jahr gewesen sein, in dem die britischen Bergleute streikten. Ich nahm starken Anteil an dem Arbeitskampf, und als sich absehen ließ, daß die Sache nationale Bedeutung bekam, entschloß ich mich zu einer großen Spende. Ich telegrafierte meiner Bank, die letzten zehntausend Dollar flüssig zu machen, die mir an Aktien aus Großvaters Erbe geblieben waren. Das gab einige Aufregung, weil sich der »Pelzmantel-Onkel« einschaltete und Einspruch einlegte. So verzögerte sich die Geldanweisung und kam zu spät. Der Streik war längst vorbei, als das Geld eintraf. Laurence wollte mich trösten und sagte: »Nimm's nicht tragisch; es reicht bestimmt, um jedem Bergmann ein Bier zu bezahlen.«

Während meines Aufenthalts in Paris hatte mich Berenice Abbot gebeten, ihr fünftausend Francs für eine neue Kamera zu leihen, weil sie sich als Fotografin selbständig machen wollte. Zum Dank kam sie nach Pramousquier und machte die herrlichsten Aufnahmen von Sindbad, Pegeen und mir. Selten hat sich mein Einsatz so gelohnt wie in diesem Fall.

Etwa um die gleiche Zeit gründete ich mit Mina Loy ein Geschäft. In ihrem üblichen Einfallsreichtum hatte sie drei neue Arten von Lampenschirmen entworfen. Das erste Modell war ein durchsichtiger Globus; der zweite Entwurf zeigte Boote mit reliefartig vorspringenden Segeln und erinnerte an alte Dreimaster vor dem Wind. Die dritte Sorte bestand aus einer doppelten Cellophanschicht; dazwischen eingelegte Scherenschnitte riefen sehr hübsche Schattenwirkungen hervor. In der Rue du Colisée richtete ich für Mina einen Laden ein, und in der Avenue du Maine bekam sie ein

Atelier, wo sie eine Schar von Mädchen beschäftigte. Während ich mich um den Laden kümmerte, leitete sie mit einer ihrer beiden Töchter das Atelier.

Später zeigte Laurence in dem Laden seine Bilder, sehr dekorative, aber naive Malereien. Laurence war vom Einfluß der Surrealisten völlig unberührt geblieben, die den Sommer über in Scharen nach Le Lavandou kamen und in ihrer vagen Art bei uns ein und aus gingen. André Masson und Gaston Louis Roux wohnten ganz in unserer Nähe und gehörten zu unseren Freunden.

Der Lampenschirmladen war ein großer Erfolg. Laurence hatte einen Onkel, der mit Entsetzen vernahm, daß ich tatsächlich selbst im Geschäft tätig war. Er fragte Mrs. Vail, ob ich etwa gar auch Geld nähme. Die Vails waren eben große Snobs.

Im Winter vollendete Laurence seinen Roman *Murder! Murder!* (Hilfe, Mord!). Es war eine Art Satire auf unser gemeinsames Leben, und obgleich es ganz lustig zu lesen war, fühlte ich mich doch durch einige Passagen gekränkt. Als Laurence meine Reaktion bemerkte, war er so beleidigt, daß er das Manuskript in den Ofen seines Studios warf. Das geschah an dem Tag, an dem eine Bekannte aus Nizza kam, um das Manuskript zu tippen, und Laurence mußte nun den Text aus dem Gedächtnis diktieren. Diesmal ging er etwas freundlicher mit mir um.

Zurück in Pramousquier, führten wir wieder ein wundervolles Leben. Unser Lebensrhythmus richtete sich eigentlich immer nach dem, was Laurence sich einfallen ließ. Er war ein begeisterter Boules-Spieler geworden und veranstaltete regelrechte Wettkämpfe auf unserer Terrasse, wobei sich unser Gärtner Joseph als Champion erwies. Joseph war überhaupt sehr geschickt. Vor dem Studio legte er mit Laurence einen Obstgarten an. Einmal hatten wir ein allerliebstes Schweinchen, das Joseph wie ein Hund überallhin nachlief und auf den Namen Chuto hörte. Welch schrecklicher Moment, als Chuto geschlachtet werden mußte und sein Blut zu schwarzen Würsten verarbeitet wurde. Ein eigens dazu bestellter Fachmann aus Le Lavandou führte die Prozedur in unserer Küche durch. Nachdem das Tier von Joseph monatelang gehätschelt und gemästet worden war, hatte Chuto so viel Speck angesetzt, daß sein Schinken für Jahre hätte reichen müssen. Leider mußten wir den ganzen Vorrat auf einer Fahrt nach Paris mitnehmen, und die Stücke wurden von der Kälte ganz grün. Mit der Hühnerzucht hatten wir auch kein Glück. Wir zahlten Unsummen für Körnerfutter, ehe gelegentlich mal ein Ei gelegt wurde. So gaben wir es bald auf.

Nachdem Sindbad alt genug war, begleitete er uns überallhin. Pegeen war noch zu jung und blieb bei dem Kindermädchen Doris, das Lilly abgelöst hatte. Sie muß unbewußt wohl das Gefühl bekommen haben, sie sei unerwünscht, und schloß sich sehr eng an Doris an.

Wenn wir abends zu Hause blieben, hatten wir immer Gäste, und es machte uns Spaß, sie mit erlesenen Speisen und Weinen zu bewirten. Waren einmal keine Besucher für länger im Haus, so luden wir unsere Bekannten aus der Nachbarschaft ein.

Im Winter litten wir oft tagelang unter dem Mistral, der den Sand ins Haus blies, Fenster zerbrach und die Straßen mit umgefallenen Bäumen versperrte. Wir verließen jedoch Pramousquier nur während der Regenperiode, die im November begann und etwa zwei Monate dauerte; und Mitte August fuhren wir für drei Wochen in die Berge, um der unerträglichen Hitze zu entgehen.

Anfang 1927 reisten wir wieder nach New York. Bei dieser Überfahrt hatte ich an die fünfzig von Minas Lampenschirmen mitgenommen. Als Lampenfüße hatte sie Flaschen aus der Louis-Philippe-Zeit auf dem Flohmarkt gekauft. Laurence regte an, auch die einfachen Weinkaraffen zu verwenden, die es damals in Le Lavandou gab. Sie kosteten uns nur wenige Cents, und wir verkauften sie das Stück für fünfundzwanzig Dollar. Daneben verwendete Mina auch eigentümliche Wurzelknollen als Lampenständer, die sie silbern, blau oder grün einfärbte. Ich entwickelte

Verkaufsgeschick und wurde sämliche Stücke los, allerdings auch in Läden, die ich nach Minas Meinung nicht hätte aufsuchen sollen. Ich verkaufte für fünfhundert Dollar und schickte Mina einen Scheck; aber sie war wütend, weil ich ihre Anweisungen nicht befolgt hatte. Sie befürchtete, ihre neuen Sachen könnten durch den Verkauf in Großkaufhäusern im Wert herabgemindert werden. Viel schlimmer war es aber für sie, daß ihre Ideen in Paris gestohlen wurden, obwohl sie die Patentrechte besaß. So kam es, daß sie ihr Geschäft aufgeben mußte; denn ohne einen echten Geschäftsmann und eine Menge mehr Kapital war es nicht durchzuhalten.

Bei meinem Aufenthalt in New York vertraute mir Benita an, daß sie im August ein Baby erwartete. Dies war nach mehreren Fehlgeburten die erste wirkliche Chance, den sehnlichen Wunsch nach einem Kind zu erfüllen, den besonders ihr Mann hegte. Benita sah in ihrer Schwangerschaft eher noch schöner aus als gewöhnlich. Sie war ausgeglichen und glücklich in ihrem Zustand und fuhr geduldig und gelassen mit mir überallhin, während ich mit Hilfe ihres schwedischen Chauffeurs Minas Flaschen und Lampenschirme durch New York schleppte.

Die Trennung von meiner Schwester wurde mir diesmal besonders schwer, weil ich bei der Geburt des Kindes hatte dabeisein wollen. Aber Laurence drängte nach Europa.

In Paris machte ich die Bekanntschaft von Isadora Duncan, die im Hotel Lutetia in dürftigen Verhältnissen ihr Dasein fristete. Trotzdem ließ sie es sich nicht nehmen, uns Champagner anzubieten. Sie muß wohl gehofft haben, ich würde sie aus ihren Schwierigkeiten erlösen, was ich aber leider nicht getan habe. Einmal kam sie auch nach Pramousquier in ihrem kleinen Bugatti, mit dem sie wenig später tödlich verunglückte. Isadora hatte leuchtend rote Haare und trug ein herrliches Kostüm in Purpur und Rosa. Sie mochte mich nicht als Mrs. Vail anreden; statt dessen nannte sie mich Guggy Peggelheim und riet mir dringend davon ab, mich als Frau und Anhängsel eines Mannes vorstellen zu lassen. Auch in diesem fortgeschrittenen Stadium ihres Lebens war Isadora noch vital und nuancenreich im Ausdruck, auch wenn sie ihre tiefe Entmutigung nicht verbergen konnte. Die Nachricht von ihrem Tod ging mir sehr nahe.

So vergingen die Tage und Wochen; da machte ich einmal aus Versehen ein Telegramm auf, das an Laurence adressiert war. Darin wurde ihm mitgeteilt, er solle mir schonend beibringen, daß Benita während der Entbindung gestorben war.

Das kam so unerwartet plötzlich, daß ich es erst gar nicht begreifen konnte. Es ging mir wie jenem Menschen in der Sage, der so unmerklich rasch vom Schwert durchschnitten wird, daß er noch lacht, bis er bei der ersten Bewegung auseinanderfällt.

Zuerst tat ich so, als ob nichts geschehen wäre, und erledigte noch einige Rechnungen, mit denen ich gerade beschäftigt war. Als ich dann aber aufstand, kam ich mir tatsächlich wie entzweigeschnitten vor, als ob ich bereits ein Stück meines Körpers verloren hätte.

Ich begann mir Vorwürfe zu machen, weil ich Benita allein gelassen hatte. Ich konnte gar nicht aufhören zu weinen, und noch wochenlang kamen mir die Tränen. Ich mußte Blumen um mich haben; Clotilde und Laurence fuhren nach Toulon und brachten mit, was sie in den Blumenläden und auf dem Markt erstehen konnten. Besonders Clotilde war rührend um mich bemüht, und wenigstens dies eine Mal wußte sie etwas wirklich Tröstliches zu sagen; denn sie konnte nachempfinden, was ich fühlte, da sie doch selbst so sehr an ihrem Bruder hing. In meiner Trauer um Benita ging ich so weit, daß ich meine Kinder mit Schuldgefühlen anschaute, weil es ihr nicht vergönnt gewesen war, Kinder zu haben.

Selbst meine Trauer war für Laurence ein Grund zur Eifersucht; er hielt mir ständig vor, daß ich doch ihn noch habe. Aber das war mir damals kein Trost, und es kam darüber zum Streit. Überhaupt hat sich seitdem mein

Verhältnis zu Laurence zutiefst verändert. Ich konnte es nicht verwinden, daß er mich all die Jahre von Benita getrennt hatte.

Von überall her wurde mir Beileid bekundet, und ich schrieb irre Antwortbriefe. Ich war nicht mehr ganz bei Sinnen. Den meisten Trost fand ich noch, wenn ich mir die Kreutzersonate auflegte und die Briefe von Mary Loeb las. Sie war Benitas engste Vertraute gewesen und litt genauso tief wie ich.

Wie tröstlich wäre es für uns beide gewesen, wenn wir uns hätten zusammen ausweinen können.

Ein anderer Trost hat mich damals tief beeindruckt; und zwar kam er von der Vorsteherin des kleinen Bahnhofs in Le Canadel. Sie war eine warmherzige Südländerin und hatte mir schon in manchen Nöten beigestanden, was man besonders in solch abgelegenem Ort zu schätzen weiß. Sie galt wohl als Dorfhure; doch waren ihre Lebensansichten darum nicht minder beachtlich. Als sie von Benitas Tod erfuhr, sagte sie: »*Nous ne sommes tous que passagers sur cette terre* (Wir sind alle bloß Durchreisende in diesem Leben)«, was mir angesichts ihres Berufes als Bahnhofsvorsteherin eine äußerst treffende Bemerkung zu sein schien.

Auch in diesem Sommer flohen wir vor der Hitze in die Alpen. Laurence hatte für uns eine kleine Hütte hinter Barcelonette gemietet. Wir nahmen unsere Freundin Peggy, Doris und die Kinder mit, während Peggys Mann geschäftlich in Paris zu tun hatte.

Mir war die ganze Zeit über so elend, daß ich kaum essen und schlafen konnte. Immer wieder fing ich an zu weinen, und Doris pflegte mich hingebungsvoll, damit ich bloß nicht noch mehr abmagerte.

Laurence mußte immer wieder Streit anfangen und brachte es sogar hinter meinem Rücken fertig, Peggy davon abzubringen, mit mir über Benita zu sprechen, angeblich, weil ich es nicht mehr ertragen könne. Es dauerte eine ganze Weile, bis ich erfuhr, wozu er in seiner Eifersucht

fähig war und warum Peggy mir den einzigen Trost vorenthielt, der mir noch geblieben war.
Als Folge von alledem zeichnete sich eine zunehmende Entfremdung zwischen Laurence und mir ab, die schließlich im Jahr danach zu unserer Trennung führen sollte.

5

Das kritische siebente Jahr

Nach unserer Rückkehr aus den Bergen kam eine alte Bekannte von Laurence mit ihrem Freund zu Besuch. Er gehörte den Rosenkreuzern an und versuchte, mir durch seine Religion in meinem Schmerz zu helfen. Er las meine Handlinien und sagte mir einen neuen Mann voraus. Laurence wurde davon so aufgebracht, daß er sofort eine schauderhafte Szene veranstaltete.

Ein neuer Mann war mir übrigens auch schon von anderer Seite prophezeit worden; und zwar hatte mir in Paris eine Wahrsagerin angekündigt: »Sie werden in Südfrankreich dem begegnen, der Ihr nächster Mann sein wird.« Damals hatte ich nur gelacht und gesagt: »In Südfrankreich begegne ich nie irgendwelchen Männern außer unserem Nachbar, und der ist ein alter Bauer.« Aber es sollte doch so kommen: Am 21. Juli 1928, als sich Benitas Tod zum ersten Mal jährte, begegnete ich dem Mann, der mir ein neues Leben schenken sollte.

Als ich John Holms zum ersten Mal begegnete, fiel mir ganz besonders seine unerhörte Beweglichkeit auf. Es war, wie wenn er gar nicht aus einem Stück wäre und jederzeit in Teile zerfallen könnte. Wenn man mit ihm tanzte, empfand man seine Elastizität noch stärker, weil er jeden Muskel seines Körpers ganz unmerklich und anscheinend mühelos spielen ließ; er vermied all die ruckartigen Bewegungen, die einem das Tanzen so oft verleiden können. Holms war sehr groß, mindestens einen Meter fünfundachtzig; er sah großartig aus, hatte breite Schultern, schmale Hüften und einen wohlgebildeten Brustkorb. Er trug einen schmalen roten Bart und sah fast aus wie Jesus. Sein Haar war rotbraun und legte sich in dicken Locken um den Kopf. Von Natur aus war seine Haut weiß, doch hatte sie unter der südlichen Sonne eine rosa Färbung angenommen. Er hatte tiefbraune Augen, trug eine Brille, und seine gerade Nase war einfach klassisch. Sein Mund war nicht groß, dennoch sinnlich und ein wenig aufgestülpt unter dem Schnurrbart. Wie alle Engländer war er stolz auf seine Vorfahren, haßte aber seinen Vater, der von Schotten abstammte und einmal Generalgouverneur der Vereinigten Provinzen von Indien gewesen war.

John Holms war in Indien geboren, bereits in frühester Jugend von seinen Eltern getrennt und zusammen mit seiner Schwester nach England in ein Internat geschickt worden. Er sprach mit großer Liebe von seiner Mutter, einer schönen Irin. Als ich ihn kennenlernte, pflegte er nur wenig Kontakt mit seiner Familie, die sich in Cheltenham zur Ruhe gesetzt hatte. Sie lebten in verschiedenen Welten und hatten einander nicht mehr viel zu sagen: er kannte ihre Welt viel zu gut und sie seine viel zu wenig.

Als Siebzehnjähriger meldete er sich freiwillig im Ersten Weltkrieg, wurde an der Somme gefangengenommen und mußte die restlichen zwei Kriegsjahre in einem deutschen Gefangenenlager verbringen, wo er Hugh Kingsmill begegnete, der sein lebenslanger Freund wurde. Sein anderer enger Freund war Edwin Muir.

Als Offizier wurde er im Lager bevorzugt behandelt und durfte sich – leider! – so viel Alkohol kaufen, wie er haben wollte. Auf diese Weise zog er sich einen Schaden fürs Leben zu, denn er war unglaublich trinkfest. Wenn andere Leute ein Glas tranken, nahm er deren fünf und schien dennoch keinerlei Wirkung zu verspüren. Stundenlang konnten ihm die Leute zuhören. Alles schien bei ihm auf Abruf bereitzustehen, als ob er alles gesehen und über alles bereits nachgedacht hätte. In ihm lebte die Seele eines alten Weisen, den nichts mehr erschüttern konnte, und er wirkte so völlig abgeklärt und unabhängig, daß ich zutiefst erstaunt war, als ich später entdeckte, welche Leidenschaftlichkeit sich unter diesem anscheinend desinteressierten

Äußeren verbarg. Er prägte sich mir vor allem als ein vergeistigtes Wesen ein. Als Schriftsteller war ihm jedoch der Erfolg versagt, wenn er auch einmal als Kritiker in London ganz erfolgreich gewesen war. Er erhielt immer wieder Briefe, in denen er um Artikel gebeten wurde; aber er schaffte es einfach nicht mehr, sich zum Schreiben aufzuraffen, dabei hätte er das Geld dringend gebraucht, weil er von seinem Vater nur eine dürftige Zuwendung erhielt. Aber er war damit zufrieden und zog sein bescheidenes Leben in St. Tropez der Rückkehr nach England vor.

Wo hatte er seit dem Krieg nicht überall gelebt! In Dubrovnik, Salzburg, Dresden, in Forte dei Marmi, Cagnes, Zagreb und Paris. Neun Jahre hatte er mit seiner Freundin Dorothy zusammen verbracht, überallhin war sie ihm gefolgt. Inzwischen waren sie wohl mehr wie Bruder und Schwester, denn ihr sexuelles Zusammenleben war vorüber. Als ich sie kennenlernte, schrieb Dorothy an einem ungewöhnlichen und sehr schönen Buch. Sie vergötterte John und behauptete, sie schriebe das Buch auch für ihn, und das darf man gerne glauben; denn sie war Johns Geschöpf geworden. Keine Frau konnte mit ihm leben, ohne von ihm ganz und gar umgemodelt zu werden.

Bei aller Liebe für John beklagte sich Dorothy doch viel über ihn. Sie kam sich wie die Gouvernante eines kleinen Jungen vor, mußte alles für ihn erledigen und durfte ihn nicht einen Moment allein lassen. Auch machten ihr die ständigen Geldnöte zu schaffen. Es mißfiel ihr sehr, daß er nicht mehr schrieb, und sie klagte darüber, daß sie nicht in England lebten, auch daß er sie nicht mehr sexuell begehrte, und vor allem, daß er sie nie geheiratet hatte. Da sie aus einer Mittelstandsfamilie stammte, war ihr das immer besonders peinlich. Sie war hübsch und attraktiv, hatte rote Haare, und ihre Augen waren grün und katzenartig. Sie war sieben Jahre älter als John, der selbst bereits dreißig war. Einen weiteren Grund für ihre Klagen bildete die Tatsache, daß sie keine Kinder hatte.

Meine erste Begegnung mit John Holms fiel ausgerechnet

auf den Jahrestag von Benitas Tod. Ich war ziemlich traurig gestimmt; aber Laurence hatte sich in den Kopf gesetzt, nach St. Tropez zu fahren und dort in den Bistros tanzen zu gehen. Schließlich ließ ich mich auch dazu überreden, und meine Melancholie schlug in eine Art verzweifelte Lustigkeit um. Ich wurde sogar so ausgelassen, daß ich auf einem Tisch tanzte. Dabei muß ich wohl Holms aufgefallen sein; jedenfalls lud er mich danach zu einem Spaziergang ein, nahm mich mit auf einen Turm und küßte mich. Dieser einfache kleine Kuß machte auf mich einen so unbeschreiblich tiefen Eindruck, daß sich daraus alles erklärt, was in der Folge geschehen sollte.

Bevor wir uns trennten, bat ich Holms, uns in Pramousquier zu besuchen. Er kam mit Dorothy an einem der nächsten Abende und blieb bei uns über Nacht. John und ich waren eine Weile allein miteinander und liebten uns. Kurz darauf fuhr ich mit Laurence für einen Monat nach Majola, um der südfranzösischen Sommerhitze zu entrinnen. Bei aller Ablenkung dachte ich die ganze Zeit über bloß an John Holms, und als wir endlich zurückkehrten, konnte ich es nicht abwarten, ihn wiederzusehen. Er wohnte aber nicht mehr im selben Haus, und ich mußte erst seine neue Adresse am Postamt ausfindig machen. Als ich sie besuchte, schienen sie beide angenehm überrascht zu sein. John nahm mich zu einem Spaziergang über den Hügel hinter seinem Haus mit, dann ging er mit mir zum Schwimmen. In seiner Gesellschaft war ich entspannt und glücklich; wir verstanden uns blendend. Während meiner Abwesenheit hatten John und Dorothy erwogen, nach England zurückzugehen, damit John dort wieder in der intellektuellen Welt Fuß fassen und etwas Geld verdienen konnte. Ich lud sie aber ein, zu uns nach Pramousquier zu ziehen. Ihr anfängliches Zögern schwand dahin, als ich ihnen ein Häuschen in unserem Garten anbot. Dorothy brauchte Ruhe und Frieden, um ihr Buch zu Ende zu schreiben, und da John sich immer durchsetzte, willigte sie ein mitzukommen. Ich mochte sie damals gut leiden und hörte ihr gern im

Gespräch zu; bald wurde ihr meine Gegenwart jedoch unbehaglich, und sie fing sachte an, ihre Krallen zu zeigen, weil sie mich zunehmend als Bedrohung empfand.

Ich war meiner Zukunft ganz gewiß, und es lag alles ganz klar und einfach vor mir: Ich lebte in Erwartung einer neuen Liebe. Dabei handelte ich wie unter einem blinden Zwang, der mich vorantrieb. Ich wußte, daß ich es mit Laurence nicht mehr lange aushalten konnte, da unsere Szenen von Mal zu Mal immer schrecklicher wurden. So hatten wir zum Beispiel einen grauenhaften Auftritt in einem Café gehabt, wobei Laurence – wie schon so oft – alles Erreichbare um sich geworfen hatte. An einem Abend nach unserer Rückkehr versuchte er in einem Anfall, mir in einem Bistro alle Kleider vom Leib zu reißen. Vielleicht hatte er gegen John Verdacht geschöpft. Die Sache endete damit, daß Laurence mir so hart ins Gesicht schlug, daß ich urplötzlich wieder völlig nüchtern wurde, obwohl ich an dem Abend eine ganze Menge getrunken hatte. Einige Monate zuvor war ich von Laurence die Treppenstufen vor seinem Studio hinuntergestoßen worden; außerdem hatte er einen meiner Pullover ins Feuer geworfen und mir noch am selben Abend mehrfach auf dem Bauch herumgetrampelt. Freunde fragten mich, wie ich dieses Leben bloß aushalten könne. Als Antwort war mir damals nur eingefallen, daß ich die Kinder nicht verlieren wollte und ansonsten so wenig wie möglich darüber reden mochte. Aber irgendwann hörte meine Geduld doch auf, und ich nahm mir vor, mich von Laurence zu trennen. Um ihn langsam darauf vorzubereiten, sprach ich wie im Spaß von der Möglichkeit einer Scheidung und schlug vor, daß er dann Sindbad behalten sollte, während ich Pegeen mitnehmen würde. Zugleich war mir natürlich bange bei dem Gedanken, allein auf mich gestellt zu sein; aber ich glaube, als Holms mich küßte, muß ich bereits unbewußt den unumstößlichen Plan gefaßt haben, durch diesen Mann meine Freiheit zu erwirken.

Zunächst wurde mir die Kraft meiner Liebe zu John gar nicht recht bewußt; erst als er einmal für kurze Zeit unerreichbar für mich war, geriet ich so völlig außer mir, daß ich zum ersten Mal merkte, wieviel er mir bedeutete. Wir gingen oft zusammen hinaus ins freie Gelände, um uns zu lieben. Manchmal suchten wir uns ein Plätzchen bei den Felsen unterhalb seines Hauses. Kaum war Laurence in seinem Studio und hatte Licht gemacht, da lief ich auch schon hinüber zu Johns Haus und holte ihn ab. Das war dann unsere Stunde. Es dauerte nicht lange, bis John von mir verlangte, ich solle mich Laurence gänzlich entziehen; doch das brachte ich nicht fertig. Die Dinge wuchsen mir mehr und mehr über den Kopf, und ich wünschte mir nur noch, John würde mich entführen; aber auch er konnte sich nicht entschließen und lebte in einer anderen Willenslähmung. Es fiel ihm schwer, sich von Dorothy zu trennen. Sie nahm mich übrigens nicht ernst; aber John spürte, was er aus mir machen konnte, und war von dem Gedanken erregt, daß er mich zu einem neuen Menschen ummodeln würde. Er erkannte, daß es in mir eine höchst triviale, aber auch eine sehr begeisterungsfähige Seite gab, und er hoffte, den Anteil des Trivialen völlig ausmerzen zu können.

Nach einigen Wochen dieses nervenaufreibenden Lebens konnte ich es nicht mehr ertragen, und ich entschloß mich, die Sache zu einer Entscheidung zu bringen, ob John wollte oder nicht. Ich legte es darauf an, daß Laurence mich ertappte, wie ich mich von John umarmen ließ. Ich hatte mir allerdings nicht vorgestellt, daß es zu einem so fürchterlichen Zweikampf käme, der leicht hätte tödlich ausgehen können. John war zwar erheblich stärker als Laurence, doch wollte er ihm nicht weh tun. Als Laurence auf ihn losging, versuchte John bloß, ihn sich vom Leibe und so lange niederzuhalten, bis ich Hilfe holen konnte. Ich verlor jedoch den Kopf und lief ins Haus zu Dorothy, die gerade in der Badewanne saß, und es dauerte endlos, bis sie endlich herauskam. In der Zeit hätten sich die beiden zehnmal umbringen können. Endlich fanden wir den Gärtner, und als der dazu kam, war John gerade dabei, Laurence bewußtlos zu schlagen, weil der inzwischen einen schweren Messingleuchter gepackt hatte und seinen Gegner damit zu treffen versuchte. Der Gärtner ergriff natürlich die Partei seines Dienstherrn, Laurence wollte sich jedoch von Joseph nicht helfen lassen; immerhin kam der Kampf auf diese Weise wenigstens zu einem Ende. Beide Kämpen waren vollkommen fertig. Ich ging mit Laurence ins Haus zurück, und er erklärte, er wolle John und Dorothy nie mehr auf unserem Grundstück sehen und ich solle sie gefälligst hinauswerfen. Mitten in diesem Gespräch kam Dorothy herein, und Laurence machte ihr klar, daß ich mit John ein Verhältnis hätte. Sie wollte es nicht glauben, schien aber doch von dem Gedanken verwirrt. Danach ging Laurence noch einmal hinaus und kündigte John an, daß er ihn auf der Stelle über den Haufen schießen würde, wenn er ihm noch einmal unter die Augen käme. Ich wußte weder aus noch ein, half aber dann John und Dorothy, das Grundstück über einen Seiteneingang zu verlassen. Dorothy verletzte sich bei dieser Flucht das Bein an einem Stacheldrahtzaun. Inzwischen war mir klargeworden, daß ich nicht länger in Pramousquier bleiben konnte. Ich schickte den Holms' durch den Gärtner etwas Geld und eine Nachricht, wo sie auf mich warten sollten. Noch in der Nacht fuhren sie nach Hyères und von da aus nach Avignon, wohin ich am nächsten Tag nachkommen wollte.

Wenn man sieben Jahre mit einem Menschen verbracht hat, ist es schon ein seltsamer Gedanke, daß man den letzten Abend gemeinsam unter einem Dach verbringt. Am Morgen fragte ich Laurence, ob er etwas dagegen hätte, wenn ich für einige Wochen zu Peggy nach London führe. Das kam ihm sehr merkwürdig vor und wollte ihm gar nicht gefallen; ich bestand aber nicht weiter darauf und ließ es dabei bewenden. Statt dessen schickte ich ihn nach Hyères, um einen Scheck einzulösen, und ich mußte meine Tränen zurückhalten, als ich ihm zum Abschied einen Kuß gab. Es wunderte mich, daß er dabei keinen Verdacht schöpfte.

Wir hatten damals Clotildes Schwägerin zu Besuch. Sie war eine nette, unkomplizierte Person, die Laurence gerne mochte. Schon vorher hatte ich ihn gelegentlich angestachelt, mit ihr zu schlafen, was er wohl auch getan hat, und ich hoffte nun, daß er sie nach meinem Weggehen heiraten würde, aber diese Erwartung war wohl zu naiv. Bei meiner Abreise nahm ich sie mit zum Bahnhof, weil jemand den Wagen zurückbringen mußte. Unterwegs machte ich ihr klar, warum ich Laurence verließ, und ich drückte meine Hoffnung aus, daß sie sich um ihn kümmern würde. Sie war wie vom Donner gerührt. Kurz bevor der Zug abfuhr, steckte ich ihr noch einen Abschiedsbrief für Laurence zu.

John und Dorothy verbrachten die Nacht in Hyères, und sie waren am Morgen noch dort, als Laurence zur Bank fuhr. Dorothy erkannte Laurence von weitem und erschrak furchtbar. Sie dachte nichts anderes, als daß Laurence völlig den Verstand verloren hätte und nur gekommen wäre, um John zu erschießen. Auf ihr Geheiß mußte John an einer Wasserröhre hinaufklettern und sich verstecken. Es war alles entsetzlich erniedrigend.

Als ich in Avignon ankam und wieder mit John und Dorothy zusammentraf, warf ich zunächst einmal meinen Ehering weg. Ich stand auf einem Balkon und schleuderte ihn hinunter auf die Straße. Das war wohl eine symbolische Geste und als solche auch begreiflich; aber ich habe sie im nachhinein bereut, denn der Ring war ein so hübsches Stück, und ich hätte ihn oft wiedergebrauchen können.

Dorothy war ziemlich aufgeregt, weil sich die Stacheldrahtverletzung infiziert und entzündet hatte. Daß John mich liebte, wußte sie immer noch nicht, weil er nicht den Mut aufbrachte, es ihr zu sagen. Er schob immer alles vor sich her.

Eigentlich wollte ich mit den beiden nach London; aber Dorothy hielt mir vor, daß ich zunächst mit meinem Rechtsanwalt sprechen müsse, was ich auch tat. Unseligerweise war er zugleich auch der Anwalt von Mrs. Vail, was allerlei Ärger brachte. Es folgten wochenlange Verhandlungen, Laurence schickte unsere beiderseitige Freundin Peggy als Unterhändlerin vor, Anwälte wurden ins Feld geführt,

Dokumente aufgesetzt. Die Regelung, die schließlich getroffen wurde, überließ mir das Sorgerecht für Pegeen und Laurence das für Sindbad. Ferner wurde vereinbart, daß Sindbad sechzig Tage im Jahr bei mir sein durfte, nichts dagegen darüber, wie häufig Pegeen ihren Vater sehen sollte. Danach erst beantragten wir die Scheidung.

Bis zum Gerichtstermin blieben uns drei Monate. Es war noch vor Weihnachten, Dorothy war bereits nach Paris gefahren, und John und ich machten uns auf zu einer Fahrt mit dem Wagen durch Südfrankreich. Es herrschte eine Eiseskälte; zudem litt ich an Ischias, den ich mir wohl damals zugezogen hatte, als wir uns zum Lieben immer einen Platz im Freien suchen mußten. Nach dieser Tour reisten wir nach London, wo wir wegen des bevorstehenden Gerichtstermins nicht lange bleiben konnten. Ich bildete mit ein, daß ich mich offiziell nicht mit John zeigen durfte. Deshalb bat ich ihn, im Pardigon Hotel abzusteigen, das ungefähr fünfzehn Kilometer von meinem Hotel entfernt lag. Jede Nacht fuhr ich hin und kam morgens um vier nach Hause. Später erfuhr ich, daß man uns sehr wohl zusammen gesehen hatte und daß das ganze Versteckspiel umsonst gewesen war. Mit der Scheidung hatte es ohnehin nichts mehr zu tun, nachdem Laurence einmal eingewilligt hatte.

Dorothy hatte uns allein gelassen, damit John und ich das Zusammenleben ein halbes Jahr lang ausprobieren konnten. Sie war über alle Maßen unglücklich und hoffte insgeheim, daß John wieder zu ihr zurückkehren würde.

Das Wiedersehen mit Laurence vor dem Scheidungsrichter ging nicht ohne schmerzliche und peinliche Gefühle ab, war es doch das erste Mal, daß ich ihm seit meiner Flucht wiederbegegnete. Zu seinem Geburtstag hatte ich ihm einen schönen Pullover gestrickt, während er mir als »Scheidungsgeschenk« ein paar Ohrringe geschickt hatte. Jetzt, unter vier Augen, fiel es uns schwer, den richtigen Ton zu finden. Laurence war ziemlich grimmig, und als wir im Flur auf den Richter warten mußten, machte er eine sarkastische

Bemerkung nach der anderen. Dann wurden wir hereingerufen, und da ich keine Ahnung hatte, welche Antworten ich geben sollte, ließ ich mir von Laurence helfen. Ich glaube, der Richter wurde dadurch gegen mich eingenommen und mußte den Eindruck gewinnen, daß für eine Scheidung gar kein richtiger Grund vorlag. Auch konnte er nicht begreifen, warum ich Sindbad Laurence überlassen wollte.

Die eigentliche Scheidung wurde dann erst zwei Jahre später ausgesprochen, und zwar wegen seelischer Grausamkeit. Doris und Peggy sowie ein Caféinhaber aus St. Tropez mußten über bestimmte Szenen vor Gericht aussagen, die sie miterlebt hatten. Die Honorarforderung meines Anwalts für die Abwicklung der ganzen Sache belief sich auf zehntausend Dollar. Unter diesem Preis, so sagte er, übernähme er überhaupt keinen Scheidungsfall. Dazu kamen noch zweitausend Dollar, die ich an Laurences Anwalt zahlen mußte. So viel war die Geschichte wirklich nicht wert gewesen; aber ich merkte erst viel zu spät, auf was ich mich da eingelassen hatte.

6

Ein neuer Mann – ein neues Leben

Nun waren John und ich endlich frei und konnten uns auf Reisen begeben. Im nachhinein kommt es mir so vor, als ob wir die zwei Jahre bis zur Scheidung ständig unterwegs waren.

John eröffnete mir eine neue Welt, eine Welt der Sinne, von der ich niemals auch nur geträumt hatte. Er liebte mich, weil ich für ihn eine richtige Frau war. Ich weigerte mich zuerst, ihm zuzuhören, und er war begeistert, daß ich ihn dennoch als Mann liebte.

Obwohl ich ihn anfangs stets ignorierte, wenn er sprach, und in der Nacht schlief, wenn er mir Vorträge hielt, fing ich doch langsam an, meine Ohren aufzusperren, und während der fünf Jahre, die ich mit ihm lebte, lernte ich nach und nach alles, was ich heute weiß, mit Ausnahme derjenigen Kenntnisse, die ich mir über moderne Kunst aneignete. Als ich ihm zuerst begegnete, war ich wie ein Baby im Kindergarten, aber schrittweise lehrte er mich alles und säte den Samen, der später aufging, als er nicht mehr da war und mich führen konnte.

Ich bin überzeugt, daß ich in den beiden ersten Jahren unseres gemeinsamen Lebens nur am sinnlichen Ausdruck unserer Liebe interessiert war, aber als dieser Teil unserer Beziehungen an Intensität verlor, begann ich mich auf alles andere zu konzentrieren, was John mir zu bieten hatte. Ich konnte mir nach Belieben da und dort etwas von diesem ungeheuren, aufgespeicherten Reichtum holen, und ich kam nie auf den Gedanken, daß es eines Tages plötzlich damit ein Ende haben würde. Er hielt mich in seiner hohlen Hand, und von dem Augenblick, da ich ihm zum erstenmal gehörte, bis zu dem Tag, an dem er starb, leitete er jede meiner Bewegungen, jeden meiner Gedanken. Er sagte mir immer, daß die Menschen nie das bekämen, was sie von einer Beziehung erwarteten. Ich aber hatte mir nie träumen lassen, was ich alles von ihm bekommen würde. Ja, ich hatte nicht einmal gewußt, daß es jemanden wie John überhaupt auf der Welt gab. Ich weiß nicht, was er von mir erwartete, aber ich glaube nicht, daß ich ihn enttäuschte. Sein brennendster Wunsch war, mich umzuformen, und er ahnte in mir die Möglichkeiten, die er später verwirklichen sollte, gab aber zu, daß er auch noch manches andere bekam, was er nicht erwartet hatte.

John liebte Frauen nicht nur – er verstand sie auch. Er wußte, was sie fühlten. Er sagte immer »arme Frauen«, als hätte er den Eindruck, sie verdienten besonderes Mitleid dafür, daß sie mit dem falschen Geschlecht auf die Welt gekommen waren. Er wußte so genau, was jeder Mensch dachte, daß es ihm eine Qual war, mit Personen, die nicht harmonierten, in einem Zimmer zu sitzen. Daher wählte er auch mit besonderer Sorgfalt die Leute aus, die er miteinander einlud. Er hatte eine wundervolle Gabe, das Beste aus den Menschen herauszuholen. Die meiste Zeit las er, und nie zuvor war mir eine Kritik von solcher Qualität begegnet. Für seine schreibenden Freunde, die seine Meinungsäußerungen und Kritiken rückhaltlos gelten ließen, bedeutete er eine große Hilfe. Er nahm nie etwas als gegeben hin, wußte, was allem zugrunde lag, wußte, warum die Leute so schrieben, wie sie schrieben, die Filme drehten, die sie drehten, oder die Bilder malten, die sie malten. War man mit ihm zusammen, so hatte man das Gefühl, in einer Art ungeahnter fünfter Dimension zu leben. Es war mir vorher nie in den Sinn gekommen, daß es die Dinge überhaupt gab, über die er nachdachte. Er war der einzige Mensch, der mir immer eine befriedigende Antwort auf alle Fragen geben konnte. Er sagte nie: »Ich weiß es nicht.« Er wußte es. Da niemand seine ungewöhnlichen geistigen Fähigkeiten teilte, langweilte ihn das Gespräch mit den meisten Menschen ganz ungemein, und er war deshalb sehr einsam. Er wußte, was er für Gaben besaß, und kam sich schlecht vor, weil er keinen Gebrauch davon machte. Zum Schreiben war er nicht imstande, kränkte sich darüber und trank mehr und mehr. Während der ganzen Zeit, die ich mit ihm zusammenlebte, hatte die Lähmung seiner Willenskraft immer etwas Erschreckendes für mich. Sie schien ständig zuzunehmen, und gegen Ende seines Lebens konnte er sich kaum noch dazu durchringen, die einfachsten Dinge zu tun.

Inzwischen begann Dorothy, unser Verhältnis ernstlich zu bekämpfen. Nachdem sie ein halbes Jahr allein in Paris verbracht hatte, fing sie an, bitterböse Briefe an John zu schreiben, in denen sie schlimme Dinge über mich sagte. Zwischendurch war ich ihr aus einem dummen Zufall auf peinliche Weise noch einmal begegnet. Als wir wieder einmal in Paris Station machten, hatte John Dorothy die Hoteladresse am Quai Voltaire angegeben, leider aber nicht den Mut gehabt, ihr zu sagen, daß ich auch da sein würde. So kam es, daß sie eines Morgens bei uns auftauchte und uns im Bett antraf. Es gab eine fürchterliche Szene, sie schlug auf meine Füße ein, nannte mich eine bösartige Person, und wir mußten sie vom Hausburschen hinausbefördern lassen. Mir war der Vorfall so peinlich, daß ich mich heimlich aus dem Hotel stahl, und John mußte es allein übernehmen, uns bei der Rezeption abzumelden.

Dorothys offene Feindseligkeit, wie sie jetzt hervorgetreten war, stachelte mich allerdings nur an, und ich war froh, daß sie nicht Johns Frau war; denn das hätte mich in eine sehr schlechte Position gebracht. Sie ließ aber nicht locker. Plötzlich verlangte sie, John müsse sie unbedingt heiraten, weil sie entschlossen war, nach England zurückzukehren. Sie argumentierte damit, daß seit Jahren jeder gedacht habe, sie sei mit Holms verheiratet, und sie würde in einem merkwürdigen Licht erscheinen, wenn jetzt herauskäme, daß sie gar nicht Mrs. Holms sei; außerdem fühle sie sich wirklich wie seine sitzengelassene Ehefrau. John lehnte natürlich ab und sagte, wenn überhaupt eine Heirat sein müsse, dann allenfalls mit mir; aber ich war ja noch mitten in den Scheidungsverhandlungen. Die Sache ging schließlich so aus, daß Dorothy in ihrem Unglück und in ihrer Verzweiflung John so beharrlich beschwor, daß er tatsächlich nach Paris fuhr und mit ihr zum Standesamt ging.

Ich kümmerte mich derweil um Pegeen, weil Doris auf ihrem Jahresurlaub war. Pegeen hing sehr an Doris, besonders seit meiner Scheidung, weil sie sich in dem ganzen Durcheinander sehr verunsichert fühlte. Als sie nun wieder einen Monat lang mit mir allein war, ließ sie mich keinen Moment mehr aus den Augen. Sie war ein außergewöhnlich hübsches Kind mit platinblondem Haar und einer Pfirsichhaut. Damals war sie noch keine vier Jahre alt, und die ungeregelten Verhältnisse regten sie schrecklich auf. Sie kannte John zwar von Pramousquier her, war aber doch erstaunt, ihn bei mir wiederzusehen. Dabei zeigte sie keine Eifersucht, nur ließ sie mich einfach nicht mehr weg, und als ich einmal versuchte, einige Tage von Paris fortzufahren und sie bei Peggy und deren Kindern zu lassen, mit denen sie sonst gerne spielte, protestierte sie so nachhaltig, daß ich sie bei mir behalten mußte. Sie kam sich wie ausgesetzt vor und hatte schreckliche Trennungsängste.

Das erste Wiedersehen mit Sindbad seit der Trennung war ein sehr schmerzliches Erlebnis, und der ganze angestaute, unterdrückte Kummer über die Trennung von ihm kam wieder hoch. Sindbad wohnte damals bei seiner Großmutter, aber Laurence wollte nicht, daß ich mit meinem Sohn allein war. So gingen wir alle zusammen in einen Park. Natürlich war es ein gezwungenes Zusammensein mit Laurence als ständigem Bewacher. Sindbad hatte einen weißen Matrosenanzug mit langen Hosen an und sah damit ziemlich komisch aus. Erst später wurde mir klar, daß ich Sindbad um ein Haar für immer verloren hätte; denn während der ersten Jahre nach unserer Trennung tat Laurence alles, um mein Kind von mir zu entfremden. Dabei wurde sein Verhalten teilweise von Rachegefühlen bestimmt, teilweise aber wohl auch von der Furcht, ich könnte Sindbad wieder zurückfordern. Ich erfuhr übrigens erst auf Umwegen, daß Laurence mit einer Frau namens Kay Boyle zusammenlebte, der er sich in seinem großen Kummer anvertraut und angeschlossen hatte, und daß sie bereits ein Kind von ihm erwartete.

Mein Zusammenleben mit John war anfangs lange von meiner Sehnsucht nach Sindbad überschattet, den ich schrecklich vermißte. Mein einziger Trost war später, daß Kay ihm eine gute Stiefmutter wurde.

Den ganzen Sommer reisten wir in Europa herum, und überall hatte John ein Manuskript von Dorothy mit sich geschleppt, das er überarbeiten und an sie zurückschicken wollte. John war von seiner Antriebsschwäche wie gelähmt und schrieb nicht einmal einen Brief an sie. Ich war empört über diese anscheinende Roheit und hatte keine Ahnung, wie sehr er selbst darunter litt, daß er Dorothy so vernachlässigte und unfähig war, sein Verhalten zu ändern. Später hat er mir gestanden, daß er dauernd einen wühlenden Schmerz empfunden habe, wie wenn ein Wolf ihm die Brust zerfleischte. Endlich hatte er sich durchgerungen und ein paar Tage an ihrem Buch gearbeitet und es auch an sie zurückgeschickt. Durch einen teuflischen Zufall geriet eine rosa Feder von meinem Negligé zwischen die Seiten des Manuskripts, als ich es durchlas. Dorothy empfand dies als erneute Provokation und war darüber wieder sehr unglücklich; denn sie hatte immer noch gehofft, John würde zu ihr zurückkehren, nachdem er sie immerhin doch geheiratet hatte. Jetzt mußte sie sich eingestehen, daß ihre Hoffnung nicht in Erfüllung gehen würde.

Ich glaube, John war wohl deshalb so sehr auf mich fixiert, weil ich das genaue Gegenteil von Dorothy war. Ich nahm das Leben nicht so übertrieben ernst und regte mich nicht wegen jeder Kleinigkeit auf. Ich konnte mich über alles lustig machen, und John forderte meinen unterbewußt angelegten Sinn für Komik heraus. Es machte ihm sogar Spaß, wenn er selbst Zielscheibe des Witzes wurde. Ich konnte verantwortungslos spontan sein und hatte so viel Vitalität in mir, daß ich schon deshalb ein völlig neues

Erlebnis für ihn sein mußte. Wo Dorothy schwerblütig wirkte, war ich leicht beschwingt; sie war immer kränklich, meine Gesundheit dagegen unverwüstlich. Sie litt unter der gleichen Schlaflosigkeit wie John, der ganze Nächte mit Lesen verbrachte, während ich neben ihm wie ein Baby schlief. Dorothy war füllig und zog sich ungeschickt an. Zudem hatte sie Stempelbeine, während meine eher das Gegenteil waren, weshalb mich John auch »Vogelbein« nannte. Selbst an meiner schlechtgeratenen Nase nahm er keinen Anstoß und nannte mich in gutmütigem Bezug darauf »Schnuffelnase«. Merkwürdigerweise hatten Dorothy und ich den gleichen wohlgeformten Hinterkopf, so daß wir uns wenigstens in diesem Punkt glichen.

In München hatten wir uns ein Grammophon mit vielen Schallplatten gekauft. Dies wurde der Anfang meiner Leidenschaft für Musik, die ich ebenfalls John verdanke. Er war über meinen schlechten Geschmack entsetzt gewesen. Kein Wunder, denn zuvor waren meine einzigen Lieblingsstücke Rubinsteins *Melodie in F-Dur* und die *Träumerei* von Schumann gewesen. Erst John brachte mich dazu, daß ich Geschmack an den großen Komponisten fand: Bach, Händel, Haydn, Mozart, Beethoven, Schubert, Brahms, später auch Strawinsky und »Les Six«. Nachdem ich einmal den Anfang gemacht hatte, saß ich oft stundenlang und hörte Musik; aber ich mochte sie immer am liebsten zu Hause hören. Nur gelegentlich ging ich mit John zu Konzerten oder Opernaufführungen.

Zurück in Paris, wohnten wir im Hotel. Ich hatte mich inzwischen entschlossen, das Haus in Pramousquier zu verkaufen und Laurence den Gegenwert davon zu überlassen. Eigentlich war er ja bereits der Eigentümer des Anwesens, weil ich es ihm lange zuvor geschenkt hatte, wenn es auch immer noch auf meinen Namen eingetragen war. Ich ließ also das gesamte Mobiliar kommen und teilte es mit Laurence. Was davon mir gehörte, wurde bei einer Speditionsfirma eingestellt.

Laurence war nicht gerade mitteilsam über sein Leben;

aber es dauerte nicht lange, bis ich durch Zufall erfuhr, daß er Vater eines Töchterchens geworden war. Ich bat ihn, das Kind sehen zu dürfen, und fühlte mich dabei recht unglücklich, weil ich mich soeben einem gewissen diskreten Eingriff unterzogen hatte.

Aus Pramousquier hatte ich meine Hündin Lola mit nach Paris gebracht; aber da sie nie an eine Großstadt gewöhnt worden war, bekam sie es mit der Angst und lief dem Dienstmädchen davon, als sie morgens ausgeführt wurde. Auf unserer Suche nach Lola kamen wir natürlich auch zur *fourrière,* wo die herrenlosen Hunde untergebracht wurden. Wochenlang gingen wir fast täglich hin, und immer wieder waren neue Hunde da, nur Lola nicht. Der Anblick der armen Viecher konnte einem das Herz zerreißen. Wir gaben unsere Besuche schließlich auf. Irgend jemand mußte Lola so nötig gebraucht haben wie wir; denn selbst eine rührende Zeitungsanzeige mit einem großen Belohnungsangebot blieb ohne Erfolg.

Um diese Zeit verstand ich mich wieder besser mit Laurence, und er ließ es zu, daß ich jeden Donnerstag mit Sindbad zusammen verbringen durfte; nur wollte er nicht, daß er bei mir über Nacht blieb. Es dauerte aber nicht lange, bis Laurence nach La Ferté umzog, und ich mußte den Jungen jedesmal die ziemlich lange Strecke nach Paris holen und abends wieder zurückbringen. Das war so anstrengend für das Kind, daß ich lieber den Tag über bei ihm in La Ferté blieb. Natürlich war es mit allerlei Schwierigkeiten verbunden, dort draußen nach Plätzen zu suchen, wo ich mit ihm hingehen konnte. Eines Tages kam es mit Laurence wieder zu einem großen Krach, als ich Sindbad zurückbrachte. So stellte ich vorerst meine Besuche ein und begnügte mich mit der Hoffnung, den Jungen während des Sommers eine Weile bei mir zu haben.

Emily Coleman war in Paris, und wir sahen sie häufig. Donnerstags führten wir oft Sindbad und ihren Sohn Johnny gemeinsam aus, woraus sich zwischen den beiden eine lebenslange Freundschaft entwickelte. Eines Abends saßen wir zusammen in einem Café, und ich ließ Emily zusammen mit John an unserem Tisch zurück, weil ich mit Laurence sprechen wollte. Ich ahnte nicht, welche Aufregung ich damit hervorrief. Emily erzählte mir nachher, daß John sich fast wie wahnsinnig gebärdet hätte und von ihr zur Beruhigung auf und ab geführt werden mußte. Tags darauf warnte sie mich, bloß nicht mit dem Feuer zu spielen; und zum erstenmal erkannte ich, was der sonst so kühle, gelassene Holms für ein leidenschaftlicher Mensch war.

John und ich hatten uns inzwischen eine möblierte Wohnung mit Studio in der Rue Campagne Première genommen, und da der Mietvertrag auf meinen Namen lief, wurde John öfters als Mr. Vail angesprochen, was Laurence zu Ohren kam und dessen Zorn gewaltig entflammte. Um weiteren Streit zu vermeiden, nahm ich in der Folge wieder meinen Mädchennamen an.

Sobald sich die Gelegenheit ergab, machte ich John mit Helen Fleischman und Giorgio Joyce bekannt. Wir waren oft mit ihnen zusammen und trafen gelegentlich auch James und Nora Joyce bei ihnen an. Sie hatten alle einen ausgesprochenen Familiensinn, und John, der so starke antifamiliäre Gefühle hegte, war sehr erstaunt darüber, daß Giorgio sehr an seinen Eltern hing. Giorgios Schwester Lucia schloß sich oft der Runde an; sie war ein süßes Mädchen und studierte Tanz. Wenn ihm danach zumute war, ließ Giorgio seine wohlklingende Baßstimme hören, nicht selten zusammen mit dem Tenor seines Vaters. John unterhielt sich gerne mit Joyce; er wurde aber kein Joyce-Jünger, und so blieb es eine eher oberflächliche Bekanntschaft. Beide hatten eine Zeitlang in Triest gelebt, weshalb sich ihre Gespräche gerne aus gemeinsamen Erinnerungen an jene Stadt entwickelten.

Unerwartet erschien meine Mutter aus Amerika zu Besuch. Seit meiner Trennung von Laurence hatte ich sie nicht mehr gesehen. Obwohl sie die Scheidung an sich nicht mißbilligte, machte sie mir doch heftige Vorwürfe, weil ich eingewilligt hatte, Sindbad bei Laurence zu lassen. Sie ahnte noch nichts von John, und es fiel mir schwer, sie in die neuen Verhältnisse einzuweihen. Als sie dann merkte, wie die Dinge standen, konnte sie nicht glauben, daß ich mit John zusammenlebte und ihn nicht heiraten wollte. Sehr förmlich nannte sie ihn immer Mr. Holms und konnte eine gewisse Voreingenommenheit gegen ihn nicht ablegen. Sie hielt ihn für einen schrecklichen Menschen, weil er Dorothy geheiratet hatte und weil er nichts arbeitete. Immerhin gelang es mir, sie ein wenig mit seiner Familie zu beeindrucken, und sie notierte prompt in ihr Adreßbüchlein: »Gouverneur der Vereinigten Indischen Provinzen«. Danach zog sie Erkundigungen ein und wußte bald zu berichten, daß er einmal den Titel Lord Reading führen würde. Ob John ihr nun paßte oder nicht, es blieb ihr jedenfalls nichts anderes übrig, als ihn zu akzeptieren, weil sie spürte, daß ich mich ihr andernfalls völlig entzogen hätte.

Einmal waren Johns alte Freunde, die Muirs, wieder bei mir, als Dorothy an der Haustür erschien und eine fürchterliche Szene machte. Den Muirs warf sie vor, sie hätten kein Recht, Freundschaft mit einer Person wie mir zu pflegen. Sie ließen sich jedoch davon nicht beirren. Zu Edwin Muir hatte ich von Anfang an eine Zuneigung gefaßt. Er war zart und schüchtern und so rein und sensibel, daß man nicht anders konnte als ihn ins Herz zu schließen. Obwohl er sich nicht aufdrängte und von seinen Fähigkeiten wenig Aufhebens machte, spürte man sehr wohl, was in ihm steckte. Muir erinnerte mich seinem Wesen nach an einen Menschen, der zu lange vor einem Kamin am Feuer geschlafen und nicht ganz wieder in den Wachzustand zurückgefunden hat. Das Ehepaar Muir mußte sich mit Übersetzungsarbeiten durchschlagen, und sie hatten eine ziemlich harte Zeit hinter sich. Durch ihre Übersetzung von *Jud Süß* waren sie bekannter geworden als durch ihre eigenen Arbeiten. Sie hatten auch Kafka übertragen und für angelsächsische Leser zugänglich gemacht.

Für seine eigenen Bücher zog Muir gerne John zu Rate, da er ihn bewunderte. Nach Johns Tod bat ich Muir um einen Nachruf, aus dem ich den folgenden Satz zitieren möchte: »Bei Holms hatte ich stärker als bei irgendeinem anderen Mann, mit dem ich je zusammentraf, das Gefühl, einem Genie zu begegnen, und ich glaube, er muß einer der außergewöhnlichsten Menschen seiner Zeit oder besser aller Zeiten gewesen sein.«

Im Frühjahr 1930 machten wir eine Fahrt durch die Bretagne mit Pegeen und dem Dienstmädchen, weil Doris auf ihrem Jahresurlaub war. Entweder regnete es, oder es sah zumindest so aus, als ob es jeden Moment regnen würde; ständig herrschte Nebel, und die Sonne kam nie durch. Dennoch übte die Bretagne einen eigentümlichen Reiz auf uns aus mit der rauhen Ursprünglichkeit ihrer wilden Klippen und rötlichen Erde. Es gab zahlreiche hübsche Strände, aber ohne Sonne war an Baden nicht zu denken. Wir besuchten wundervolle keltische Kirchen und schauten uns die frühchristlichen Skulpturen an. Die schlichten *calvaires* waren unwahrscheinlich schön.

Eigentlich hatten wir in der Bretagne für den Sommer ein Haus mieten wollen; aber nachdem wir uns jeden Winkel der Halbinsel angeschaut hatten, gaben wir den Plan auf, weil wir das Richtige für uns nicht gefunden hatten. In Fragen des Wohnens war John nie zu einem Kompromiß zu bewegen. Er verbrachte Monate, um eine Wohnung nach seinem Geschmack zu finden, auch wenn er dort möglicherweise nur für kurze Zeit einziehen wollte. So verschwendeten wir gewöhnlich den halben Sommer mit der Suche nach einer Bleibe; dafür fand John aber auch immer etwas, das allen Wünschen gerecht wurde.

Zunächst durchstreiften wir noch die Normandie, entschlossen uns dann jedoch, ins Baskenland nach St-Jean-de-Luz zu fahren, wo Helen und Giorgio Joyce den Sommer verbrachten. Nach unserer Ankunft dort hielten wir erneut Ausschau nach Ferienhäusern. Helen und Giorgio wohnten im Stadtzentrum und hätten uns gerne in ihrer Nähe gehabt, doch John war das nicht gut genug. Endlich fand er das hübscheste Haus, das man sich nur denken konnte, etwas außerhalb des Ortes am Fuße der Pyrenäen. Es war ziemlich hoch und einsam gelegen und hieß »Bettiri Baita«. Der Besitzer war ein Maler namens de Bonnechose. Einen größeren Menschen als ihn habe ich übrigens nie kennengelernt. Er hatte das Haus eigenhändig aus Bruchsteinen gebaut, die von seinem Grundstück stammten. Monsieur de Bonnechose hätte das Haus zwar lieber zusammen mit dem Grundstück an uns verkauft, war aber auch bereit, es an uns zu vermieten. Die Miete war bescheiden, und als wir endlich dort eingezogen waren, verbrachten wir einen wunderschönen Sommer in diesem Ort.

Inzwischen war es wieder Zeit für Sindbads vierzehntägigen Besuch. Zunächst wollte auch Laurence für diese Zeit in unsere Nähe ziehen. Ich glaube, er fürchtete noch immer, daß ich ihm Sindbad entführen könnte. So bot ich ihm Pegeen als »Geisel« an, vorausgesetzt, daß Doris mit ihr fuhr. Laurence nahm den Vorschlag an, wir fuhren durch Südfrankreich nach Sainte Maxime und tauschten dort die Kinder aus. Laurence wohnte zu der Zeit in La Cavalière nahe Pramousquier. Er hatte unserem Sohn alle möglichen Geschichten über mich in den Kopf gesetzt und ihm eingeschärft, sich ja nicht von mir mitnehmen zu lassen. Sindbad war mit dem Gefühl zu mir gekommen, ich könnte ihn, falls er nicht freiwillig käme, durch die Polizei holen lassen. Offenbar hatte er Laurence auch versprechen müssen, daß er keinen Schritt nach Spanien hinein tun würde, und so betrat er nicht einmal die Grenzbrücke, die die beiden Länder miteinander verband. Einmal besichtigten wir Höhlen, die zum Teil unter spanischem Gebiet liegen, und Sindbad bestand darauf, daß wir sie schleunigst wieder verließen. Ansonsten machten wir schöne Ausflüge, fuhren nach Gavarni, spazierten über den Gletscher und schauten uns in den Pyrenäen um. Emily Coleman kam eine Weile zu uns zu Besuch, was die Dinge etwas leichter machte. Oft saß ich auf unseren Fahrten mit Sindbad hinten im Notsitz des Wagens, und ich knüpfte behutsam neue Fäden des Vertrauens mit meinem Sohn an.

John war ein fabelhafter Athlet. Wenn er getrunken hatte, kletterte er gelegentlich mit katzenartiger Geschicklichkeit an Häuserfassaden und Schornsteinen hinauf. Er sprang aus unheimlicher Höhe ins Meer und schwamm wie ein Fisch. Er spielte ausgezeichnet Tennis und war wegen seiner Größe besonders gut am Netz. Mit seinem elastisch beweglichen Körper konnte er fast alles vollbringen. Beim Bergsteigen war er so flink wie eine Bergziege, und er machte gerne gefährliche Touren entlang der Küste. Da ich Angst vorm Klettern hatte, nahm er Emily und Sindbad mit. Der Junge taute sichtlich auf und freundete sich mit John an. Nach vierzehn Tagen mußte ich ihn wieder zurückbringen, was mir natürlich schwerfiel, zumal ich ihn erst Weihnachten wiedersehen sollte.

Emily und John konnten Stunden damit verbringen, literarische Themen zu diskutieren. Meist ging ich früher zu Bett und ließ sie allein. Auch tagsüber zog ich mich gelegentlich ganz in mich selbst zurück und las. Einmal träumte ich, ich käme ins Bad und fände John und Emily zusammen in der Badewanne beim Lesen von Gedichten. Gewiß hegte ich Emily gegenüber gemischte Gefühle; aber trotz meiner Eifersucht wünschte ich mir immer ihren Besuch, weil sie so viel Leben ins Haus brachte und die Langeweile vertrieb. Sie schien darauf aus zu sein, auch noch den letzten Wissenstropfen aus John herauszupressen, und ließ ihn nirgends in Ruhe. Einmal war sie wütend auf ihn und stieß hervor: »Ich wünschte, ich würde dich nie mehr zu Gesicht bekommen!« Ich schaute von dem Brief auf, den ich gerade an Sindbad schrieb, und bemerkte ganz trocken: »Das kannst du doch ganz einfach haben.« Aber natürlich war das nicht ernst gemeint; unser gemeinsames Leben wurde statt dessen immer enger, bis sie bei uns die Rolle einer Haustochter einnahm. Schreiben war ihr ein und alles, und wenn sie nicht bei uns war, schickte sie John Seiten über Seiten mit ihren Gedichten. Manchmal hörte ich dann John verzweifelt aufstöhnen, gelegentlich fand er sie aber auch recht gut.

Meine Scheidung wurde endlich rechtsgültig, nachdem zwei Jahre seit der Trennung von Laurence verstrichen waren. Wir fuhren nach Paris zurück, wohnten zunächst im Hotel und gingen auf Häuserjagd. Nichts von allem, was uns angeboten wurde, war für John gut genug. In letzter Minute, als ich bereits John einzureden versuchte, er müsse sich mit einem netten Appartement zufriedengeben, das immerhin in Frage gekommen wäre, fand er endlich das ideale Haus. Es kam allen unseren Wünschen so sehr entgegen, daß es wie für uns gebaut schien. Der Maler Georges Braque hatte es nach eigenen Plänen für sich bauen lassen. Das Gebäude wirkte wie ein Miniwolkenkratzer mit jeweils nur zwei Räumen in seinen fünf Stockwerken. Es lag in einem Arbeiterviertel weit außerhalb des Zentrums an der Avenue Reille, fast schon bei der Porte d'Orléans; uns gegenüber war das Reservoir, und nach hinten hinaus erstreckte sich ein Garten. Unsere Nachbarn waren Künstler; Amédée Ozenfant hatte dort seine Malschule. Die Aussicht vom obersten Stockwerk war für Pariser Verhältnisse ungewöhnlich schön. Auf dem Dach befand sich eine Terrasse und ein kleines Becken, was wir leider erst viel zu spät entdeckten. Ich glaube, wir wurden erst von Gabrielle Picabia darauf aufmerksam gemacht, als wir das Haus für einige Zeit an sie verliehen. Im obersten Stock richteten wir unser Schlafzimmer ein, und es war wie ein Nest in einer Baumkrone. Hier oben war auch Johns Studio. Es war allerdings ziemlich kalt und ungemütlich und bestimmt der letzte Raum, in dem er hätte arbeiten können. Im vierten Geschoß waren die zwei Räume zu einem einzigen großen zusammengefaßt, der uns in vielfacher Weise diente. Wir benutzten ihn als Bibliothek, Wohnraum, Eßzimmer und manchmal auch als Gästezimmer; er war auch unser Musiksaal, wo wir ständig Platten spielten. Im zweiten Jahr kauften wir einen spezialangefertigten englischen Plattenspieler mit einem enormen Trichter aus Pappmaché. Der Saal war wie ein riesiges Studio; die Fenster gingen nach vorne und hinten bis zu Decke hinauf. Im Stockwerk darunter hatten Pegeen und Doris je einen Raum für sich; darunter waren die Küche und das Zimmer der Köchin; zu ebener Erde schließlich war die Garage, wo unser Peugeot seinen Platz fand. Drei Jahre lebten wir in diesem Haus, was freilich nicht heißen soll, daß wir die ganze Zeit dort verbracht und von nun an auf längere Fahrten verzichtet hätten.

Bevor wir in unser Traumhaus zogen, hatte man uns eine Wohnung in einem riesigen Neubaublock unweit der Avenue d'Orléans angeboten. Es handelte sich um kleine Appartements, die als Künstlerwohnungen jeweils mit einem Studio ausgestattet waren. Das Ganze war billig gebaut und hatte viel zu dünne Wände. Wir ließen drei Appartements zu einem einzigen zusammenfassen, gaben allerlei Umbauten in Auftrag, insbesondere ließen wir die Wände eines Studios mit Kork tapezieren, weil John keinen Lärm ertragen konnte. Als wir uns dann für das andere Haus entschieden hatten, dauerte es ziemlich lange, bis uns wenigstens ein Teil des investierten Geldes mit Hilfe unseres Anwalts rückerstattet wurde. Wer hätte aber gedacht, daß ich durch diesen Umbau einem zukünftigen Ehemann einen Dienst erwies? Jahre danach lernte ich den Bewohner kennen, der schließlich das Appartement bewohnte. Er erzählte mir, er habe ein besonders ruhiges Studio, weil eine verrückte Amerikanerin die Wände mit Kork hätte verkleiden lassen. Dieser spätere Wohnungsinhaber war niemand anders als Max Ernst.

Während des Winters trafen wir oft mit meinem Vetter Harold Loeb zusammen, dem ehemaligen Herausgeber der Zeitschrift *Broom.* Er und John mochten Jean Gorman gut leiden, deren Mann, Herbert Gorman, an einem Buch über Joyce schrieb. Gorman zog immer voller Stolz beleidigende Antwortbriefe aus der Tasche, die er wieder von Leuten erhalten hatte, denen er wegen Joyce geschrieben hatte. Die Briefe machten ihm so viel Spaß, daß er gar nicht zu bemerken schien, wie beleidigend sie auch für ihn selbst waren.

John ging nie gern zu Bett und liebte es, sich bis tief in die Nacht zu unterhalten und zu trinken. Anscheinend muß Jean Gorman, die wir täglich sahen, darüber eine Bemerkung zu Joyce gemacht haben; denn sie brachte uns einmal folgendes Gedicht mit, das Joyce für sie geschrieben hatte:

An Mrs. Herbert Gorman, die darüber klagt, gewisse Besucher verweilten bei ihr bis in die späten Nachtstunden
Nur sa-sachte mit dem Cognac / und den Wein gleich außer Reichweite /
Nichts merken / wenn die Gläser leer stehen / dafür die Wanduhr im Auge behalten
Und falls die Zeit Ihnen kostbar ist / bloß die Besucher nicht verwöhnen /
Sonst sind sie bei Ihnen wie Holms zu Hause / und vergessen ganz ihr Guggenheim

Da John Jean Gorman so gern hatte, war ich auf sie ziemlich eifersüchtig. Trotzdem gefiel sie auch mir sehr gut; sie war eine lebensprühende, stolze kleine Person und sah aus wie eine Eidechse. Mit ihrem Mann war sie unglücklich; aber obwohl sie im Begriff stand, sich von ihm zu lösen, hatte sie genug Stolz und Charakter, über diese Angelegenheiten nie zu sprechen, selbst wenn sie getrunken hatte. Jedenfalls reiste sie einige Zeit später nach Amerika, ließ sich scheiden und heiratete Carl van Doren.
Pegeen besuchte inzwischen eine Privatschule in Neuilly und blühte sichtlich auf. Doris fuhr sie jeden Morgen in dem kleinen Peugeot hin, den wir für Besorgungsfahrten innerhalb der Stadt angeschafft hatten. Abends wurde sie entweder von Doris oder von uns abgeholt. Das war dann die einzige Stunde am Tag, in der ich sie sah, weil sie morgens immer schon in der Schule war, bevor wir aufwachten.

John schlief schlecht und stand immer spät auf. Den Tag über verbrachte er mit Lektüre und ging jeden Abend in Nachtklubs am Montmartre oder in Cafés am Montparnasse, oder er besuchte Freunde, falls wir nicht selbst Gäste hatten. John brauchte Gesellschaft, allerdings erst nach sechs Uhr abends. Wenn also Pegeen ihr Abendessen bekam und zu Bett ging, verließen wir gewöhnlich bereits das Haus auf der Suche nach Unterhaltung und Zerstreuung. Manchmal brachten wir eine Menge unerwarteter Gäste mit zum Essen, und unsere fabelhafte Köchin schaffte es immer, für alle genug auf den Tisch zu bringen. Wenn sich John irgendwo besonders lange aufhielt, was bei ihm nicht selten geschah, konnte es sein, daß mich eine entsetzliche Langeweile überfiel und ich schon alleine nach Hause fuhr. Damals trank ich nicht viel und hätte es im Trinken mit ihm auch gar nicht aufnehmen können. Es kam vor, daß er den ganzen Tag verkatert im Bett lag und erst am Abend aufstand. Darüber war ich jedesmal fürchterlich erbost, weil ich mich um seine Gesellschaft betrogen fühlte. Ich durfte aber auch nicht etwa alleine weggehen; denn er war ohne mich genauso unglücklich wie ich ohne ihn: ich mußte stets für ihn erreichbar sein.

Da mein Verhältnis zu Laurence etwas ausgeglichener war, kam Sindbad jetzt regelmäßig zu Weihnachten und Ostern sowie einen Monat lang im Sommer. Pegeen besuchte dafür ihren Vater ebensolange. Die Dinge fingen an, erträglicher zu werden. Wir machten uns auf die Suche nach einem Haus für den Sommer, wo auch Sindbad wohnen konnte, weil ich mich auf seinen Besuch so sehr freute, und wir fanden es in St-Jean-de-Luz.

Helen und Giorgio Joyce waren diesmal nicht dort. Sie hatten im Frühjahr geheiratet und waren mit James und Nora den Sommer über in den Norden gereist. Wir vermißten sie sehr, schon wegen der amüsanten Tennispartien.

Wenn Sindbad und Pegeen zusammen waren, ging es neuerdings zwischen ihnen zu wie zwischen Hund und Katz. Ich glaube, wegen der Scheidung war eine schreckliche Eifersucht zwischen den beiden erwacht. Die ersten Tage von Sindbads Besuchen waren jedesmal dadurch belastet, daß er von Laurence und Kay Boyle mit Haßgefühlen gegen John ankam. Sindbad warf uns vor, wir führten ein üppiges, faules Leben, während Laurence und seine Stiefmutter sehr hart arbeiten müßten. Kay Boyle war eine zweitrangige Romanschreiberin; sie war zwar noch nicht so schlecht wie später und hatte damals entsprechend geringe Einnahmen. Erst als sie sich ungeniert auf die Produktion von Trivialromanen geworfen hatte, fing sie an, große Summen zu kassieren. Einen Teil ihres Lebensunterhalts mußten sich die beiden damals mit Übersetzungen verdienen. Daneben erhielten sie von mir regelmäßig eine beträchtliche Summe, worüber sie nie ein Wort verlauten ließen, und Sindbad wollte es einfach nicht glauben, als ein Freund nach jahrelangen Vorwürfen mich einmal in Schutz nahm und ihm die Tatsachen vorhielt.

Im Grunde mocht Sindbad John gut leiden, der wunderbar mit Kindern umgehen konnte, sie körperlich und geistig förderte, aber auch zum Klettern und Schwimmen mitnahm und herrlich mit ihnen herumtollen konnte.

Zu Ostern hatte ich geplant, Sindbad abzuholen und ihn für zehn Tage irgendwohin in den Süden mitzunehmen. Laurence und Kay wohnten damals in Nizza und wollten bald heiraten. Aus irgendeinem perversen Grund hatte Laurence den Plan gefaßt, daß wir bei der Hochzeit dabeisein sollten. Wir konnten uns der Sache nicht entziehen, weil Laurence sich für das Ereignis ausgerechnet die Woche ausgesucht hatte, in der wir nach Nizza fuhren, um Sindbad abzuholen. Um den Kindern den Spaß nicht zu verderben, ließen wir alles über uns ergehen. Nach außen hin müssen wir bei der Feier alle den Eindruck äußerster Harmonie erweckt haben.

Wieder in Paris, machten wir für einige Tage einen Abstecher nach London, und plötzlich kam es John in den Sinn, man könne den ganzen Sommer über in England bleiben. Er hatte schon lange nicht mehr in England gewohnt, und er hoffte, man würde ein geeignetes Landhaus finden, um einige Monate dort bleiben zu können. Wir mieteten schließlich einen Landsitz im Dartmoorgebiet.

7

Liebe, Eifersucht und Tod

Das Haus, das wir für den Sommer gemietet hatten, hieß »Hayford Hall«. Es war ein großes graues Steingebäude von anspruchsvoller Architektur aus dem beginnenden 19. Jahrhundert. Eine geräumige Halle mit einem mächtigen Kamin bildete das Zentrum. Darum herum lagen die übrigen Zimmer. So angenehm wir die Proportionen der Halle empfanden, so abstoßend wirkte auf uns die Täfelung der Wände, weil das Holz zu neu und glatt war. Die Möbel waren zwar bequem, aber leider wenig attraktiv. An den Wänden hingen die üblichen Ahnenbilder. Ein bunt verglastes Fenster schmückte die Stirnseite des Raumes und ließ die Wand wie das Innere einer Kirche erscheinen. Soweit man etwas durch die farbigen Scheiben erkennen konnte, erblickte man die Äste hoher Bäume, die die Sonne abschirmten. Außer den elf Schlafzimmern benutzten wir keine der sonst noch vorhandenen Räume und Kammern mit Ausnahme eines bedrückenden Speisesaales, wo wir unsere Mahlzeiten einnahmen und nie länger blieben, als es zum Essen notwendig war. Danach zogen wir uns immer möglichst rasch in die Halle zurück. Ich glaube, so viel Unterhaltung und Leben wie zur Zeit unseres Aufenthaltes hat es dort nie gegeben, weder vorher noch später.

Die Kinder hatten ihren eigenen Flügel mit mehreren Schlafzimmern und einem großen Raum, wo sie unter Doris' Aufsicht lernten. Auf diese Weise war zwar alles recht schön arrangiert; dennoch fühlte ich mich ständig hin- und hergerissen zwischen der anregenden Unterhaltung in der Halle und der Gesellschaft meiner Kinder. Beim Mittagessen waren sie mit uns zusammen, ebenso beim Reiten und beim Tennistraining; aber zur Gesellschaft der Erwachsenen in der Halle wurden sie nur bei besonderer Gelegenheit zugelassen.

Die Schlafzimmer waren ohne großen Komfort, aber unseren Bedürfnissen entsprechend eingerichtet, nur daß die Betten so hart waren wie Kasernenpritschen. Ein einziges Zimmer war eigenartig in einer Art Rokokostil eingerichtet. Der Raum schien wie gemacht für unsere Freundin Djuna Barnes, die mit uns gekommen war, und so wurde er ihr zugeteilt. Im Bett dieses Zimmers liegend, hat sie den größten Teil von *Nachtgewächs* geschrieben.

Den sehr vornehmen Salon mit seinen chintzbezogenen Möbeln benutzten wir überhaupt nicht; auch nicht das kleine Schreibzimmer und die Bibliothek, die mit einer Sammlung der schlechtesten Bücher der Welt ausgestattet war und wo ein hohler Elefantenfuß als Papierkorb diente. Alles in allem machte nicht das Innere des Hauses seine Attraktion für uns aus, sondern vielmehr seine Lage und seine Umgebung. Die Hintertür von Hayford Hall ging direkt in die offene Landschaft des Dartmoorgebietes hinaus. Zum Haupteingang führte eine Auffahrt mit einer Allee von Chile-Fichten. Morgens wurden wir von Krähen geweckt, die auf dem Baum vor unserem Fenster ihren Nistplatz hatten. Zwar lag der Landsitz direkt am Rande des Moores, das Anwesen war aber von weitläufigen Gartenanlagen umgeben, die teilweise sorgfältig gepflegt, teilweise einer kunstvollen Verwilderung überlassen wurden. Ein Gartenstück war an die vierhundert Meter lang, und die Blumenbeete waren mit Grasrändern umgrenzt. Der Rasen war gut getrimmt, und unser Tennisplatz ließ nichts zu wünschen übrig. Zum Grundstück gehörten auch zwei Teiche mit Seelilien, zwischen denen wir gelegentlich herumschwammen. Trotz der kultivierenden Eingriffe war das Bemühen unübersehbar, die Natur in einem weitgehend unberührten Zustand zu belassen, und die Nähe des Moores blieb dem Betrachter ständig bewußt. Abends huschten Hunderte von Kaninchen über das Gelände, zu dem auch ein Stück Park gehörte, durch den sich ein Bach schlängelte.

Ein Arm dieses Baches floß in unmittelbarer Nähe des Hauses vorbei.

Das Moor erstreckte sich über eine Fläche von vielen Quadratkilometern und war völlig unbewohnt. Es läßt sich schwer beschreiben; dafür ist es zu vielfältig. Hie und da begegnete man wilden Ponys, und manchmal fand man auf dem Boden Tierknochen oder sogar ganze Gerippe. Die häufigsten Pflanzen waren Farne und Heidekraut. In den Sumpfstellen wuchsen, gleichsam als Warnzeichen, ganz besondere, zartgefiederte weiße Blumen. Zahlreiche Bäche flossen durch das Moor, und es lagen mächtige Findlinge herum. Zwar war das Moor meist uneben und hügelig, doch gab es auch schön ebene Stellen, wo man herrlich drauflosreiten konnte. Jenseits, auf der anderen Seite, lag das Dartmoorgefängnis; aber es war so weit weg, daß man fast einen ganzen Tag reiten mußte, um hin und zurück zu gelangen. Jährlich einmal wurden die wilden Ponys zusammengetrieben, eingefangen und gezähmt. Wir mieteten uns welche zum Reiten, und obwohl die Kinder sich nicht besonders geschickt anstellten, lernten auch sie bald, mit den Ponys umzugehen. Es dauerte gar nicht lange, bis wir die Kinder aufs Moor mit hinausnehmen konnten. Wir hatten auch ein richtiges Pferd, das gewöhnlich von John geritten wurde. Jedesmal, wenn einem der Kinder das Pony durchging, machte er sich mit seinem Pferd auf die Jagd nach dem Ausreißer.

Wie nicht anders zu erwarten, verbrachte unsere damals engste Freundin, Emily Coleman, den Sommer mit uns. Auch ihr Vater kam eine Weile zu uns zu Besuch. Er war ein sittenstrenger Herr aus New England. Natürlich dachte er nicht anders, als daß ich mit John verheiratet sei, und nannte mich daher immer Mrs. Holms. So redeten mich auch die beiden Dienstmädchen an, die der Besitzer gewissermaßen zur Bewachung im Haus gelassen hatte für den Fall, daß wir uns als wüste Barbaren entpuppt hätten. Emilys Vater war von unserem Leben begeistert und mochte John gerne. Emily gegenüber äußerte er einmal, daß er John für einen Supermann hielt, der in einer Welt für sich lebe. Über Djuna Barnes dagegen war er schockiert. Sie nannte ihn Papa, was ihm gar nicht zu gefallen schien. Schockiert war er auch über seine Tochter, die bei Tisch ihre Gier nicht zügeln konnte und Szenen machte, wenn sie nicht auf Katie reiten durfte. Kritik an Emily kam übrigens auch von Djuna, die sich darüber beklagte, daß Emily Johns Gesellschaft immer nur für sich beanspruchte und ihn in endlose Gespräche verwickelte. Oft saßen sie bis in die frühen Morgenstunden, wobei John reichlich den Getränken zusprach; Emily dagegen brauchte gar nicht zu trinken, da sie die meiste Zeit ohnehin sehr aufgedreht war. Mit einer leichten Betäubung, so meinte Djuna einmal, wäre Emily eine ganz brauchbare Gesellschafterin gewesen.

Mein Schwager Milton Waldman besuchte uns einige Tage lang. Er war sehr angegriffen und nahe an einem Nervenzusammenbruch. Ich glaube nicht, daß er seinen Aufenthalt wirklich genießen konnte, obwohl er von Hayford Hall sehr beeindruckt schien. Einmal kam auch meine Mutter, weigerte sich aber, bei uns zu wohnen, weil ich nicht mit John verheiratet war. Sie war überrascht von unserem ruhigen Lebensstil, denn sie betrachtete mich immer als Bohemien und am Rande der Gosse lebend. Noch mancherlei anderer Besuch brachte Abwechslung. Trotzdem empfand ich unser Leben zu viert immer noch am schönsten, selbst wenn wir uns stritten und dicke Luft herrschte. Irgendwie verstanden wir es, uns gegenseitig aufzustacheln – und genossen es.

Doris fuhr jeden Tag mit Marie, unserer französischen Köchin, im nahen Buckfastleigh zum Einkaufen. Donnerstag war der freie Tag für unser Personal. Gewöhnlich nahm Doris Marie und unser Dienstmädchen Madeleine zu einer Fahrt an die Küste mit, wo sie sich den Tag über zusammen vergnügten. An diesen Tagen wurden wir von den englischen Dienstmädchen versorgt, die zu unserer Beaufsichtigung im Haus zurückgelassen worden waren. Wenn sie kochten, gab es regelmäßig urenglisches Essen.

Auch wir machten öfters Ausflüge an die etwa dreißig Kilometer entfernte Küste. John fand die schönsten einsamen Buchten, wo man ungestört baden und in der Sonne liegen konnte. Manchmal nahmen wir auch an örtlichen Pferderennen teil, wo wir sogar mit unseren Ponys zugelassen wurden, woran man die Qualität dieser Rennen ermessen kann. Es ging dabei überhaupt sehr undurchsichtig zu, und im nachhinein bekamen wir heraus, daß die Gewinner alle unter Kontrolle des dortigen Metzgers standen.

Ende des Sommers nahm Djuna Sindbad mit zurück nach Paris, wo er von Laurence abgeholt wurde. Pegeen und Doris fuhren auf Besuch zu Peggy und deren Kindern. Ich fuhr mit John nach Cheltenham, wo er seine Familie besuchte. Da ich nicht mit ihm verheiratet war, mußte ich im Hotel wohnen, wo mich wenigstens Johns Schwester einmal aufsuchte. Sie hatte den Kopf voller wilder Gerüchte über mich, die ihr offenbar Dorothy zugetragen hatte. Um dieser Voreingenommenheit entgegenzuwirken, versuchte John, seine Schwester mit dem geregelten häuslichen Leben zu beeindrucken, das wir und die Kinder in Hayford Hall geführt hatten. Als sie sich von mir verabschiedete, sagte sie, ich solle gut auf John aufpassen. Darüber war ich sehr erstaunt, weil es ja immer umgekehrt war und ich nicht auf ihn, sondern er auf mich achtgeben mußte.

Im Januar reisten wir mit den Kindern zum Skilaufen nach Gargellen in Österreich. Während unserer Abwesenheit wohnten Laurence und Kay in unserem Haus in Paris. Sindbad war damals bereits ein geübter Skiläufer, und selbst die kleine Pegeen hatte mit Laurence bereits genug geübt, um sich auf den Brettern halten zu können. Der Urlaub endete damit, daß die Kinder der Reihe nach die Windpocken bekamen.

Schon ein ganzes Jahr lang hatte Sindbad für Marlene Dietrich geschwärmt, und während des Winters schrieb er ihr einen rührenden Brief. Er teilte ihr seine Vorliebe für Bier und Skilaufen mit und fügte hinzu: »Ich kann Greta Garbo nicht ausstehen. Ihnen geht es doch ähnlich, nicht wahr?« Dann bat er sie um ein Foto mit Autogramm. Erst Monate später erhielt er von einem ihrer Sekretäre die Antwort, er könne das gewünschte Foto nach Voreinsendung eines Dollars bekommen.

Mitte März reisten wir nach London. Dorothy schien ihre Feindseligkeiten gegen mich begraben zu wollen. Sie hatte sich inzwischen auf die Astrologie geworfen und stellte mir mein Horoskop; es wurde fast ein Buch von fünfzig Seiten. Wir nahmen Dorothy mit auf einen Autoausflug durch die Cotswoldsgegend, und mir gefiel alles sehr gut bis auf einen Abend, an dem Dorothy wieder eine schreckliche Szene veranstaltete.

John wollte Djuna Barnes helfen, ihren Roman *Ryder* in England zu veröffentlichen, da er bis dahin nur in New York verlegt worden war. Er schrieb deshalb einen Brief an seinen Freund Douglas Garman, der sich als Verleger für Avantgardeliteratur einen Namen machte. Wir trafen mit ihm zusammen, und beim ersten Blick muß ein Funke übergesprungen sein. Garman zeigte sofort, daß ich ihm gefiel, und setzte sich nach einem Barbesuch zu mir in den Notsitz unseres Wagens. *Ryder* wurde von Garman dann allerdings doch nicht verlegt; offenbar mochte er es nicht, aber er fragte mich, ob er uns zu Ostern in Paris besuchen dürfe. Er kam tatsächlich, und ich fing an, mich in ihn zu verlieben.

Ich hütete mich, John davon etwas zu erzählen. Die Sache war völlig überraschend über mich gekommen und hatte mich ganz durcheinandergebracht. Mir erschien Garman wie ein Mann aus Fleisch und Blut, während John für mich so etwas wie ein Christus oder Geist geworden war. Ich sehnte mich nach jemand mit konkret irdischen Bedürfnissen, um mich wieder wie eine richtige Frau fühlen zu dürfen. John stand viel zu sehr über den weltlichen Dingen und kümmerte sich überhaupt nicht darum, wie ich aussah oder was ich anhatte. Garman dagegen nahm alles genau wahr, und es gefiel mir, daß er meine Garderobe kommentierte. Eines Tages sah er mich mit einem Besen in der Hand bei der Arbeit, weil unser Dienstmädchen erkrankt war. Sofort nahm er mir den Besen aus der Hand und bestand darauf, die Arbeit an meiner Stelle verrichten zu dürfen, weil ich es nicht richtig machte. Bald entdeckten wir auch, daß wir beide den gleichen immer wiederkehrenden Traum hatten, in dem wir mitten im Atlantik eine unbekannte Insel mit drei Fabrikschloten entdeckten. Es dauerte nicht lange, bis John eifersüchtig wurde. Nach einer Dinnerparty mußte ich betrunken zu Bett gebracht werden. Garman kam zu mir herauf, weil er sich um mich kümmern wollte, und stiftete damit noch mehr Verwirrung. Die Situation wurde so unhaltbar, daß Garman schließlich nach England zurückreiste und wir uns mehrere Monate nicht mehr sahen; doch blieb ich mit der seltsamen Gewißheit zurück, daß ich in nicht allzu ferner Zeit seine Geliebte werden würde.

In diesem Frühjahr bot uns Milton Waldman, der nach seiner Scheidung von meiner Schwester Hazel meine alte Freundin Peggy geheiratet hatte, ein Haus in London an, und bald zogen wir in Trevor Square ein. Wir gaben viele Partys und gewöhnten uns schnell an die neue Umgebung. Wir spielten sogar mit dem Gedanken, für immer in England zu bleiben. Wir ließen Pegeen, Doris und die Köchin nachkommen, weil wir für den Sommer wieder Hayford Hall gemietet hatten. Als Pegeen in Folkstone die Gangway herunterkam, hatte sie so wild zerzauste Haare, daß John sie Wuschelkopf nannte. Diesen Spitznamen hat sie dann jahrelang behalten.

Garman lebte getrennt von seiner Frau und hatte seine Tochter Debbie bei sich. Sie war im gleichen Alter wie Pegeen. Als die beiden zu uns zum Tee kamen, trauten wir kaum unseren Augen, weil sich Tochter und Vater so sehr ähnlich sahen. Beide hatten etwas Solide-Kraftvolles, und sie wirkten wie zwei unter dem Joch gehende Ochsen. Garman war ein schöner Mensch, noch etwas größer als John, hatte braunes Haar und braune Augen. Am einen Auge hatte eine Verletzung Spuren hinterlassen. Er war ein hellhäutiger Typ mit einer hübschen, etwas aufgestülpten

Nase. Auch Garman gehörte zu den erfolglosen Schriftstellern. Er hatte einen Gedichtband veröffentlicht, und es war John äußerst peinlich, wenn Garman bei ihm auf seine Gedichte zu sprechen kam. Immerhin fand John eine Zeile, die ihm gefiel, und mit seinem gewohnten Taktgefühl und seiner Fähigkeit, seine wahren Gefühle zu verbergen, meisterte er auch diese Situation; denn er war von Garmans Unterhaltung nicht gerade begeistert.

Im Juli zogen wir wieder nach Hayford Hall. Jetzt, im zweiten Jahr, kam uns alles noch viel schöner vor; denn nichts war verändert worden, und wir hatten das Gefühl, wie wenn wir zu unserem eigenen Besitz zurückgekehrt wären. Der einzige Unterschied war der, daß wir inzwischen das Vertrauen des Eigentümers gewonnen hatten; denn die Bewacherinnen waren diesmal nicht mehr da. Um sie zu ersetzen, brachten wir noch zwei weitere Dienstboten mit, die auch in Trevor Square für uns gearbeitet hatten: Albert, ein typischer Cockney, dem es Spaß machte, den Butler zu spielen, und seine Frau Louise, eine schwerblütige Belgierin. Natürlich war auch Marie, unsere Köchin, wieder da. Doris fuhr jeden Morgen mit Albert zum Einkaufen. Er war ein tüchtiger Mensch und schaffte alles Notwendige herbei; vor allem aber sorgte er dafür, daß genügend Alkohol im Hause war, wofür er selbst eine Schwäche hatte. Auch sonst wußte er sein Schäfchen ins trockne zu bringen. So hatte ich ihm empfohlen, die vielen leeren Flaschen zu verkaufen, die in unserem Haushalt anfielen; aber er sagte, die wolle niemand haben und man bekäme keinen Penny mehr dafür. Es dauerte jedoch nicht lange, bis wir eines morgens um sechs, von einem ungewöhnlichen Lärm geweckt, hochfuhren, und wir ertappten ihn, wie er ein riesiges Sammelsurium von Flaschen wegkarrte. Da er mit dem Metzger allerlei undurchsichtige Geschäfte bei den Ponyrennen trieb, nahmen wir an, daß er die Flaschen zu seinem neuen Geschäftsfreund brachte. An den freien Donnerstagen hatte Doris immer große Mühe, Albert wieder mit nach Hause zu bringen, weil er stets zuviel getrunken hatte.

Im zweiten Sommer kamen mehr Gäste nach Hayford Hall als im Jahr vorher: zunächst natürlich Emily Coleman, die sich schlimmer benahm als je zuvor, sowie ihr Sohn und Djuna Barnes. Auch Samuel Hoare kam einige Male. Meine neue Freundin Wyn Henderson, mit der ich später so eng zusammenarbeiten sollte, machte bei uns Station auf ihrer Fahrt nach Cornwall, und ein wenig später besuchte uns wieder meine Mutter.

Ende August flogen die Kinder mit Doris nach München, wo Laurence sie abholte. Ich begleitete sie nach London, und wir verbrachten eine Nacht bei meiner Mutter. Ich hatte Garman geschrieben, daß ich ihn in London treffen wollte. Er hatte zwar die Absicht geäußert, nach Hayford Hall herauszukommen, und uns von irgendwo unterwegs angerufen, als er nach Cornwall fuhr, hatte dann aber den Weg zu unserem Haus nicht gefunden. Als ich ihm nun schrieb, war ich mir über meine Absichten völlig im klaren; aber Garman schien nichts zu ahnen, als er meinen Brief in seinem Ferienort in Cornwall erhielt. Er dachte bloß, ich sei allein in London und suche jemand zur Unterhaltung.

Kurz nach meiner Rückkehr erlitt John den Unfall, der ihn fünf Monate später das Leben kosten sollte. Wir ritten zusammen durch das Moor. Es regnete ein wenig, was uns nichts ausmachte; doch für John als Brillenträger war es ein Handicap. Halbblind von den Regentropfen auf seinen Gläsern passierte ihm das Mißgeschick, daß sein Pferd über ein Kaninchenloch stolperte und ihn abwarf. Die Folge war ein völlig ausgerenktes Handgelenk. Merkwürdigerweise durchfuhr mich einen Moment lang eine freudige Genugtuung darüber, daß er nun auf meine Hilfe angewiesen war; aber diese Anwandlung war ebenso rasch wieder verflogen. Während Emily vorausgaloppierte, um einen Arzt zu alarmieren, machte John den Rückweg zu Fuß und führte sein Pferd hinter sich her. Der nächst erreichbare Arzt kam aus Totnes und versuchte, das Gelenk zu richten; es sah aber nicht gut aus, und John hatte schreckliche Schmerzen, so daß ich darauf bestand, daß der Arzt genügend Morphium bei uns ließ. Als es am nächsten Tag immer noch nicht besser wurde, mußten wir John zu einer Röntgenaufnahme ins Krankenhaus bringen. Er bekam einen Gipsverband, und ich mußte ihn während der folgenden sechs Wochen wie ein Kind an- und ausziehen.

Sobald wir wieder in Paris waren, brachte ich John ins amerikanische Hospital. Bei erneuter Durchleuchtung fand man, daß ein Knochensplitter aus dem Gelenk gebrochen war und die ständigen Schmerzen verursachte. John sollte heiße Salzbäder und Massagen nehmen. Die Massagen waren qualvoll, und es war schrecklich, wenn ich sie mit ansehen mußte. John war danach in Schweiß gebadet. Das Schlimmste war, daß die Behandlung keinerlei Erfolg zeigte, und der Masseur entließ John schließlich mit der Bemerkung, er könne jetzt nichts weiter für ihn tun.

Inzwischen hatten wir uns endgültig entschlossen, nach London überzusiedeln. John erhoffte sich davon, wieder einen neuen Anfang mit dem Schreiben machen zu können. Er wollte in einer Umgebung leben, die auch seine Sprache verstand; denn sein Französisch war nicht gut genug für ein Gespräch mit intellektuellem Anspruch. Während der ganzen Zeit unseres Zusammenlebens hatte John ein einziges Gedicht zustande gebracht, und es tut mir weh, wenn ich daran denke, daß ich nichts Besseres zu tun wußte, als ihm wegen seines untätigen Lebens Vorwürfe zu machen. Ich hatte keine Ahnung, wie sehr er selbst unter seiner Schwäche litt. Manchmal, wenn er viel getrunken hatte, kam es wie ein Aufschrei aus seinem tiefsten Herzen, und er rief: »Mir ist ja so entsetzlich öde!«

Wir vermieteten also unser Haus an der Avenue Reille und gaben Pegeen und Doris fürs erste in eine Pension nahe bei Pegeens Schule; sie sollten nachkommen, sobald wir uns in London niedergelassen hatten. John konnte bei der Fahrt zwar den Wagen lenken; doch das schmerzende Handgelenk blieb eine ständige Behinderung für ihn.

Während der Übergangszeit wohnten wir in Orchard Poyle, wohin uns Milton Waldman und Peggy eingeladen hatten. Jeden Morgen fuhren wir nach London auf Wohnungssuche, ohne daß wir etwas Geeignetes gefunden hätten; am Abend kehrten wir unverrichteterdinge nach Bukkinghamshire zurück. Auf einer solchen Tour wurden wir von Emily begleitet. Aus einer Laune heraus zog ich sie ins Vertrauen über meine Absichten in bezug auf Garman. Sie reagierte entsetzt und meinte, ich müsse den Verstand verloren haben und solle mich nicht wundern, wenn ich auf diese Weise John verlieren würde. Es gelang ihr, mir einen solchen Schrecken einzujagen, daß ich auf der Stelle beschloß, Garman nicht mehr zu treffen, was ich bis nach Johns Tod auch durchgehalten habe.

Wyn Henderson half uns schließlich, ein Haus nach unseren Wünschen in Woburn Square zu finden. Es war ein klassizistisches Gebäude und wirklich sehr hübsch, besonders, nachdem wir ihm etwas von seiner Strenge hatten nehmen lassen. John konnte das neue Heim nur noch sechs Wochen genießen, bevor er starb. Natürlich schaffte er es nicht mehr, mit dem Schreiben anzufangen; aber es kamen Besucher, deren Umgang und Unterhaltung ihm viel bedeuteten.

An einem Abend, kurz nachdem wir in unser neues Haus gezogen waren, war ich wieder einmal betrunken. In meiner Unvernunft konnte ich es nicht lassen, John mit meiner Lust nach Garman aufzureizen. Ich erzählte ihm sogar von dem Brief, durch den ich Garman nach London gelockt hatte. John brachte mich fast um. Er ließ mich eine Ewigkeit lang nackt am offenen Fenster stehen – es war immerhin Dezember! – und schüttete mir ein Glas Whisky in die Augen. »Am liebsten«, sagte er, »würde ich dir deine Visage so zurechtboxen, daß dich kein Mann mehr anschauen mag.« Ich bekam fürchterliche Angst und bat Emily, die Nacht über bei mir zu bleiben und mich zu beschützen.

John gab alles Geld, das er von seinem Vater erhielt, an Dorothy weiter; es war nicht viel, etwa zweihundert Pfund pro Jahr. Bei einem seiner Besuche zu Hause gelang es ihm, diese Summe um vierzig Pfund erhöhen zu lassen. Das war freilich für Dorothy immer noch zu wenig, und sie drängte daher auf eine Absicherung ihres Lebensunterhalts. Am liebsten wäre ihr wohl eine einmalige Abfindungssumme gewesen; da aber mein gesamtes Geld fest angelegt war, bestand die einzige Möglichkeit darin, einen notariell beglaubigten Vertrag abzuschließen. Darin verpflichtete ich mich, ihr auf Lebenszeit – auch wenn ich vorzeitig sterben sollte –, jährlich dreihundertsechzig Pfund aus meinem Vermögen zahlen zu lassen. Nicht lange danach erhielt John fünftausend Pfund von seinem Vater, um eine eventuelle Erbschaftssteuer zu umgehen. John legte das Geld in sicheren staatlichen Papieren an. Nun wäre Dorothy zwar die legale Erbin dieses Vermögens gewesen; da sie aber die Heirat erzwungen hatte und durch den Vertrag hinreichend gesichert war, hielt ich es für fair, daß John den Betrag testamentarisch für mich reservierte. Es war übrigens ganz merkwürdig, daß ich damals so viel an das Sterben und an mögliche Todesfälle dachte. Am schlimmsten war mir der Gedanke, daß ich einmal kein Recht haben würde, John beerdigen zu lassen; zumindest stand mir bevor, die Genehmigung hierfür von Dorothy oder von Johns Eltern einholen zu müssen. Schon deshalb hätte ich gerne unser Zusammenleben legalisiert; aber bereits der Gedanke an die Scheidungsformalitäten bedeutete für John ein unüberwindliches Hindernis, und ich war zu stolz, um auf meinem Wunsch zu bestehen. Johns Willenskraft war inzwischen völlig gelähmt, und er brachte es nicht einmal mehr fertig, einen kurzen Brief zu schreiben. In Woburn Square nahm er noch einmal einen Anlauf und wollte mit Dorothy über die Sache sprechen; aber da war es schon zu spät.

Über Weihnachten kam Sindbad nach London. Pegeen war bei uns, und ich tat mein Bestes, um die Kinder zu unterhalten. Bald waren sie so verwöhnt, daß ihnen nichts anderes mehr gut genug war, als ins Kino, zum Zirkus oder zu Pantomimenvorstellungen zu gehen. Nach den Weihnachtsferien brachte ich Sindbad nach Zürich, von wo ihn

Laurence nach Österreich mitnahm. Die Trennung von meinem Jungen war wieder sehr schmerzlich, und auch bei meiner Ankunft in Victoria Station mußte ich immer an Sindbad denken und gab im stillen John die Schuld an all den Schmerzen, die mir die jahrelange Trennung von meinem Sohn bereitet hatte. Ich vergaß mich und schwor einen schrecklichen Eid, ich wolle John nicht mehr sehen. Ich ahnte ja nicht, daß sein Tod unmittelbar bevorstand.

John holte mich vom Bahnhof ab und brachte mich nach Hause, wo schon zahlreiche Gäste warteten. Er erklärte mir, Emily hätte während meiner Abwesenheit alles für seine Operation arrangiert und die Sache solle am folgenden Morgen endlich erledigt werden. Wenn John gründlich kuriert werden wollte, mußte er sich diesem operativen Eingriff unterziehen. Die Operation an sich war eine ganz unbedeutende Sache, konnte allerdings nicht ohne Vollnarkose durchgeführt werden. Sie war schon einmal aufgeschoben worden, da John Grippe bekam.

Am Abend meiner Ankunft machten sich die Bekannten und Freunde Sorgen um John. Sie schienen böse Vorahnungen zu haben. Ein Freund, der gerade an einem Buch über Okkultismus schrieb, warnte John, daß ihn sein Astralleib während der Narkose verlassen könnte. John antwortete leichtfertig: »Na und? Was ist schon dabei, wenn ich nicht mehr zu mir komme?« Er blieb an diesem Abend lange auf, trank viel und erwachte am nächsten Morgen mit einem Kater. Wenn ich bei klarem Verstand gewesen wäre, hätte ich die Operation verhindern müssen. Heute kann ich nicht verstehen, warum es mir zu peinlich war, den Ärzten ein zweites Mal abzusagen. Ich ließ sie einfach kommen. John bat darum, daß ich in seiner Nähe blieb, und ich hielt ihm die Hand, bis die Anästhesie zu wirken begann; dann aber wurde ich höflich und bestimmt aus dem Raum hinauskomplimentiert. So wartete ich unten im Erdgeschoß. Die ganze Sache hätte nicht länger als eine halbe Stunde dauern dürfen. Als die Zeit verstrichen war, wurde ich unruhig, stieg die Treppe hinauf und horchte an der Schlafzimmertür. Es war nichts zu hören, und wieder setzte ich mich unten hin. Kurz darauf kam einer der Ärzte herunter und holte hastig ein Köfferchen aus der Eingangshalle nach oben. Ich merkte zwar, daß irgend etwas nicht stimmte, wußte aber nicht, was ich tun sollte. Es kam mir wie eine Ewigkeit vor, bis sie zu dritt langsam die Treppe heruntersteigen, unser Hausarzt, der Chirurg und der Anästhesist. Schon als sie in den Raum traten, war mir klar, was geschehen war: Johns Herz hatte in der Narkose versagt.

Nachdem der kleine Eingriff durchgeführt war, hatten sich die drei Ärzte in eine Zimmerecke zurückgezogen. Plötzlich bemerkte der Chirurg, daß Johns Kreislauf schwächer wurde. Sofort einsetzende Wiederbelebungsversuche waren vergeblich. Die Ärzte griffen nach dem letzten Mittel, öffneten John den Brustkorb, spritzten ihm Adrenalin ins Herz und versuchten durch Herzmassage, den Kreislauf wieder in Gang zu bringen; aber es half alles nichts mehr: Sie hatten ihn umgebracht, und sie wußten das auch. Man sah ihnen an, daß sie Angst hatten, und alles, was sie vorbrachten, ließ sie in meinen Augen nur noch widerwärtiger erscheinen. Ihr Mangel an Takt ging so weit, daß sie sich dafür entschuldigten, daß »so etwas« in unserem Hause passiert wäre. Dann erzählten sie mir noch läppische Geschichten von Leuten, die mitten auf der Straße mit Herzversagen umgekippt wären. Natürlich war ihnen bloß bange vor der unvermeidlichen gerichtlichen Untersuchung, und sie wollten sich aus der Affäre ziehen. Unser Hausarzt, der auch Milton Waldman betreute, rief in Bukkinghamshire an und bat Milton und Peggy, zu mir zu kommen und sich um mich zu kümmern. Obwohl die Herren wußten, daß es noch Stunden dauern mußte, ehe meine Freunde bei mir sein konnten, fuhren sie ungerührt davon und ließen mich allein.

Ich ging hinauf und schaute John an; er war jetzt so weit weg – so hoffnungslos weit weg, und mir wurde bewußt, daß ich nie mehr richtig glücklich sein würde. Dennoch hatte ich seltsamerweise eine Sekunde lang ein Gefühl der

Erleichterung gehabt, als die Ärzte mir Johns Tod mitteilten. Mir war, wie wenn ich plötzlich aus einem Gefängnis entlassen würde. Jahrelang war ich Johns Sklavin gewesen, und einen Moment lang hatte ich mir eingebildet, ich wolle frei sein; aber das war bloß eine Verwirrung meiner Gefühle. Nach Johns Tod hatte ich nicht die geringste Vorstellung, wie ich weiterleben sollte; für mich schien alles verloren. Ich war lange mit meinen Gedanken allein. Endlich kamen Peggy und Milton. Wir bewahrten unseren natürlichen Umgangston und waren nicht besonders feierlich. Ich versuchte, mich nicht noch mehr aufzuregen und gefaßt zu erscheinen. In ihrer praktischen Art bat Peggy Emily Coleman, zu mir zu kommen und bei mir zu wohnen, weil sie selbst sich um ihre Kinder kümmern mußte.

Jahrelang hatte ich Emily angekündigt, ich wollte nichts mehr mit ihr zu tun haben, falls John einmal vor mir sterben sollte. Jetzt dagegen war ich nur allzu froh, daß sie bereit war, ihr eigenes Leben aufzugeben und zu mir zu ziehen. Sie schlief bei mir in unserem Schlafzimmer, und wir sprachen fast zwei Monate lang über John. Es konnte für mich kein besseres Heilmittel geben, und es hat mich auch gerettet. Meine ganze Eifersucht auf Emily schwand dahin, als wir miteinander weinten und unseren Schmerz teilten. Ich sagte zu Emily: »Jetzt, nachdem John tot ist, werde ich aus der Gefahr nicht mehr herauskommen, mich zu verlieren.« Und so war es denn auch.

Am folgenden Nachmittag kamen die Leute vom Beerdigungsinstitut, um Johns Leichnam abzuholen. Ich bat sie, mir seine Uhr und seinen Morgenrock dazulassen. Beides zog ich an und fühlte mich dadurch ein wenig wie in Johns Nähe. Als aber dann sein Körper die Treppe hinuntergetragen wurde, fiel mir plötzlich wieder der Schwur ein, den ich in Victoria Station getan hatte, und ich stieß einen fürchterlichen Schrei aus, weil es mir plötzlich so vorkam, als hätte ich ihn umgebracht.

Auf meinen Wunsch hin sollte John eingeäschert werden, und wir ließen seine Schwester Beatrix und Dorothy kommen. John war am 19. Januar 1934 im Alter von siebenunddreißig Jahren gestorben. Der Tag darauf war Dorothys Geburtstag, und an Emilys Geburtstag, am 21. Januar, wurde er beerdigt. Vorher mußten noch eine Autopsie und eine gerichtliche Untersuchung stattfinden, damit alles seine Ordnung hatte. Ich wurde von einem sehr höflichen und mitfühlenden Untersuchungsrichter befragt. Ich gab ihm einen ausführlichen Bericht über Johns Unfall und dessen Folgen. Etwas erstaunt war ich, als der Beamte mehr feststellend als fragend bemerkte: »Sie haben also mit ihm zusammengelebt, nicht wahr?« Was ich mit »Ja, seit fünf Jahren« bestätigte. Danach wurde der Bericht über die Autopsie verlesen. Offenbar waren alle inneren Organe bei John vom Alkoholgenuß angegriffen und sein Gesamtzustand ziemlich bedenklich gewesen. Die operierenden Ärzte wurden durch den Bericht von jedem Verdacht einer möglichen Fahrlässigkeit entlastet.

Im Anschluß an diese Untersuchung fand die Einäscherung statt. Nur die engsten Vertrauten ließ ich zu: Edwin Muir, Hugh Kingsmill, Dorothy und Johns Schwester, sowie Emily und Milton. Ich selbst traute mir nicht zu, daß ich die Zeremonie durchstehen würde, und ging während dieser Stunde mit Peggy in eine katholische Kirche in Soho, wo wir eine Kerze anzündeten. Nach Hause zurückgekehrt, setzte ich mich in Johns Sterbezimmer auf den Boden und spielte Beethovens zehntes Streichquartett ab. Ich saß noch immer in tiefer Trauer versunken da, als Johns Schwester völlig überraschend hereinkam, um sich von mir zu verabschieden. So wurde sie unversehens gewahr, was ihr Bruder für mich bedeutet hatte. Bevor sie mich wieder verließ, sagte sie: »Wie immer sich auch Ihr weiteres Leben gestalten wird, ich hoffe, Sie werden wieder glücklich werden.« Es kam mir fast frivol vor, in diesem Augenblick an die Zukunft zu denken.

8

Das Leben geht weiter

Emily verbrachte viel Zeit mit Dorothy und versuchte auch, sich um Pegeen zu kümmern. Daß John gestorben war, wollten wir dem Kind, das ihn so gern gemocht hatte, nicht gleich sagen. In einem Buchladen ergab sich dann einmal eine Gelegenheit, als sie fragte, wann John denn endlich wieder aus dem Sanatorium zurückkäme. Wir hatten ihr das als Grund seiner Abwesenheit angegeben. »Nie mehr«, antwortete ich, »er ist im Himmel bei den Engeln.« Einige Tage danach kam Pegeen aus ihrer Schule in Bloomsbury nach Hause und weigerte sich fortan, noch einmal in diese Schule zu gehen. Emily und ich bemühten uns, eine neue Schule für sie zu finden. Es war eine schlimme Zeit für Pegeen. Doris hatte sich gerade verheiratet, und obwohl sie wieder zu uns kommen wollte, mochte ich sie nicht mehr um mich haben, weil ich eifersüchtig auf ihr Glück war. Ich schützte ihre Ehe vor und erklärte, ich wolle mich künftig selbst um Pegeen kümmern. In meinem depressiven Zustand war ich dieser Aufgabe jedoch kaum gewachsen. Pegeen bekam eine Grippe und mußte das Bett hüten. Schließlich fand ich doch noch eine gute Schule für sie in Hampstead, wo sie sich wohl fühlte.

Bevor Dorothy abreiste, trafen wir eine neue Regelung für ihre Zunkunft. Ich überließ ihr das Geld und die Bücher aus Johns Nachlaß, und ich versprach ihr, jährlich zusätzlich hundertsechzig Pfund an sie zu überweisen. Sie hatte inzwischen Vertrauen in mich gefaßt und zerriß den früheren Kontrakt.

Nach Johns Tod lebte ich in einer ständigen Angst, meine Seele zu verlieren. Jeden Morgen, wenn ich in den Spiegel schaute, sah ich, wie meine Mundwinkel sich weiter gesenkt hatten. Ich empfand dies wie ein Symbol des zunehmenden Verlustes meiner Seele. Und, so fragte ich mich, falls ich sie überhaupt wiederfände, wie sollte ich es schaffen, sie ohne Johns Hilfe zu bewahren. Ich glaube fest daran, daß ich John im zukünftigen Leben wiederbegegnen werde und daß dann meine Seele gerettet wird.

Oft kamen Edwin Muir und Hugh Kingsmill zu Besuch. Wenn sie in unserem Hause saßen, empfanden sie noch etwas von Johns Nähe. Wir waren alle höchst unglücklich, und ständig war mir danach, jemand bei der Hand zu nehmen und zu bitten, etwas Tröstendes zu mir zu sagen. Während dieser Zeit erhielt ich viele mitfühlende Beileidschreiben, und es war mir interessant zu lesen, wie jeder von Johns Bekannten und Freunden ihn in einem anderen Licht gesehen hatte.

Eines Tages lag ein Briefumschlag mit Garmans Handschrift vor mir. Ich wäre beinahe in Ohnmacht gefallen, denn ich hatte ihn völlig vergessen. In seinem Schreiben erkundigte er sich, ob er irgend etwas für mich tun könne. Er wolle sich behilflich erweisen, da ich ja als Ausländerin in London wohnte. Aber es gab nichts mehr für ihn zu tun, weil bereits alles geregelt war, und an irgend etwas anderes war nicht zu denken, dafür war es noch viel zu früh. Immerhin kam er mir jetzt wieder öfters in den Sinn; und allmählich reifte in mir der Entschluß, mich durch ihn aus meinem Jammer reißen zu lassen.

Im Februar lief der Vertrag über unser Haus an der Avenue Reille aus, und ich mußte nach Paris reisen, um mit dem Eigentümer zu verhandeln, zumal einige bauliche Veränderungen am Haus notwendig gewesen waren. Während unserer Abwesenheit hatten wir das Haus an ein sehr sympathisches Ehepaar weitervermietet. Die volle Miete für das Haus konnten sie sich zwar nicht leisten; aber wir überließen es ihnen zu einem für sie erschwinglichen Preis. Meine Fahrt nach Paris fiel in die Zeit des sogenannten Staviskyskandals. Von Mutter hatte ich eigens deswegen ein Telegramm erhalten: »Vermeide Paris Lebensgefahr.«

Und es war in der Tat dort nicht ungefährlich. Es hatte eine Art Putschversuch stattgefunden, bei dem es nicht ohne Straßenkämpfe abging. Als ich ankam, war jedoch schon wieder alles vorbei, und ich fuhr zur Avenue Reille hinaus. Was für ein Moment, als ich in das Haus zurückkehrte, in dem ich einmal mit John glücklich gewesen war! Ich konnte den Gedanken nicht ertragen, daß andere hier inzwischen gewohnt hatten, obwohl es liebenswerte Menschen waren. Ich ließ alle Möbel ausräumen und in ein Möbellager bringen. Erst als das Haus völlig leer war, fühlte ich mich befreit: nichts von meinem Leben mit John war mehr da, womit andere Leute hätten in Berührung kommen können.

Nach Johns Tod war ich viel allein. Nur Johns Freunde besuchten mich hin und wieder, um ihm auf diese Weise noch einmal nahe zu sein. Ich mußte oft an Douglas Garman denken, bis der Gedanke an ihn alles andere verdrängte und es schließlich nichts anderes mehr für mich zu geben schien, was wieder Licht in meine Nacht zu bringen versprach. So bat ich Emily, an ihn zu schreiben und sich mit ihm zu treffen, um seine Gefühle für mich zu erkunden. Die Zusammenkunft fand bei einem Drink im Café Royal statt, und Emily erzählte mir nach der Begegnung, wie nett er von mir gesprochen hatte und daß er frei sei, da er von seiner Frau getrennt lebe. So lud ich ihn denn zum Dinner ein. Diesmal muß ich meine Empfindungen deutlich genug zur Schau gestellt haben, denn Garman nahm mich anschließend mit sich nach Hause. Ich erschien ihm an dem Abend so gefaßt und unbeschwert, daß er meinte, ich sei eine wunderbar tapfere Frau und müsse nun ein neues Leben beginnen. Ich hatte ihn völlig hinters Licht geführt, und erst, als ich in Tränen ausbrach, bemerkte er seinen Irrtum. Darauf spielt er in dem Gedicht an, das er für mich am Tag danach verfaßte:

Zweifel umfingen mich, und auch deine Tränen
galten einer Welt, die ich nicht mit dir teilen durfte;
erst im Gleichklang unserer Körper

brachen wir den Zwang der Gedanken an das Vorher
und legten den Schatz wieder frei,
der da verborgen zwischen deinen Schenkeln lockt.
Die Stille in unserem Blut vertieft
den uralten Akt, den auch wir wieder durchspielen,
im Stromkreis unserer geschlossenen Umarmung
einen unbegrenzten Kosmos schwingen zu lassen.
So macht deine ungestüme Hingabe,
daß mir die Schrecken aus den Augen weichen.

Garman verliebte sich sehr in mich. Trotzdem war unsere Beziehung ständig durch die Trauer über John beschattet. Ich war so stark von ihm abhängig gewesen, daß ich nicht einmal für mich selbst zu denken imstande war. Jede Entscheidung war von John getroffen worden; und da er in allem ein so klares Urteilsvermögen besaß, gab es für mich nichts Einfacheres, als ihm zu folgen. Bei irgendeiner Gelegenheit hatte er mir auch gesagt, daß ich, wenn ich nachdachte, wie ein verdutztes Äffchen aussähe; kein Wunder, daß ich das Nachdenken scheute, wo immer es sich vermeiden ließ. Abgesehen davon, daß ich diese tiefe Abhängigkeit noch nicht überwunden hatte, machte ich mir auch im stillen Vorwürfe, weil ich schon sieben Wochen nach Johns Tod einem anderen angehörte. Deswegen hielt ich mein Verhältnis zu Garman geheim. Ich schaffte es auch, immer vor dem Morgengrauen nach Hause zu kommen.

Wohin Garman mich auch immer mitnahm, die Erinnerungen an John verfolgten mich, und nicht selten brach ich auch in der Öffentlichkeit in Tränen aus. Der arme Garman hoffte ständig, ich würde schließlich meinen Gram vergessen und wir könnten dann zusammen glücklich sein. Im Rückblick auf diese Zeit erzählte er mir später, ich hätte eineinhalb Jahre weinend an seiner Schulter gelegen. Dabei hatte er wirklich ein besseres Schicksal verdient, zumal er so lange unglücklich mit seiner Frau gewesen war und vor Kummer einen Nervenzusammenbruch erlitten hatte. Neun Jahre waren sie verheiratet gewesen. Nach der Revolution reiste das Ehepaar nach Rußland, und Garman, der zuinnerst ein Revolutionär war, hatte sich in eine Bolschewikin verliebt. Er blieb noch ein halbes Jahr bei seiner Russin, als seine Frau bereits wieder nach England zurückgekehrt war, mußte seine Geliebte dann aber auch verlassen, weil sein Visum ablief. Danach hatte Garman sich auf die Ranch seines Bruders in Brasilien zurückgezogen, um wieder gesund zu werden.

Garman war der Sohn eines praktischen Arztes und in einem großen Haus mit Garten in Birmingham gemeinsam mit einem Bruder und sieben Schwestern aufgewachsen. Während er noch in Cambridge studierte, war sein Vater gestorben. Dieser Verlust und das Gewicht der frühen Verantwortung hatten ihn tief geprägt. Seine Mutter war eine sehr vornehme englische Lady und lebte in großer Zurückhaltung und Bescheidenheit. Garman hatte ihr ein Häuschen in Sussex gekauft und trug sich mit der Absicht, bei ihr dort die Wochenenden zu verbringen.

Kurz nachdem ich mit Garman so vertraut geworden war, mußte ich mich schon wieder von ihm trennen, weil ich Ostern unbedingt mit Sindbad verbringen wollte. Ich nahm Pegeen mit, und wir verbrachten zehn Tage in Kitzbühel. Laurence kam jeden Abend in mein Zimmer herauf, um mir gute Nacht zu sagen. Obwohl ich es gar nicht wollte, brachte er mich immer dazu, über John zu reden, und er hörte mit dem Gesprächsthema nie auf, bis er mich weinen sah.

Ein halbes Jahr nach Johns Tod lief der Vertrag für das Haus in Woburn Square aus, und rasch entschlossen zog ich nach Hampstead. Ich hätte es nicht ertragen können, mit Garman in dem Haus zusammenzusein, wo John gestorben war. So war es für mich eine große Erleichterung, eine Wohnung zu haben, in der Garman mich ungehindert besuchen und auch über Nacht bleiben konnte. Freilich hielt ich unsere Liaison auch weiterhin geheim. Die Wahl für das neue Haus wurde auch durch den Umstand bestimmt, daß Pegeens Schule ganz in der Nähe war; und zum erstenmal, seit Doris weggegangen war, merkte ich, daß Pegeen wieder unbelastet fröhlich sein konnte.

Im Sommer half mir Garman, ein Haus auf dem Lande zu mieten, wo ich mit den Kindern die Ferien verbringen sollte. Bei der Suche stellte ich mich so wählerisch an, als ob ich John Holms nacheifern wollte, und Garman wurde sichtlich ärgerlich. Schließlich mietete ich ein hübsches Haus in der Nähe seiner Mutter in South Harting. Da Garman mit der Herausgabe eines Buches beschäftigt war, wollte er bei seiner Mutter wohnen, wo er gut arbeiten und mich trotzdem ohne viel Umstände besuchen konnte. Der von mir gemietete Landsitz hieß Warblington Castle. Es war ein hübsches Farmhaus mit reizenden Gartenanlagen und einem Tennisplatz. Zu dem Anwesen gehörte ein Turm aus dem zwölften Jahrhundert mit Ringwall und Burggraben. Als historisches Baudenkmal wurde der Turm gelegentlich von interessierten Fremden besichtigt.

In der Ferienzeit hatte ich Besuch von Emily Coleman und ihrem Sohn Johnnie. Sindbad kam und war zum erstenmal ganz allein quer durch Europa gereist. Ich lud auch Garmans Tochter Debbie ein, die sonst bei seiner Mutter wohnte, sowie eine von Garmans Nichten, damit Pegeen Gesellschaft hatte. Emilys Freundin Phyllis Jones mochte meine Kinder gerne, und ich bat sie, zu uns zu kommen und sich der Kinder anzunehmen. Pegeen lernte in diesem Sommer Fahrrad fahren. Ich schwebte deswegen in ständiger Angst, zumal ich diese kinderleichte und für jedermann selbstverständliche Kunst nie beherrscht habe.

Warblington Castle war sehr groß, und wir konnten eine Menge Gäste beherbergen. Wenn Garman kam, blieb er gewöhnlich nur kurz. Ich versteckte ihn dann im Turmzimmer, das ich für mich ausgesucht hatte, und hielt ihn von den anderen fern. Eines Tages kam eine Bekannte zu mir ins Zimmer und sah auf meinem Bett ein Paar Flanellhosen von Garman liegen. Damit nichts herauskam, zog ich sie mir danach selbst an, obwohl sie für mich viel zu groß waren. Beim Frühstück erschienen wir jeweils getrennt und ließen es auch nicht an einer förmlichen Begrüßung fehlen. Selbst Sindbad merkte nichts, mußte dann aber doch eingeweiht werden, weil er sonst nicht eingesehen hätte, warum er sich gerade von Garman gelegentlich etwas sagen lassen sollte.

Zum Schwimmen mußten wir nach Hayling Island an die See fahren, was ungefähr fünfzehn Kilometer entfernt lag. Wir konnten auch Pferde mieten und wunderschöne Reitausflüge machen. Zwar dachte ich stets mit Bedauern an unser schönes Dartmoor zurück; aber Warblington Castle bot zweifellos einen idealen Ferienaufenthalt für die Kinder.

Fünf Wochen dauerte unser Ferienvergnügen; dann mußten die Kinder nach Kitzbühel zurück zu Laurence. Garman und ich brachten sie nach Dover aufs Schiff. Von da aus reisten sie allein weiter. Sindbad war elf und Pegeen neun Jahre alt. Sie bildeten ein goldiges Paar.

Nach unserer Rückkehr in das nun fast schon heimatliche South Harting versuchte ich in der Nähe von Mrs. Garman ein Haus zu mieten, damit Pegeen zusammen mit Debbie und deren Kusine Kitty zur Schule gehen konnte. Es fand sich nichts, was man zur Miete hätte haben können; doch gab es ein elisabethanisches Landhäuschen zu kaufen, wozu ich mich auf Garmans Zureden entschloß. Mitten während der Transaktion wurde die Erinnerung an John wieder einmal so stark, daß ich mich am liebsten umgebracht hätte. Der Gedanke an einen Selbstmord nahm bei mir so konkrete Gestalt an, daß ich das Häuschen auf Garmans Namen eintragen ließ; aber der Lebenswille war natürlich doch stärker, und ich zog in das neue Haus. Es dauerte eine ganze Weile, bis meine Möbel aus Paris kamen und alles eingerichtet war. In der Zwischenzeit kam Pegeen von Kitzbühel zurück und wohnte bei Mrs. Garman, die sich rührend um meine Tochter kümmerte, obwohl sie an ihren dreizehn Enkelkindern bereits eine Lebensaufgabe hatte.

Mein neues Zuhause, Yew Tree Cottage, hatte seinen Namen von einer mächtigen Eibe, die mindestens fünfhundert Jahre alt war, direkt vor dem Haus wuchs und hoch über das Dach ragte. Es war ein sehr hübsches Haus mit freiliegendem Fachwerk. Im Wohnzimmer war ein ungewöhnlich großer Kamin, so groß, daß mehrere Leute darin bequem hätten sitzen können. Die Fenster waren ziemlich klein. Draußen, nicht weit vom Haus, sah man Kühe auf der Weide grasen. Viel Platz war freilich nicht in dem Gebäude: es gab zwei Wohnzimmer, vier Schlafzimmer, ein Bad, eine Küche und eine Speisekammer. Was die Sache so reizvoll machte, war vor allem die Lage. Zum Grundstück gehörte ungefähr ein halbes Hektar Land; aber die gesamte Landschaft schien mit einbezogen zu sein. Yew Tree Cottage lag in einer Talsenke am Fuße einer Hügelkette, der sogenannten Downs. Deshalb hatte unser Garten ein deutliches Gefälle, und mittendurch floß ein Bach.

Gleich zu Anfang besorgte mir Garman einen Gärtner und legte zusammen mit ihm hübsche Rasen und Blumenrabatten an. Garman war geschickt mit den Händen und selbst ein tüchtiger Gärtner. So fiel es ihm nicht schwer, eine Menge der anfallenden Arbeit selbst zu verrichten.

Pegeen und ich wohnten vorerst allein im Häuschen. Wir hatten eine reizende Italienerin als Dienstmädchen, die schon in Woburn Square bei uns gewesen war. Garman kam immer nur auf Besuch, blieb nie lange da, und ich war jedesmal unglücklich, wenn er aufbrach und mich wieder verließ.

Weihnachten wollte ich Sindbad wiederum in Kitzbühel besuchen. In letzter Minute entschied Garman sich zum Mitkommen. Da er im Skifahren Anfänger war, baute er aus Leichtsinn gleich am ersten Tag einen Unfall, wobei er sich mehrere Finger brach. Seine Hand wurde geschient, und wo er ging, saß oder lag, stand der Streckverband einen halben Meter von ihm ab. Mich regte die Sache furchtbar auf, weil ich mich nur zu deutlich noch an die quälenden Umstände erinnerte, die Johns Tod vorausgegangen waren. Aus Ärger über den Leichtsinn, durch den er sich den Unfall zugezogen hatte, war ich wohl nicht so nett zu Garman, wie ich es hätte sein sollen.

Ich verbrachte Stunden damit, Sindbad vorzulesen, der

noch an den Folgen einer Rippenfellentzündung litt und im Bett bleiben mußte. Kay spielte dabei demonstrativ die tüchtige Krankenschwester und gab mir, wo immer sie nur konnte, zu verstehen, wie überflüssig ich war. Garman kam bei diesem Besuch am meisten zu kurz und fühlte sich aus unserem Familienleben ausgeschlossen.

Auf mein Drängen hin und gegen seine bessere Einsicht entschloß sich Garman, mit seiner Tochter Debbie zu mir nach Yew Tree Cottage zu ziehen. Als er zu Kay darüber sprach, hatte sie die Stirn, mich zu fragen, wie ich mir zutrauen könne, Garmans Tochter zu erziehen; dabei hatte sie doch selbst bereits fünf Jahre lang meinen Sohn als Stiefmutter betreut. Ich gab ihr zurück, daß Debbie so vernünftig sei, uns alle zusammen zu erziehen. Kay hatte jedesmal eine boshafte Freude daran, meine Unfähigkeit als Mutter herauszustellen und ihre Überlegenheit auf diesem Gebiet zu zeigen.

Bei unserer Rückkehr zog Garman mit Debbie tatsächlich in Yew Tree Cottage ein, und so war ich denn wieder Mutter von zwei Kindern. Ich mochte Debbie sehr gern. In allem war sie das Gegenteil von sämtlichen Kindern, die ich sonst kannte. Sie war reif, ruhig, vernünftig, wohlerzogen und konnte gut mit sich allein sein. Zu intellektueller Beschäftigung hingezogen wie ihr Vater, liebte sie Lektüre und ließ sich gerne vorlesen. Der gegenseitige Einfluß zwischen ihr und Pegeen war äußerst heilsam, vor allem für Pegeen, die jetzt weniger eigensinnig und selbstgerecht wurde. Bald waren die beiden wie zwei Schwestern.

Garman war bei den Kindern sehr beliebt; aber einmal sagte Debbie zu ihm: »Papa, du machst ja immer dasselbe Gesicht«, und als wir sie fragten, was sie damit meinte, erklärte sie: »Na, ihr wißt schon, es geht halt immer so weiter.« Garman hielt es für nötig, die Mädchen aufzuklären. So zeichnete er alle möglichen Diagramme, mit denen Pegeen jedoch nicht das geringste anzufangen wußte. Endlich erinnerten wir sie daran, daß sie doch schon Hunde bei der Begattung gesehen hatte. Da war sie völlig fassungslos und fragte ganz entsetzt: »Mama, du willst doch nicht etwa sagen, daß du so etwas auch schon gemacht hast?« Nach kurzem Nachdenken gab sie sich selbst die beruhigende Antwort: »Natürlich nur zweimal, um mich und Sindbad zu machen.«

Kurz nachdem Garman zu mir gezogen war, drängte ich ihn, den Direktorsposten im Verlag seines Schwagers zu kündigen. Er baute sich am unteren Ende des Gartens ein Häuschen mit einem einzigen Raum, wohin er sich zum Schreiben zurückziehen konnte. Seine Gesundheit war angegriffen, und er hatte dringend ein ruhiges Leben auf dem Lande nötig, mit viel Bewegung in frischer Luft und wenig Alkohol. Er schrieb eine ganze Menge und beteiligte sich an der Herausgabe einer neuen literarischen Zeitschrift. Dann begann er, das *Kapital* von Marx zu lesen, und er vertiefte sich monatelang in dieses Werk.

Während dieser Zeit las ich Proust. Dazu hockte ich mich in mein Bett unter die Tudorrose, die die Wand meines Zimmers schmückte, zitterte vor Kälte und hatte Pelzhandschuhe an. Mein Zimmer war viel zu groß, um es richtig heizen zu können. Ich benutzte einen kleinen Ölofen, den ich mit mir herumtrug, wenn ich morgens aufstand und mich anzog oder wenn ich ins Bad ging. Garman hielt nichts von meiner Proustlektüre und wollte, daß ich ebenfalls Karl Marx studierte.

Der riesige Wohnraum mit dem gewaltigen Kamin im Erdgeschoß war anfangs immer voller Rauch. Garman versuchte alles mögliche, um diesen katastrophalen Zustand zu beheben. Schließlich schafften es zwei ortsansässige Maurer, die auch Garmans Häuschen errichtet hatten, mit dem Rauchproblem fertig zu werden: der Kamin wurde weiter hochgezogen und einige Äste von der Eibe abgesägt. Garman beschäftigte sich gern mit dem Umbau und der Renovierung von Häusern, und so machte er sich als nächstes an die Neugestaltung der zweiten großen Stube im Haus. Hier hatte er bereits einen Dauerbrennerofen installiert, so daß wir wenigstens einen richtig warmen Raum im

Haus hatten, in dem es morgens behaglich war. Durch kleine bauliche Veränderungen am Eingang entstand ein sehr großes Zimmer mit einer wohnlichen Atmosphäre. Garman hatte einen ausgezeichneten Geschmack und traf immer das Richtige, wenn es um die Auswahl von Möbeln und Vorhängen ging. Er ließ entzückende Wandregale für meine Schallplatten machen. Da der Raum zum Garten hinausging, wehte im Sommer ein süßer Duft von Tabakblüten durch die Fenster herein.

Nicht nur innen wurde das Haus völlig renoviert, sondern Garman sorgte auch dafür, daß ein Tennisplatz, ein kleines Schwimmbassin und ein Rasen angelegt wurden, wo Sindbad Cricket spielen konnte. So wurde unser Stück Land mit Hilfe des Gärtners gründlich umgestaltet, und es entstanden wundervolle Gartenanlagen, in denen jede nur erdenkliche Pflanzenart vorkam, die in unserem Klima gedeihen konnte.

Unser Gärtner hieß Jack und war ein sehr umgänglicher Mensch. Er spielte im Cricket-Team von Petersfield. Abgesehen von seinen Gartenarbeiten war er ständig damit beschäftigt, zwei Maschinen in Gang zu halten, die uns mit Strom und Wasser versorgten. Einige hundert Meter von unserem Haus entfernt, bereits auf einem Nachbargrundstück, lag ein kleiner See. Die Pumpe, die das Wasser zu uns heraufschaffte, und der Benzinmotor, der sie antrieb, standen in einem kleinen Häuschen am Ufer des Sees. Wir hatten einen verhältnismäßig kleinen Tank im Haus, und die Beschaffung des täglichen Wasservorrats wurde immer wieder zum Problem. Allzuoft war etwas am Motor defekt, und nur Jack wußte, wie man damit richtig umzugehen hatte. Sobald er auf Urlaub ging, wurde ich nervös. Einmal mußten wir sogar drei Tage lang das Wasser in Eimern zum Haus schleppen.

Der Generator für die elektrische Energie war in der Garage vor unserem Haus installiert. Er machte einen schrecklichen tuckernden Lärm und brachte nur ein kümmerliches Licht zustande. Erst vier Jahre später gelang es mir, das Haus an das öffentliche Elektrizitätsnetz anschließen zu lassen und damit auch diese Entbehrung zu beenden.

Während des ersten Winters mietete ich ein Appartement in London. So hatte ich stets eine Absteige. Garman und ich machten von dem Londoner Quartier allerdings wenig Gebrauch; denn noch immer schämte ich mich meiner Treulosigkeit Johns Gedenken gegenüber, und ich zog es vor, zurückgezogen in Yew Tree Cottage zu leben. Ich beschäftigte mich damit, Johns handgeschriebene Manuskripte mit der Maschine abzutippen, um seine hinterlassenen Schriften veröffentlichen zu können. Hugh Kingsmill hatte eine ganze Sammlung von Briefen, die John ihm geschrieben hatte, und Dorothy besaß die Antwortbriefe von Kingsmill an John. Wir beschlossen, den Briefwechsel als Buch herauszugeben. Da ich Garman nicht spüren lassen wollte, wie sehr ich in Gedanken noch mit John beschäftigt war, arbeitete ich an der Briefedition ohne sein Wissen.

Eigentlich paßten Garman und ich nicht gut zusammen. Diese schmerzliche Erkenntnis wurde uns zunehmend bewußt. Wir mochten nicht die gleichen Leute und interessierten uns nicht für die gleichen Dinge. Er konnte es nicht ausstehen, wenn ich trank, und merkwürdigerweise mußte ich ausgerechnet jetzt immer wieder zum Alkohol greifen, während ich das in meiner Zeit mit Laurence und John nicht nötig hatte. Ständig verglich ich Garman mit John, und ich ging sogar so weit, Garman zu sagen, wie langweilig John seine Gedichte gefunden hatte, und daß er bloß nach London zu ihm gefahren wäre, um Djunas Buch veröffentlichen zu helfen. Als Schriftsteller kam Garman nicht an, und er litt sehr darunter. Immer mehr Zeit verwendete er auf das Studium von Karl Marx.

Im Frühjahr kam Sindbad für zwei Monate zu uns. Laurence hatte sich entschlossen, unseren Sohn auf eine englische Schule zu schicken, und wollte während des ersten Jahres in seiner Nähe sein und in England wohnen, obwohl er sich in diesem Land nie recht wohl fühlte. Garman erteilte Sindbad Lateinunterricht, und ich gab ihm Stunden in englischer Grammatik. Da Sindbad noch nicht lange von seiner Rippenfellentzündung genesen war, sollte er in einem möglichst milden Klima leben. Deshalb suchten sie vor allem in Devonshire und fanden schließlich etwas Geeignetes in Seaton, wo sie dann das Jahr verbrachten.

Sindbad freundete sich bald mit unserem Gärtner an und ging häufig mit Jack zum Cricket. Damals muß wohl seine große Leidenschaft für dieses höchst langweilige Spiel ausgebrochen sein. Während der folgenden Jahre hatte Sindbad nämlich nichts anderes mehr im Kopf als Cricket. Er spielte auch gut Tennis und war ein hervorragender Schwimmer. So war Yew Tree Cottage der ideale Ferienort für ihn, weil wir ihm hier die Voraussetzungen für seine Lieblingsbetätigungen bieten konnten.

Als ich anderthalb Jahre mit Garman zusammengewesen war, packte mich gelegentlich der Wunsch, einfach auszureißen. Mehrfach habe ich es auch versucht; aber er holte mich jedesmal wieder zurück. Ich konnte weder mit ihm noch ohne ihn leben, und Garman liebte mich immer noch sehr, obgleich ich alles tat, was seine Gefühle abkühlen mußte; ich begreife nicht, wie er es überhaupt so lange mit mir hat aushalten können. Einmal war ich so ekelhaft zu ihm, daß er mir hart ins Gesicht schlug. Darüber schämte er sich so sehr, daß er in Tränen ausbrach.

Mein Leben in Yew Tree Cottage verlief völlig häuslich, und es kam mir manchmal vor, als ob ich nur noch die Aufgabe hätte, für Pegeen und Debbie zu sorgen. Andauernd hatten sie Erkältungen oder Grippe. Kein Wunder, da es im Haus so kalt und die Temperaturen in den Räumen so unterschiedlich waren. Wochenlang gab es für mich nichts anderes zu tun, als Thermometer abzulesen, Arzneien zu verabreichen, Inhalationen anzuwenden und den kranken Kindern vorzulesen. Die ständige Beschäftigung mit Kinderpflege ließ in mir auch den Wunsch nach einem Kind von Garman aufkommen. Nach seiner langen Krankheit konnte er mir aber diesen Wunsch nicht mehr erfüllen;

denn nach einer ärztlichen Untersuchung stellte sich heraus, daß es nicht an einem Versagen meines Körpers liegen konnte.

Während des dritten Jahres unseres Zusammenlebens wollte Garmans Frau wieder heiraten. Jahrelang hatte sie mit einem jungen Schauspieler ein Verhältnis gehabt. Inzwischen war sie so weit, daß sie sich scheiden lassen wollte. Garman sagte, ich müsse als Scheidungsgrund herhalten, was ich als grotesk und unfair empfand, da Mrs. Garman ihren Mann schon verlassen hatte, bevor ich ihn überhaupt kennenlernte. Aber Garman erklärte, daß ich ja mit ihm zusammenlebte und nicht er die Scheidung beantragt hatte. Es war eine absolut lächerliche Angelegenheit. Wir mußten in einem Raum zusammen »ertappt« werden, Garman im Schlafrock und ich im Bett. Ein Detektiv kam eigens dazu ganz früh morgens von London, damit wenigstens die Kinder von der Sache nichts merkten. Der Mann wollte sogar noch ein zweites Mal kommen; aber Garman fand, daß es als Beweismaterial ausreichen müsse und daß er das Theater nicht nochmals durchstehen könne. Schließlich wurde die Scheidung auf Antrag von Mrs. Garman vollzogen. In der Urkunde war zu lesen, daß Garman und ich nicht nur einmal, sondern wiederholt ehebrecherischen Verkehr miteinander gehabt hätten. Ich frage mich, wie sie das bloß festgestellt haben wollen. Meine sexuellen Beziehungen mit Garman habe ich nämlich niemandem außer meinem Tagebuch abvertraut, wo es an einer Stelle heißt: ». . . den ganzen Tag Streit gehabt, aber die ganze Nacht durch gef . . .«

Nach Yew Tree Cottage kamen nur selten Gäste, und ich führte ein recht einsames Leben, was mir zunehmend aufs Gemüt schlug. Ich wurde fast melancholisch. Durch die langen Wintermonate fühlte ich mich zur Untätigkeit verurteilt, da man dort draußen auf dem Land nichts anfangen konnte, außer allenfalls ein wenig durch den Matsch zu laufen oder hin und wieder frierend Tennis zu spielen. Meine einzige Ablenkung bestand in der Lektüre. Ich las erneut meinen Lieblingsroman, *Anna Karenina,* ferner *Krieg und Frieden, Wuthering Heights,* die Romane von Henry James und Defoes Werke, die mir Garman geschenkt hatte, auch das Tagebuch von Samuel Pepys und die Biographie, die die Gräfin Tolstoi über ihren Mann verfaßt hat. Ich fing an, ihre Bosheit nachzuahmen, und merkte, wie ich mich ihr in meinem Verhalten allmählich anglich. Abends las ich den Mädchen *Robinson Crusoe* und *Die letzten Tage von Pompeij* vor. Da mir nichts Besseres einfiel, vertat ich viel Zeit damit, persönlich die Einkäufe im Ort zu erledigen, und weil ich öfters Dinge vergaß, fuhr ich an manchen Tagen mehrmals nach Petersfield hinein. Emily kam einige Male zu mir heraus. Sie hatte aber immer den Eindruck, daß Garman sie nicht gerne bei uns sah.

Wenn ich auch manches im Vergleich zu meinem früheren Leben schlechter fand, muß ich doch die Hügellandschaft der Downs aus meiner Kritik ausnehmen. Man konnte darüber fast so schön wandern wie über die Moore, und man war nicht in ständiger Gefahr, sich zu verirren oder gar im Sumpf zu versinken. Von uns aus konnte man bis zur Wasserscheide hinauffahren und dann stundenlang auf der Höhe entlangwandern. Bertrand Russell hatte da oben ein Häuschen. Ich glaube, er wohnte dort mit einer neuen Frau und einem Baby. An einem Abend hielt er in Petersfield einen Vortrag über die Schrecken des kommenden Krieges, und fast alles, was er vorhersagte, traf tatsächlich ein. Es war eine großartige und erschütternde Vorschau auf unsere Zukunft, konnte aber nicht im geringsten verhindern, daß die Welt in ihr Unglück steuerte.

Anfangs war unser Speisezettel ziemlich eintönig gewesen, weil uns der Gärtner seine Verlobte Kitty als Haushälterin vermittelt hatte. Außer Yorkshirepudding und gebratenem Fasan fiel ihr nichts ein. Um ihr die vielfältigen Möglichkeiten der Kochkunst nahebringen zu lassen, lud ich Wahab ein, einen ehemaligen Freund von John und Schulkameraden von Dorothy. Wahabs Aufenthalt bei uns wurde zu einem richtigen Fest, und wir kochten täglich vier verschiedene Speisefolgen. Um Kitty anzuspornen, lernte auch ich die Rezepte und ihre Zubereitung, und von diesem Moment an fand ich Gefallen am Kochen. Bis dahin hatte ich mich kaum an etwas anderes als an Rührei herangetraut. Unter Wahabs Anleitung bereiteten wir viele vorzügliche Gerichte zu, die wir an Garman ausprobierten. Er aß sie mit Lust, meinte aber, ihm sei es egal, wer die Speisen zubereitet hätte. Nach zehn Tagen hatte ich erheblich mehr gelernt als Kitty; immerhin gelang es mir, sie dazu zu bewegen, Salz und Pfeffer an die Speisen zu tun, was wir bereits als bedeutende Errungenschaft empfanden.

Nicht lange nach dem »Kochkurs« wurden Jack und Kitty in der Kirche zu Petersfield getraut. Es war eine höchst eindrucksvolle Zeremonie, und unsere beiden Mädchen fungierten als Brautjungfern. Die arme Kitty war völlig verängstigt, weil sie nicht recht wußte, was auf sie zukam, und Jack noch mehr als sie, eben weil er es wußte. Sie machten eine Hochzeitsreise, und bei ihrer Rückkehr klangen ihre Erzählungen so, als ob sie alles andere getan hätten, bloß nicht das, was ihnen zuvor solches Kopfzerbrechen verursacht hatte. Sie bildeten ein glückliches Paar zusammen und verbreiteten in unserem Cottage eine wohltuende Atmosphäre. Garman ließ für sie einen Flügel neben der Küche anbauen. Glücklicherweise bekamen sie erst viel später Kinder.

Während des Winters, den Laurence in Devonshire verbrachte, starben mehrere seiner Angehörigen, sein Onkel, sein Vater und Clotilde. Merkwürdigerweise war die Todesursache seiner Schwester die gleiche wie bei John. Nach einer Operation im amerikanischen Krankenhaus in Neuilly erwachte sie nicht mehr aus der Narkose. Laurence war zutiefst durch ihren Tod betroffen, und er konnte nur die bittersten Bemerkungen zu meinen Beileidsäußerungen machen, weil er ja wußte, wie sehr ich Clotilde einmal gehaßt hatte. Laurence war nach Petersfield gekommen, um sich eine Schülervorstellung anzuschauen, bei der Pegeen die Hauptrolle spielte.

Pegeen war es peinlich, daß ich einen anderen Namen trug als sie. Wenn es nach ihr gegangen wäre, hätte ich mich Vail nennen müssen. Ich hingegen hätte lieber Garmans Namen getragen. Er schickte mich zur Schulvorsteherin, die eine äußerst rechtschaffene alte Jungfer war, und ich fragte sie, wie ich mich verhalten solle. Lange gingen wir im Schulhof auf und ab, bis ich all meinen Mut zusammenraffte und mit dem peinlichen Problem herausrückte. Sie hörte mich an und fragte dann bloß, ob ich Garman heiraten wolle. Das mußte ich verneinen, worauf sie mir empfahl, den Namen, den ich nun mal hatte, beizubehalten. Damit war die Sache erledigt; aber ich habe es Garman nie verzeihen können, daß er mich zu dieser idiotischen Unterredung schickte.

Garman vertiefte sich immer mehr in das Studium der Schriften von Karl Marx und geriet zunehmend in dessen Bannkreis. Er fing auch an, die Theorie in die Alltagspraxis zu übertragen. In einer Vortragsreihe legte er dar, wie alle bedeutenden Schriftsteller Revolutionäre gewesen wären. Allmählich verlor er den Blick für die Realitäten des Lebens und sah alles nur noch im Licht der Marxschen Theorie. Wenn ich zu seinen Vorträgen ging, stellte ich peinliche Fragen und stiftete Verwirrung. Im Vergleich mit Johns glänzendem Denkstil war mir das alles viel zu dürftig, als daß ich es hätte ernst nehmen können.

Garman wurde so sehr von seiner fixen Idee erfaßt, daß er schließlich der kommunistischen Partei beitrat. Das gesamte Geld, das ich ihm gab und das er zuvor für die Umbauten am Haus und für ähnliche Dinge ausgegeben hatte, ging jetzt an die kommunistische Partei. Anfangs hatte ich nichts dagegen. Mir war es nur entsetzlich langweilig, die jeweils neuesten Befehle von Moskau anzuhören und sie womöglich noch befolgen zu müssen. Garman wollte mich unbedingt für die Partei gewinnen. Er behauptete, man könne mich nur zulassen, wenn ich auch bereit sei, ein Amt zu übernehmen. Darauf schrieb ich dem Vorsitzenden Harry

Pollitt einen Brief, in dem ich ihm mitteilte, daß ich gerne eintreten wolle, aber kein Amt übernehmen könne, da ich auf dem Lande wohnte und zwei kleine Mädchen zu erziehen hätte. Natürlich wurde ich zugelassen, und ich konnte Garmans Behauptung auf diese Weise widerlegen.

In einem alten Gebrauchtwagen, den er eigens für diesen Zweck angeschafft hatte, fuhr Garman im Lande herum. Er hielt Vorträge und warb neue Mitglieder. Dadurch war er so beschäftigt, daß ich ihn immer seltener zu sehen bekam und viel allein war, was mir großen Kummer machte. Dies wurde noch schlimmer während des Spanischen Bürgerkriegs, an dem er großen Anteil nahm. Ich fürchtete schon, er wolle sich zur Internationalen Brigade melden. Es war ein Glück, daß sein schwacher Gesundheitszustand dies nicht zuließ.

Wenn Garman jetzt Gäste einlud, waren es ausschließlich Kommunisten, die nach Yew Tree Cottage kamen. Andere Fähigkeiten oder menschliche Eigenschaften spielten für ihn überhaupt keine Rolle mehr: Hauptsache, sie waren Kommunisten. Nur unter dieser Bedingung waren sie ihm willkommen. Als Folge davon hatte ich mitunter die seltsamsten Gestalten bei mir zu Besuch. Wer der Arbeiterklasse angehörte, war für Garman geradezu anbetungswürdig. Mich langweilte das alles unsäglich, und ich fing mit Garman häufig Streit darüber an. Prinzipiell hatte ich nichts gegen den Kommunismus; aber es war schwer erträglich, so plötzlich mein gesamtes Leben von Garmans neuer Religion bestimmt zu sehen. Denn anders ließ sich das nicht bezeichnen: Garman wirkte auf mich wie der sagenhafte Sir Galahad, nachdem er des Heiligen Grals ansichtig geworden war.

Während der großen Säuberungen in Moskau äußerte ich meine Empörung und sagte, daß Stalin ganz offensichtlich zu weit ging; doch Garman wußte auf alle Bedenken etwas zu erwidern. Er konnte recht überzeugend darlegen, daß die Kommunisten das Richtige taten, und ich muß ihnen zugestehen, daß sie wirklich sehr raffiniert vorgehen.

Eine Zeitlang machte ich einen ehrlichen Versuch, Interesse zu heucheln; aber dafür war ich nicht gut genug. Meine Gefühle gingen einfach mit mir durch, und ich sah rot, wenn ich das Wort Kommunismus auch nur hörte. Um bei unseren Streitereien seine Wut über mich auszudrücken, nannte Garman mich nicht etwa »Nutte« oder »Waschweib«, sondern »Trotzkistin«.

Manchmal hatten wir in Yew Tree Cottage eine Rattenplage, leider aber keinen Rattenfänger. So mußte Garman selbst Hand anlegen. Er lockte die Biester in Heuhaufen, die er dann anzündete. Wenn die Ratten nun heraussprangen, erschlug er sie mit einem Knüppel. Um sich für diese widerliche Tätigkeit Mut zu machen, spielte er »Faschisten ausrotten«, und jedesmal, wenn er zuschlug, rief er den Namen eines bekannten Faschisten. Im Haus legten wir Gift aus, und einige Ratten verendeten an den unmöglichsten Stellen. Selbst Flurdielen mußten abgelöst werden, um die toten Ratten zu beseitigen. Ein Kadaver verstopfte sogar unsere Wasserleitung, und der Tank mußte gereinigt werden.

Im Sommer 1936 fuhr ich allein für zehn Tage nach Venedig. Ganz auf mich selbst angewiesen, war ich überrascht, wie sehr ich dieses Alleinsein genoß. Daß ich einmal Freude am Alleinsein empfinden könnte, wäre mir vorher nie in den Sinn gekommen. Eine Weile lang sprach ich nur mit Leuten, denen ich ganz zufällig begegnete. Ich brauchte mich an keinerlei geregelte Zeiten zu halten und konnte mich an Venedig erfreuen, ohne im geringsten darauf Rücksicht nehmen zu müssen, ob es jemandem gefiel oder nicht. Tag und Nacht spazierte ich durch die Stadt und setzte mich zum Essen hin, wo immer ich mich gerade befand. Auf diese Weise besuchte ich alle meine Lieblingskirchen und -museen, vor allem betrachtete ich wieder lange die Bilder des von mir so sehr geliebten Carpaccio. Nur ein einziges Mal in den zehn Tagen wandelte mich eine Versuchung an, die ich allerdings mied, wie wenn ich dem leibhaftigen Gottseibeiuns begegnet wäre. Es war ein gutaussehender junger Mann, der wiederholt bei Spaziergängen und Besichtigungen meinen Weg kreuzte; aber noch immer liebte ich ja Garman.

Auf der Rückreise machte ich bei meiner Mutter in Paris Station und kaufte einiges für meine Garderobe. Mama war stets beglückt, wenn sie an solchen Dingen Anteil nehmen konnte. Einige Male war sie bei mir in Yew Tree Cottage gewesen, ohne daß sie etwa mein neues Leben gutgeheißen hätte. Dennoch wollte sie mir jetzt bei meinem Besuch ihr Perlencollier schenken. Ich bat sie aber, es lieber zu behalten, denn ich kannte Garman: Er hätte bloß von mir verlangt, den Schmuck zu verkaufen, um das Geld der kommunistischen Partei zu spenden.

Sindbad war in diesem Jahr im Internat der Bedalesschule. Sie galt als äußerst fortschrittlich und war die erste Koedukationsschule in England. Sindbads Begeisterung für diese Schule erklärte sich vor allem dadurch, daß er im Schulteam Cricket spielte, und etwas anderes hatte er damals nicht im Kopf. Mir war es natürlich sehr recht gewesen, daß Laurence ihn in eine so nahegelegene Schule gegeben hatte – bis zu unserem Haus waren es ungefähr zehn Kilometer –, und jeden Sonntag holte ich ihn ab. In Yew Tree Cottage spielte er den ganzen Tag Tennis, konnte nach Herzenslust schwimmen und bekam leckere Sachen zu essen.

Debbie hatte inzwischen die Schule in Petersfield absolviert und war in eine Schule nach Wimbledon übergewechselt. Pegeen wollte sich nicht von ihr trennen und schloß sich ihrer Freundin an. Anfangs war es Pegeen zwar genausowenig recht, in einem Internat leben zu müssen, wie Sindbad; doch bald fanden beide Geschmack an ihrer neuen Umgebung. Wie Sindbad kamen auch die beiden Mädchen an jedem Wochenende nach Hause.

Im Dezember 1936 verbreiteten amerikanische Zeitungen das Gerücht, daß der englische Thronfolger Mrs. Simpson heiraten wollte. In England durfte darüber kein Wort an die Öffentlichkeit gelangen. Ich erzählte Garman davon, und wir schlossen eine Wette ab, daß er mich heiraten müßte, falls ich recht hätte und der englische König tatsächlich Mrs. Simpson zur Frau nähme.

Eines Abends, als ich mit Emily allein in Yew Tree Cottage war, kam ein Telegramm von Garman, in dem er mir »zum großen amerikanischen Sieg« gratulierte. Sofort erinnerte ich ihn an unsere Wette. Aber wir wußten beide, daß es für uns zu spät war. Es wäre zwecklos gewesen, uns in einer Ehe aneinanderzuketten, während wir gerade im Begriff waren, uns wegen des Kommunismus mehr und mehr auseinanderzuleben. Kurz zuvor hatte Garman versucht, meine Position zu schwächen und auch Emily zu seiner Religion zu bekehren. Das war ihm aber nicht gelungen.

Als er sich weigerte, mich zu heiraten, lief ich vor Wut in den Garten und riß alle Pflanzen aus Garmans schönstem Blumenbeet. Es waren einige seltene Arten darunter, und ich nahm eine nach der anderen und schleuderte sie über den Gartenzaun in ein Feld nebenan. Das passierte ausgerechnet in der kältesten Nacht des Jahres. Tags darauf hätte ich vor Scham in den Boden versinken mögen. Ich ging die Pflanzen wieder einsammeln und bat Jack um Hilfe. Er tat so, als ob nichts geschehen wäre, und schaffte gleichmütig die Pflanzen mit der Schubkarre in unseren Garten zurück und pflanzte sie wieder ordentlich ein – mit Ausnahme einiger Stöcke freilich, die die Kälte nicht vertragen hatten. Der Vorfall trug keineswegs zur Verbesserung meiner Heiratsaussichten bei; aber von da an nannte ich die von mir verwüstete Rabatte nur noch Mrs. Simpsons Blumenbeet.

Während der Woche, in der die Abdankung des Königs verkündet wurde, lebten wir in ständiger Aufregung. Nirgendwo in England wurde mehr richtig gearbeitet; einzig der Verkauf von Extrablättern florierte noch. Die Läden waren leer, und die Leute konnten einfach an nichts anderes mehr denken. Endlich hörten wir im Radio die Abdankungsrede des Königs, und selbst Garman konnte die Tränen nicht ganz unterdrücken.

Während dieser aufregenden Woche war Sindbad bei uns zu Hause, um sich vom Scharlach zu erholen. Für einige Tage vergaß er sogar sein ewiges Cricket zugunsten der jeweils neuesten Abdankungsberichte.

Mit einem Schlag war für Garman unsere Beziehung zu Ende. Er hielt es einfach nicht länger aus und erklärte, er habe drei Jahre lang alles für mich getan, aber es sei mir nichts recht zu machen gewesen. Nun seien seine Gefühle für mich gestorben, und er habe ein für allemal genug. Garman ließ keinen Zweifel, daß er es wirklich ernst meinte. Heute frage ich mich manchmal, wie er es überhaupt so lange mit mir ausgehalten hat. Es war nur schlimm, daß er für mich immer noch anziehend war. Davon wollte er nichts hören und behauptete, ich empfände gar keine echte Liebe für ihn, sondern sei nur in ihn verknallt – womit er wohl leider recht hatte.

Die Trennung war also unvermeidlich. Garman behielt unsere Wohnung in London und ich das Landhaus. Nur an den Wochenenden kam er nach Yew Tree Cottage heraus, um Debbie zu sehen und weil er an dem Haus hing, das unter seinen Händen Gestalt gewonnen hatte. Ich machte dagegen natürlich keine Einwendungen, obwohl ich unter der neuen Regelung auch zu leiden hatte: Die Woche über war ich nun ganz allein und wartete auf den Wochenendbesuch von Garman und den Kindern. Wenn er kam, wollte er auch mit mir schlafen, woraus immer neue Verwirrung der Gefühle erwuchs.

Zu Ostern reiste ich nach Paris, um Garman zu vergessen, was mir aber nicht gelingen wollte. Nach meiner Rückkehr eröffnete er mir, er habe sich in eine junge Kommunistin verliebt. Sie hieß Paddy und sah mit ihrer kleinen frechen Figur und der Stupsnase ziemlich amerikanisch aus. Sie war ausgesprochen hübsch.

Es dauerte noch ein halbes Jahr, bis wir endlich unsere Beziehung auflösten. Zunächst war es wegen der Wochenendbesuche nicht möglich, einen klaren Trennungsstrich zu ziehen. Immer wieder wurde ich in die Sache hineingezogen. Ich ließ mich sogar zu dem Versuch hinreißen, noch einmal mit ihm in London zusammenzuleben. Aber natürlich funktionierte es nicht; viel zu weit hatten wir uns bereits auseinandergelebt. Was uns auch jetzt immer noch zusammenhielt, waren vor allem die Kinder. Er hing an ihnen, und auch sie brauchten ihn.

In diesem Sommer war meine Mutter sehr krank, als sie wieder auf Besuch nach Europa kam, und obwohl ich schon wußte, daß sie zahlreiche Operationen hinter sich hatte, traf es mich doch sehr, als mir ihre Zofe anvertraute, sie habe höchstens noch ein halbes Jahr zu leben. Ich wohnte bei ihr in London und begleitete sie anschließend nach Paris. Das bißchen Kraft, das in der armen Frau noch steckte, verausgabte sie bei wiederholten Besuchen der Weltausstellung von 1937 in Paris. Sie konnte gar nicht genug davon bekommen, und wir verbrachten viele Stunden dort.

Damals sagte ich zu Emily: »Ich glaube, mein Leben ist vorbei«, worauf sie mir entgegnete: »Wenn du dich so fühlst, magst du vielleicht recht haben.«

9

Kunst und Künstler bei »Guggenheim Jeune«

Als endlich kein Zweifel mehr darüber bestand, daß meine Beziehung zu Garman ein für allemal vorüber war, schaute ich mich zunächst vergeblich nach einer Beschäftigung um, die mich hätte ausfüllen können; denn die fünfzehn Jahre Hausfrauendasein hatten meine Selbständigkeit nicht eben gefördert. Peggy Waldman half mir bei der Lösung meines Problems. Wir überlegten, ob ich es nicht einmal mit einem Verlag oder einer Kunstgalerie in London versuchen wolle. Den Gedanken an einen Verlag verwarf ich sofort, weil ich mir vorstellte, das Unternehmen würde viel zu teuer werden. Damals konnte ich mir nicht im Traum vorstellen, wie viele tausend Dollar ich noch einmal in die Kunst stecken sollte.

Bei meinen ersten Schritten zur Galeristin half mir ein Freund von Emily. Er hieß Humphrey Jennings und war ein junger surrealistischer Maler, etwa dreißig Jahre alt und eine recht dynamische Persönlichkeit. Außer mit Malerei beschäftigte er sich gleichzeitig mit Fotografie, Film und Dichtung. An Ideen fehlte es ihm wahrlich nicht; leider verzettelte er sich und führte nichts zu Ende. Er hatte eine geniale Ader und sah aus wie Donald Duck. Unsere Zusammenarbeit begann mit der Suche nach geeigneten Räumen für eine Galerie. Allerdings war ich noch etwas unentschlossen, da ich an den bevorstehenden Tod meiner Mutter dachte, und ich wußte, daß ich bis dahin nichts Neues anzufangen imstande war. Ich nahm mir vor, ihre letzten Weihnachten bei ihr in New York zu verbringen, so daß der Gedanke an die Galerie vorerst keine konkrete Gestalt annahm.

An einem Wochenende besuchte mich Humphrey in Yew

Tree Cottage. Emily war gerade wieder bei mir, und da sie mit ihm Schluß gemacht hatte, reichte sie ihn mir weiter wie eine Sache, die man nicht mehr braucht. Mit entsprechenden Gefühlen ging ich auf sein Zimmer und »übernahm« ihn. Humphrey hatte seltsame Vorstellungen von dem, was im Leben Vergnügen bereitet. Sein Traum war ein Wochenende in einem Millionärsjachtklub. Leider konnte ich ihm diesen Wunsch nicht erfüllen, denn für meinen normalen Geschmack war der Gedanke an solchen Zeitvertreib völlig abwegig. Trotzdem reiste er mir nach, als ich zu meiner Mutter nach Paris fuhr. Als er kam, ließ ich meine Mutter im Hotel Crillon und nahm mir ein Zimmer in einem kleinen Hotel auf dem linken Seineufer.

Humphrey war in seinen häßlich mageren Körper merkwürdig verliebt. Immer wieder sprang er auf dem Bett herum und rief: »Schau mich an! Wie findest du mich? Bin ich nicht schön?« Ich hatte überhaupt keine Lust, das Wochenende mit ihm im Bett zu verbringen, und versuchte, ihn möglichst oft aus dem Hotel zu lotsen und zur Weltausstellung zu gehen.

Humphrey wollte gerne Marcel Duchamp kennenlernen; so nahm ich ihn denn mit zu ihm. Umgekehrt führte mich Humphrey in der kleinen Surrealistengalerie »Gravida« ein und stellte mich André Breton vor, der in seiner Galerie wie ein Löwe im Käfig hin und her lief.

Als Humphrey zu einem zweiten Wochenende nach Paris kam, weigerte ich mich, ihm zuliebe mein Zimmer im Crillon aufzugeben. Debbie war bei mir, und ich konnte ihre Anwesenheit vorschützen. Noch ein Wochenende im Bett mit Humphrey hätte ich einfach nicht ausgehalten. Wir besuchten aber zusammen Yves Tanguy und fragten ihn, ob wir seine Bilder in London ausstellen dürften. Bei diesem Besuch entwickelte Humphrey verwegene Ideen, wie man die Bilder präsentieren müsse. Tanguy und ich konnten ihm kaum folgen, aber Tanguy blieb höflich und schien mit allem einverstanden zu sein. Er wird sich seinen Teil über die seltsame Zusammenkunft gedacht haben.

Ich konnte nun Humphrey nicht länger verschweigen, daß es mit unserer Liebesbeziehung vorbei war und daß wir fortan nur als gute Freunde miteinander umgehen konnten. Ich schob es auf Garman und behauptete, meine Liebe zu ihm sei noch nicht abgeklungen. Wir standen gerade auf einer Seinebrücke, als ich Humphrey dies eröffnete, und er fing an zu weinen. Wahrscheinlich hatte er sich erhofft, mit mir ein herrlich luxuriöses Leben führen zu können, das nur aus Lust und Surrealismus bestand. Es war ein Jammer, daß ich ihm diese Illusionen nehmen mußte. Als aber schließlich alles ausgestanden war und sich die Lage zwischen uns geklärt hatte, verbrachten wir noch eine recht vergnügliche Zeit zusammen bei der Weltausstellung, wo ich zum erstenmal Gelegenheit fand, moderne Kunst genauer anzusehen.

Humphrey verabschiedete sich, und Garman kam, um die Modalitäten unserer Trennung mit mir durchzusprechen. Es war alles unheimlich kompliziert wegen der Kinder, wegen des Hauses und wegen der Londoner Wohnung. Wir kamen auch nicht weit damit, da ich zu Garmans Überraschung ein Doppelzimmer nahm und mich die meiste Zeit mit ihm im Bett vergnügte. Ich bat Garman, mit der endgültigen Trennung bis zur Eröffnung meiner Galerie zu warten; aber er blieb hart in seinem Entschluß und wollte die Sache unbedingt mit seiner Rückkehr nach London beendet wissen. So kam es, daß ich einen Nachmittag lang mit tränenüberströmtem Gesicht auf der Weltausstellung herumlief; aber es half nichts.

Während der Weltausstellung kamen auch die Kinder aus Mégève, und wir wohnten alle zusammen bei meiner Mutter im Crillon. Es waren die letzten Tage, die wir mit ihr verbrachten; denn schon im November starb sie in New York.

Auf der Rückreise von Paris nahm ich die Kinder mit nach England. Dort regelte ich nun alles mit Garman unter wirtschaftlichen Gesichtspunkten. Er übernahm die Wohnung in Hampstead, ich schenkte ihm die Möbel und mietete Yew Tree Cottage von ihm. Da er seine gesamte Zeit in den

Dienst der kommunistischen Partei gestellt hatte, kam ihm die Mieteinnahme recht gelegen. Es war mir sehr recht, daß er Debbie auch weiterhin an Wochenenden zu mir schicken wollte, damit sie mit Pegeen zusammensein konnte. Leider mischte sich jetzt Debbies Mutter ein und machte Einwände. Die Situation wurde dadurch so kompliziert, daß ich mich lebhaft an die Zeit meiner Trennung von Laurence erinnert fühlte. Schließlich blieb es dabei, daß Debbie jedes dritte Wochenende zu uns auf Besuch kam.

Humphrey Jennings verlor bald das Interesse an unserer Zusammenarbeit, weil er zu viele andere Dinge im Kopf hatte. Aber auch ohne seine Hilfe fand ich schließlich geeignete Räume für eine Galerie. Sie lagen im zweiten Obergeschoß eines stattlichen Gebäudes in Cork Street. Als Sekretärin engagierte ich meine ehemalige Nachbarin Wyn Henderson. Sie war außerordentlich tüchtig und ließ die Räume für mich herrichten, während ich wieder nach Paris reiste, um eine Brancusi-Ausstellung vorzubereiten. Ihre Idee war es auch gewesen, die Galerie »Guggenheim Jeune« zu nennen.

Als ich in Paris ankam, war Brancusi verreist; aber Marcel Duchamp machte mich mit Cocteau bekannt, und wir faßten zusammen den Plan, die erste Ausstellung in London für ihn auszurichten. Damals wurde mir bewußt, wie wenig ich noch von moderner Kunst verstand, und Marcel erklärte mir vieles, was mir ganz ungeahnte Einsichten schenkte. Was hätte ich wohl ohne ihn angefangen?! Zunächst mußte er mir den Unterschied zwischen abstrakter Kunst und Surrealismus verdeutlichen. Außerdem verdanke ich ihm, daß er mich mit fast allen wichtigen Malern der damaligen Pariser Kunstszene bekannt gemacht hat. Da sie Duchamp alle schätzten, wurde ich überall wohlwollend aufgenommen. Marcel half mir ferner bei der Planung und Vorbereitung von Ausstellungen und beriet mich in allem, was meine Galerie betraf. Ihm verdanke ich den Zugang zur zeitgenössischen Kunst, die mein Leben so ungemein bereichert hat.

Als einen der ersten lernte ich durch Duchamp den Bildhauer Hans Arp kennen, der zugleich ein ausgezeichneter Dichter und auch ein amüsanter Unterhalter war. Er nahm mich mit nach Meudon, wo er ein modernes Haus für sich und seine Frau Sophie Taeuber-Arp gebaut hatte. Für beide war darin je ein Stockwerk als Atelier eingerichtet, denn auch Sophie arbeitete als Malerin und Bildhauerin. Sie stammte aus der Schweiz und war Lehrerin gewesen. Jetzt machte sie abstrakte Kunst, während Hans sich mehr dem Surrealismus zugewandt hatte. Es gelang ihm jedoch, sich nicht einseitig festlegen zu müssen, und so stellte er bei beiden Künstlergruppen aus. Sophie gab eine interessante Zeitschrift unter dem Titel *Plastique* heraus. In ihrer künstlerischen Entwicklung wurde sie von ihrem Mann sehr gefördert. Leider waren ihre Arbeiten dennoch ziemlich langweilig, und es kam mir abwegig vor, so viel Interesse an einer aussichtslosen Sache zu nehmen. Der Garten beim Haus stand voller Plastiken. Eine Skulptur hatten die beiden Arps zusammen geschaffen. Sie nannten sie *Sculpture Conjugale.* Im übrigen war Sophie eine ideale Ehepartnerin. Neben ihrer eigenen künstlerischen Arbeit und ihrer Zeitschriftenredaktion erledigte sie noch alles mögliche für ihren Mann.

Von Arp erwarb ich die erste Plastik meiner Sammlung, und zwar nahm er mich in seine Bronzegießerei mit, wo ich mich in eine kleine Figur verliebte. Ich bat, sie in die Hand nehmen zu dürfen, und kaum spürte ich sie in meiner Hand, mußte ich sie unbedingt besitzen.

Von meiner Reise nach Paris hatte ich mir wohl im stillen erhofft, daß sich irgend etwas Neues in meinem Leben begeben würde, ahnte natürlich nicht, was wirklich auf mich zukam. Gewiß, ich tröstete mich, wo immer sich eine Gelegenheit bot. Aber ich fühlte mich dennoch ein ganzes Jahr lang von einem seltsamen Menschen in Bann geschlagen: Samuel Beckett. Ich war ihm früher schon flüchtig begegnet. Er war wohl auch einmal bei uns in der Avenue Reille gewesen; jetzt, Weihnachten 1937, kamen wir uns endlich näher. Ich wußte, daß er mit James Joyce befreundet war, sowie, daß er sich einmal mit Lucia Joyce verlobt, ihr dann aber großen Kummer verursacht hatte. Beckett war übrigens nicht, wie immer wieder behauptet wird, der Sekretär seines berühmten irischen Landsmannes, für den er allerdings ständig mit Aufträgen unterwegs war. Sekretär bei Joyce war vielmehr ein russischer Emigrant, ein jüdischer Intellektueller namens Paul Léon, der später von den Deutschen umgebracht wurde.

Beckett war ein lang aufgeschossener, magerer Mensch, damals etwa dreißig Jahre alt, mit unheimlich großen grauen Augen, die man nie fixieren konnte. Er trug eine Brille und wirkte immer wie einer, der sich mit schwierigen intellektuellen Problemen beschäftigt. Er sprach selten, und man hörte nie Banalitäten aus seinem Mund. In seinem Benehmen war er etwas linkisch und versuchte, diesen Mangel durch übertriebene Höflichkeit auszugleichen. Über sein Äußeres machte er sich kaum Gedanken, und es störte ihn wenig, daß er in seinen engen französischen Sachen immer unvorteilhaft angezogen wirkte. Becketts Leben war überhaupt von einem gewissen Fatalismus geprägt. Daß man die Dinge und Verhältnisse selbst in die Hand nehmen und ändern könne, wäre ihm nie in den Sinn gekommen. Er war ein reiner Intellektueller, der in seiner Gedankenwelt lebte, und damals noch ein Autor ohne öffentliche Resonanz.

Bei Helen Joyce sah ich ihn nun wieder, und zwar speisten wir an jenem Abend zusammen bei Fouquet. Joyce hatte uns eingeladen und erkundigte sich während des Essens eingehend nach meiner Galerie. Dabei war er, wie üblich, äußerst charmant und unterhaltsam. Er trug eine wunderschöne irische Weste, die früher einmal seinem Großvater gehört hatte. Nach dem Essen gingen wir zusammen zu Helens Wohnung zurück, wo Beckett mich plötzlich fragte, ob er mir auf dem Weg nach Hause noch etwas Gesellschaft leisten dürfe. Ich war völlig überrumpelt, als er meinen Arm nahm und den ganzen Weg bis zur Rue de Lille zu Fuß mit mir ging. Dort wohnte ich in einem Appartement, das man mir leihweise überlassen hatte. Er kam mit zu mir herauf, und ich wurde nicht recht schlau aus ihm, bis er mir reichlich ungeschickt zu verstehen gab, daß ich mich zu ihm auf die Couch legen sollte; und ehe wir es uns versahen, lagen wir zusammen im Bett, wo wir bis zum nächsten Abend blieben und auch weiter geblieben wären, wenn ich nicht eine Verabredung mit Arp hätte einhalten müssen. Aus irgendeinem Grund muß ich wohl nach Champagner gefragt haben, denn Beckett stürzte davon und kam mit mehreren Flaschen zurück, die wir im Bett tranken. Als Beckett sich später verabschiedete, sagte er ganz unterkühlt und resigniert, als ob wir uns womöglich nicht wiedersehen könnten: »Vielen Dank. Es geht halt alles mal zu Ende, aber es war sehr nett.«

Während der kurzen Zeit, die Beckett mit mir verbracht hatte, war Joyce sein Verschwinden bereits aufgefallen, und da Helen ahnte, wo er sein konnte, blieb unser Zusammensein kein Geheimnis. Nun mußte sich Mary Reynolds gerade zu einer Behandlung ins Krankenhaus begeben, und ich nahm währenddessen in ihrem Haus Quartier. So kam es, daß ich Beckett eine ganze Weile nicht sah. Dann, eines Abends, liefen wir uns mitten auf dem Boulevard Montparnasse auf einer Verkehrsinsel in die Arme. Unterbewußt war ich so sehr auf ihn eingestellt, daß ich mich über dieses Wiedersehen gar nicht wunderte. Es kam mir vor, als ob wir uns ein Rendezvous gegeben hätten. Wir gingen zu Marys Haus und blieben dort zwölf Tage zusammen. Leider war es unser Schicksal, daß wir nur diese kurze Zeitspanne wirklich glücklich miteinander sein durften; aber ich erinnere mich an diese Tage mit besonderer innerer Bewegung, wenn ich die dreizehn Monate überblicke, die unsere Liebesbeziehung gedauert hat. Beckett war wohl sehr in mich verliebt, doch war auch unser geistiger Austausch äußerst erregend. Seit Johns Tod hatte ich wenig Gelegenheit gehabt, Gespräche von solchem Anspruch zu führen. Endlich war ich wieder in der Lage, mich über meine Gedanken und Gefühle angemessen zu äußern.

Obgleich ich in London eine Galerie für zeitgenössische Kunst eröffnen wollte, galt damals meine Vorliebe noch immer den alten Meistern. Beckett machte mir klar, daß man die Kunst unserer Tage akzeptieren müsse, wenn man das Leben nicht verleugnen wolle. Außer für James Joyce begeisterte sich Beckett für die Maler Jack Yeats und den Holländer Geer van Velde, der damals etwa vierzig Jahre alt war und gänzlich unter dem Einfluß von Picasso stand. Beckett wollte unbedingt, daß ich beiden eine Ausstellung in meiner Galerie geben sollte. Da ich ihm nichts abschlagen konnte, sagte ich zu. Glücklicherweise erkannte Yeats von allein, daß seine Malerei nicht in meine Galerie paßte; aber die Van-Velde-Ausstellung habe ich dann tatsächlich veranstaltet.

Beckett gab mir seine literarischen Arbeiten zu lesen. Mit seinen Gedichten konnte ich wenig anfangen, sie erschienen mir irgendwie primitiv. Seinen damals gerade veröffentlichten Roman *Murphy* aber fand ich beachtlich, und auch die zuvor erschienene Studie über Proust war ausgezeichnet. Ich glaube wohl, daß er stark von Joyce beeinflußt war; andererseits hatte er einen Sinn für schwarzen Humor und entwickelte absonderlich morbide Vorstellungen, die völlig einmalig waren und seine Originalität begründeten.

Was ich bei unserem Zusammenleben am aufregendsten empfand, war, daß ich nie wußte, zu welcher Tages- oder Nachtzeit er zu mir zurückkehren würde. Sein Kommen und Gehen waren völlig unberechenbar. Außerdem war er ständig betrunken und ging umher wie in Trance. Wegen der Eröffnungsausstellung in meiner Galerie hatte ich verschiedene Verpflichtungen und mußte öfters nachmittags aufstehen, um Cocteau zu besuchen, worüber Beckett jedesmal ärgerlich wurde. Er wollte, daß ich einfach bei ihm liegen blieb. Es war wie eine Ironie des Schicksals, daß ich mir eine neue berufliche Existenz aufbauen mußte, weil die wichtigste Beziehung in meinem Privatleben abgebrochen war, und daß jetzt, da sich wieder eine neue Beziehung in meinem Privatleben anbahnte, diese der beruflichen Existenz geopfert werden mußte.

Am zehnten Tag unserer Idylle wurde Beckett mir untreu. Er ließ eine Freundin aus Dublin zu sich ins Bett schlüpfen. Ich weiß nicht mehr genau, wie ich es herausbekam, aber er gab es zu und sagte, er hätte nicht gewußt, wie er sie hinauswerfen sollte, als sie zu ihm kam. Physische Liebe ohne innere Anteilnahme sei doch nur wie Kaffee ohne Brandy, woraus ich wenigstens schließen durfte, daß ich der Brandy in seinem Kaffee war. Trotzdem war ich fuchsteufelswild und erklärte, ich wolle nichts mehr mit ihm zu tun haben. Am folgenden Abend rief er an und versuchte mich umzustimmen, aber ich war so wütend, daß ich nicht mit ihm sprechen wollte. Wenige Minuten danach stach ihm ein Verrückter auf der Avenue d'Orléans einen Dolch zwischen die Rippen, und Beckett wurde in bedenklichem Zustand in ein Krankenhaus eingeliefert. Ich erfuhr erst davon, als ich mich bei seinem Hotelwirt nach ihm erkundigte, weil ich ihm vor meiner Rückreise nach London doch noch auf Wiedersehen sagen wollte. Mir wurde fast schlecht vor Angst, als ich endlich wußte, was vorgefallen war, und in meiner Kopflosigkeit fuhr ich zu allen möglichen Krankenhäusern, ohne ihn zu finden. Endlich sagte mir Nora Joyce, wo er war. Ich schickte ihm sofort Blumen und einige liebe Zeilen, aus denen er ersehen mußte, daß ich ihm verziehen hatte. Am folgenden Tag begleitete ich Joyce zum Krankenbesuch bei Beckett. Joyce war ja halb blind, und es dauerte eine ganze Weile, bis er von seinem Sekretär zum richtigen Krankenzimmer geleitet wurde. Ich dagegen hatte sofort den richtigen Instinkt und fand den Raum ohne jede Hilfe. Beckett war freudig überrascht, mich wiederzusehen, da er annahm, ich wäre bereits nach London abgereist. Es war gut, daß ich nicht unversöhnt von ihm ging, und da ich wußte, daß er in guten Händen war und Joyce sich um ihn kümmern würde, konnte ich beruhigt nach London fahren und meine Galerie eröffnen. Es war klar, daß Beckett nicht so bald von seinem Krankenlager aufstehen konnte, und ich wollte möglichst schnell wieder nach Paris zurückkommen.

Die Vorbereitungen für die Cocteau-Ausstellung hatten sich übrigens schwieriger gestaltet, als man hätte annehmen sollen. Wenn man mit ihm sprechen wollte, mußte man ihn in seinem Hotel in der Rue Cambon aufsuchen. Dort lag er im Bett und rauchte Opium. Der Duft war zwar äußerst angenehm, aber es war doch eine merkwürdige Art, Geschäfte zu machen; man wußte nie recht, ob er auch genau zuhörte. Eines Abends hatte er sich entschlossen, mich zum Essen einzuladen. Ich saß ihm an der Tafel gegenüber. Hinter mir war ein Spiegel, und die ganze Zeit über war Cocteau damit beschäftigt, sein Ebenbild zu betrachten, so fasziniert war er von sich selbst. Und man muß es ihm lassen: Mit seinem orientalisch länglichen Gesicht und seinen edlen, schmalen Fingern war er so hübsch, daß man die Lust an seinem Spiegelbild durchaus verstehen konnte. Seine Unterhaltung war genauso fesselnd wie seine äußere Erscheinung, und ich hätte mir gewünscht, daß er zur Ausstellungseröffnung nach London gekommen wäre; leider erlaubte dies sein Gesundheitszustand nicht. Immerhin schrieb er persönlich eine Einführung zu seinem Katalog, die Beckett ins Englische übertrug.

In London gestaltete sich mein Leben hektisch, weil so viele Dinge zur gleichen Zeit erledigt werden mußten, und ich weiß nicht, wie ich alles durchgestanden habe. Zunächst mußte ich für meine Wohnung neue Möbel besorgen, weil ich die alten Garman überlassen hatte. Dazu kamen die Vorbereitungen für die Eröffnung: Ich mußte Namen und Adressen von Hunderten von Leuten ausfindig machen, denen ich eine Einladung zuschicken wollte, der Katalog und die Einladungskarten mußten gedruckt und verschickt werden. Glücklicherweise flogen Marcel Duchamp und Mary Reynolds rechtzeitig vor der Eröffnung von Paris herüber. Marcel sorgte für eine vorbildliche Hängung der Bilder, und die Ausstellung sah wunderbar aus.

Cocteau hatte mir an die dreißig Bühnenbildentwürfe zu

seinem Stück *Les Chevaliers de la Table Ronde* (Die Ritter der Tafelrunde) geschickt. Als Leihgabe waren auch die eigens für die Bühneninszenierung entworfenen Möbelstücke und das Geschirr gekommen, dessen Dekor sich ebenfalls auf das Theaterstück bezog. Unter den Exponaten waren einige Federzeichnungen, zwei davon auf Bettlaken. Die eine dieser Zeichnungen war eine Allegorie und hieß *La Peur donnant ailes au Courage* (Die Furcht verleiht dem Mut Flügel). Auf dem Bild waren drei männliche Aktfiguren dargestellt, wovon eine ein unverkennbares Porträt von Jean Marais war. Über die Schamhaare hatte Cocteau Blätter geheftet. Trotzdem – oder vielleicht gerade deshalb – verursachte die Zeichnung einen Skandal beim britischen Zoll. Die Beamten der Behörde am Flughafen in Croydon wollten das Werk nicht durchlassen. Marcel und ich eilten sofort zu dem Büro, und ich fragte die Beamten, was sie gegen Aktdarstellungen in der Kunst hätten. Sie meinten, es wären nicht die Akte, sondern die Schamhaare, die ihre Bedenken hervorriefen. Ich mußte versprechen, daß ich die Zeichnung nicht der allgemeinen Öffentlichkeit zugänglich machen, sondern höchstens persönlichen Freunden in meinem Privatbüro zeigen würde. Erst dann durfte ich die Zeichnung mitnehmen. Sie gefiel mir übrigens so gut, daß ich sie selbst erwarb.

Damals dachte ich zwar noch nicht an eine eigene Kunstsammlung; aber mit der Zeit kam doch einiges zusammen, da ich aus jeder Ausstellung in meiner Galerie ein Kunstwerk kaufte, damit die Künstler nicht leer ausgingen, wenn ich einmal weniger erfolgreich mit dem Verkauf war. Dies erschien mir zu Anfang meiner Galerietätigkeit als beste Lösung, da ich von den Gepflogenheiten des Kunsthandels noch wenig Ahnung hatte.

Im Januar 1938 fand die erste Eröffnung bei Guggenheim Jeune statt, und es wurde ein Riesenerfolg. Am meisten freute ich mich über das Glückwunschtelegramm von »Oblomow«. Dies war mein Spitzname für Beckett. Er war aus Gontscharows Roman entlehnt, den mir Djuna Barnes zu lesen gegeben hatte. Als ich Beckett kennenlernte, war mir bald klar, daß er ein Oblomow war, wie er leibte und lebte, und auch Beckett, als er das Buch las, erkannte sogleich die auffällige Ähnlichkeit mit dem seltsam willenlosen Romanhelden, der sich schließlich nicht einmal mehr dazu entschließen kann, aus dem Bett aufzustehen. Becketts Unentschlossenheit kam auch in der Unterhaltung mit ihm zum Ausdruck. Er wurde nur selten lebhaft und benötigte viel Zeit und Alkohol, bis er sich für ein Gespräch erwärmte und etwas aus sich herausging. Jedesmal, wenn er etwas zu mir sagte, was ich als Liebeserklärung empfinden mußte, nahm er es prompt zurück, sobald ich ihn daran erinnerte, und er behauptete, er sei bloß betrunken gewesen, als er die Äußerung machte. Mehrfach habe ich ihn gefragt, wie er sich unsere gemeinsame Zukunft vorstelle, und jedesmal bekam ich zu hören: »Da gibt es nichts vorzustellen.«

Sobald ich in London wieder abkömmlich war, reiste ich zusammen mit Marcel und Mary nach Paris zurück. Beckett war inzwischen aus dem Krankenhaus entlassen worden und erholte sich in seinem Hotel. Ich nahm mir nebenan bei ihm ein Zimmer, was ihm gar nicht zu gefallen schien. So bezog ich Quartier in der Wohnung meiner Schwester Hazel, die ich während ihrer Abwesenheit von Paris benutzen durfte. Die Wohnung war sehr hübsch auf der Ile Saint-Louis gelegen; ihre Einrichtung bestand nur aus einem großen Bett und den farbenfrohen, naiven Malereien meiner Schwester. Ich versuchte, Beckett dafür zu gewinnen, bei mir auf der Insel zu wohnen, aber er mochte nicht dableiben. Er kam und ging, wie es ihm paßte; jedoch vergaß er nie, Champagner mit ins Bett zu bringen.

Beckett hatte einen Freund namens Brian Coffey. Vom Typ her klein und dunkel, war er ein ziemlich trockener Intellektueller und hing dem Thomismus an. Dieser Coffey fing an, mir den Hof zu machen, was ich dazu benutzte, um Beckett ziemlich taktlos eifersüchtig zu machen. Mehrfach verkündete ich, ich würde mit Coffey schlafen. Nun hatte

Beckett ohnehin schon Minderwertigkeitsgefühle, und ich schürte sie auch noch, indem ich leidenschaftlich von John Holms sprach und mich über Humphrey Jennings lustig machte. Beckett mußte zu der Überzeugung kommen, daß er keineswegs der geeignete Partner für mich sein könne, und so kam es, daß er mir eines Tages sagte, ich solle mich an Coffey halten, damit ich endlich zufrieden wäre. Heute weiß ich, daß ich diese Äußerung nur durch meine eigene Dummheit provozierte. Aber damals wurde ich wütend und nahm mir vor, tatsächlich mit Brian Coffey zu schlafen. Beckett schaute würdevoll betrübt drein, als er sich an jenem Abend von Brian und mir verabschiedete; er wußte ja, wie es weitergehen sollte. Tags darauf fragte mich Beckett, ob ich mit Brian zufrieden gewesen sei. Dies muß ich wohl verneint haben, denn Beckett kam noch einmal zu mir zurück, und wir waren einen vollen Tag lang miteinander glücklich. Danach war aber alles vorbei. Zum Lunch trafen wir uns mit Brian. Er fragte Beckett, ob er ihm bei seinem Glück im Wege stünde, denn es sei ganz offensichtlich, daß ich zu Beckett gehöre. Zu meinem Entsetzen gab ihm Beckett aber zu verstehen, daß Brian mich haben könne. Empört verließ ich das Café und lief völlig verzweifelt in Paris herum. Zwischendurch ging ich noch einmal zu Beckett ins Hotel und machte ihm eine Szene – natürlich ohne Erfolg. Er erklärte einfach, er könne keine Liebe mehr für mich empfinden.

So war denn unsere sexuelle Beziehung zu Ende gegangen; alles andere aber lief weiter wie zuvor. Wir waren viel zusammen, und ich empfand in seiner Nähe die gleiche Steigerung meines Lebensgefühls, die mir den Umgang mit ihm bis dahin so wohltuend gemacht hatte. Nachts begleitete er mich über die Brücke hinter Notre-Dame nach Hause. Vor meiner Haustür durchlitt er schreckliche Entscheidungsqualen, ob er wohl bei mir bleiben sollte oder nicht. Aber er nahm sich jedesmal zusammen und ging weg. Mir tat das sehr weh; die halbe Nacht lag ich wach und sehnte mich nach seiner Rückkehr.

Beckett war schwach an Vitalität und nahm meist den Weg des geringsten Widerstandes. Nur wenn es um Joyce ging, wurden ungeahnte Energien bei ihm frei. Es kam sehr häufig vor, daß Beckett sich von mir verabschiedete und sich auf den Weg zu seinem Abgott machte, was bei mir Ausbrüche von Eifersucht hervorrief.

Joyce muß zu Beckett wie ein Vater gewesen sein. Im Februar 1938 feierte Joyce seinen fünfundsechzigsten Geburtstag. Eine Freundin richtete für ihn bei Helen Joyce eine große Dinnerparty aus, und Beckett nahm es unheimlich wichtig, passende Geschenke zu besorgen. Aus mysteriösen Gründen mußte ich einen Knotenstock aus Schwarzdorn kaufen; außerdem wollte Beckett unbedingt Wein aus der Schweiz zum Fest beitragen, den Joyce besonders gerne trank. Zufällig kannte ich ein Schweizer Restaurant in der Rue Ste-Anne, wo ich Jahre zuvor einmal mit John Holms und Joyce gespeist hatte. Als ich dem Inhaber des Restaurants auseinandersetzte, für wen der Wein sein sollte, war er gleich einverstanden, und Beckett durfte die Flaschen abholen.

Als die Geburtstagsparty stattfand, stand *Finnegan's Wake* kurz vor der Veröffentlichung, und ich weiß noch, wie Joyce während des Essens einen Preis von einhundert Francs für den aussetzte, der seinen neuesten Buchtitel erraten würde. Wer anders als Beckett hätte den Preis gewinnen können! Zur Party waren vor allem Joyce-Anhänger geladen worden. So kam es, daß ich nach Jahren bei dieser Gelegenheit auch Herbert Gorman wiedersah. Die Festtafel war mit einem Gipsmodell von Dublin geschmückt. Mittendurch lief ein Band aus grünem Stoff, das den von Joyce so oft erwähnten Fluß Liffey darstellen sollte. Gegen Ende der Party war Joyce ziemlich betrunken und tanzte mitten im Zimmer vor sich hin.

Während dieses Parisaufenthaltes schickte mich Marcel Duchamp einmal auch zu Kandinsky. Er war ein ungemein liebenswürdiger und umgänglicher Herr von siebzig Jahren. Seine Frau Nina war dreißig Jahre jünger als er. Sie war eine schreckliche Person: so angenehm man den Umgang mit ihrem Mann empfand, so wenig Anklang konnte sie selbst finden. Ich bot Kandinsky eine Ausstellung in London an, und da er dort noch nie vorher seine Werke hatte zeigen können, war ihm der Vorschlag sehr willkommen. Er nannte mir einen seiner Bekannten in England, der bereits zahlreiche Bilder von ihm besaß. Auf diese Weise kam ich mit Sir Michael Sadleir in Kontakt.

Während meines Besuches bat mich Kandinsky um Fürsprache bei meinem Onkel Solomon Guggenheim. Auf Kandinskys Anregung hin hatte mein Onkel Bilder von Rudolf Bauer gekauft, den man wohl als drittrangigen Epigonen von Kandinsky bezeichnen muß. Bauer seinerseits hatte es aber nicht für nötig gehalten, meinen Onkel auf die hohe Qualität der Kandinsky-Gemälde aufmerksam zu machen. Nun sollte ich versuchen, meinem Onkel ein Bild aus Kandinskys Frühzeit zu verkaufen. Anscheinend handelte es sich um ein Werk, das mein Onkel bereits kannte und schon seit einer ganzen Weile hatte erwerben wollen. Ich versprach, mein Bestes zu tun, und ahnte nicht, welche Unannehmlichkeiten ich mir damit einhandeln sollte.

Kandinsky und seine Frau nahmen alles selbst in die Hand, was zur Vorbereitung und Gestaltung der Ausstellung in London notwendig war. Es wurden Bilder von 1910 bis 1937 gezeigt. Ich brauchte ihnen nur einen Grundriß mit den Maßen der Galerie zu schicken, und sie kümmerten sich um jedes Detail. Beide wirkten bei der Durchführung sehr geschäftsmäßig, und niemand sah weniger nach »Künstler« aus als Kandinsky. Man hätte ihn viel eher für einen Börsenmakler von der Wallstreet halten können. Frau Kandinsky benahm sich unmöglich in ihrer Geldgier, und ich wunderte mich, daß sie überhaupt irgendwelche Bilder verkaufte. Am Ende der Ausstellung erwarb ich für mich eine Arbeit von 1937 und leider keines der wunderschönen Werke aus der Frühzeit. Erst später in New York fand ich Gelegenheit, weitere Bilder von Kandinsky für meine Sammlung zu erwerben; aber ich wünschte, ich besäße heute wenigstens einige von den Schätzen, die damals in meiner Galerie hingen.

Einmal während der Ausstellung kam ein Kunstlehrer von einer Schule in Nordengland zu mir in die Galerie und bat mich, etwa zehn Bilder von Kandinsky mitnehmen zu dürfen, um sie seinen Schülern zu zeigen. Mir gefiel die Idee, und ich schrieb an Kandinsky, der auch seine Erlaubnis gab. In seiner geschäftsmäßigen Art bestand er allerdings darauf, daß seine Arbeiten für diese Exkursion versichert wurden. Nach Ende der Ausstellung erschien der Lehrer, verzurrte zehn Kandinskys auf dem Dach seines Wagens und fuhr damit los. So unbekümmert ist sicher nie wieder mit Kandinskys Bildern umgegangen worden. Als er die Gemälde zurückbrachte, berichtete er von dem großen Eindruck, den sie in seiner Schule hervorgerufen hatten.

Wie ich es Kandinsky versprochen hatte, schrieb ich an meinen Onkel und erkundigte mich, ob er das bewußte Bild immer noch kaufen wolle. Onkel Solomon schickte mir einen freundlichen Antwortbrief, in dem er mir ankündigte, die Kuratorin seines Museums, Baroness Rebay, werde meine Anfrage persönlich bearbeiten, und nicht lange danach erhielt ich folgenden Brief, der hier wiedergegeben wird, weil er ein unglaubliches Dokument seiner Art ist:

»Liebe Mrs. Guggenheim ›jeune‹,
ich bin damit beauftragt, Ihre Bitte um Ankauf eines Kandinsky zu beantworten.
Zunächst muß ich Ihnen sagen, daß wir grundsätzlich keine Bilder über den Kunsthandel erwerben, solange bedeutende Künstler ihre Werke selbst zum Kauf anbieten; zweitens aber müssen Sie wissen, daß Ihre Galerie die letzte wäre, wo unsere Stiftung Bilder einkaufen würde, falls wir einmal tatsächlich ein historisch wichtiges Werk über den Kunsthandel beziehen müßten.
Der Name Guggenheim ist in der Kunstwelt zu einem Symbol für ideale Kunstförderung geworden. Es zeugt von ungewöhnlicher Geschmacklosigkeit, wenn jetzt die-

ser Name kommerziell ausgeschlachtet werden soll, als ob das größte philanthropische Werk nur dazu gedient hätte, einem kleinen Laden auf die Beine zu helfen. Übrigens werden Sie bald merken, daß es gar nicht so viel ungegenständliche Kunst gibt, um sie als ausschließlichen Schwerpunkt für einen Kunsthandel betrachten zu können. In diesem Bereich kann es keinen Handel mit echter Kunst geben, wenn man Mittelmäßigkeit und Ramsch vermeiden will. Sollten Sie sich aber ernstlich für ungegenständliche Kunst interessieren, hätten Sie durchaus die Mittel, solche Werke anzukaufen und eine eigene Sammlung aufzubauen. Auf diese Weise würden Sie in nützlichen Kontakt mit Künstlern kommen, und Sie könnten Ihrem Land eine schöne Kunstsammlung hinterlassen, sofern Sie die richtige Wahl treffen. Andernfalls werden Sie sehr bald in eine Sackgasse geraten und müssen auch mit wirtschaftlichem Mißerfolg rechnen.

Der Name Guggenheim steht für große Kunst dank der Voraussicht eines bedeutenden Mannes, der seit Jahren wirklich gute Kunst sammelt und fördert, und dank meiner eigenen Arbeit und Erfahrung. Es bedarf schon eines hohen Maßes an Unverfrorenheit, diesen Namen, unsere Arbeit und unseren Ruf für billige Profitmacherei herabzuwürdigen.

Hochachtungsvoll, H.R.

P.S.: Wir werden unsere jüngste Veröffentlichung vorerst nicht nach England ausliefern.«

Während der Kandinsky-Ausstellung besuchte mich Brian Coffey in London. Während der ganzen Zeit seines Besuches sprachen wir hauptsächlich von Beckett. Ich glaube, Brian wollte mich heiraten, aber ich hatte keine Lust dazu. Als er eine Woche später nach Paris zurückkehrte, fühlte ich mich deutlich erleichtert.

Der Blumenmaler Cedric Morris, mit dem ich schon sehr lange bekannt war, hatte in Suffolk eine Irisfarm und unterhielt dort zugleich eine Malschule. Er äußerte den Wunsch, in meiner Galerie ausstellen zu dürfen; allerdings wollte er nicht die wunderschönen Blumenbilder zeigen, durch die er berühmt geworden war, sondern etwa fünfzig Porträts, die er von Londoner Berühmtheiten gemalt hatte. Diese Porträts wirkten in den meisten Fällen wie bösartige Karikaturen. Eigentlich bestand kein Grund, diese Bilder in einer Galerie für surrealistische und abstrakte Kunst zu zeigen; aber Wyn und ich mochten Cedric so gerne, daß wir ihm den Wunsch nicht abschlagen konnten. So bedeckte er denn die Galeriewände von oben bis unten mit seinen Porträts. Um den Verkauf zu fördern, gaben wir an einem Abend während der Ausstellung eine Party, die auf unerwartete Weise ausartete. Das einzige, was wir förderten, war nicht der Verkauf, sondern eine gewaltige Keilerei. Einer der Gäste, ein Architekt, nahm Anstoß an den Porträts. Um seine empörte Ablehnung unübersehbar zu bekunden, fing er an, die Kataloge zu verbrennen. Cedric Morris geriet darüber selbstverständlich in Wut und wurde handgreiflich, woraus sich im Nu eine blutige Prügelei entwickelte. Das Blut spritzte sogar gegen die Wände der Galerie. Am folgenden Tag rief Cedric ganz zerknirscht bei uns an, um sich zu entschuldigen. Er erbot sich, seine Bilder sofort wieder abzuräumen, aber das kam für uns überhaupt nicht in Frage.

Einige Monate später war Arp bei mir zu Gast. Marcel Duchamp hatte mir geholfen, eine Ausstellung zeitgenössischer Bildhauerkunst zu veranstalten, und Arp als einer der ausstellenden Künstler wollte bei der Vorbereitung behilflich sein und sich um die Werbung kümmern. In meiner Wohnung zeigte sich Arp sehr häuslich. Er stand früh auf, bereitete das Frühstück und wartete auf mich mit Ungeduld; denn ich brauchte morgens immer lange mit dem Aufstehen. Nach dem Frühstück erledigte er den Abwasch. Wir unterhielten uns gut und hatten so viel miteinander zu lachen, daß es eine angenehme Woche wurde. Einmal fuhren wir auch nach Petersfield hinaus. Auf der Fahrt begeisterte sich Arp für die englische Landschaft. Besonders die kleinen Kirchen in Sussex hatten es ihm angetan. Bevor er nach Paris zurückfuhr, kaufte er sich einen Hut und eine Brotschachtel, die er als Andenken mitnahm.

Die Ausstellung zeitgenössischer Plastik war wieder Anlaß für eine Auseinandersetzung mit der britischen Zollbehörde. Marcel Duchamp hatte die Werke von Paris aus herübergeschickt. Es waren Arbeiten von Brancusi, Raymond Duchamp-Villon, Antoine Pevsner, Hans Arp, Sophie Taeuber-Arp, Henri Laurens und Alexander Calder. Als englischer Beitrag zur Ausstellung waren Plastiken von Henry Moore vorgesehen. Die Sendung mit Exponaten aus Paris wurde vom Zoll zunächst einmal zurückgewiesen. J.B. Manson, der Direktor der Tate Gallery, hatte seine Genehmigung verweigert, und die Plastiken hätten nur mit hohen Zollgebühren als Materialstücke von Bronze, Marmor, Holz usw. eingeführt werden können. Das hing mit einem überholten Gesetz zusammen, das die englischen Bildhauer vor ausländischer Konkurrenz schützen sollte. Nun hätte ich im Notfall auch die angemessenen Zollgebühren bezahlt; aber ich empfand Mansons Verdikt als eine Herausforderung, der man entgegentreten mußte. Dem Direktor der Tate Gallery oblag es nämlich, in allen Zweifelsfällen zu klären, was als Kunst gelten durfte und was nicht. In meinem Falle machte Manson von seinem Recht auf engstirnigste Weise Gebrauch und weigerte sich, meine Ausstellungsstücke als Kunst zu bezeichnen. Diese Entscheidung war so offensichtlich falsch, daß es Wyn Henderson nicht schwerfiel, zahlreiche Kunstkritiker für einen öffentlichen Protest zu gewinnen. Die Sache ging bis vor das Unterhaus, und Mr. Manson mußte nicht nur eine böse Schlappe hinnehmen, sondern verlor auch bald darauf sein Amt. Indem wir uns gegen Mansons Willkürentscheidung zur Wehr gesetzt hatten, erwiesen wir sowohl dem englischen Publikum als auch den ausstellungswilligen ausländischen Künstlern einen großen Dienst. Der Skandal ging sofort durch die gesamte Presse, und unsere Ausstellung erregte dementsprechend großes Aufsehen. Brancusis *Plastik für Blinde* wurde sogar in Tom Dribergs Spalte im *Daily Express* abgebildet.

Harry Pollitt las in der Zeitung über meinen Erfolg gegen Mr. Manson und muß sich wohl gedacht haben, eine so wichtige Person wie mich dürfe man sich nicht entgehen lassen. Er schrieb mir sofort einen Brief und bat mich, ihn aufzusuchen; er meinte, es würde ihm ein leichtes sein, innerhalb von zehn Minuten alle meine Bedenken gegen den Kommunismus auszuräumen. Aber ich war viel zu beschäftigt, um ihn zu besuchen, und überließ es ihm, irgendwann einmal zu mir zu kommen. Aus dem Treffen wurde nie etwas. Übrigens lebte Garman inzwischen mit seiner Paddy zusammen und hat sie später auch geheiratet.

Eines Tages lud mich Edgell Rickword zum Abendessen ein. Es war klar, daß er etwas von mir wollte, und zwar sollte ich der kommunistischen Partei einen großen Dienst erweisen: Sie wollten mein Appartement benutzen, um Louis Aragon und eine Schar anderer kommunistischer Schriftsteller aus Paris zu empfangen und zu bewirten. Man benötigte, so sagte Rickword, ein besonders vornehmes Appartement, da die englischen Autoren bei ihrem Besuch in Paris von ihren französischen Kollegen fürstlich empfangen und in einem erstklassigen Hotel an der Avenue de l'Opéra untergebracht worden waren. Ich lehnte Rickwords Bitte ab, weil meine Wohnung bei weitem nicht groß genug war und im dritten Stock eines Mietshauses ohne Aufzug lag. Es war tatsächlich eine ganz bescheidene Wohnung im Bloomsbury-Viertel, und ich hatte auch kein Hauspersonal. So mußten sich die Herren Kommunisten anderweitig umsehen.

Wyn Henderson war ungemein tüchtig, und ich weiß nicht, was ich ohne sie hätte ausrichten können. Unter ihrer Leitung lief in der Galerie alles wie am Schnürchen, obwohl sie von früher her keinerlei Erfahrung auf diesem Gebiet besaß. Sie war gelernte Schriftsetzerin und hatte mehrere moderne Druckereien geleitet. Ihre Kenntnisse machten sich in der Qualität unserer Kataloge und Einladungskarten bemerkbar, die sich alle durch ein hervorragendes Grafikdesign auszeichneten. Wyn hatte einen guten Schuß an gesundem Menschenverstand mitbekommen, war taktvoll und verbindlich im gesellschaftlichen Umgang und besaß die Gabe, sich jedes Gesicht merken zu können, das sie irgendwann einmal in der Galerie gesehen hatte. Ich mit meinem schwachen Personengedächtnis beneidete sie um diese Fähigkeit. Wyn hatte einen unheimlichen Lebenshunger. Als ich sie einmal dazu brachte, ihre Liebesabenteuer aufzuzählen, hörte sie bei hundert auf, ohne daß sie mit ihrem Bericht zu Ende gekommen wäre. Zur Zeit ihrer Arbeit in meiner Galerie war Wyn ziemlich dick, während sie in frühen Jahren wohl einmal das venezianische Schönheitsideal verkörpert hatte. Sie litt sehr darunter, daß sie jetzt weniger Erfolg bei Männern hatte, aber sie wurde nie auf anderer Leute Glück eifersüchtig. Im Gegenteil, sie stachelte mich stets an, mich zu amüsieren. Als Wyn einsah, daß ich immer noch an Beckett dachte, schickte sie mich wieder nach Paris. Beckett fühlte sich durch meinen Besuch und meine Hartnäckigkeit geschmeichelt. Er war in einer merkwürdigen Verfassung und meinte, unser Leben käme sicher noch in Ordnung. Seit seiner Geburt litte er unter einer Erinnerung an sein Leben im Mutterleib, er durchlebe deswegen immer wieder heftige Krisen, bei denen er unter Atemnot leide. Er konnte sich weder für noch gegen mich entscheiden, mochte mich aber auch nicht endgültig aufgeben. Anstatt miteinander zu schlafen, gaben wir uns jetzt dem Trunk hin und spazierten dann bis zum Morgen in Paris herum.

Ich wurde immer wieder von meiner Leidenschaft hingerissen, weil ich spürte, welch großer Intensität des Ausdrucks Beckett fähig war, und weil ich mir zutraute, ihm zu helfen, sie auch an den Tag zu bringen. Er wiederum stritt ab, überhaupt irgendwelche Fähigkeiten zu besitzen. Er sagte von sich, er sei völlig ausgebrannt und unfähig, irgendwelche menschlichen Gefühle zu empfinden. Deshalb hätte er auch nicht mit Lucia Joyce zusammenleben können.

Aus dieser Haltung heraus ist wohl auch damals das folgende Gedicht entstanden:

sie kommen daher
sie sind verschieden und doch gleich
mit jeder ist es verschieden und doch gleich
mit jeder ist der Mangel an Liebe verschieden
mit jeder ist der Mangel an Leben doch gleich

Ich fragte Helen Joyce, was ich mit Beckett anstellen sollte, um ihn seiner Lethargie zu entreißen, und sie empfahl mir, ihn einfach zu vergewaltigen. Eines Nachts war er wieder völlig unschlüssig und schien sich gegen seinen Willen nach mir zu sehnen. Ich ging mit ihm nach Hause und stellte mir im stillen vor, um wieviel weniger ich ihn möglicherweise schätzen würde, wenn ich ihn erobern könnte. Als er meinen Arm nahm, kam es mir vor, als ob nun alles seinen unvermeidlichen Gang nehmen würde, und ich dachte schon: »Ach, wie langweilig.« Trotzdem ging ich mit ihm und bestand von mir aus darauf, die Nacht bei ihm zu verbringen. Plötzlich bekam er es mit der Angst; er stürzte davon und ließ mich in seinem Appartement allein. Zutiefst empört stand ich morgens um vier wieder auf, schrieb ein Gedicht, legte es ihm auf den Schreibtisch und reiste noch am selben Tag nach England ab:

Wird dieses Weib an meiner Tür nicht endlich Ruhe geben,
muß ich mit ihr als meinem Schicksal leben?
Von weither schallt' ein Schlag, wie wenn ein Hammer fiel;
soll dies den Tod bedeuten oder unser Lebensziel?

In ihrer Not drang sie in meine Leere ein.
Soll denn mein langes Bangen nun zu Ende sein?
Soll ich den Schmerz der Trennung wagen?
Soll ich der Zukunft vielleicht ganz entsagen?

Sie hält mich fest bei jedem Schritt,
das Todesglöckchen scheppert ständig mit.
Darf man die reine Leidenschaft verdorren lassen,
das Leben so vertun, ohne den Tag zu fassen?

So mußte ich denn schweren Herzens meine Bemühungen um Beckett wieder aufgeben. Es dauerte aber gar nicht lange, bis ich ihn in London wiedersehen sollte; und zwar kam er anläßlich der Ausstellung seines geliebten van Velde. Als dessen Bilder in meiner Galerie an den Wänden hingen, sahen sie mehr nach Picasso aus als je zuvor. Auch die Kritiker waren ohne Ausnahme dieser Ansicht, und van Velde fand wenig Interesse in der Öffentlichkeit. Da ich aber Beckett zuliebe seine Bilder unter verschiedenen Namen für mich oder als Geschenk für Freunde kaufte, war der ahnungslose van Velde völlig zufrieden. Er wußte nicht, wieviel Geld ich bereits für ihn ausgegeben hatte, und verlangte am Ende der Ausstellung noch fünfhundert Dollar, die ich ihm, um das Geheimnis nicht zu lüften, auch nicht abschlagen konnte.

Einmal während der Ausstellung nahm ich die van Veldes für ein Wochenende mit nach Petersfield. Nach langem Zögern schloß sich Beckett an. Da auch das Ehepaar Reavey zu Besuch kam, hatten wir eine schöne Gesellschaft für eine Party zusammen. Ich ließ die Reaveys in meinem Zimmer schlafen und machte mein Bett im Eßzimmer. Beckett saß noch lange bei mir und erzählte mir von seiner Freundin. Er wollte wissen, ob ich ihm das Verhältnis mit ihr übelnähme. Was sollte ich schon dazu sagen?! Es klang mir im übrigen auch mehr so, als ob sie ihn bemutterte, und nicht, wie wenn sie eine richtige Geliebte für ihn gewesen wäre. Ich erfuhr, daß sie ihm eine Wohnung besorgt und Vorhänge genäht hatte und daß sie sich in allen praktischen Dingen um ihn kümmerte. Er war nicht in sie verliebt, und sie machte ihm keine Szenen, wie er das von mir gewöhnt war. Ich erinnerte mich, daß ich ihr einmal bei Beckett begegnet war, und ich konnte nicht eifersüchtig auf sie sein; dafür war sie gar nicht attraktiv genug. Sie war ungefähr in meinem Alter, das heißt, ebenfalls älter als Beckett.

Nachdem Beckett mir dies alles anvertraut hatte, war ich noch mehr als zuvor geneigt, mich mit Mesens einzulassen. E. L. T. Mesens war ein surrealistischer Dichter und Direktor einer Londoner Galerie. Er war mein Nachbar in Cork Street, und da unsere Schaufenster in einer Hausfassade nebeneinander lagen, waren wir stets darum bemüht, daß man unsere Ausstellungen nicht verwechseln konnte. Gelegentlich kaufte ich Bilder bei meinem Nachbarn. Er war ein lustiger kleiner Flame, etwas vulgär, aber sonst sehr nett und warmherzig. Ich merkte, daß er mit mir intim werden wollte, und er lud mich zu einem Essen ein. Das war, noch ehe Beckett nach Paris zurückfuhr, und es machte mir ein diabolisches Vergnügen. Allerdings dauerte die Sache mit Mesens nur kurz, und ich verheimlichte ihm nicht, wie sehr ich Beckett liebte. Deshalb hielt ich es auch nicht lange aus, bis ich wieder nach Paris reiste. Mesens war Herausgeber des *London Bulletin*, einer vom Surrealismus geprägten Zeitschrift, die ein anspruchsvolles Niveau einzuhalten versuchte, zugleich aber auch – wie Mesens selbst – ein wenig ins Kommerzielle abglitt. Für alles, was Mesens zu verkaufen hatte, wurde in der Zeitschrift geworben. Mesens druckte mir kostenlos Kataloge als Dreingabe zu einem Inserat, das ich in seiner Revue bezahlte. Ich hätte nicht übel Lust gehabt, die Zeitschrift zu übernehmen und zu verbessern; doch Mesens wachte eifersüchtig darüber, daß niemand außer Humphrey Jennings seine Hand im Spiel haben durfte.

Als ich diesmal wieder nach Paris fuhr, nahm ich meinen Wagen mit. Ich schickte ein Telegramm voraus; aber Beckett holte mich nicht in Calais ab, wie ich gehofft hatte. Stattdessen wartete er bloß lustlos auf mich in seinem Appartement und zeigte deutlich, daß er sich von mir angeödet fühlte.

Einige Tage danach waren die van Veldes bei Beckett zu Besuch, und es kam irgendwie dazu, daß Beckett und van

Velde ihre Kleider auszutauschen begannen. Obwohl alles an der Oberfläche ganz normal aussah, schien mir jede Bewegung der beiden unterschwellig eine homosexuelle Beziehung zu verraten. Prompt warf ich Beckett vor, daß er mit van Velde ein Verhältnis hätte. Später an dem Abend gingen wir zu einer Tanzveranstaltung, wo es zu einer peinlichen Szene kam; es endete damit, daß Beckett mich mit den van Veldes allein sitzen ließ.

Die Mißverständnisse zwischen uns ließen sich nicht ausräumen, und ich sah Beckett fast überhaupt nicht mehr. Deshalb entschloß ich mich, nach London zurückzufahren, und schrieb ihm, daß ich ihm auf Wiedersehen sagen wolle. Das schien ihn wieder munter zu machen, denn jetzt kam er damit heraus, wir könnten zusammen die van Veldes nach Südfrankreich fahren, wo sie sich niederlassen wollten.

Ich war sofort bereit. Aber bei Beckett ging es nicht so schnell, denn er war gewohnt, das Wochenende mit seiner Freundin zu verbringen, und es fiel ihm schwer, von einer eingefahrenen Gewohnheit abzulassen. Erst an einem Sonntagnachmittag um zwei konnten wir aufbrechen. Den Tag danach verbrachten wir zusammen in Cassis. Die van Veldes wußten nicht, was sie von der Sache halten sollten. Zu oft schon hatten sie erlebt, wie ich mit Beckett in Streit geraten war, und konnten sich nicht vorstellen, wie es möglich war, immer wieder von neuem miteinander zurechtzukommen.

Wir verabschiedeten uns von ihnen in Marseille und traten die Rückfahrt nach dem Norden an. Durch meine Herumhockerei hatte ich in Paris bereits so viel Zeit vertrödelt, daß ich es jetzt wirklich eilig hatte. Ich wurde nämlich von Yves Tanguy erwartet, der mit mir zu seiner Ausstellung nach London fahren wollte. Auf dem Rückweg nach Paris machten wir in Dijon Station. Meine Erinnerungen an diese Stadt waren schon so deprimierend, daß ich nicht erwartete, es könne noch schlimmer kommen. Becketts Verhalten war jedoch von einer Art, daß sich mir die Geschehnisse in Dijon unvergeßlich eingeprägt haben.

Zunächst gerieten wir aus Versehen in ein sehr dürftiges Speiserestaurant, was schon dumm genug war, da doch gerade Dijon für seine erlesene Gastronomie berühmt ist. Beckett hatte kein Gespür dafür, wo man wirklich etwas Gutes erwarten durfte; seine puritanische Herkunft ließ ihn fast automatisch vor allen schönen Dingen des Lebens zurückschrecken. Später suchten wir ein Hotel, und zu meiner Verwunderung nahm Beckett ein Doppelzimmer. Ich sagte nichts, weil mir sein gesamtes Verhalten ohnehin sonderlich genug erschien. In unserem Zimmer legten wir uns zunächst jeder für sich in die getrennt stehenden Betten. Ich schlüpfte jedoch bald zu Beckett, worauf er schimpfend aufsprang und in das Bett stieg, in dem ich vorher gelegen hatte. Vom anderen Bett aus hielt er mir einen Vortrag darüber, daß ich ihn hätte übertölpeln wollen. Als ich ihn fragte, warum er denn das Doppelzimmer und nicht zwei Einzelzimmer genommen hätte, meinte er, es wäre auf diese Weise um dreißig Francs billiger gekommen.

Am folgenden Morgen gingen wir in Dijon spazieren. Da war ich nun wieder glücklich, diesen Gang zusammen mit Beckett machen zu können; denn er hatte ein Auge für schöne Dinge und war bei solcher Gelegenheit der ideale Gesellschafter. Es war eine Lust, mit ihm zusammen die Museen zu besuchen, und wir waren guter Dinge. Ich sagte ihm, um wieviel netter ich ihn jetzt bei Tage fände als am Abend zuvor, und auch er meinte, ich sei wieder viel umgänglicher und würde keine Szenen mehr machen. Die Zeit verging wie im Fluge, und die Fahrt endete viel zu schnell. Wir waren betrübt bei der Trennung, und wie gewöhnlich schien Beckett zu bedauern, daß er mich nun weggehen lassen mußte.

Früh am folgenden Tag reiste ich nach England ab. Erst wollte das Auto nicht anspringen, und ich kam eine Stunde zu spät zu den Tanguys. Als Folge dieser Verspätung wurde die Fahrt nach Boulogne eine einzige Raserei. Trotzdem hätten wir beinahe das Fährschiff verpaßt. Die Tanguys waren vorher nie in England gewesen, und sie empfanden die Reise als abenteuerliches Erlebnis. Sie waren überhaupt nicht verwöhnt und ganz anders als all die blasierten Leute, mit denen ich sonst umging. So war es ein rechtes Vergnügen, mit ihnen zusammen zu reisen. In London wurden wir von Peter Dawson empfangen, einem englischen Surrealisten, der die Tanguys zu sich eingeladen hatte und sich über ihr Kommen wie wahnwitzig freute. Obwohl er seine Gäste kaum kannte, benahm er sich, als ob er sie für sich gepachtet hätte.

Ich mußte nun dringend nach Petersfield hinausfahren, um mich wieder um Pegeen zu kümmern, die ich fünf Wochen lang sich selbst überlassen hatte. Während meiner Abwesenheit von London wollte Dawson mit Tanguy das Wochenende zum Hängen der Ausstellung benutzen. Meine Schwester Hazel hatte inzwischen eine Weile in Yew Tree Cottage gewohnt, so daß Pegeen an den Wochenenden mit ihrer Tante zusammensein konnte. Als ich jetzt ankam, war ein riesiger Schrankkoffer aus Amerika eingetroffen, der das Silber meiner Mutter enthielt. Hazel und ich teilten alles schwesterlich unter Beratung einer Freundin, die auch die Schiedsrichterrolle übernahm, wo es notwendig wurde. Eigentlich mochten wir beide nichts davon besitzen, denn die viktorianische Formgebung der Gegenstände empfanden wir als altmodisch und grundhäßlich. Nach diesem Wochenende brachte ich Pegeen wieder zu ihrer Schule in Wimbledon und fuhr anschließend in die Stadt.

Tanguys Ausstellung war inzwischen wohlüberlegt gehängt worden und sah fabelhaft aus. Es war eine Retrospektive, und einige der frühen Arbeiten unterschieden sich erheblich von den neueren Werken. Zwei Werke aus der Frühzeit gefielen mir besonders gut, und ich hätte sie gerne für mich erworben. Sie waren jedoch beide unverkäuflich. Das eine hieß *Palais Promontoire* und gehörte Madame Tanguy. Das Gemälde war fast monochrom und ließ die Zeichnung besonders kostbar hervortreten. Das andere war ein überwiegend in Gelbtönen gehaltenes Ölbild im Besitz von Peter Dawson. Ich mußte mir also etwas anderes suchen und entschied mich für *Toilette de l'Air*. Es war ein farbenfrohes Gemälde. Wenn es auf dem Kopf stand, konnte man einen eigentümlichen Regenbogeneffekt wahrnehmen. Ein weiteres Bild der Ausstellung beschäftigte mich immer wieder. Es hieß *Le Soleil dans son écrin*. Anfangs erfüllte es mich noch mit einer gewissen Angst, obwohl ich spürte, daß es das beste Stück der gesamten Ausstellung war. Schließlich überwand ich meine innere Abwehr, und heute gehört es zu meiner Sammlung.

Wir veranstalteten verschiedene Partys, und auch Mesens lud uns zu einer besonders ausgelassenen Feier ein. In vorgerückter Stunde verließ ich mit Tanguy das Fest, und wir fuhren zu meiner Wohnung. Nur Wyn war eingeweiht, und sie half uns, unauffällig wegzukommen. Wir verbrachten die Nacht in meiner Wohnung. An den folgenden Tagen konnte ich Tanguy nur unter großen Schwierigkeiten allein sehen, weil seine Frau ständig über ihn wachte. Wyn wußte Rat in der Not, lud Madame Tanguy zum Lunch ein und beschäftigte sich einen ganzen Nachmittag lang mit ihr, um sie abzulenken.

Bald wurde den Tanguys der Dawsonsche Haushalt zu langweilig, und sie wohnten von da an bei mir. Tanguy litt unter einem Magengeschwür und hatte plötzlich arge Schmerzen. Ich mußte in ganz London herumfahren, um für ihn eine bestimmte Medizin aufzutreiben. Als er sie endlich bekam, ging es ihm wieder besser, und wir konnten zum Wochenende nach Petersfield aufbrechen. Tanguy fand Hazel sympathisch; er übertrug ihren Namen ins Französische und nannte sie »La Noisette«. Das Haus war so voll von Gästen, zum Teil auch mit Leuten, die Hazel eingeladen hatte, daß kaum noch Platz für uns zum Schlafen blieb. Schließlich entschloß sich Hazel, nach London auszuweichen, besser gesagt, ich packte ihren ganzen Kram zusammen und schickte sie für einige Tage dorthin. Es war wohl etwas roh von mir, aber sie hat es mir nicht übelgenommen.

Die Tanguys und ich blieben allein mit Pegeen und Debbie. Die Tanguys waren in die Kinder ganz vernarrt, besonders Madame Tanguy, die nie eigene Kinder gehabt hatte. Die Mädchen waren aber auch tatsächlich bezaubernd und sahen aus, wie wenn sie einem Märchen entstiegen wären. Sie trugen phantastische Kleider und liebten es, mit langem offenem Haar umherzugehen, Debbies fast schwarz und Pegeens hellblond. Zuweilen malten sie in Garmans Gartenhäuschen, und Tanguy tauschte sogar mit Debbie ein Bild aus.

Madame Tanguy war recht unglücklich, weil ich ständig ihren Mann mit Beschlag belegte. Einmal blieb sie merkwürdig lange aus. Dann kam ein Anruf vom Pub in South Harting, ob uns die Dame bekannt wäre und ob man ihr das Fahrgeld für den Omnibus zu uns heraus leihen solle. Da sie Französin war, dachten die guten Leute, sie müsse wohl Gouvernante bei uns sein; aber für eine Gouvernante war sie doch ein bißchen zu sehr betrunken.

Der riesige offene Kamin in Yew Tree Cottage hatte schon immer eine eigentümliche Anziehung auf mich ausgeübt. Jahrelang war ich in Versuchung, mittenhinein zu springen, und beinahe wäre es jetzt noch aus purer Unachtsamkeit wirklich geschehen. Ich war in einer heftigen Diskussion mit Tanguy begriffen, und im Eifer meiner gestikulierenden Rede rutschte ich aus und wäre ohne Tanguys Geistesgegenwart unweigerlich in die Flammen gefallen, die mich so oft gelockt hatten.

Noch bevor wir von London wegfuhren, hatte Wyn Henderson die großartige Idee, eine Party auf der Themse zu veranstalten und dafür ein Motorboot zu mieten. Wir nahmen viele Gäste und reichlich Getränke mit. Gegen Mitternacht waren wir in Greenwich. Die Party verlief feuchtfröhlich und ausgelassen, und es gab allerlei Eifersuchtsszenen. Die Fahrt auf der Themse sollte eine unserer üblichen Werbepartys ersetzen, zu der wir sonst an einem Abend in die Galerie einluden. Leider kann ich nicht behaupten, daß unsere Veranstaltung den Verkauf sonderlich gefördert hätte.

Dennoch: Tanguy war über Nacht reich geworden. Da

der Surrealismus damals in London erst bekannt wurde, fand Tanguys Ausstellung ungewöhnliche Beachtung. Von Hause aus war Tanguy ein einfacher Bretone, der viele Jahre in der Handelsmarine auf Fahrt gewesen war. Sein Vater hatte seinerzeit einen Posten im Ministerium gehabt, und Tanguy behauptete, er sei in einem Gebäude an der Place de la Concorde geboren. Trotzdem war er immer sehr bescheiden geblieben. 1926 hatte er mit André Breton Verbindung aufgenommen und sich dem Surrealismus angeschlossen. Wegen einer Geisteskrankheit war Tanguy vom Militärdienst befreit worden. Vom Wesen her war er freundlich und liebenswürdig. Er hatte nur noch wenig Haare auf dem Kopf, die ihm regelmäßig zu Berge standen, wenn er betrunken war, was nicht selten vorkam. Tanguy war damals fast schon vierzig. Breton spielte für ihn offensichtlich die gleiche Rolle wie Joyce für Beckett, und es war, als ob Tanguys Leben ausschließlich vom Surrealismus regiert würde. Bei keiner Religion hätte es schlimmer sein können. Zumindest nahm der Surrealismus bei Tanguy den gleichen Raum im Denken ein wie bei Garman der Kommunismus.

Während seiner Abwesenheit von Paris hatte Tanguy seine Katze zu einem Freund in Pflege gegeben, und alle paar Tage schickte er ihm als Kostgeld einen Brief mit einer Pfundnote darin. In Wirklichkeit wollte er damit natürlich bloß seinem Freund etwas Gutes tun. Es war der rumänische Maler Victor Brauner, den er auf diese Weise unterstützte.

Nach einigen Wochen unseres fröhlichen Zusammenseins kam der unvermeidliche Moment der Trennung. Ich brachte die Tanguys nach Newhaven, von wo sie mit dem Fährschiff über den Kanal fuhren. Ich war niedergeschlagen, und auch Madame Tanguy mußte beim Abschied weinen. Trotzdem hatte ich die innere Gewißheit, Tanguy bald wiederzusehen.

Nicht lange danach wollte Pegeen zu ihrem Vater nach Mégève reisen, um dort ihre Sommerferien zu verbringen. Sindbad war inzwischen für die Ferienzeit zu mir nach

England gekommen. Nun erhielt ich die Nachricht, daß die Zofe meiner Mutter nach Paris gekommen war. Sie wollte mir das Perlencollier persönlich überbringen, das mir meine Mutter vererbt hatte. Ich wollte die Gelegenheit benutzen, Tanguy wiederzusehen, und mußte rasch und wohlüberlegt handeln. Sindbad wurde für das Wochenende zu Garman geschickt, Pegeen nahm ich im Wagen mit nach Newhaven. Dort bestiegen wir die Nachmittagsfähre und schickten Mrs. Vail ein Telegramm, damit sie uns abholen kam. Sie war natürlich überglücklich, ihre Enkelin bis zur Abfahrt des Zuges nach Mégève bei sich zu haben. Als nächstes holte ich die Perlenkette ab. Die arme Überbringerin war ganz aufgeregt wegen der großen Verantwortung, die auf ihr gelastet hatte, und sie war froh, die Bürde endlich loszuwerden. Aber ich hatte ganz andere Dinge im Kopf, denn ich war für sechs Uhr mit Tanguy in einem Café verabredet.

Während wir dort saßen und Pläne schmiedeten, wie wir uns aus dem Staub machen könnten, wurden wir von so vielen Leuten zusammen gesehen, daß wir uns ein weniger frequentiertes Café aussuchen mußten. Schließlich erschien es uns am sichersten, aus Paris wegzufahren. Allerdings hatte Tanguy überhaupt kein Gepäck bei sich und ich bloß ein kleines Täschchen. Trotzdem nahmen wir den Zug nach Rouen, wo wir morgens gegen drei Uhr ankamen und es fast unmöglich war, ein Zimmer zu bekommen. Bei mindestens zehn Hotels mußten wir anfragen, bevor wir aufgenommen wurden. Am nächsten Tag spazierten wir ein wenig durch Rouen, nahmen dann den Zug nach Dieppe, wo es in Strömen regnete. Da wir das letzte Fährschiff verpaßt hatten, verbrachten wir die Nacht in einem noblen Hotel am Hafen von Dieppe. Außer Nancy Cunard hatte uns bis dahin niemand gesehen, und sie war taktvoll genug, so zu tun, als ob sie uns nicht begegnet wäre. Wir machten uns Sorgen, daß uns Madame Tanguy aufspüren könnte. Als wir aber in Newhaven von Bord gingen und in das bereitstehende Auto stiegen, fühlten wir uns wieder sicher und fuhren unbesorgt und jubelnd nach Petersfield.

Sindbad mochte Tanguy gerne, hatte aber keine Ahnung, warum er ohne seine Frau bei mir war. Immer wieder stellte er Fragen nach Madame Tanguy, die uns ein wenig in Verlegenheit setzten. Während seines Aufenthaltes bei uns machte Tanguy eine Reihe von Zeichnungen mit grüner Tusche. Es war eine Farbe, die er überhaupt gerne benutzte. Eine der Zeichnungen wurde mir so ähnlich, daß ich sie mir von ihm erbat. Die Figur auf der Zeichnung hatte eine Feder anstelle eines Schwänzchens, und die Augen sahen aus wie die Glasaugen einer Porzellanpuppe, deren Kopf zerbrochen ist, so daß man in sie hineinschauen kann. Tanguy las Proust, der ihn wohl gelangweilt haben muß, und wir machten ausgedehnte Spaziergänge. Einmal gingen wir auch zu einem Cricketspiel und schauten zu. Obwohl wir glücklich miteinander waren, fehlte Tanguy bald die innere Ruhe. Es drängte ihn, nach Paris zurückzukehren und Aufträge für Breton zu erledigen, der aus Mexiko zurückerwartet wurde. Sindbad und ich begleiteten ihn also zurück nach Newhaven und verbrachten danach einige Tage zusammen in London.

Hier tauchte plötzlich Beckett wieder auf. Er befand sich auf der Durchreise nach Irland, und ich bot ihm ein Zimmer in meiner Wohnung an. Als er auf dem Kaminsims ein Foto von mir und Tanguy sah, wurde er neugierig und verheimlichte seine Neugier auch nicht im geringsten. Da ich am nächsten Tag schon wieder nach Paris fahren wollte, stellte ich es ihm frei, bis zu seiner Weiterfahrt in meinem Appartement zu bleiben. Ihm wäre es freilich lieber gewesen, ich wäre so lange noch dageblieben; aber dazu hatte ich keine Lust. Ich glaube, er war jetzt wieder an mir interessiert, weil er wußte, daß ich jemand anderen hatte. Das sagte ich ihm auch. Um ihn als Freund behalten zu können, mußte ich mir all meine anderen Liebhaber halten; und ich warf ihm vor, daß er mir dieses Doppelleben aufzwänge. Bevor ich abfuhr, bot er mir noch seine Wohnung in Paris als Absteige an. Sie lag in der Rue des Favorites, worüber jeder lachte, dem ich die Adresse nannte. Ich nahm das Angebot Bekketts an, vor allem, weil ich mir dachte, daß Madame Tanguy mich dort nicht finden würde, denn die Rue des Favorites lag weit draußen im fünfzehnten Arrondissement, und ein Telefon war nicht vorhanden.

Die erste Nacht verbrachte ich mit Tanguy in Becketts Wohnung. Danach bleibe er volle zwei Tage weg, und da wir uns auch telefonisch nicht erreichen konnten, machte ich mir Sorgen und malte mir aus, was alles passiert sein konnte. Endlich kam Tanguy wieder und erzählte, was geschehen war: Bei einer Surrealistenveranstaltung hatte es eine Schlägerei gegeben, und der arme Brauner, der bei dem Streit überhaupt nicht beteiligt, sondern bloß Zuschauer gewesen war, hatte dabei ein Auge eingebüßt. Der surrealistische Maler Dominguez, ein ziemlich brutaler Mensch, hatte nach jemandem eine Flasche geworfen; sie war an der Wand zersplittert, und ein Glasstück war Brauner ins Auge gedrungen. Tanguy hatte seinen Freund ins Krankenhaus gebracht, wo er sofort operiert werden mußte. Jeden Tag machte er jetzt einen Krankenbesuch bei Brauner, und auch Breton kümmerte sich um den Kranken, für den er sich als Surrealist verantwortlich fühlte. Nach diesem Unglück war leider nicht mehr die Rede davon, daß ich mit Tanguy in die Bretagne fuhr, wie wir es vorgehabt hatten. Statt dessen hielt ich mich in Paris vor Madame Tanguy versteckt. Vor allem mußte ich darauf achten, daß ich ihr nicht in irgendeinem Café begegnete.

Einmal allerdings, als ich mit Mary Reynolds beim Lunch saß, kam Tanguy mit seiner Frau in das Restaurant. Ich wurde ziemlich verlegen und wußte nicht recht, wie ich mich verhalten sollte. Mary meinte, ich müsse zumindest hingehen und ihr guten Tag sagen. Ihr Empfang war jedoch alles andere als herzlich und ließ keinen Zweifel über ihre Gefühle mir gegenüber aufkommen. Sie sagte kein Wort, sondern schleuderte mir mit ihrer Gabel einige Fischstücke ins Gesicht. Tanguy stand sofort auf und ging mit ihr nach Hause.

Madame Tanguy wußte jetzt also, daß ich in Paris war,

und Tanguy mußte ständig damit rechnen, daß sie uns nachspüren würde. Zwar kannte sie meine Adresse nicht, aber man mußte sich vor ihr in acht nehmen, denn sie war eine Frau geradezu mystischer Intuition. Sie wußte manches, ohne daß man genau hätte sagen können, wie sie zu ihrem Wissen gekommen war. Eigentlich war sie mir sympathisch, und ich wollte sie nicht unglücklich machen. Es lag mir fern, ihr den Mann auszuspannen, der ohnehin noch manch andere Affäre hatte. Als mir Tanguy erzählte, daß sie zu Hause ständig weinte, wurde ich davon ganz niedergeschlagen. Einmal war Tanguy wieder bei Brauner im Krankenhaus. Um nicht womöglich seiner Frau zu begegnen, wartete ich in einem nahegelegenen Café. Anschließend hatten wir vor, zum Arzt zu gehen, da Tanguys Magengeschwür dringend behandelt werden mußte. Madame Tanguy kam jedoch ihrem Mann in das Café nachgelaufen und machte eine Szene, bis er sie in ein Taxi setzte und mit ihr nach Hause fuhr. Es war ein Jammer, daß Tanguy nun wieder nicht zum Arzt kam. Man sah, daß er leidend war und daß er seine Gesundheit sträflich vernachlässigte. Andererseits war Madame Tanguy unfähig, sich richtig um ihn zu kümmern; sie benahm sich eher wie ein Kind. Beide tranken übrigens viel, und sie gerieten oft in Streit. Trotzdem hingen sie auch wieder auf seltsame Weise aneinander. Manchmal, wenn sie sich gestritten hatten, konnte Madame Tanguy tagelang verschwinden.

Jeden Morgen kam Tanguy und holte mich ab. Wir verbrachten den Tag miteinander, und abends ging er wieder zu seiner Frau nach Hause. In Gedanken war ich viel bei Beckett, der mit seiner Freundin unterwegs war.

Brauners Unfall hatte uns allen sehr zugesetzt. Der bedauernswerte Mensch mußte sich noch einer zweiten Operation unterziehen, da noch immer Glassplitter zu entfernen waren. Danach kauften wir ihm ein Glasauge. Brauner war sehr stolz und tapfer, und nachdem er wiederhergestellt war, malte er bemerkenswert gute Bilder. Ich besuchte ihn mit Tanguy und kaufte eins seiner Gemälde.

Bei dieser Gelegenheit zeigte er mir auch ein Bild, das er im Jahr vor seinem Unglück gemalt hatte, auf dem man ihn mit einem herausfallenden Auge sah. Es war, als ob er die Katastrophe vorhergesehen hätte. Nachdem das Unheil geschehen war, machte er plötzlich in seiner Malerei große Fortschritte wie nach einem entscheidenden Durchbruch.

Tanguy hat mich wohl wirklich geliebt, und wenn er nicht so ein Baby gewesen wäre, hätte ich ihn womöglich heiraten können. Laurence und die Kinder rieten mir übrigens dazu; aber ich brauchte einen Vater, und nicht noch einen Sohn.

Meine Rückreise nach London fiel in die Tage des berüchtigten Münchener Treffens von Chamberlain und Daladier mit Hitler, und ich muß gestehen, daß ich mich damals mehr geängstigt habe als in allen späteren Gefahren. Ich verlor völlig den Kopf. Als der Krieg dann wirklich ausbrach, war ich vergleichsweise gefaßt. Vorläufig jedoch ließ ich in panischer Angst alle Bilder aus der Galerie nach Petersfield schaffen, da sie mir ja nicht gehörten und mir die Verantwortung für diesen kostbaren Besitz zu groß erschien, wenn er in London einem Bombenangriff ausgesetzt worden wäre. Ich wollte mit den Kindern und Djuna Barnes nach Irland gehen; aber Sindbad weigerte sich, seine Schule zu verlassen, und Laurence telefonierte von Mégève aus und sagte, wenn wir erst einmal in Irland wären, würde er uns nie wiedersehen können. So gab ich diesen Plan vorerst auf. Ich machte mir auch um Tanguy Sorgen und telegrafierte ihm, er solle Paris verlassen, weil ich mir fest einbildete, daß die beiden großen Hauptstädte als erstes Ziel von Hitlers Bombenangriffen werden würden. An dem Abend, als Chamberlain aus München zurückkehrte, war ich mit Ira und Edita Morris zusammen. Sie nahmen mich mit zu Edward O'Brien, wo wir Chamberlains Rundfunkansprache anhörten. Es wurde jedem klar, daß die Periode des Friedens zu Ende ging; zwar hieß es in seiner Rede »Friede unserer Zeit«, aber die Worte waren in den Wind gesprochen.

Breton kehrte aus Mexiko heim und brachte eine ungewöhnliche Sammlung von Porträts aus dem neunzehnten Jahrhundert mit sowie zahlreiche Beispiele naiver Kunst. Leider waren die Dinge äußerst empfindlich. Es wäre viel zu teuer geworden, sie nach London zu transportieren und in meiner Galerie zu zeigen. Breton stellte sie bloß in seinem Studio am Montmartre aus. Tanguy nahm mich mit in Bretons Atelier, das mit Bildern und Objekten der verschiedensten Herkunft angefüllt war. Man hörte Breton gerne zu, wenn er sprach. Auf mich wirkte er mehr wie ein Schauspieler oder Prediger, nicht wie ein Dichter. Oft traf man ihn in einem Café an, umgeben von seinen Jüngern, von denen es an die vierzig gab. Nach der Kriegserklärung erschien er in der Uniform eines Sanitätsarztes, und das wirkte bei ihm ausgesprochen komisch. Während des Ersten Weltkrieges soll er als Psychiater bei der Armee Dienst getan haben. Als er aber jetzt wieder als Arzt eingezogen wurde, hatte er seine ärztlichen Kenntnisse längst vergessen und schleppte ständig medizinische Werke in seinen Taschen herum. Breton war ein schöner Mann, etwa vierzig Jahre alt, und sein Kopf war wie von einer Löwenmähne umgeben. Sein Auftreten hätte einem König Ehre gemacht. Sein Benehmen war stets ausgesucht höflich und förmlich; leider fehlte ihm der Sinn für Humor. Ich habe mich nie recht an seine Art gewöhnen können. Bretons Frau hieß Jacqueline. Sie war eine surrealistisch aussehende Blondine mit gekünstelten Manieren, die einmal als Unterwassertänzerin aufgetreten war, obwohl sie aus bürgerlichem Hause stammte. Jacqueline hatte ein Kind namens Aube, das sich in den Cafés auffällig und ungezogen benahm. Bretons Frau und das Kind waren aber immer zugegen, und Tanguy kannte nur Bewunderung für die Familie Breton.

Es war die Zeit, als sich die Surrealisten in zwei Lager aufspalteten. Paul Eluard machte André Breton mehr als die Hälfte seiner Anhänger abspenstig. Beide waren viel zu starke Persönlichkeiten, als daß sich einer dem anderen hätte unterordnen können. So mußte es zum Bruch kommen. Anscheinend verbot Breton daraufhin seinen Getreuen, je wieder ein Wort mit einem der Rebellen zu wechseln, denn Tanguy blieb nie mehr mit einem von der anderen Partei in einem Raum. Es war einfach lächerlich, und mein Leben wurde durch diese Auseinandersetzung unnötig kompliziert. Weder konnte ich mit Tanguy irgendwohin gehen, weil ich möglicherweise seiner Frau begegnet wäre, noch konnte er mit mir irgendwohin gehen, weil er dort womöglich »Rebellen« angetroffen hätte.

Nachdem wir den ersten Schock über das Anwachsen der Hitlergefahr überwunden hatten, wagten wir wieder, die Galerie zur neuen Saison zu eröffnen, diesmal mit einer Ausstellung von Kinder- und Schülerarbeiten, die wir unter anderem aus Pegeens Schule erhielten. Pegeens Kunstlehrer gab den Kindern nämlich völlige Freiheit und erzielte daher ganz wunderschöne Arbeiten. Auch Laurence schickte mir Arbeiten seiner Kinder. Weitere Bilder kamen von dem Lehrer, der mit Kandinskys Werken auf dem Dach seines Autos herumgefahren war, und Peter Dawson, der auch als Kunstpädagoge wirkte, schickte mir Schülerarbeiten aus seinem Unterricht; allerdings behauptete jeder, der sie sah, Dawson hätte sie selbst gemalt. In letzter Minute brachte mir Freuds Schwiegertochter Bilder, die sein Enkel Lucien gemalt hatte. Eines der Bilder stellte drei nackte Männer dar, die eine Treppe hinaufliefen. Ich glaube, es sollte ein Porträt von Freud sein. Wir verkauften eine Menge dieser Bilder. Von Pegeens Bildern wurden nicht nur alle verkauft, sondern sogar eines noch nachbestellt. Mein Zahnarzt wollte es unbedingt haben. Roy Campbells Tochter hatte ein schönes Aquarell gemalt. Ihre eine Großmutter brachte das Bild, die andere kaufte es und nahm es mit nach Südafrika.

Eines Tages besuchte uns ein äußerst interessanter Herr in der Galerie. Er trug einen vornehm geschneiderten Tweedmantel und sah aus wie Croucho Marx. Im Umgang wirkte er so lebendig wie ein Jazzband-Leader, und es stellte sich heraus, daß er das auch war. Er zeigte uns seine

Gouachen. Sie waren so musikalisch wie die von Kandinsky, so sensibel wie die von Klee und so unbekümmert heiter wie die von Miró. Er verband eine erlesene Farbigkeit mit einer absolut sicheren Komposition. Der junge Mann hieß John Tunnard. Ganz bescheiden fragte er an, ob ich seine Arbeiten ausstellen wollte, und ich sagte auf der Stelle zu. Später vertraute er mir an, er habe es kaum zu glauben gewagt, weil er so sehr an Absagen gewöhnt war. Die Ausstellung wurde in jeder Hinsicht ein Erfolg. Bei der Eröffnung erkundigte sich eine Dame: »Wer ist denn dieser Tunnard?« Worauf ein junger Mann zwei oder drei Purzelbäume durch die Galerie schlug, direkt vor ihren Füßen landete und rief: »Ich bin es!« Am Ende der Ausstellung kaufte ich eines seiner schönsten Bilder mit dem ungewöhnlichen Titel *PSI* in grünen Buchstaben. Alfred Barr sah es einige Jahre später in New York und hätte es gerne für das Museum of Modern Art angekauft; doch mochte ich mich nicht davon trennen, und er mußte sich ein anderes Bild von Tunnard aussuchen. Es erfüllte mich jedenfalls mit Stolz, einen bedeutenden Künstler entdeckt zu haben.

Bei einer anderen Gelegenheit kam Piet Mondrian, der bekannte holländische Konstruktivist, zu uns in die Galerie. Anstatt mit uns über Kunst zu reden, fragte er mich, welche Nachtklubs ich ihm zum Tanzen empfehlen könne, worüber ich einigermaßen erstaunt war, da er bereits sechsundsechzig Jahre alt war; aber als ich mit ihm tanzte, löste sich das Rätsel. Er war ein ausgezeichneter Tänzer mit vorbildlicher Haltung, und er sprühte geradezu vor Energie, nur konnte man sich mit ihm in keiner Sprache unterhalten. Möglicherweise wäre es mit Holländisch besser gegangen als mit seinem merkwürdigen Französisch und Englisch, aber irgendwie hatte ich sogar Zweifel, daß er sich in seiner Muttersprache verständlich machen konnte.

In meiner Galerie waren nach Tanguys Ausstellung noch zahlreiche Bilder verblieben, und ich verkaufte sie eins nach dem anderen. Ein ganz bestimmtes wollte ich an Roland Penrose verkaufen, der die beste Surrealistensammlung in

England hatte. Als er kam und sich das Gemälde in meiner Galerie ansah, gefiel es ihm sofort, und er nahm es, ohne zu zögern, obwohl er schon mehrere Tanguys besaß. Indem ich Tanguy durch diesen Verkauf einen großen Dienst erweisen wollte, tat ich ihm zugleich auch ein Unrecht an; denn ich lernte Penrose näher kennen. Er hatte ein hübsches kleines Haus in Hampstead, gab prächtige Partys und lud oft Gäste zu sich. Er sah aus, wie wenn er aus Stroh gemacht und gänzlich leer gewesen wäre. Seine ehemalige Frau sagte einmal von ihm: »Er ist eine Scheune, die man nicht anstecken kann.« Was ihm an Leidenschaftlichkeit fehlte, wußte er durch Charme und guten Geschmack wettzumachen. Und lieben konnte er jedenfalls – davon habe ich mich selbst überzeugt.

Bei Penrose hingen an allen Wänden surrealistische Gemälde. Er hatte 1936 die große Surrealisten-Ausstellung organisiert und nach England gebracht, und man kann sagen, daß er der bedeutendste Förderer des Surrealismus in England war. Penrose versuchte sich auch selbst als Maler, jedoch nur mit geringem Erfolg. Als Mann war er jedoch sehr anziehend, sah gut aus und war für Frauen unwiderstehlich. Er hatte ständig neue Freundinnen. Allerdings hatte er eine Marotte: Wenn er mit einer Frau schlafen wollte, band er ihr erst die Handgelenke zusammen. Zu diesem Zweck nahm er alles, was gerade greifbar war und ihm geeignet erschien. Einmal benutzte er meinen Gürtel, ein andermal, bei sich zu Hause, holte er ein Paar elfenbeinerne Handschellen hervor, die aus dem Sudan stammten. Sie waren durch eine Kette verbunden, und Penrose hatte einen Schlüssel, mit dem er sie verschloß und öffnete. Die Nacht so zu verbringen war höchst unbequem; aber wenn man mit Penrose zusammensein wollte, mußte man dies eben auf sich nehmen. In seinem Haus hingen auch wunderbare Gemälde des romantischen belgischen Surrealisten Paul Delvaux, den Mesens entdeckt und gefördert hatte. Einmal schlief ich mit Penrose unter meinem Lieblingsbild von Delvaux, und ich war von dem Gemälde ganz verzaubert. Fast fühlte ich mich wie eine der Frauen auf dem Bild. Später erwarb ich bei Mesens ein Werk aus dieser Schaffensperiode, den *Tagesanbruch*. Es stellt vier Frauen dar, die wie Baumstämme aus der Erde wachsen, wobei ihnen die Rinde bis über die Schenkel hinaufreicht. Die Frauengestalten bei Delvaux zeigen immer die Züge desselben Modells. Es sind die Züge seiner Frau, die er sehr liebte. Dabei ist es seltsam, wie verschieden sie aus verschiedenen Blickwinkeln wirkt. Sie ist sehr hübsch auf den Gemälden, hat aber zu schwere Brüste.

Wenige Monate später kam Tanguy wieder nach London. Schon als ich ihn am Bahnhof abholte, merkte er, daß etwas nicht stimmte. Zunächst erzählte ich nichts, gab ihm dann aber zu verstehen, daß ich ein höchst verwickeltes Leben führte und darüber unglücklich war, vor allem, weil Penrose eine Amerikanerin liebte, die er in Ägypten kennengelernt hatte. Ich machte ihm gegenüber nur Andeutungen, aber er muß die Dinge wohl durchschaut haben, als wir zu einer Party bei Penrose eingeladen wurden, der den ganzen Abend meine Hand hielt. Tanguy war sichtlich traurig über diese Entwicklung, obwohl wir viel zusammen ausgingen und die Tage recht angenehm verbrachten. Bei einer Cocktailparty fragte mich die Gastgeberin, ob ich wohl Madame Tanguy sei. Wir antworteten, ich sei Madame Tanguy de Londres.

Tanguys Bilder verkauften sich gut, und er war vor lauter Reichtum übermütig geworden. Das Geld von seiner Londoner Ausstellung hatte er schon längst ausgegeben. Als er damals nach Paris zurückfuhr, machte er sich den Spaß, Pfundnoten zusammenzuknüllen und sie Leuten im Café hinzuwerfen. Ich glaube, er hat sogar Geldscheine verbrannt. Wenn ich doch das Geld für ihn aufbewahrt und ihm nicht alles auf einmal gegeben hätte! Tanguy zeigte sich gerne großzügig. Bei seinem Besuch machte er uns alle Geschenke. Ich erhielt ein neues Gemälde, und jeden Tag überreichte er mir eine Orchidee. Sindbad wurde mit einer wundervollen, komplizierten Stoppuhr beschenkt, und für

Pegeen hatte er einen Miniaturmalkasten. Für sich kaufte Tanguy vornehme englische Anzüge, bevor er die Heimreise wieder antrat. Lange hielt er es diesmal nicht aus, weil ihm die Sache mit Penrose nicht gefiel. Bei der Überfahrt freundete er sich mit dem Kapitän des Fährschiffes an, und als erfahrener Seemann durfte er den Dampfer sogar in den Hafen steuern.

Henry Moore war ein aufrichtiger, unkomplizierter Mensch. Er stammte aus Yorkshire, war damals ungefähr vierzig Jahre alt und verdiente seinen Lebensunterhalt als Kunsterzieher. Mit seinen Werken fand er großen Anklang. Mehrere Londoner Galerien stellten ihn aus, und er verkaufte viel. Neben seinen Skulpturen machte er auch wunderschöne surrealistische Zeichnungen. Sie gefielen mir fast noch besser als die Plastiken. Wir hatten in unseren Galerieräumen eine große liegende Holzfigur als Leihgabe stehen, und wenn in meinem Haus mehr Platz gewesen wäre, hätte ich sie gerne gekauft. Noch während Tanguys Besuch in London waren wir zusammen mit Penrose bei den Moores zum Essen eingeladen. Moores Frau war Russin und kochte uns ein herrliches Mahl. Danach zeigte uns Moore seine neuesten Arbeiten. Ich gab ihm den Rat, an Käufer mit wenig Platz zu denken und auch Kleinplastiken zu machen. Nicht lange danach besuchte er mich wieder in der Galerie. Er kam mit einem kleinen Handköfferchen wie ein Handlungsreisender. Daraus holte er zwei schön gearbeitete liegende Figürchen hervor, das eine in Bronze, das andere in Blei. Ich durfte mir eins davon aussuchen. Mir gefiel die Bronzearbeit bei weitem besser, und ich erwarb sie.

Etwa um die gleiche Zeit veranstaltete ich eine Ausstellung von Collagen. Die Hälfte der Exponate kam von Arp aus Paris, der sich große Mühe gegeben hatte, die Stücke von verschiedenen Künstlern zusammenzutragen. Die andere Hälfte brachte ich unter Mithilfe von Penrose und anderen in London zusammen. Außerdem hatte ich zahlreiche Künstler dazu angeregt, amüsante neue Collagen beizusteuern. Penrose sorgte dafür, daß die Ausstellung hervorragend gehängt wurde. Ein Raum wurde für die frühen Arbeiten von Picasso, Braque, Arp und Masson reserviert, während die weniger strengen Werke in einem anderen Raum gezeigt wurden. Laurence hatte einige ziemlich obszöne Collagen geschickt, die wir nicht öffentlich ausstellen konnten. Über Penrose erhielt ich einige Blätter von Max Ernst als Leihgabe, der ja zweifellos der bedeutendste Collagist war. Penrose war empört über die Ahnungslosigkeit der Kritiker, die Max Ernst in ihren Artikeln über die Ausstellung nicht einmal erwähnten. Wie bei jeder Eröffnung gab ich eine große Party; diesmal lud ich ins Café Royal ein. Mitten während des Essens fiel mir ein, ich müsse Penrose anspornen, endlich nach Ägypten zu fahren und seine Angebetete zu sich zu holen. Er war überrascht und wunderte sich, daß ich solchen Anteil an seinen Angelegenheiten nahm. Mir ging es darum, ihn glücklich zu sehen, weil ich ihn gerne mochte, und ich sagte: »Wenn du dich jetzt nicht daran machst, sie zu gewinnen, bekommst du sie nie mehr.« Er folgte tatsächlich bald darauf meinem Rat und brachte die Dame mit, nach der er sich schon so lange gesehnt hatte.

Im Januar 1939 fuhr ich nach Paris, und diesmal kam ich endlich über meine Leidenschaft für Beckett hinweg. Ich weiß noch, wie ich zu ihm sagte: »Oje, beinahe hätte ich vergessen, daß ich dich ja gar nicht mehr liebe.« Beckett vergewisserte sich noch einmal und fragte: »Dann willst du mich also nicht mehr heiraten?« Und ich war erleichtert, dies ehrlich verneinen zu können. Nach über einem Jahr unerfüllter Sehnsucht war es wohl an der Zeit gewesen, sich von diesen Gefühlen zu befreien.

Mit Tanguy verband mich noch immer freundschaftlicher Kontakt. Als ich ihn jetzt wiedersah, machte er für mich ein Paar handbemalter Ohrringe. Leider konnte ich es nicht abwarten und zog sie an, bevor sie richtig durchgetrocknet waren; auf diese Weise habe ich mir eines der beiden Schmuckstücke verdorben. Aber Tanguy malte mir auf meine Bitte hin einen neuen Ohrring als Ersatz, diesen allerdings in Blau, während die ersten beiden rot gewesen waren. Mir gefiel es, verschiedenfarbige Ohrringe zu tragen. Es sind zwei exquisit gemalte Miniaturen, und Herbert Read meinte, er habe noch nie so schöne Sachen von Tanguy gesehen. Für mein Feuerzeug entwarf Tanguy ein kleines phallisches Symbol und ließ es bei Dunhill eingravieren. Es war die kleinste Tanguy-Zeichnung, die es je gab. Leider habe ich das Feuerzeug in einem Taxi liegenlassen.

Ich hatte Beckett und Tanguy aufgegeben, als ich nach London zurückfuhr, geriet aber gleich wieder in noch schlimmere Wirren. Diesmal war es ein englischer Künstler namens Llewellyn. Es kam zwar nur zu einer ziemlich flüchtigen und lockeren Bindung. Aber ich mußte das Vergnügen ziemlich teuer bezahlen. Es fing damit an, daß Llewellyn keine geregelte Beschäftigung hatte und seine Frau krank zu Hause lag. Da nahm ich ihn eines Abends mit zu mir. Er war nicht recht entspannt und machte sich wegen seiner Frau große Gewissensbisse. In der folgenden Zeit mußten wir sehr diskret sein und konnten uns entweder nur heimlich oder aber offiziell geschäftlich sehen. Wir arbeiteten zusammen an einem Spanienhilfsprogramm, daß er organisiert hatte. Zu diesem Zweck sammelten wir Bilder, die unsere Pariser und Londoner Künstler spendeten. Mit den Spenden wurde eine große Auktion veranstaltet. Ursprünglich sollte sie in meiner Galerie stattfinden, wurde dann aber in einem Haus in Regent's Park durchgeführt, das aus verschiedenen Gründen besser geeignet schien. Die Bilder wurden an drei aufeinanderfolgenden Abenden versteigert und brachten lächerlich geringe Preise. Die meisten Käufer machten sich die Großzügigkeit der Künstler zunutze und erwarben die Stücke zu Schleuderpreisen. Die ganze Veranstaltung geriet zum Chaos, zumal der Auktionator keine Ahnung von Kunst hatte. Verhältnismäßig gute Preise erzielten ein Joyce-Porträt, von Augustus John gezeichnet, und ein reizvoller Picasso von 1937. Ich kaufte bei dieser Gelegenheit mein erstes Werk von Max Ernst und ein Bild von Llewellyn zu normalen Preisen; aber die meisten Stücke wurden unter dem Taxwert veräußert. Wohl kamen einige hundert Pfund zusammen, aber es hätte ein viel größerer Gewinn sein müssen, wenn man bedenkt, von welch erlesener Qualität die gestifteten Arbeiten waren und um welche gute Sache es bei der Versteigerung ging.

Meine großen Probleme fingen damit an, daß mich John Davenport zusammen mit Llewellyn für ein Wochenende nach Calais einlud. Niemand merkte etwas von meiner Affäre mit Llewellyn, zumal er die meiste Zeit Gespräche mit Johns Frau führte und mit ihr zeichnen ging, während John sich mit mir unterhielt. John war ein angenehmer Gesellschafter, und er führte uns in herrliche Restaurants. So verlebten wir zwei beglückend unbekümmerte Tage. Nach meiner Rückkehr verbrachte ich die folgenden drei Monate in Ungewißheit, ob ich vielleicht schwanger war. Zwar schob ich den Gedanken immer wieder von mir, konnte mich schließlich aber nicht mehr über die Tatsache hinwegtäuschen. Ich hatte eine dumme Ärztin, die ich nur telefonisch konsultieren konnte und die mich nicht einmal untersuchen wollte. Dabei war mir häufig so schlecht, daß ich im Bett bleiben mußte.

Ich verbrachte Wochen der Ungewißheit, bevor ich nach Petersfield hinausfuhr und meinen Hausarzt zu Rate zog. Der Schwangerschaftstest fiel positiv aus. In London fand ich dann endlich einen Arzt, der mir mit der Begründung, ich sei viel zu alt, um noch ein Kind zu gebären, aus der Misere heraushalf.

10
Eine Sammlung nimmt Gestalt an

Im März 1939 war mir der Gedanke gekommen, ein Museum für zeitgenössische Kunst in London einzurichten. Es erschien mir widersinnig, die Galerie weiter zu betreiben, die zwar nach außen wie in kommerzieller Erfolg aussah, aber jährlich sechshundert Pfund Verlust machte. Wenn ich schon so viel Geld einbüßen mußte, konnte es ruhig noch etwas mehr sein; dafür sollten die Ausgaben aber einer Sache zugute kommen, für die sich die Opfer lohnten. Ich trat mit Herbert Read in Verbindung, der sich um die zeitgenössische Kunst sehr verdient gemacht hatte. Ich fand ihn sehr sympathisch, und wir konnten gut miteinander arbeiten. Zunächst brachte ich ihn dahin, daß er sich nicht länger mit der undankbaren Aufgabe als Herausgeber des *Burlington Magazine* abmühte. Statt dessen bot ich ihm einen Kontrakt für fünf Jahre als Direktor eines Museums, das wir im Herbst eröffnen wollten. Wyn Henderson wählte für sich den Posten einer »Archivarin«, und Gott weiß, welche Stellung ich in dem Unternehmen haben sollte. Herbert Read erbot sich, mir während des halben Jahres vor der Eröffnung unentgeltlich zu helfen.

Wir benötigten Wochen, um ein geeignetes Gebäude für das Museum zu finden. Erst im Sommer war unsere Suche erfolgreich. Inzwischen nahm ich mir vor, ein asketisches Leben zu führen und meine persönlichen Ausgaben so weit wie möglich einzuschränken, um das Museumsprojekt zu fördern. Ich kaufte nur noch wenig neue Garderobe und ersetzte den Delage durch einen billigen Talbot. Trotzdem hatten wir nicht genug Geld, um Bilder für das Museum anzukaufen. Man muß bedenken, daß ich jährliche Verpflichtungen von fast zehntausend Pfund hatte, mit denen ich alte Bekannte und Künstler unterstützte. Ich konnte sie jetzt nicht einfach sitzenlassen. Um Bilder für die Sammlung zu bekommen, baten wir daher um Leihgaben oder Schenkungen. Ich trat auch an meine Tante Irene Guggenheim, die Frau meines Onkels Salomon, heran; sie verwies mich aber nur an die Baroness Rebay und machte mir vage Hoffnung, daß ich vielleicht ein Bild von Bauer ausleihen dürfe. Darauf konnte ich freilich verzichten, und ich lehnte dankend ab. Herbert Read war auf diesem Gebiet bedeutend erfolgreicher. Zahlreiche Leute versprachen ihm, Stücke zu der neuen Sammlung beizusteuern. Wir hatten auch eine freundliche Presse, und Reads Foto erschien in allen Zeitungen. Der *Evening Standard* brachte ein widerwärtiges Foto von mir zusammen mit Pegeen. Obwohl ich sonst recht fotogen war, wirkte ich diesmal entsetzlich abstoßend auf dem Bild.

Eines Tages kam eine junge Dame zu uns in die Galerie. Sie sah recht maskulin aus und sagte, sie sei von Duchamp geschickt worden. Entsprechend zuvorkommend haben wir sie empfangen. Sie bat darum, Farbfotos von mir und Herbert Read machen zu dürfen. Bereits zahlreiche Prominente hatten sich von ihr in London ablichten lassen, und es war ihr gelungen, alle wichtigen Leute der intellektuellen Welt zu porträtieren. Ich stellte mir vor, daß es reizvoll sein müsse, wenn ihre Lichtbilder in der Galerie gezeigt würden, zumal Farbfotos damals noch etwas Seltenes waren. Wir machten also eine Ausstellung. Es gab wieder eine große Party, die ein voller Erfolg wurde. Die junge Fotografin hieß Gisèle Freund.

Herbert Read sah sehr vornehm aus, fast wie ein Premierminister. Obwohl er sich einiges darauf zugute tat, daß er von Bauern in Yorkshire abstammte, wirkte er ungemein wohlerzogen. Sein Augen waren blau und sein Haar ergraut. Er strahlte Ruhe und würdevolle Zurückhaltung aus. Read war äußerst gebildet und hatte damals bereits zahlreiche Bücher geschrieben. Es dauerte nicht lange, bis er in meinem Leben eine Art Vaterrolle spielte, und insgeheim nannte ich ihn Papa. Mich behandelt er etwa so, wie Disraeli mit Queen Victoria umgegangen sein muß. Auf einer geistigen Ebene war ich in ihn verliebt. Wir gingen zusammen zum Essen aus und freundeten uns zusehends an. Wiederholt kam die Sprache auf John Holms, und er mußte mir versprechen, daß er sich für die Veröffentlichung von Johns Briefen einsetzen würde. Von Johns Fähigkeiten als Kritiker hegte er eine hohe Meinung. Ich besaß damals noch einen Artikel von John über Read. Da er aber nicht übermäßig schmeichelhaft war, gab ich ihn Read natürlich nicht zu lesen. In unseren Plänen sah ich mich bereits mit Read nach der Museumseröffnung auf der Reise nach New York, um dort Gelder für unser Museum aufzutreiben und die Arbeitsweise des Museum of Modern Art zu studieren. Noch heute errötete ich bei dem Gedanken, wie naiv ich damals noch sein konnte.

Djuna Barnes hielt überhaupt nichts von dem Projekt und machte bösartige Bemerkungen. Sie behauptete, ich würde bald nur noch Schecks für Mr. Read ausstellen, er würde alle Anerkennung für sich allein verbuchen und alles ohne mich entscheiden. Zu Anfang hatte Herbert Read der Gedanke, seine Zukunft auf mich zu setzen, etwas nervös gemacht. Er wollte irgendeine Art von Referenz, die ich ihm nicht bieten konnte. So holte er sich Rat bei seinem besten Freund, T.S. Eliot, den ich nie persönlich kennengelernt habe. Der machte Read Mut und sagte: »Ich habe über Mrs. Guggenheim nur Gutes gehört.« Damit war für Read die Sache entschieden.

Zunächst kam Read sich wie im Traum vor, und er muß gedacht haben, das Glück sei ihm in den Schoß gefallen. Er war an mehreren Museen Kurator gewesen und hätte ohne weiteres wieder eine solche Stelle antreten können. Aber sein ganzes Leben hindurch hatte er davon geträumt, einmal das ideale Museum gestalten zu dürfen, und er hatte seine Ideen darüber in einem Essay dargestellt. Zunächst plante er eine Eröffnungsausstellung, die im wesentlichen aus Leihgaben bestritten werden mußte. Die Schau sollte exemplarisch das Gebiet verdeutlichen, mit dem sich das Museum befassen würde. Die meisten Bilder sollten aus Paris kommen. Herbert Read machte zu diesem Zweck eine Liste, die später von Marcel Duchamp, Nellie van Doesburg und mir revidiert werden mußte, weil sie zahlreiche Irrtümer enthielt. Sie wurde schließlich Grundlage für das System meiner gegenwärtigen Sammlung. Read hatte vor, mit den frühen Abstrakten und den Kubisten von 1910 zu beginnen, wollte aber auch wieder auf Cézanne, Matisse, Rousseau und andere Vorläufer zurückgreifen, die für mich nicht in eine Sammlung zeitgenössischer Kunst gehörten.

Endlich kam ein Anruf von Read, man habe ihm den idealen Platz für unser Museum angeboten, und zwar ein Regency-Haus am Portland Place, das Sir Kenneth Clark gehörte. Ich fuhr sofort in die Stadt, um mir das Gebäude anzusehen. Lady Clark führte mich durch die herrlichen Räume. Es war tatsächlich der ideale Ort für das Museum, auch wenn die Architektur aus dem frühen 19. Jahrhundert stammte. Unter anderem war Lady Clark besonders stolz auf einen Luftschutzkeller, den sie im Souterrain hatte anlegen lassen. Sie selbst, so sagte sie, wolle den Kindern zuliebe aufs Land ziehen. Ich war leider zu dumm und merkte nicht, daß sie sich bloß auf den herannahenden Krieg vorbereitete. Ich bildete mir ein, ich dürfe mich glücklich schätzen, ein solches Haus so günstig zu erwerben. Der einzige Haken an der Sache war, daß das Haus eigentlich viel zu groß war. Darum machte ich Pläne, in eines der oberen Stockwerke zu ziehen. Zu meinem Schrecken erfuhr ich, daß auch Mrs. Read ähnliche Absichten hegte. Es dauerte gar nicht lange, da fingen wir an, uns um die Stockwerke zu streiten.

Dessenungeachtet entschlossen wir uns zum Ankauf. Da unsere Rechtsanwälte allerdings noch in den Ferien waren, blieben die Dokumente liegen, und ich hatte noch nichts unterschrieben, als der Krieg ausbrach. Rechtlich war ich Sir Kenneth Clark gegenüber also nicht gebunden; aber er bestand darauf, daß ich moralisch verpflichtet sei, und er verlangte von Herbert Read ein Entschädigung für unseren Rücktritt, da er das Haus anderweitig hätte vermieten können. Er wollte, daß ich die Entschädigung an ein Komitee für notleidende Künstler zahlen sollte, dem er gleichzeitig das Haus überließ. Aber Read befand, Sir Kenneth Clark sei erheblich reicher als ich, und so beschloß ich, meine finanziellen Zuwendungen nur Read zukommen zu lassen, dem ich mich nicht nur rechtlich, sondern auch moralisch verpflichtet fühlte.

Vor diesen Ereignissen hatte ich meinen Sommerurlaub geplant und wollte mich im Herbst dann mit Herbert Read in Paris treffen und die Bilder zusammenstellen, die für das Museum bestimmt waren. Schon seit einigen Monaten hatte ich mich mit der Absicht getragen, nach Chemaillère im Département Ain zu reisen, wo Gordon Onslow Ford ein Schloß besaß, in dem er die Surrealisten um sich scharte. Ich hoffte, von ihm dort einige Bilder für unser Museum zu ergattern. Nur wegen meiner angegriffenen Gesundheit hatte ich die Fahrt vorerst zurückgestellt. Zwischendurch hatte ich auch mehrmals an Tanguy geschrieben, aber seine Antwortbriefe wurden immer ausweichender, und ich merkte, daß er wohl wieder eine neue Freundin hatte.

Nun nahm ich Nellie van Doesburgs Einladung an, mit ihr nach Südfrankreich zu reisen. Mit Nellie hatte ich mich sehr angefreundet. Sie war ein Jahr zuvor in meine Galerie gekommen und hatte mir einen langen Vortrag über ihren Mann, Theo van Doesburg, und seine Bedeutung für die zeitgenössische Kunst gehalten. Anfangs war ich davon nicht sonderlich beeindruckt gewesen. Ich machte mich sogar im stillen über sie lustig, aber mit der Zeit gewann sie doch Einfluß auf mich und spielte eine immer wichtigere Rolle in meinem Leben. Im allgemeinen mag ich Frauen nicht, weil sie so langweilig sind. Da war mir sogar der Umgang mit Homosexuellen angenehmer, wenn ich schon keine Männergesellschaft haben konnte. Nellie jedenfalls machte eine Ausnahme, und ich lud sie ein, in meinem Appartement zu wohnen.

Nellie war ein adrette Frau in meinem Alter mit einer angenehmen Figur, blauen Augen und etwas dünnem, rotgefärbtem Haar. Sie zog sich sorgfältig und geschmackvoll an, sah sehr attraktiv aus und trug ein wenig zuviel Make-up. Selbst ich beneidete sie wegen ihrer ungewöhnlichen Vitalität. Sie hatte eine geradezu fanatische Leidenschaft für abstrakte Kunst, weshalb sie auch den Kontakt mit mir gesucht hatte. Nellie war damals bereits seit zehn Jahren Witwe. Ihr Mann war als Maler, Architekt und Theoretiker des Konstruktivismus hervorgetreten und hatte zusammen mit Mondrian die programmatische Zeitschrift *De Stijl* herausgegeben. In seiner Vielseitigkeit erschien er fast wie ein Leonardo des 20. Jahrhunderts. Nellie hielt sein Andenken in hohen Ehren, und ich war von ihrer Haltung tief beeindruckt.

Im August setzte ich mich also in meinen kleinen Talbot zu der mit Nellie geplanten Fahrt nach Südfrankreich. Wir entschlossen uns, zunächst in Mégève Station zu machen und dann womöglich zu Onslow Ford zu fahren. Jahrelang hatten die Kinder mich gebeten, sie einmal in ihrem neuen Heim zu besuchen. Laurence hatte 1936 in Mégève ein Haus gekauft. Ich konnte Nellies Gesellschaft vorschützen, um im Hotel zu wohnen und nach wenigen Tagen weiterzureisen, ohne unhöflich zu wirken. Laurence und Kay nahmen uns gastfreundlich auf, und für die Kinder war der Besuch wohl wirklich eine Freude.

Von Mégève aus fuhren wir an die Riviera und besuchten die Kandinskys. Sie wohnten im muffigsten Hotel der ganzen Côte d'Azur, im *Kensington* in La Croix. Die Wahl muß wohl Kandinskys Frau getroffen haben. Genau an diesem Tag wurde die allgemeine Mobilmachung erklärt.

Anfang des Krieges war ich noch Pazifistin und machte mir Sorgen, Sindbad könne sich womöglich freiwillig zum Kriegsdienst melden; aber nichts lag ihm damals ferner, und er war ja auch erst sechzehn Jahre alt. Glücklicherweise behielt Laurence einen klaren Kopf und traf alle notwendigen Entscheidungen für mich. Er sorgte dafür, daß ich nichts Voreiliges unternahm.

Den Gedanken, nach England zurückzukehren, hatte ich aufgeben müssen. Laurence wollte, daß die Kinder in Frankreich blieben, und wir konnten uns nicht in alle Himmelsrichtungen zerstreuen. Es war zu erwarten, daß der Krieg Reisen bald völlig unmöglich machen würde. So mußte ich für den Moment auch das Museumsprojekt aufgeben.

Statt dessen faßte ich den Plan zu einer Künstlerkolonie für die Dauer des Krieges. Ich wollte alle Künstler einladen, die bereit waren, mitzumachen. Sie sollten meine Gäste sein und einen Unterhaltszuschuß erhalten. Als Gegenleistung wollte ich Bilder für das zukünftige Museum entgegennehmen. Nellie und ich begannen, in Südfrankreich nach einem geeigneten Ort für die Kolonie Ausschau zu halten. Wir prüften die Möglichkeiten, die sich in Hotels, Schlössern und Landhäusern boten. So hatten wir auch einen guten Grund, in der Gegend herumzureisen, und da ich tatsächlich an das Projekt glaubte, war ich mit missionarischem Eifer bei der Sache.

Hätte ich damals gewußt, wie Künstler wirklich sind, wäre es mir nicht im Traum eingefallen, den Versuch zu wagen, mit so schwierigen Menschen in Ruhe und Harmonie zusammenleben zu wollen. Freilich, Nellie hätte es besser wissen können und mich warnen müssen. Als ich nach Paris zurückkehrte, traf ich einige Leute, die wir hatten einladen wollen, und es begann mir zu dämmern, wie ich mir das Leben beinahe zur Hölle gemacht hätte. Keiner wollte mit dem anderen etwas zu tun haben, ja, sie waren nicht einmal dazu zu bewegen, miteinander zum Essen zu gehen. Es ist unglaublich, wie viele Querelen und Eifersüchteleien in diesen Kreisen an der Tagesordnung sind.

Während unserer Besichtigungsfahrten besuchten wir auch Albert Gleizes und seine Frau in St. Rémy, wo sie ein Haus besaßen. Es war von einem beachtlichen Stück Land umgeben, auf dem die Gleizes' ohne großen Erfolg Landwirtschaft betrieben hatten. Kurz vor Ausbruch des Krieges hatte Madame Gleizes von der Gemeinde einen Esel geliehen bekommen. Mit diesem Grautier und mit der Hilfe einiger Spanier gedachte sie nun, genügend Lebensmittel zu erzeugen, um den drohenden Hunger in Frankreich abzuwenden. Und ich sollte ihr dabei helfen! Mein Projekt einer Künstlerkolonie mag wohl eine fragwürdige Sache gewesen sein, aber im Vergleich mit ihren Plänen erschien es mir geradezu realistisch.

Die Gleizes hatten ihr Haus im traditionell provenzalischen Stil errichten lassen. Sie waren äußers liebenswürdige Gastgeber, die zwar selbst rein vegetarisch lebten, aber ihren Gästen vorzügliches Essen vorsetzten. Allerdings wurde man bei ihnen zu den ungewöhnlichsten Zeiten zu Tisch gebeten, und man muß annehmen, daß ihnen der Sinn für einen geordneten Zeitablauf abging. Albert Gleizes war ein Intellektueller, der sowohl als Schriftsteller wie als Maler hervorgetreten ist. Wie bei den meisten Eheleuten waren die Beziehungen der Ehepartner untereinander eine Quelle der Erheiterung für die beobachtenden Besucher. Übrigens kam Monsieur Gleizes selten zu Wort, weil ihn seine Frau jedesmal unterbrach, wenn er etwas sagen wollte. Schade, denn er war wirklich ein interessanter Mensch, dem man gerne zuhörte.

Nach Paris zurückgekehrt, traf ich auch wieder mit Tanguy zusammen. Er wohnte ganz allein in einem herrlichen Appartement, das Kay Sage, einer amerikanischen Prinzessin, gehörte. Ich hatte ihr Tanguy einmal geschickt in der Hoffnung, er könnte ihr vielleicht ein Bild verkaufen. Wenn ich an die Beschreibung denke, die er mir von ihr am nächsten Tag gab, wäre ich nie auf die Idee gekommen, daß er sie einmal heiraten würde. Sie war inzwischen nach Amerika abgereist, und er wollte ihr nachreisen, sobald er seine Papiere für die Ausreise zusammenhatte. Kay Sage war in der sicheren Erwartung abgefahren, daß Tanguy nachkommen würde. Sie hatte alles in ihrer Macht Stehende getan, um für ihn den Weg zu ebnen. Mehrere Tage fuhr ich mit Tanguy in Paris herum, damit er die letzten benötigten Papiere besorgen konnte; dann war er plötzlich verschwunden. Wie ich später erfuhr, verbrachte er die letzten Tage zusammen mit seiner Frau. Was für eine rührende Idee! Es fiel mir übrigens nicht mehr schwer, mich mit ihr anzufreunden, da sie mich nicht länger als ihr Feindin empfand. Auch verkaufte mir Madame Tanguy jetzt das Gemälde, das mir damals in der Ausstellung so gut gefallen hatte, und ich versprach ihrem Mann, daß ich es ihr in monatlichen Raten abzahlen wolle. In gewissem Sinne habe ich Madam Tanguy nach seiner Abreise geerbt.

Djuna Barnes schickte ich mit demselben Schiff nach drüben, mit dem auch Tanguy ausreiste. Sie war fast einem Zusammenbruch nahe, und ich bat Tanguy, sich um sie zu kümmern, was er natürlich nicht tat. Spät abends brachte ich die beiden an den Zug zur Gare d'Austerlitz. Es lag eine schreckliche Spannung in der Luft; im Bahnhof war es wegen der Verdunkelungsvorschriften völlig finster, und man spürte allenthalben, daß Krieg herrschte. Trotzdem hatte ich überhaupt keine Angst und nicht das geringste Bedürfnis, selbst abzureisen.

Laurence schrieb mir, er wolle Sindbad in eine englische Schule bei Pau schicken. Ich entschloß mich, mitzukommen, um mir die Schule anzusehen und mich zugleich nach möglichen Häusern für die Künstlerkolonie zu erkundigen, denn ich hatte das Projekt noch immer im Sinn.

Während meiner Abwesenheit hatte Nellie van Doesburg als Sekretärin des neuen Projektes vorgearbeitet und verschiedene Künstler nach ihrem Interesse für die Sache befragt. Außer einigen Künstlern, die gerade auf dem trokkenen saßen und mit denen ohnehin kein Staat zu machen war, schien sich niemand für unser Programm zu begeistern, und alle atmeten auf, als wir die Idee schließlich fallenließen.

Giorgio Joyce hatte in dieser Zeit ziemliche Sorgen, weil seine Frau Helen verrückt wurde. Sie rannte in Paris nur noch mit zwei blauen persischen Kätzchen herum, die sie überallhin mitnahm, um aufzufallen. Sie hatte ein Verhältnis mit irgendeinem Anstreicher auf dem Lande und – damit nicht genug – versuchte, jeden Mann zu verführen, der ihr über den Weg lief. Giorgio besuchte mich und fragte mich um Rat. Er wohnte jetzt bei unserem gemeinsamen Freund Ponisovsky. Vor allem wegen ihres Kindes machte er sich Sorgen und wollte es unbedingt von seiner Frau fernhalten. Eines Abends war Giorgio mit mir in einem Restaurant, als seine Frau mit der Krankenschwester hereinkam, die man ihr zur Betreuung beigegeben hatte. Helen machte eine schlimme Szene, und ich ging sofort weg. Die Sache mit Helen wurde immer peinlicher, und man mußte bereits fürchten, daß Giorgio seine Frau in eine geschlossene Anstalt bringen würde. Da Ponisovsky und ich nicht wußten, wie krank sie wirklich war, redeten wir noch auf Giorgio ein, um ihn vor diesem Schritt zurückzuhalten. Unterdessen machte Helen unverantwortliche Schulden in verschiedenen Modesalons. Offensichtlich litt sie unter Größenwahn. Auch ging sie zur Polizei und klagte harmlose Leute als Spione an; unter anderen wurden Elsa Schiaparelli und ihr Schwiegervater James Joyce Opfer ihrer Denunziation. Helen fing an, wirklich gefährlich zu werden; als sie schließlich auch noch tätlich wurde, mußte sie hinter Schloß und Gitter gebracht werden. Zunächst lieferte die Polizei sie in eine grauenvolle Irrenanstalt ein; Giorgio sorgte dafür, daß sie wenigstens in ein Sanatorium kam, wo man sich angeblich um sie kümmern wollte. Wir telegrafierten ihrem Bruder Robert Kastor und baten ihn, sie nach Amerika zurückzuholen. Kastor kam sofort nach Paris geflogen, aber Helen war in einem Zustand, der es ihrem Bruder unmöglich machte, sie gleich mitzunehmen. Er traf jedoch alle Vorbereitungen, damit sie in die Staaten reisen konnte, sobald eine Besserung eintrat. Giorgio hätte seine Frau übrigens nicht nach Amerika begleiten können, weil er als

Wehrpflichtiger ständig mit der Einberufung in die französische Armee rechnen mußte.

Mitten in diesen aufregenden Tagen hatte ich einen schlimmen Unfall. Nach einem Abendessen bei Brancusi war ich nach Hause gegangen und hatte Beckett und Giorgio zu Besuch. Ich wohnte in Mary Reynolds' Haus, die mit Marcel Duchamp und den Dalis nach Arcachon verreist war. Wenn es nach ihr gegangen wäre, hätte sie Paris nicht verlassen; aber Marcels Angst vor Bombenangriffen war so stark, daß er es in Paris nicht aushielt.

An jenem Abend betrank sich Beckett so sehr, daß ich ihn mit Giorgios Hilfe ins Bett bringen mußte. Da er am folgenden Morgen noch im Haus war, lud ich ihn ein, mit mir die Kandinskys zu besuchen, die mich zum Tee eingeladen hatten. Ich wollte Beckett schon lange einmal Kandinskys Atelier in Neuilly zeigen.

An diesem Tag wurde allerdings nichts daraus. Als wir die Marmortreppe hinunterstiegen, rutschte ich aus und fiel die Stufen hinunter. Dabei verrenkte ich mir so schlimm das Kniegelenk, daß ich nicht mehr allein aufstehen konnte. Glücklicherweise war auch Nellie van Doesburg zugegen und konnte mir helfen, denn Beckett stand in seiner gewohnten Weise völlig gelähmt und tatenlos dabei. Nelli sorgte dafür, daß er mich auf ein Sofa trug, und besorgte einen Arzt, der mein Knie wieder richtete. Eine Untersuchung im amerikanischen Hospital ergab, daß ich mir zwar nichts gebrochen hatte, aber mir wurde Bettruhe verordnet. Und so gewöhnte ich mich daran, während des Fliegeralarms ruhig liegen zu bleiben, und solange keine Bomben fielen, machten mir die Sirenen wenig aus.

Nach einigen Wochen Schonung und zahllosen Massagen konnte ich das Knie wieder wie früher bewegen und fast ohne Schmerzen auftreten. Ich mußte mich nun nach einem Hotel umsehen, weil Mary und Marcel wieder zurückkehrten, nachdem sich herausgestellt hatte, daß es in Paris wirklich nicht gefährlich war.

1940 fing ich zum erstenmal an, systematisch Gemälde

und Skulpturen zu kaufen. Ich hatte Mittel zur Verfügung, die ursprünglich für das Museum vorgesehen waren. Nachdem ich mich mit Herbert Read arrangiert hatte und es mir weder an Zeit noch an Energie fehlte, nahm ich mir vor, jeden Tag ein Bild zu kaufen; und das hielt ich auch durch.

Ich mietete das Appartement, in dem Kay Sage gewohnt hatte. Es war ein ausgebautes Mansardengeschoß im siebten Stock und wunderschön gelegen. Das Haus stand am Quai d'Orléans auf der Île St.-Louis, besaß eine große Terrasse und ein Studio mit Blick nach drei Himmelsrichtungen. Das Schlafzimmer war mit einer Silbertapete ausgekleidet, und auch das Bad und das Ankleidezimmer waren von großer Eleganz. Die Reflexe der Seinewellen spielten reizvoll an der Decke meines Schlafzimmers. Sonntags lag ich oft lange im Bett und schaute dem unendlich vielfältigen Spiel des Lichts über mir zu. Ich hatte schon immer gerne an einem Fluß wohnen wollen, und in dieser Wohnung fühlte ich mich völlig glücklich. Als Nellie mein neues Zuhause sah, war sie etwas enttäuscht, weil es nicht genug Hängeflächen für die Bilder gab; immerhin gelang es mir, kleine Bilder aufzuhängen. Die größeren mußten im Lager bleiben, wo ich sie mir gelegentlich ansehen konnte.

Während des Winters ging ich in vielen Ateliers und bei Kunsthändlern ein und aus und suchte nach Werken, die es sich zu kaufen lohnte. Es sprach sich herum, daß ich auf alles erpicht war, was man auf dem Kunstmarkt finden konnte. Bald begannen die Leute, mich zu verfolgen und mir mit Bildern das Haus einzulaufen. Ich war vor ihnen nicht einmal im Bett am frühen Morgen vor dem Aufstehen sicher.

Jahrelang hatte ich mit dem Gedanken gespielt, eine Bronze von Brancusi zu erwerben, hatte aber nie die nötige Summe dafür übrig. Nun war endlich der geeignete Augenblick gekommen. Zunächst benötigte ich eine lange Zeit, um mit Brancusis Arbeiten so vertraut zu werden, daß ich den Kauf wagen konnte. Wir kannten uns bereits seit sechzehn Jahren, aber ich hatte trotzdem keine Ahnung, wie schwierig er im Ungang sein konnte. Vor allem war es heikel, mit ihm über Preise zu sprechen. Wenn man sich ein Herz faßte und die Rede auf den Preis eines bestimmten Objektes bringen wollte, mußte man gewärtig sein, daß Brancusi eine horrende Summe nannte. Ich war mir darüber im klaren, hoffte aber, daß unsere langjährige Freundschaft die Dinge etwas leichter machen würde. Dann bekamen wir aber doch Krach, als er für seinen *Vogel im Raum* viertausend Dollar verlangte.

Brancusis Atelier war in einer Sackgasse gelegen, eine mächtige Werkhalle, die voll riesiger Plastiken stand. Im ersten Augenblick wirkte das Gewirr der vielfältigen Bildhauerarbeiten wie dichtgedrängt stehende Grabsteine auf einem französischen Friedhof, nur daß die Skulpturen viel zu groß waren, um auf Gräbern zu stehen. Brancusi arbeitete meist in einem kleinen Raum nebenan, dessen Wände mit jedem nur erdenklichen Werkzeug für seine Arbeit bedeckt waren. In der Mitte des Raumes hatte er eine Esse, um Instrumente zu erhitzen und Bronze zu schmelzen. Auf dem Feuer kochte er aber auch ausgezeichnete Mahlzeiten, die er absichtlich anbrennen ließ, um nachher behaupten zu können, es sei ihm ein Mißgeschick passiert. Zum Essen benutzte er eine Art Theke, an der er auch manchen wohldurchdachten Drink mixte. Zwischen dem kleinen Raum und dem großen, der so kalt war, daß man sich darin im Winter nicht aufhalten konnte, befand sich noch ein kleines Gelaß, in welchem Brancusi auf einem selbstgefertigten Grammophon orientalische Musik abspielte. Sein bescheidenes Schlafzimmer war im ersten Stock, und über allem lag der weißliche Staub von seiner Bildhauerarbeit.

Brancusi war ein faszinierender kleiner Mann mit Bart und stechenden dunklen Augen. Halb wirkte er wie ein durchtriebener Bauer, halb wie ein Gott, und ich empfand den Umgang mit ihm äußerst beglückend. Leider war er sehr besitzergreifend und belegte meine gesamte Zeit mit Beschlag. Er nannte mich Pegitza.

Brancusi erzählte mir, wie gern er auf weite Reisen ging.

In Indien war er bei dem Maharadscha von Indore gewesen und hatte in dessen Garten drei Versionen seiner Plastik *Vogel im Raum* aufgestellt, eine aus weißem, eine aus schwarzem Marmor sowie eine aus Bronze. Gerne machte sich Brancusi den Spaß, sich wie ein ärmlicher Bauer anzuziehen, in besonders exklusive Restaurants zu gehen und dort die teuersten und erlesensten Speisen und Getränke zu bestellen. Früher hatte er hübsche junge Damen auf seinen Reisen mitgenommen. Jetzt wollte er mich einladen, aber ich hatte keine Lust auf solche Abenteuer. Vor dem Krieg war Brancusi auch einmal in seine rumänische Heimat zurückgekehrt und hatte dort Regierungsaufträge für öffentliche Monumente erhalten, worauf er besonders stolz war. Im übrigen war Brancusis Leben von asketischer Schlichtheit, und er konzentrierte sein ganzes Dasein auf sein Werk. Für seine künstlerische Arbeit war ihm kein Opfer zu groß, selbst den Umgang mit Frauen hatte er bis zur Selbstquälerei aufgegeben. Mit fortschreitendem Alter empfand er dies besonders hart, und er spürte, wie er unter seiner Vereinsamung litt. Gelegentlich brach bei ihm eine Art Verfolgungswahn aus, und er glaubte, daß ihm irgendwelche Leute nachspionierten.

Wenn Brancusi nicht selbst für mich kochte, konnte es auch sein, daß er sich fein anzog und mich zum Essen ausführte. Ich glaube, er hat mich geliebt; dennoch konnte ich ihn nie dazu bewegen, irgend etwas von seinen Werken herzugeben. Einmal wollte ich, daß er Giorgio Joyce ein Kreideporträt seines Vaters schenkte; aber Brancusi gab es nicht her.

Nach unserem Krach über den überhöhten Preis ließ ich mich mehrere Monate nicht bei Brancusi blicken. Während dieser Zeit kaufte ich von Paul Poirets Schwester für tausend Dollar eines seiner Frühwerke. Es hieß *Maiastra* und war der allererste Vogel, den er 1912 gemacht hatte. Die Plastik war wunderschön und zeigte einen Vogel mit einem mächtigen Leib. Dennoch trauerte ich noch immer dem *Vogel im Raum* nach, den ich eigentlich hatte haben wollen.

Also schickte ich Nellie zu Brancusi. Sie war für ihn die Nellitzka, und ihr gelang es, unsere Meinungsverschiedenheiten wieder auszuräumen. Ich konnte wieder zu ihm ins Atelier gehen und schließlich auch die Preisfrage erneut anschneiden. Diesmal machten wir einen Preis in Francs aus, und da ich die französischen Devisen in New York günstig kaufen konnte, sparte ich durch den Umtausch eine Menge Geld. Brancusi merkte wohl, was ich vorhatte, ging aber trotzdem auf das Geschäft ein.

Einmal war ich in seiner Werkstatt zum Lunch eingeladen, und er erzählte mir von seinen Erlebnissen während des Ersten Weltkrieges. Nie mehr, so erklärte er, würde er von Paris fortgehen. Damals hätte er es getan und sich prompt ein Bein gebrochen. Der Gedanke war ihm unerträglich, aus seinem Studio weggehen und all seine Skulpturen stehenlassen zu müssen; es wäre ja auch unmöglich gewesen, sie alle mitzunehmen. In diesem Moment unserer Unterhaltung hörte man in der Ferne die Explosionen von Bombeneinschlägen, und die Erschütterungen drangen bis zu uns. Er wußte sofort, daß es diesmal ernst war; doch ich wollte es nicht glauben, da wir schon so oft falschen Alarm gehabt hatten. Wir waren nur wenige Blocks von der Porte de Vaugirard entfernt, wo mit höllischem Getöse einige Bomben fielen. Besorgt zog Brancusi mich von unserem Platz unter dem Glasdach weg in den Nebenraum; aber mich kümmerte überhaupt nicht, was draußen vorging.

Für Brancusi war es selbstverständlich, alle seine Plastiken von Hand zu polieren. Das ist sicher der Hauptgrund, warum sie so schön wurden. Das Polieren der von mir bestellten Skulptur dauerte mehrere Wochen. Als er die Arbeit abschloß, standen die Deutschen bereits vor Paris. Ich fuhr zu Brancusi, um das langersehnte Stück abzuholen und nach Übersee zu verschicken. Brancusi liefen beim Abschied die Tränen über die Backen, und ich war davon gerührt. Nur weiß ich bis heute nicht, warum er so bewegt war; wahrscheinlich doch, weil er sich von seinem Lieblingsvogel trennen mußte.

Ich hatte den Wunsch, auch ein Bild von Jean Hélion zu erwerben. Da er in der Nähe von Paris in Garnison lag, konnte Nelli van Doesburg an ihn schreiben. Er kam zu einem Kurzurlaub nach der Hauptstadt, um mir ein Bild zu verkaufen. Während des Dienstes in der Armee hatte er so wenig Umgang mit Frauen, daß er sichtlich froh war, endlich wieder einmal in Damengesellschaft zu sein. Nellie und ich erschienen ihm äußerst feminin und begehrenswert mit unserem vielen Make-up, und er meinte, wir seien die ersten »Gemälde«, die er seit längerer Zeit zu sehen bekomme. Während der wenigen Stunden seines Urlaubs fuhren wir kreuz und quer in der Stadt herum, weil seine Bilder in verschiedenen Häusern aufbewahrt wurden. Das Bild, für das ich mich schließlich entschied, war ein großes Gemälde, das sich auf dem Speicher im Hause eines Freundes befand. Beim Abschied war mir, als wenn ich Hélion nicht mehr wiedersehen würde. Hätte ich mir damals wohl vorstellen können, daß er einmal mein Schwiegersohn werden sollte? Hélion geriet bald nach unserer Begegnung in Kriegsgefangenschaft, konnte jedoch nach zwei Jahren aus dem Gefangenenlager entkommen. Es war ein Glück, daß er nach seiner Rückkehr den Verkaufserlös des Bildes von seinem Bankkonto abheben konnte. Auf diese Weise war wenigstens sein Lebensunterhalt gesichert.

Eines Tages zeigte mir ein Händler namens Poissonnière ein kleines Gemälde und behauptete, es sei von Dali. Mir gefiel das kleine Werk ausgezeichnet, und auch der Preis erschien mir angemessen; aber da es gar nicht nach Dali aussah, wollte ich das Bild nur unter der Bedingung nehmen, daß es noch von Dali signiert wurde. Der arme Poissonnière, der ebenfalls zur Armee eingezogen war und jeden Moment damit rechnen mußte, an die Front verlegt zu werden, nahm dennoch sofort das Bild unter den Arm und machte eine Blitztour nach Arcachon, von wo er tatsächlich mit der gewünschten Signatur zurückkehrte.

Nun wollte ich aber trotzdem noch einen »richtigen« Dali haben, das heißt einen, den auch das Publikum als Werk des Meisters erkennen konnte, einen Dali aus der besten Zeit, so um 1930 herum. Eines Morgens brachte mir eine Kunsthändlerin ein sehr hübsches kleines Bild von Dali ans Bett, und ich erwarb das Stück, ohne zu zögern. Nur war mir auch dieses Bild noch immer zu klein, und ich hielt Ausschau nach einem großen Gemälde, nach einem Hauptwerk. Für das Brimborium, mit dem Dali gewöhnlich auftrat, hatte ich zwar nicht viel übrig, sein Werk erschien mir jedoch so wichtig, daß es in einer Sammlung zeitgenössischer Kunst nicht fehlen durfte, zumal es hier um historische Dokumentation und nicht um den willkürlichen Ausdruck persönlicher Vorlieben und Abneigungen ging. Mary Reynolds kannte die Dalis gut, und als Gala wieder nach Paris kam, lud Mary sie mit mir zusammen ein. Während des Essens machte mir Gala Vorwürfe über mein Leben. Sie hielt es für töricht, meine ganze Existenz an die Kunst zu hängen. Ich täte besser daran, *einen* Künstler zu heiraten und mich ausschließlich um sein Fortkommen zu kümmern, so, wie auch sie ihr Leben eingerichtet habe. Am folgenden Tag nahm sie mich mit zu verschiedenen Leuten in Paris, um mir zu helfen, endlich ein Dali-Gemälde zu finden, wie ich es mir wünschte. Wir gingen zunächst zu einem Lagerhaus, dann zu ihrer seltsamen Wohnung, die damals allerdings fast leer stand. Schließlich fand sich ein Bild von hervorragender Qualität, das Gala für weniger anstößig hielt als das andere, das ich in aller Ungeduld ausgewählt hatte, ohne zu merken, wie stark sein Inhalt von Sexualsymbolen beherrscht war. Aber auch auf dem Bild, das Gala mir empfahl, ging es nicht gerade zimperlich zu. Es hieß *Die Geburt fließender Lüste* und war ein schockierend typischer Dali.

Auch von Giacometti wollte ich eine Plastik kaufen. Sein Atelier befand sich in einer kleinen Seitenstraße der Avenue du Maine. Es war so eng, daß man sich wundern mußte, wie er darin Platz zum Arbeiten fand. Giacometti sah wie ein Löse im Käfig aus, denn durch seine Mähne hatte sein Kopf etwas ausgesprochen Löwenhaftes. Im Gespräch und

Umgang war Giacometti voller unerwarteter Einfälle, fast wie ein Mozart-Divertimento. Einmal fand ich eine ziemlich demolierte Gipsplastik von ihm in einer Kunstgalerie. Ich ging zu Giacometti hin und erkundigte mich, ob er bereit sei, die Plastik für mich zu reparieren und einen Bronzeabguß davon machen zu lassen, falls ich sie kaufte. Er meinte aber, er hätte eine viel bessere Version davon in seinem Studio. Ich schaute mir diese Gipsplastik an, sie gefiel mir, und ich kaufte sie. Giacometti versprach, für den Abguß zu sorgen, was natürlich eine gewisse Zeit in Anspruch nahm. Schließlich brachte er mir die Bronze zu meiner Wohnung herauf. Als er auf meiner Terrasse erschien, hatte er einen vierbeinigen Begleiter, der wie ein seltsames mittelalterliches Fabeltier aussah, fast wie jener Drache in Venedig, den der heilige Georg auf dem Bild von Carpaccio an einem Seil daherführt. Giacometti nahm den Auftrag, einen Abguß anfertigen zu lassen, sehr wichtig, worüber ich mich wunderte, weil er sonst den Anschein erweckte, als ob er sich für die freie Abstraktion seiner früheren Arbeiten nicht mehr interessierte. Inzwischen machte er nämlich nur noch griechische Köpfchen, die er in seinen Taschen mit sich herumschleppte. Er hatte sich sogar geweigert, in London an meiner Ausstellung von zeitgenössischen Plastiken teilzunehmen, weil ich keines von diesen neueren Stücken zeigen mochte. Er behauptete, das wichtigste sei, daß man echte Kunst mache; aber mit so vagen Prinzipien war ich nicht einverstanden gewesen. Ich sah keine nachvollziehbare Entwicklung in den griechischen Köpfchen und zog meine so ganz unklassische Bronze bei weitem vor. Sie hieß *Frau mit durchschnittener Kehle*, und es war die erste Plastik Giacomettis, die überhaupt je in Bronze gegossen wurde. Als ich nach dem Krieg wieder nach Europa zurückkehrte, war ich einigermaßen entsetzt, in wieviel Exemplaren ich der Plastik begegnete, deren Auflage meines Wissens doch auf ungefähr sechs Abgüsse limitiert gewesen war.

Dies ist nun der beste Moment, Howard Putzel einzuführen. Vom Alter her hätte er mein Zwilling sein können. Er war ein äußerst willensstarker Mensch. Nachdem ich ihn kennengelernt hatte, tat ich entweder alles, was er wollte, oder ich mußte mich mit allen Kräften gegen seinen Willen zur Wehr setzen. Gewöhnlich verausgabte ich mich so sehr in diesem vergeblichen Kampf, daß ich bei wichtigen Anlässen nicht mehr genügend Energie hatte, mich durchzusetzen. Ich lernte Putzel im Winter 1938 kennen. Damals schrieb er mir aus Holland und beglückwünschte mich zur Eröffnung meiner Galerie. Zugleich teilte er mir mit, daß er seine eigene Galerie schließen mußte. Er schickte mir einige Tanguy-Gemälde, die er zuvor bei sich ausgestellt hatte und die nun in meiner Galerie gezeigt werden sollten. Als ich Putzel einige Monate später bei Mary Reynolds begegnete, war ich erstaunt, daß er sich in seinem Äußeren als das Gegenteil meiner Erwartungen entpuppte: nicht einem schwarzen buckligen Männlein reichte ich die Hand zur Begrüßung, sondern einem stattlich großen blonden Menschen. Zunächst klang alles, was er sagte, etwas unzusammenhängend; doch mit der Zeit wurde mir klar, welche Leidenschaft für die moderne Kunst hinter Putzels unverständlichem Gerede und Betragen steckte. Bei Putzel gab es kein Entrinnen. Nicht er begleitete mich, sondern ich hatte mitzukommen, wenn er die Künstlerateliers in Paris aufsuchte. Ich mußte zahllose Objekte kaufen, die ich gar nicht haben wollte; andererseits entdeckte er für mich viele Bilder, die ich dringend gesucht hatte, und so waren wir wieder quitt. Gewöhnlich erschien er morgens mit einigen Bildern unter dem Arm, und er war tief beleidigt, wenn ich die Bilder nicht auf der Stelle kaufte. Und wenn ich es mir gar einfallen ließ, Bilder »hinter seinem Rücken« zu kaufen – denn so muß ihm jede selbständige Aktion meinerseits vorgekommen sein –, kannte seine Empörung keine Grenzen. Übrigens konnten sich Nellie van Doesburg und Putzel gegenseitig nicht ausstehen; sie haßten sich sogar aus tiefster Seele.

Im Winter 38/39 wollte Putzel mich mit Max Ernst bekannt machen. Wie gewöhnlich machte ich zunächst vergebliche

Widerstandsversuche. Damals kannte ich Max Ernsts Werk schon recht gut und wollte auch ein Bild von ihm kaufen. Er hatte bei Mesens in London eine Ausstellung gehabt, und Penrose besaß eine Anzahl seiner besten Arbeiten. Max Ernst mußte von mir gehört haben und nahm wohl an, daß ich wegen eines Bildankaufs zu ihm käme. Ich wiederum hatte von seiner Schönheit, seinem Charme und von seinen Erfolgen bei Frauen gehört, abgesehen davon, daß ihn seine Malerei und seine Collagen bereits berühmt gemacht hatten. Als wir einander vorgestellt wurden, stellte ich fest, daß er für sein Alter noch sehr gut aussah: Er hatte schlohweißes Haar, große blaue Augen und eine edle Hakennase, die ein wenig an einen Vogelschnabel erinnerte. Sein Körper war zart gebaut. Er sprach sehr wenig, und ich mußte ununterbrochen über Mesens, seine Galerie und meine eigenen Erfahrungen als Ausstellerin daherplaudern, damit die Unterhaltung einigermaßen im Gang blieb. Max Ernst zu Füßen saß Leonora Carrington, seine Angebetete, die viel jünger war als er. Ich hatte die beiden bereits zuvor zusammen in Paris gesehen, und ihr gemeinsames Auftreten erregte meine Neugierde. Ich war mit der Absicht gekommen, ein Bild des Meisters zu kaufen; aber das eine, das mir gefiel, gehörte Leonora, und ein anderes, das für mich in Frage gekommen wäre, erschien Putzel aus wer weiß was für Gründen zu billig. Zum Schluß kaufte ich ein Bild von Leonora. Sie war Max Ernsts Schülerin, damals noch völlig unbekannt, zeigte jedoch sehr viel Phantasie in echt surrealistischer Weise. Bei ihr kamen vor allem Tiere und Vögel vor. Das Bild, das ich von ihr erwarb, hieß *Die Pferde des Lord Candlestick* und stellte vier verschiedenfarbige Pferde in einer Baumkrone dar. Der Kauf schien allen Anwesenden zu gefallen, und ich dachte danach nicht mehr an Max Ernst, bis ich im ersten Kriegswinter bei einem Kunsthändler einige wunderschöne Gemälde von ihm sah und sie sofort kaufte. Damals hatte man ihn gerade in ein Internierungslager gesteckt.

Nellie nahm mich mit zu Antoine Pevsner, dem russischen Konstruktivisten. Ich hatte seine Arbeiten in London kennengelernt, und sein Bruder Naum Gabo war mir recht gut bekannt. Pevsner war ein schüchternes Männlein. Seine Konstruktionen jedoch waren schön, und ich kaufte eine, zu der ihn vermutlich ein mathematisches Instrument angeregt haben muß. Pevsner war ein guter Bekannter von Marcel Duchamp, war aber merkwürdigerweise nie mit Mary Reynolds zusammengetroffen. Wir nahmen sie zu Pevsner zum Essen mit, und als sie Pevsner anvertraute, daß sie seit zwanzig Jahren mit Marcel zusammenlebte, konnte er es fast nicht glauben. Er hatte von ihrer Existenz nie etwas geahnt, obwohl er Marcel die ganzen Jahre über jede Woche mindestens einmal gesehen hatte. Pevsner verliebte sich leidenschaftlich in mich; aber ich konnte seine Gefühle nicht erwidern. Er benahm sich wie in Schuljunge im Frühling. Immerhin entwickelte sich unsere Beziehung zu einer guten Freundschaft, und während des Krieges kümmerte ich mich sehr um ihn.

Während des Winters verbrachte ich viel Zeit zusammen mit Virgil Thomson. Er und Putzel gingen oft mit mir zum Essen aus. Virgil wollte mir helfen, in meinem projektierten Museum Konzerte zu veranstalten. Freitags hatte er bei sich »open house« und gab reizende Partys. Er machte ein musikalisches Porträt von mir, das mir allerdings nicht im geringsten ähnlich wurde. Mehrere Stunden mußte ich ihm ruhig Modell sitzen. Währenddessen las ich ein Buch über Musik, das er geschrieben hatte, und fand es äußerst intelligent. Eine Weile überlegte ich, ob ich Virgil heiraten sollte, um mein musikalisches Verständnis zu erweitern; aber es blieb bei vorläufigen Überlegungen.

Virgil verließ Paris noch vor mir, kam gut nach den Vereinigten Staaten und wurde dort ein geschätzter Musikkritiker, den ich als ersten nach meiner geglückten Heimkehr nach New York aufsuchte.

11

Kriegswirren in Europa

An dem Tag, als Hitler Norwegen überfiel, besuchte ich Léger in seinem Atelier und kaufte ein wunderschönes Bild aus dem Jahr 1919 für tausend Dollar. Er konnte es gar nicht fassen, daß ich an solch einem Tag ans Bilderkaufen denken mochte. Léger war ein äußerst vitaler Mensch und hatte die Statur eines Metzgers. Während seines Aufenthalts in New York, wohin er sich nach der Besetzung Frankreichs retten konnte, wurde er eine Art Stadtführer. Er muß jeden Winkel in New York gekannt haben, nachdem er die Stadt in jeder Richtung durchwandert hatte. Wenn man ein gutes und besonderes Restaurant suchte, war er es, der einem die besten Tips geben konnte.

Am Tag nach meinem Besuch bei Léger kaufte ich ein frühes Werk von Man Ray, ein Gemälde von 1916, sowie mehrere »Rayogramme«.

Der »Scheinkrieg« setzte sich den ganzen Winter über fort, und ich persönlich war überzeugt, daß die Deutschen nie nach Paris gelangen würden. Daher versuchte ich, eine passende Möglichkeit zur Unterbringung meiner rasch anwachsenden Sammlung zu finden. Ich fand ein herrliches Appartement auf der Place Vendôme, wo sich die Geburtsstätte Chopins und auch der Salon des berühmten Schneiders O'Rossen befunden hatten. Ich suchte es am selben Tag auf, an dem ich bei Léger gewesen war, aber der Besitzer tat sein möglichstes, um mir das Mieten der Wohnung auszureden. Er sagte: »Überlegen Sie es sich, und kommen Sie morgen wieder.« Ich kam am nächsten Tag wieder und erklärte, ich sei noch immer fest entschlosssen. Daraufhin überließ er mir das Appartement. Ich beauftragte den Architekten Vantongerloo, Pläne für eine Umgestaltung der weitläufigen Räumlichkeiten zu entwerfen, denn ich wollte sowohl dort wohnen als auch ein Museum daraus machen. Die Räume waren im Stil des »Fin de siècle« überladen, und ich bestand darauf, daß alle Engel von der Decke entfernt und der Hochzeitskuchen-Stuck von den Wänden abgekratzt werden müsse. Zu diesem Zeitpunkt näherten sich die Deutschen Paris, und es lag auf der Hand, daß an die weitere Durchführung meiner Pläne nicht mehr zu denken war. Ich bat den Hausherrn, mir statt dessen die Keller für ein Museum zu überlassen, doch die mußten als Luftschutzräume dem Museumspersonal zur Verfügung stehen.

So blieb nichts anderes übrig, als die Bilder zu verpacken und aus Paris hinauszubringen, ehe es zu spät war, oder aber sie in einem unterirdischen Gewölbe zu lagern. Léger meinte, der Louvre würde mir wohl irgendwo auf dem Land, wo die Franzosen ihre eigenen Schätze verbargen, einen Kubikmeter Raum zur Verfügung stellen. Ich ließ also meine Bilder von den Spannrahmen nehmen und auf einen Kubikmeter zusammenpacken. Zu meiner Bestürzung entschied der Louvre, meine Bilder seien es nicht wert, gerettet zu werden, und verweigerte mir den Raum. Was sie der Rettung nicht für wert hielten, waren ein Kandinsky, mehrere Klees und Picabias, ein Braque aus der kubistischen Zeit, ein Gris, ein Léger, ein Gleizes, ein Marcoussis, ein Delaunay, zwei Futuristen, ein Severini, ein Balla, ein Doesburg und ein »De Stijl«-Mondrian. Unter den surrealistischen Malereien befanden sich Bilder von Miró, Max Ernst, de Chirico, Tanguy, Dali, Magritte und Brauner. Die Plastik war überhaupt nicht in Betracht gezogen worden, obwohl darunter Werke von Brancusi, Lipchitz, Laurens, Pevsner, Giacometti, Moore und Arp waren. Schließlich erklärte meine Freundin Maria Jolas, die in der Nähe von Vichy ein Schloß gemietet hatte und ihre zweisprachige Kinderschule dorthin evakuierte, sie würde meine Sammlung in ihrer Scheune aufheben. Ich schickte sie hin.

Nellie und ich flohen drei Tage vor Ankunft der Deutschen aus Paris. Zwei Millionen Leute verließen die Stadt am selben Tag und fuhren in Viererreihen mit einer Geschwindigkeit von zwei oder drei Kilometern pro Stunde. Es war ein allgemeiner Exodus, der sich in einer Wolke von schwarzem Staub vollzog. Die meisten Wagen fuhren nach Bordeaux, aber wir wandten uns nach Süden, wo sich meine Kinder Sindbad und Pegeen mit ihrem Vater aufhielten. Man warnte uns, in diese Richtung zu fahren, da Italien Frankreich gerade den Krieg erklärt hatte und wir auf eine italienische Armee stoßen konnten. Unterwegs erfuhren wir die schreckliche Nachricht, daß Paris gefallen sei, und wenige Tage später wurden die tragischen Bedingungen des Waffenstillstands bekannt.

Ich mietete schließlich für meine Kinder ein Haus in Le Veyrier am See von Annecy. Nellie und Jean Arp und seine Frau, die bei uns wohnten, leisteten mir Gesellschaft. Sie machten sich große Sorgen um die Zukunft, denn ihr Haus stand im besetzten Frankreich. Sie konnten nicht zurück, denn sie waren geschworene Feinde Hitlers und hatten außerdem all ihr Hab und Gut in Meudon gelassen. Arp wollte in die Vereinigten Staaten und dort ein neues Bauhaus gründen. Der Krieg machte ihn sehr nervös. Alle seine Vorhersagen waren eingetroffen, und er sah die Zukunft in den düstersten Farben. Er war so leidenschaftlich antideutsch, daß er das Radio abstellte, wenn Mozart oder Beethoven gesendet wurde. Sein Geburtsort lag im Elsaß, aber jetzt war er Franzose und hieß Jean – den Namen Hans hatte er fallenlassen.

Gegen Ende des Sommers erhielt ich meine Bilderkisten. Die Deutschen waren in Vichy gewesen und wieder gegangen, ohne die Kisten in Maria Jolas' Scheune auch nur zu bemerken. Giorgio Joyce, James' Sohn, verfrachtete sie nach Annecy, wo sie wochenlang auf dem Abstellgleis für Frachtgut liegenblieben. Wir wußten nicht, daß sie eingetroffen waren, und als wir es erfuhren, deckten wir sie mit Planen zu und wußten nicht, wohin damit.

Als Jüdin konnte ich nicht nach Paris zurück, aber ich

wollte die Bilder gern irgendwo ausstellen. Nellie war mit Monsieur Farcy, dem Direktor des Museums in Grenoble, befreundet. Er hatte für moderne Kunst viel übrig, ich schickte Nellie deshalb mit der Bitte um Hilfe zu ihm. Sie kam zurück ohne eine bindende Zusage, wohl aber mit der Einladung, die Bilder ins Museum nach Grenoble zu schikken, wo er sie zumindest sicher unterbringen wollte. Wir veranlaßten sofort den Transport, und Nellie und ich folgten den Bildern und ließen uns in Grenoble nieder.

Monsieur Farcy war damals selbst sehr in der Klemme. Er verlor wegen der Vichy-Regierung beinahe seine Stelle als Direktor und landete schließlich im Gefängnis. Er konnte nicht viel für mich tun. Obwohl er meine Sammlung gern ausgestellt hätte, fürchtete er zu sehr die Folgen. Da er den Besuch Pétains in Grenoble erwartete, hatte er sämtliche modernen Bilder im Keller versteckt. Mich ließ er im Museum mit meinen Bildern tun, was ich wollte, nur aufhängen durfte ich sie nicht. Ich hatte einen sehr schönen Raum zur Verfügung, konnte sie dort an der Wand aufreihen, sie meinen Freunden zeigen, fotografieren und katalogisieren. Aber ein Datum für eine Ausstellung wollte er niemals festsetzen. Er behauptete, erst bei der Vichy-Regierung vorfühlen zu müssen, so sehr stand diese damals unter Hitlers Kontrolle. Andererseits wollte er mich aber meine Bilder auch nicht wegwerfen lassen, und nachdem ich mich sechs Monate in Grenoble aufgehalten hatte, verlor ich die Geduld und teilte ihm mit, ich ginge nach Amerika. Er bat mich, die Sammlung bei ihm zu lassen. Dies lag aber durchaus nicht in meiner Absicht. Ich hatte keine Ahnung, wie ich sie nach Amerika bringen sollte, aber ich wußte, ich würde nie ohne sie abreisen.

Monsieur Farcy war ein sehr komischer kleiner, dicker Mann in den Fünfzigern. In seiner Jugend hatte er sich als Radfahrer an der Tour de France beteiligt. Das schien seinem jetzigen Aussehen nach kaum glaublich. Er war froh, wenn er von zu Hause und von der ihn anbetenden Gattin loskam, und immer, wenn wir sie beide zum Essen einluden, erschien er allein und entschuldigte seine Frau, sie habe ihn leider nicht begleiten können. Später entdeckten wir, daß er ihr unsere Einladungen niemals übermittelt hatte. Er liebte moderne Kunst, hatte aber nicht das geringste Unterscheidungsvermögen. Er fragte mich oft, wer meine Bilder gemalt habe, und wenn er zu meinem Marcoussis kam, sagte er unweigerlich: »Brancusi, was?« Ich hatte ein Bild von Vieira da Silva, das er sehr gern mochte, weil er dachte, es sei ein Klee. Als ich Grenoble schließlich verließ, bot ich ihm als Geschenk entweder dieses Bild oder einen Tanguy an. Aber als er mich zum hundertsten Male fragte, ob es ein Klee sei, und ich nein sagte, wählte er den Tanguy. Trotzdem liebte er moderne Kunst und brachte eine ganze Menge Bilder für sein Museum zusammen, ohne die geringsten Mittel zu besitzen. Wegen seiner Vorliebe für diese den Deutschen verhaßte Richtung verlor er unter der Vichy-Regierung beinahe seinen Posten.

Über Nellie van Doesburg hatte ich noch in Paris die Bekanntschaft von Robert und Sonia Delaunay gemacht. Dreißig Jahre zuvor war Robert ein wichtiger und guter Maler gewesen. Aus dieser frühen Periode wollte ich gerne ein Bild in meine Sammlung aufnehmen; denn die neueren waren für mich nicht zum Ansehen. Leider war er so töricht, für das von mir gewünschte Bild 80 000 Francs zu verlangen, und so konnte aus dem Ankauf nichts werden. Putzel hatte dann bei einem Kunsthändler einen frühen Delaunay für nur 10 000 Francs aufgetrieben. Jetzt, während unseres Aufenthalts in Grenoble, wohnten die Delaunays als Flüchtlinge im Süden, da ihr Heim im besetzten Frankreich lag und für sie unerreichbar war. Einige frühe Bilder hatten sie mitnehmen und retten können, und nun versuchten sie wieder, mir ein Bild zu verkaufen. Sie schrieben an Nellie und telefonierten häufig mit ihr, um sie als Vermittlerin zu gewinnen, damit ich doch noch das Bild kaufte, das ich seinerzeit wegen der überhöhten Forderung zurückgewiesen hatte. Schließlich ließ ich mich bereden und erwarb das Bild für 40 000 Francs.

Delaunay brachte uns das Bild nach Grenoble, und er war wirklich reizend. Mir kam es wieder einmal so vor, als ob alle Künstler ohne ihre Frauen netter und entgegenkommender seien. Während seines Besuches war Delaunay so freundlich, mir ein beschädigtes Bild von Gleizes zu restaurieren, das auf Umwegen in meine Sammlung gekommen war. Bei seiner Abreise schenkte ich Delaunay eine meiner Katzen, da mir zwei Katzen zuviel wurden und ich den penetranten Geruch nicht vertragen konnte, den sie gelegentlich verbreiteten. Delaunay war ein großer Katzenliebhaber, und das Tier zeigte sofort große Zutraulichkeit zu seinem neuen Herrn. Bald darauf wurde Delaunay sehr krank. Er schrieb mir zahlreiche Briefe, in denen von seinem Leiden und von der Katze die Rede war, und ich ahnte nicht, wie nah er damals bereits seinem Ende war. So traf mich die traurige Nachricht von seinem Tod völlig unerwartet.

Laurence war der Ansicht, daß es jetzt sicherer für mich sei, nach Amerika zu fahren und die Kinder mitzunehmen. Ständig drohte uns die Besetzung des restlichen Frankreich durch die Deutschen, außerdem wußten wir, daß die Vereinigten Staaten früher oder später in den Krieg eintreten und wir dadurch von sämtlichen Geldquellen abgeschnitten sein würden. Auch die amerikanischen Konsule drängten uns zur Heimfahrt. Ärger noch war die Angst, daß man mich als Jüdin in ein Konzentrationslager stecken würde. Ich wollte nach Vichy und unseren Botschafter bitten, mir beim Transport meiner Sammlung nach Amerika zu helfen, aber der Winter war kalt, und wir blieben im Schnee stecken, so daß mir die Hände gebunden waren.

Gerade um diese Zeit traf René Lefèvre Foinet in Grenoble ein. Er war Teilhaber der Firma, die alles für mich verpackt und verschickt hatte, solange ich noch die Galerie in London besaß und von Paris Sachen kommen ließ. Ich erzählte ihm von meinen Schwierigkeiten, und zu meiner großen Überraschung erklärte er, nichts sei einfacher, als meine Sammlung als Hausrat nach New York zu verschiffen, sofern ich nur einiges aus meinem persönlichen Besitz beifügte. Er schlug meinen kleinen Talbot vor, der seit sechs Monaten in einer Garage stand, da es in Frankreich für Zivilisten keinen Treibstoff mehr gab. Das hatte nur einen Haken: Ich konnte mich nicht erinnern, in welcher Garage. Wir kämmten sämtliche Garagen Grenobles durch, ehe wir ihn fanden, dann machten wir uns an die Arbeit, packten die ganze Sammlung ein, und René schickte sie mit ein paar Leintüchern, Töpfen und Pfannen ab.

Während ich noch in Grenoble war, bekam ich ein Kabel von Tanguys neuer Frau, Kay Sage. Sie hatte ihren Mann nach Amerika gebracht und versuchte nun, auch anderen europäischen Künstlern zur Flucht nach den Staaten zu verhelfen. Sie bat mich, die Überfahrt für fünf »berühmte« Künstler zu bezahlen. Als ich mich, ebenfalls per Kabel, erkundigte, um wen es sich handle, erhielt ich zur Antwort: André Breton, seine Frau und sein Kind, Max Ernst und Dr. Mabille, der surrealistische Arzt. Ich protestierte und erklärte, weder Bretons Frau noch sein Kind noch Dr. Mabille seien berühmte Künstler, aber ich übernahm trotzdem die Kosten für die Breton-Familie und für Max Ernst. Ich versuchte auch, Victor Brauner, der Jude war, nach Amerika zu bekommen. Er hielt sich als Schäfer in den Bergen bei Marseille versteckt, und da auch Breton in Marseille war, fuhr ich hin, um mich mit dem Emergency Rescue Committee (Rettungskomitee) in Verbindung zu setzen, das prachtvolle Arbeit leistete. Der Leiter Varian Fry brachte eine Menge Geld zusammen und verteilte es unter die steckengebliebenen Flüchtlinge, die sich vor der Gestapo verbargen. Er arbeitete heimlich daran, ihnen die Flucht nach Spanien, Portugal oder Afrika und von dort nach Amerika oder Kuba zu ermöglichen. Er verhalf auch den britischen Soldaten zur Heimreise, die nach Dünkirchen noch in Frankreich verblieben waren und zu de Gaulle stoßen wollten.

Fry lebte in einem riesigen verfallenen Schloß mit Namen »Bel Air« außerhalb von Marseille. Seine Assistenten waren ein früherer Sekretär des Polizeipräfekten von Paris und dessen englische Frau. Die Familie Breton war bei ihm zu Gast. Man hatte sie alle gefangengenommen und während Pétains Besuch in Marseille mehrere Tage lang auf einem Schiff festgehalten.

Fry forderte mich auf, mit dem Komitee zu arbeiten. Ich sollte auf seinen Wunsch seine Stelle einnehmen, während er sich für kurze Zeit in die Staaten begab. Nach Beratung mit dem amerikanischen Konsul lehnte ich ab. Das Komitee befaßte sich mit einer sehr gefährlichen Arbeit, in der ich nicht die geringste Erfahrung hatte. Aber ich gab ihnen eine Menge Geld und fuhr dann zurück nach Grenoble.

Nachdem ich versprochen hatte, Max Ernsts Überfahrt nach Amerika zu bezahlen, schlug Laurence vor, ich solle doch Max Ernst als Gegengabe um ein Bild bitten. Ernst schrieb, er sei mit Freuden dazu bereit, und schickte mir die Fotografie eines Bildes, von dem ich nicht sehr entzückt war. Ich antwortete also, mir wäre ein anderes Bild wahrscheinlich lieber. Inzwischen hatte er nochmals geschrieben und mich gebeten, ihm sechstausend Francs und eine Bestätigung für einen Rechtsanwalt zu schicken, ich sollte bezeugen, daß ich seine eigenen Plastiken in seinem Haus in der Ardeche gesehen hatte und daß sie mindestens fünfundsiebzigtausend Francs wert waren. Offenbar war Leonora Carrington verrückt geworden und hatte das Haus einem Franzosen geschenkt, um es vor den Deutschen zu retten. Es stellte sich aber heraus, daß der Franzose ein Gauner war und alles gestohlen hatte. Max hoffte, wenigstens seine Plastiken wiederzubekommen. Da ich Abbildungen davon in den *Cahiers d'Art* gesehen hatte, konnte ich ihm diesen Dienst erweisen. Seine Bilder schaffte er heimlich in der Nacht fort. Ich hatte ihm vorgeschlagen, ihn in der Ardeche zu besuchen und mir dort ein Bild auszuwählen, doch unter diesen Umständen konnte er mich dort nicht empfangen und forderte mich auf, statt dessen nach Marseille zu kommen.

Aus einem von Max Ernsts Briefen erfuhr ich, daß Leonora Carrington ihn ganz plötzlich verlassen hätte. Er konnte nicht sagen, wo sie war. Aus seinem Bericht ging nur hervor, daß sie einen neuen Schub ihrer Psychose erlitten haben mußte und daß sie vermutlich nach Spanien geflohen war. Der Brief klang so, als ob Max Ernst bereits einen inneren Abstand zu der Sache gewonnen hätte; aber ich sollte noch erfahren, wie wenig seine Leidenschaft für Leonora nachgelassen hatte.

12

Rückkehr in die alte Heimat

Als ich das zweite Mal nach Marseille kam, hatte sich die ganze Atmosphäre des Schlosses gewandelt. Breton mit seinem surrealistischen Gefolge, das Spiele veranstaltete und kollektive Zeichnungen machte, hielt nicht mehr dort Hof. Er war nach Amerika gefahren. Auch der surrealistische Hofstaat war verschwunden, aber Max lebte nun dort. Er war in vielen Konzentrationslagern gewesen und sah viel älter aus. Da er nie französischer Staatsbürger geworden war, hatten ihn zuerst die Franzosen eingesperrt, weil er ein Deutscher, und dann die Deutschen, weil er ihr geschworener Feind war. Leonora Carrington hatte schließlich seine Freilassung durchgesetzt, und jetzt versuchte das Museum of Modern Art, ihn nach Amerika zu bekommen. Aber weder Dokumente noch Geld trafen ein, und sein Paß lief in kurzer Zeit ab.

Am Bahnhof von Marseille wurde ich von Victor Brauner abgeholt. Gleich am ersten Abend trafen wir Max Ernst in einem Café und verabredeten uns für den nächsten Tag, um im Schloß seine Bilder zu betrachten. Es waren immerhin zwei Jahre vergangen, seitdem ich im Winter 1938 mit Howard Putzel in Max Ernsts Atelier gewesen war. So lange waren wir uns nicht mehr begegnet. Er schien recht angetan davon, mich wiederzusehen und mir seine Bilder zeigen zu können. So fuhr ich am nächsten Tag mit Brauner zum Schloß, wo Max die Vorführung seiner vielen neuen Werke wie ein Schauspieler vor uns abrollen ließ. Ich glaube, er war etwas verstimmt, weil ich die früheren Arbeiten viel aufregender fand und kaufen wollte, während ich zu den neueren – ehrlich gesagt – noch keinen Zugang hatte. Aber wie hätte ich meine Empfindungen verbergen sollen?

Wir kamen schließlich dennoch zu einer Vereinbarung, nach der ich Max zweitausend Dollar zahlte abzüglich der Summe, die er mir bereits schuldete, wofür ich eine Riesenmenge von Bildern bekam. Brauner stöberte noch im Atelier herum und fand einige Collagen, die die künstlerische Entwicklung Max Ernsts besonders gut zeigten. Die durfte ich – großzügig, wie er war – ebenfalls mitnehmen. Zum Schluß feierten wir den Besuch bei einer Flasche Wein, die er von seinem Weinberg in Saint-Martin-d'Ardèche mitgebracht hatte. Als dann noch herauskam, daß der nächste Tag sein fünfzigster Geburtstag war, lud uns Max zu Austern im alten Hafen ein. Anschließend gingen wir mit Fry in ein Schwarzmarktrestaurant, wo wir herrlich speisten.

Inzwischen war ich bereits ganz hingerissen von Ernst, und als er mich fragte: »Wann, wo und warum sehe ich Sie wieder?« sagte ich bloß: »Morgen um vier im Café de la Paix, und Sie wissen ganz genau, warum!« Da Brauner mich ständig begleitete und uns nicht eine Minute allein ließ, mußte ich bei diesem Treffen Max meinen Schlüssel heimlich zustecken und so tun, als ob ich gute Nacht sagte, damit Brauner nichts merkte.

Anfangs war meine Affäre mit Max Ernst wohl nur ein Abenteuer gewesen; doch sollte ich bald merken, wie tief ich mich mit ihm verbunden fühlte. Zehn Tage später mußten wir uns trennen, weil ich Laurence versprochen hatte, Ostern mit ihm und den Kindern in Mégève zu verbringen. Max begleitete mich zum Zug, weinte bei der Abfahrt und war fest entschlossen, baldigst nachzukommen. So war ich ziemlich sicher, daß dies nicht das Ende unserer Beziehung sein konnte.

Vor der Abreise hatte er mir alle die von ihm gestalteten Bücher geschenkt, sogar eins, in dem eine unzweideutige Widmung an Leonora Carrington stand: »Für L., wirklich, schön und nackt.« Er schenkte mir auch ihre Bücher, die er illustriert hatte. Ich las darin während der Fahrt und schrieb ihm bereits von Valence aus, wie sehr sie mir gefielen.

Ohne Nachricht von Max wurden mir die Tage in Mégève zunehmend zur Qual. Schließlich fuhr ich mit Laurence nach Lyon, um unsere Visa für Spanien und Portugal zu besorgen, da wir hofften, spätestens nach einem weiteren Monat nach Amerika ausreisen zu können. In Lyon wollten wir uns mit Marcel Duchamp treffen. Ich hatte mit ihm verabredet, anschließend weiter nach Marseille zu fahren, um nach Max zu schauen. Kaum waren wir aber im Hotel in Lyon, da erreichte mich ein Anruf von Max, der inzwischen in Mégève eingetroffen war. Selbstverständlich wollte ich sofort zurück, und Marcel war erstaunt und etwas verärgert, weil ich so plötzlich unseren Plan umstieß. Als amerikanischen Staatsbürgern war es Laurence und mir rasch möglich, die Visa zu bekommen. Dann ging es zurück nach Mégève. Dort war Max von den Kindern in seinem schwarzen Cape gebührend bewundert worden. Pegeen kannte ja bereits seine Bücher und begrüßte ihn aufs herzlichste. Er muß den ganzen Abend damit verbracht haben, den Kindern Geschichten zu erzählen, von sich und Leonora, von ihrer Flucht und von seinem Kummer. Sie waren begeistert von ihm und hatten stundenlang zugehört.

Eine Woche später fuhr ich mit Max nach Marseille zurück. Wir saßen die ganze Nacht hindurch im Abteil, und ich war entsetzt, wie alt er wirkte, als er neben mir eingeschlafen war und schnarchte.

In Marseille ein Zimmer zu bekommen war damals nahezu unmöglich, da sich seit der Kapitulation Frankreichs die Einwohnerzahl verdreifacht hatte. So nahm er mich zunächst mit ins Schloß. Später bekam ich ein Zimmer in meinem alten Hotel, und Max konnte nachts bei mir bleiben.

Jetzt ging es nur noch um unsere Abreise nach Amerika. Laurences Frau Kay hatte auf einem Clipper zehn Plätze für uns reserviert, wobei sie hoffte, ihren neuen Freund mit unterzubringen, den sie vor dem KZ retten wollte. Aber sie hatte sich mit Laurence so sehr auseinandergelebt, daß es ihm völlig unzumutbar erschien, zusammen mit diesem

Herrn zu reisen, was ich ihm übrigens nicht verargen konnte. Auf diese Weise war also noch ein Platz auf dem Clipper übrig, und Max hätte ihn gern in Anspruch genommen. Auch Brauner wollte ihn haben; aber seine Papiere waren noch nicht in Ordnung, und zum Schluß stellte sich sogar heraus, daß die rumänische Einwanderungsquote bereits für zwei Jahre ausgeschöpft war, so daß der arme Mensch überhaupt kein Visum bekam. Wir hatten aber noch eine weitere Aspirantin auf den Platz, nämlich Jacqueline Ventadour, eine Freundin von Pegeen und Sindbad; ihre Mutter bat uns so dringlich, daß wir schließlich einwilligten, ihre Tochter mitzunehmen. Immerhin bezahlte sie die Überfahrt, was insofern eine Erleichterung war, als für alle übrigen ich allein aufkommen mußte.

Leider waren unsere Papiere alles andere als in Ordnung. Ich hatte die Gültigkeitsdauer auf meiner Reisegenehmigung gefälscht, und Laurence hatte überhaupt keine. Max Ernsts Visum für Amerika war in der Zwischenzeit verfallen, und es dauerte tagelang, bis es erneuert wurde. Alle Ausländer mußten vor dem amerikanischen Konsulat auf der Straße Schlange stehen; nur Amerikaner mit ihrem Paß wurden sofort vorgelassen. Also ging ich immer gemeinsam mit Max hin, hielt den Beamten meinen Paß unter die Nase und ersparte Max auf diese Weise das bedrückende Warten. Als Häftling in drei Internierungslagern und als bekannter Hitlergegner mußte er ja mit einem Notvisum ausgestattet werden, was er denn auch erhielt.

Kay war jetzt ständig mit uns in Marseille zusammen, und obgleich wir uns ganz offen verabscheuten, versuchte sie doch, nett zu sein, zumal ich sie und ihre ganze Familie nach Amerika mitnahm. Ich weiß aber noch, wie wir einmal alle beim Essen saßen und Kay nichts Unterhaltsameres einfiel, als zu behaupten, das Schiff, auf dem alle meine Bilder unterwegs waren, sei versenkt worden.

Max hatte zahlreiche Freunde aus Internierungslagern und kam ständig mit ihnen zusammen. Für mich blieben sie meist nur schattenhafte Existenzen, aber für Max waren sie sehr real und durch gemeinsame schlimme Erinnerungen mit ihm verbunden. Er führte ständig die Namen der Lager im Munde, wo er dem einen oder anderen begegnet war, und es hörte sich so selbstverständlich an, wie wenn er von St. Moritz, Deauville, Kitzbühel oder sonst einem bekannten Kurort gesprochen hätte.

Damals wurden alle Juden aus den Hotels von Marseille geholt. Max hatte mir eingeschärft, bei einer eventuellen polizeilichen Vernehmung um keinen Preis zuzugeben, daß ich Jüdin sei, sondern unbedingt meine amerikanische Staatsbürgerschaft herauszustellen. Und es war ein Glück, daß er mich gewarnt hatte; denn eines Morgens, als er gerade weggegangen war und das Frühstücksgeschirr noch auf dem Tisch stand, erschien ein Polizist in Zivil. Zunächst war ich fürchterlich erschrocken. Dann erklärte ich mit allem Nachdruck, daß ich Amerikanerin sei und demnächst nach Amerika abreisen wollte. Er warf einen Blick auf meine Papiere und entdeckte prompt die Änderung am Datum meiner Reisegenehmigung. Ich beteuerte ihm, daß das nur die Beamten in Grenoble gemacht haben könnten. Dann kam er mir damit, daß ich nicht in Marseille registriert sei. Mir wurde himmelangst, nicht bloß um mich, sondern auch wegen Max und Laurence. Der eine hätte in Marseille überhaupt nicht wohnen dürfen, und der andere hatte keine Reisegenehmigung. Gefährlich war auch, daß ich eine unzulässig hohe Summe Schwarzesgeld bei mir hatte, über die ich bei einer Durchsuchung nicht hätte Rechenschaft geben können. Der Detektiv fragte mich, wem der Koffer und das Barett in meinem Zimmer gehörten. Ich gab an, mein Mann hätte sie dagelassen, der jetzt in Cassis wäre. Dadurch wurde er in seinem Verdacht noch bestärkt, daß ich Jüdin sein müsse, weil die Juden in Cassis festgehalten wurden. Er wollte wissen, ob mein Name nicht jüdisch sei, worauf ich ihm antworten konnte, daß mein Großvater aus Sankt Gallen in der Schweiz stammte. Von dem Ort hatte er noch nie gehört. Mißtrauisch schaute er in jede Ecke des Raumes, auch unter das Bett, ob ich nicht etwa Juden versteckt hätte. Zum Schluß verlangte er, ich sollte zur Überprüfung meiner Papiere mit ihm auf die Polizei kommen. Nun wollte ich mich nicht vor ihm anziehen müssen. Andererseits wollte ich ihn auch nicht mit meinen Papieren weggehen lassen. So bat ich ihn, vor der Tür mit den Papieren zu warten. Während des Anziehens schossen mir alle möglichen Gedanken durch den Kopf, was passieren würde, wenn man mich bei der Polizei nicht wegließe und Max und Laurence mich nicht mehr erreichen könnten. Ich wollte ihnen eine Nachricht hinterlassen und mein Geld verstecken, doch in der Hast wußte ich nicht, wie ich das anstellen sollte. Als ich aus meinem Zimmer kam, war der Detektiv nicht auf dem Flur. Ich fand ihn bei seinem Chef in der Eingangshalle. Der entschuldigte sich, als er mich sah, und gab seinem Untergebenen Anweisung, mich in Frieden zu lassen. Amerikaner waren damals nämlich in Frankreich gern gesehen, zumal wir den Franzosen gerade eine Schiffsladung mit Lebensmitteln geschickt hatten. Höflich wurde ich gebeten, mich ordnungsgemäß in Marseille polizeilich zu melden, was ich ohnehin an jenem Tag vorhatte. Es schien dem Herrn sogar Spaß zu machen, mir freundlich den Weg zur Behörde zu beschreiben. Als ich mich später bei der Besitzerin des Hotels über den Vorfall beklagte, meinte sie nur: »Ach, das war doch nicht so schlimm, Madame. Heute wurden nur die Juden abgeholt.«

Für Leonor Fini hatte Max eine Schwäche. Ich hielt Max immer vor, daß er, wie Arp seine zwei Sophien, zwei Leonoren hatte, die Carrington und die Fini, für deren Fortkommen er sich ständig und überall einsetzte. Leonor Fini war ein hübsches Mädchen und großzügig in ihrem Umgang. Gerade als ich die Polizei wieder losgeworden war, kam sie zu uns nach Marseille zu Besuch. Sie lebte als Flüchtling in Monte Carlo und verdiente sich ihren Lebensunterhalt mit Porträtmalen. Sie wollte Ernsts neue Bilder sehen. Mir brachte sie ein kleines Gemälde mit, das ich gekauft hatte, obwohl es mir nur durch eine fotografische Reproduktion bekannt gewesen war. Mit Laurence und

Marcel Duchamp war ich mir darin einig, daß Finis Starallüren unausstehlich waren; aber Max war begeistert von ihr und verlangte das gleiche von mir. Überhaupt sollte ich immer mit allem einverstanden sein. Er stellte mich der Fini als Kunzstmäzenin, nicht etwa als seine Geliebte, vor, und ich bin sicher, daß er unser Verhältnis bewußt verheimlichen wollte. Finis kleines Bild war eine liebenswürdige Bagatelle, so groß wie eine Postkarte. Später in New York machte Breton heftige Einwände dagegen, daß ich es in meine Sammlung aufgenommen hatte; aber gegen Max konnte er sich nicht durchsetzen. Max hielt das Bild einfach für wundervoll, weil die Fini es gemalt hatte. Nur waren für Max eben alle Werke schön, die von jungen Verehrerinnen stammten; bei männlichen Malern war er viel weniger nachsichtig.

Kurz darauf hatte Max endlich alle erforderlichen Papiere zusammen und wollte nach Spanien abreisen. Jetzt benötigte er noch fünfzig Dollar, um durch Spanien reisen und in Lissabon mit etwas Geld in der Tasche ankommen zu können. Französisches Geld durfte nicht ausgeführt werden. Es war auch zu spät, um von der Banque de France eine Genehmigung zu erhalten, und vom schwarzen Markt war ebenfalls nichts zu bekommen. Nun hatte mir Fry erzählt, daß der Maler Chagall die Riesensumme von achttausend Dollar bei sich hatte, die er irgendwie nach Amerika transferieren wollte. Durch Fry hatte er mich fragen lassen, ob ich ihm das Geld nicht abnehmen und damit dem Hilfskomitee eine Spende machen wollte. In New York sollte ich ihm dann den Gegenwert auszahlen. Das war natürlich auch für mich zuviel. Aber ich nahm wenigstens tausend Dollar und gab sie Fry für seine dankenswerten Aktionen. Da ich also wußte, wieviel Chagall noch hatte, ging ich mit Max hin, um die fünfzig Dollar von ihm zu leihen. Chagall tat aber so, als ob er von dem Geld nichts wüßte, schützte alles mögliche vor und verwies uns an seine Tochter, die erst am Nachmittag wieder zurück sein würde. Als wir nachmittags nochmals hingingen, war sie wieder nicht da, und wir waren schon richtig verzweifelt, als wir Fry auf der Straße begegneten und ihm unseren Kummer erzählten. Ohne viel Federlesens nahm er sechzig Dollar aus seiner Brieftasche und drückte sie Max in die Hand.

Am folgenden Tag reiste Max ab. Er hatte seine Bilder von den Keilrahmen gelöst und die Leinwände in einem Koffer gerollt verpackt. Ich selbst mußte noch in Marseille bleiben, um von der Banque de France für jeden von uns die fünfhundertfünfzig Dollar abzuheben, auf die wir Anspruch hatten. Das dauerte fast drei Wochen, jedenfalls viel länger, als ich erwartet hatte.

Nellie van Doesburg kam noch in den letzten Tagen nach Marseille und wohnte bei mir. Ich versuchte das Menschenmögliche, um auch für sie Ausreisepapiere nach New York zu bekommen. Leider mußte alles von drüben her organisiert werden, so daß ich sie mit nur geringen Chancen zurücklassen mußte. Die Geschäfte mit der Banque de France schleppten sich hin, und ich wurde immer ungeduldiger, zumal ich Max wiedersehen wollte. Seine letzte Nachricht hatte er vor dem Grenzübertritt abgeschickt. Ganz zum Schluß mußte ich nur noch auf Jacqueline Ventadour warten, die sich verspätet hatte. Laurence und alle Kinder waren glücklicherweise bereits vorher abgereist.

Mit Jacqueline erlebte ich eine angenehme Fahrt durch Spanien. Am Bahnhof in Lissabon wurden wir von Laurence, Pegeen, Sindbad und Max empfangen. Max hatte einen merkwürdigen Ausdruck im Gesicht, nahm meinen Arm und sagte: »Ich muß dir etwas Schlimmes mitteilen.« Er führte mich den Bahnsteig entlang und sagte dann: »Ich habe Leonora wiedergefunden. Sie ist in Lissabon.« Mir ging es wie ein Dolch durchs Herz, aber ich nahm mich zusammen und sagte: »Es freut mich für dich.« Mir wurde plötzlich klar, wie sehr er sie lieben mußte. Max war tief gerührt von meiner Antwort, während meine Kinder entsetzt waren. Mein Sohn meinte sogar, daß ich mir eine solche Behandlung nicht gefallen lassen dürfte.

Wir fuhren erst einmal ins Hotel, versuchten, einigermaßen natürlich miteinander umzugehen, und tranken zusammen von einer Flasche, die ich mitgebracht hatte. Danach nahm mich Max mit zu einem langen Spaziergang durch Lissabon, bei dem er mir die endlose Geschichte erzählte, wie er Leonora, die aus Paris verschwunden gewesen war, wiedergefunden hatte. Ich war wie vor den Kopf geschlagen und lief in einem schmerzhaften Dämmerzustand herum. Zum Schluß nahm er mich mit in die Wohnung einer jungen Engländerin, wo ich Leonora Carrington traf. Es wurde des langen und breiten über einen Mexikaner gesprochen, den Leonora im Begriff stand zu heiraten, um einen Paß für Amerika zu bekommen. Sie äußerte, er sei sehr empfindlich und dürfe nicht wissen, daß wir etwas davon erfahren hatten. Sie luden mich zum Essen ein, aber ich lehnte ab. Bevor Leonora wegging, gab sie Max einen Abschiedskuß und steckte ihm eine Nelke an.

Wir blieben vierzehn Tage in Lissabon. Mir war so unglücklich zumute, daß ich am liebsten Kriegsdienst geleistet hätte. Ich probierte, ob ich ein britisches Einreisevisum bekommen konnte. Das war so gut wie unmöglich, und ich erwog, ob ich nicht einen Engländer heiraten sollte, den ich im Zug kennengelernt und mit dem ich mich angefreundet hatte. Auf diese Weise hätte ich wieder in England einreisen können. Glücklicherweise war mein Engländer verschwunden, und Laurence hielt mir ohnehin vor, daß ich kein Recht hätte, meine Kinder allein zu lassen, weil es meine Pflicht war, sie nach Amerika zu bringen. So gab ich meinen verrückten Plan auf.

Von Max bekam ich während dieser Tage sehr wenig zu sehen, und ich versuchte, ihn mir aus dem Sinn zu schlagen. Trotzdem hatte ich ein Gefühl, daß mein Leben mit ihm noch nicht zu Ende war. Tagsüber war er die ganze Zeit mit Leonora zusammen, nachts war er aber allein und machte endlose Spaziergänge mit Laurence durch Lissabon. Ich empfand es schmerzlich, daß sie mich niemals mitnahmen. Aus der komplizierten Geschichte mit dem Mexikaner wurde ich nicht schlau, und ich wußte damals auch nicht, daß Leonora mit ihm zusammenlebte (was mir Max bewußt verheimlichte). An einem Abend waren wir alle bei einer großen Party zusammen, Leonora, Max, Laurence, Kay und der Mexikaner. Es zeigte sich, daß er sehr nett war, Leonora aber so sehr für sich in Anspruch nahm, daß er sie nicht aus den Augen ließ und sogar in seiner Wohnung einschloß. So erfuhr ich, daß sie miteinander lebten. Es war ein verrückter Abend mit vielen schrecklichen Szenen.

Nach dieser Party sagte ich zu Max, es sei eine *charmante soirée* – ein reizender Abend – gewesen; und seitdem nannten wir alle solch wilden Streitszenen *charmantes soirées*. In Lissabon gab es ein herrliches Café, wo wir öfters Meeresfrüchte aßen. Manchmal waren auch Max und Leonora da, die mir nie besonders freundlich begegnete. Um so erstaunter war ich, als sie eines Tages auf mein Zimmer kam und mir Max in gewisser Weise zu übergeben schien.

Kurz darauf mußte sich Leonora einer Brustoperation unterziehen. Max verbrachte den ganzen Tag an ihrem Bett bis zum Abend; dann wurde er von dem Mexikaner abgelöst, der inzwischen ihr Mann geworden war. Als ich sie besuchte, merkte ich mehr als je zuvor, wie sehr Max an ihr hing. Sie verbrachten die ganze Zeit mit Lesen und Zeichnen, und es herrschte eine unbeschreibliche Harmonie zwischen ihnen. In ihrer Gegenwart war er wunschlos glücklich, und er stürzte in Verzweiflung, sobald er sich von ihr trennen mußte. Für Leonora war es einfach unmöglich, sich für Max oder für ihren Mann zu entscheiden; sie wußte nie, was sie tun sollte, schien immer auf jemanden zu warten, der ihr die Entscheidung abnahm, und war sehr leicht zu beeinflussen: das perfekte Medium. Ich glaube, Kay hat sie schließlich dazu gebracht, bei ihrem Mexikaner zu bleiben.

Endlich wurde Leonora wieder aus dem Krankenhaus entlassen, und Max flehte sie an, doch bloß nicht wieder zu ihrem Mexikaner zurückzukehren. Sie ließ sich jedoch nicht erweichen und sagte, daß sie ohne ihren Mann nicht nach Amerika ausreisen könne. Max hatte bereits einen Platz für sie auf dem Clipper ergattert und war nun völlig verzweifelt, als sie keinen Gebrauch davon machen wollte. In seiner Enttäuschung verließ er Lissabon und fuhr nach Monte Estoril hinaus, wo Laurence mit den Kindern in einem Hotel untergekommen war. Natürlich schloß ich mich an. Da wir nicht wußten, wie lange wir noch auf den Flug warten und in Portugal bleiben mußten, war der Strand ein erträglicherer Ort als das Häusermeer von Lissabon, besonders für die Kinder.

Schon in der ersten Nacht in Monte Estoril war ich wieder mit Max zusammen, und es bahnte sich die nächste Runde seelischer Verwirrungen und Schmerzen an. Denn Max wartete ständig auf einen Anruf von Leonora. Sie kam auch öfters von Lissabon heraus und verbracht dann den ganzen Tag zusammen mit ihm, wobei ich mir so entsetzlich überflüssig vorkam, daß es mich zutiefst verletzte und ich tagelang mit Max kein Wort mehr sprechen mochte. Doch der Aufenthalt in Monte Estoril zog sich noch fünf Wochen hin und ließ uns genügend Zeit, um das deprimierende Spiel in allerlei Abwandlungen zu wiederholen.

Als ich an einem Abend mit Laurence nach Lissabon zum Essen fuhr, traf ich Leonora, und es gab einen schrecklichen Auftritt; denn ich warf ihr an den Kopf, sie sollte entweder ganz zu Max zurückkehren, da es anscheinend nichts Schöneres für ihn gäbe, oder ihn endlich in Frieden und mir überlassen. Ihr schien erst in diesem Augenblick klarzuwerden, in welcher Beziehung Max zu mir stand. Sie hätte bloß Mitleid mit ihm gehabt, erklärte sie, und sie wolle künftig Zurückhaltung üben. Mir wurde angst und bange, als ich daran dachte, was ich angerichtet hatte.

Als ich Max von der Szene mit Leonora berichtete, war er so tief betroffen, daß ich mich sofort hinsetzte und sie in einem Brief bat, doch ja wiederzukommen. Sie blieb aber weg, und ich glaube, vor allem ihrem Mann wird das recht gewesen sein.

An einem Abend machte ich mir das Vernügen, nackt im Meer zu baden. Die Dunkelheit war bereits hereingebrochen, doch Max war entsetzt. Die Portugiesen nahmen es mit dem Katholizismus sehr genau, und wir wurden bereits *mit* Badebekleidung wegen Verstoßes gegen öffentliche Sittlichkeit von der Polizei belangt. Da sie weder Französisch noch Englisch sprachen, halfen sie sich damit, daß sie mit dem Meßband feststellten, wieviel unbedeckte Haut wir zur Schau trugen, gaben Zeichen der höchsten Empörung von sich und legten uns eine Geldbuße auf. Natürlich protestierten wir gehörig, beschwerten uns auch bei den Läden, die uns solch anstößige Badebekleidung verkauft hatten; die beanstandeten Stücke wurden sogar umgetauscht. Doch es gelang uns nie, die Polizei zufriedenzustellen: Männer durften eben nicht einfach in der Badehose schwimmen, und Frauen sollten sogar Röcke dazu anziehen! Wie schade, wo doch Max einen so schönen Körper hatte.

An jenem Abend war Max übrigens nicht nur in Sorge, weil ich nackt im Meer schwamm, sondern er hatte auch richtig Angst, ich könnte ertrinken. »Was wird bloß aus mir werden, wenn dir etwas zustößt?« lamentierte er, und ich glaube, er hatte wirklich Angst, daß er ohne mich nicht nach Amerika kommen würde.

Nach dem herrlichen Mitternachtsbad trocknete ich mich mit meinem Unterhemd; danach schmiegten wir uns wieder aneinander und liebten uns auf den Felsen am Meer. Leider merkten wir jedoch bald, daß wir uns neben die städtische Abfallgrube gelegt hatten. Immerhin ruhten wir auf einem geliehenen Regenmantel, den wir nachher stundenlang abschrubben mußten, bevor wir ihn zurückgeben konnten. Auf dem Heimweg kehrten wir noch ein wenig in der Bar eines vornehmen Hotels ein. Dort hängte ich mein Unterhemd zum Trocknen an das Bargeländer. Max war stets begeistert, wenn er diese Art von Ungezwungenheit an mir erlebte.

Man hätte meinen können, daß Max die ungewöhnliche Gabe besaß, in die Zukunft zu blicken, oder vielmehr, die Zukunft zu malen, bevor er sie erlebte. Er malte Länder, bevor er sie bereiste. So schuf er Bilder vom Fernen Osten, bevor er ihn kennenlernte, und genauso war es mit Amerika. Alle dachten später, er hätte die versteinerten Wälder dort gemalt; tatsächlich aber stammten sie aus seiner Zeit in den Internierungslagern Frankreichs.

Einmal erschien mir mitten am hellichten Tag der Geist von John Holms, brannte mir zwei Löcher in den Hals und gebot mir dringend, meine Verbindung mit Max aufzulösen. Er kündigte mir an, daß ich nie mit Max glücklich werden würde. Wie eine Vision und Stigmatisierung kam es über mich. Ach, hätte ich doch die Warnung befolgt! Aber ich muß immer das Unmögliche wollen. In welcher Form auch immer es mir entgegentritt, es zieht mich in seinen Bann, während ich den leichten Dingen im Leben aus dem Wege gehe.

Wir mußten uns in Geduld fassen, denn Max erhielt kein Visum für Trinidad, und Pan American Airways wiederum durfte ihm keinen Flugschein ausstellen, solange dieses Visum fehlte. Mehrmals telegrafierte ich nach England, bis schließlich Herbert Read das Nötige veranlaßte und Max das kostbare Visum plötzlich ganz rasch erteilt wurde.

Am 13. Juli 1941 war es dann endlich so weit, daß wir den Clipper besteigen durften. Wir waren elf Leute: ein Ehemann, zwei Ex-Ehefrauen, ein zukünftiger Ehemann und sieben Kinder.

13

Mein Leben mit Max Ernst

Bei der Ankunft in New York stürzten sich die Pressereporter auf uns. Wir wurden zigmal fotografiert und mußten tausend blödsinnige Fragen beantworten. Zahlreiche Freunde waren zu unserem Empfang gekommen, natürlich auch Jimmy, der Sohn von Max Ernst, der bereits seit vier Jahren in Amerika lebte. Auch Howard Putzel war da und berichtete mir, daß meine Sammlung wohlbehalten eingetroffen sei. Gerade als Max seinen Sohn begrüßen wollte, wurde er von den Beamten weggerissen. Der Schnappschuß von dieser Szene war sehr bezeichnend für die Absurdität der Situation und ging durch die gesamte Presse. Pan American Airways war strikt untersagt, einen Deutschen ohne Verhör durch die Einwanderungsbehörde in die USA einreisen zu lassen. Ich bot Kaution an, konnte aber nichts bewirken. Der arme Max wurde einfach mitgenommen. Von den Beamten erfuhr ich, daß die letzte Fähre nach Ellis Island, wo sich die Einwanderungskontrollstelle befand, abgefahren war und daß Max die Nacht als Gast der Pan American Airways verbringen mußte, und zwar unter Bewachung eines Detektivs. Er durfte mit niemandem sprechen. Immerhin ließ man mich wenigstens wissen, wo er untergebracht wurde. So folgte ich Max zum Hotel Belmont-Plaza, nahm dort ein Zimmer und rief dann alle halbe Stunde bei ihm an. Endlich gestattete der Detektiv, daß ich Max in der Hotelbar treffen durfte. Ich ging mit mit Putzel hin. Der Detektiv redete mich als Schwester von Max an. Nach einem Drink schlug der Detektiv vor, wir sollten bei Max im Zimmer zu Abend essen. Wir hatten aber viel eher Lust auszugehen, wozu er schließlich ebenfalls die Erlaubnis gab. In respektvollem Abstand ging er hinter uns her, ließ sich auch nicht zum Abendessen einladen, sondern blieb in dem Restaurant, wo wir einkehrten, allein an der Bar sitzen.

Max hatte einen amerikanischen Händler namens Julien Levy, der zu uns herauskam und uns begleitete, um gegebenenfalls bei dem Verhör zugunsten von Max aussagen zu können. Kaum waren wir in Ellis Island an Land gegangen, wurde Max wieder festgenommen und in Gewahrsam gebracht. Die nächsten drei Tage verharrte ich auf der Insel in der Erwartung, bei dem Verhör als Zeugin vorgeladen zu werden, und ich war halb von Sinnen und Angst, man würde Max wieder nach Europa zurückschicken. Ich versuchte, alle möglichen Hilfsorganisationen zu mobilisieren. Levy wandte sich um Hilfe an seinen Onkel, der Stadtrat in New York war. Aber es half alles nichts, und man konnte bloß geduldig abwarten. Julien Levy half mir während der beiden ersten Tage, die endlosen Stunden herumzubringen. Er war ein einfallsreicher Gesellschafter und sehr gereift, seitdem er als junger Mann in Paris die älteste Tochter meiner Freundin Mina Loy geheiratet hatte.

Am dritten Tag kam Max' Sohn Jimmy zu uns heraus. Er hatte die gleichen riesigen blauen Augen wie Max und war so zart gebaut, daß er wie eine Miniaturausgabe seines Vaters aussah. Jimmy hatte ein Empfehlungsschreiben des Museum of Modern Art bei sich, und ich wußte, daß Max gerettet war, als Jimmy zur Zeugenaussage gerufen wurde. Plötzlich hörte ich einen Beamten sagen: »Ihr Fall ist abgeschlossen. Ihre Freunde warten draußen.« Ich fiel fast in Ohnmacht vor Erleichterung: Max war endlich frei.

Jimmy hatte am Museum of Modern Art einen Job für fünfzehn Dollar die Woche, und ich kann mir nicht vorstellen, wie er damit hat existieren können. Jedenfalls war seine Gesundheit sehr angegriffen, und er litt unter Anfällen nervöser Krämpfe. Wahrscheinlich kamen sie von seiner langen Unterernährung, aber auch durch emotionale Belastung wurden sie ausgelöst. Unsere Ankunft in Amerika und die damit verbundenen Aufregungen waren mehrfach

Anlaß für neue Anfälle. Kaum war Max aus Ellis Island entronnen, da fragte Jimmy ihn auch schon, ob er seinen Job am Museum of Modern Art aufgeben dürfe. Sein Job wurde nämlich nicht nur schlecht bezahlt, sondern bestand auch in einer erbärmlichen Arbeit. Für Max war es keine Frage; er sagte sofort ja und versprach Jimmy das Doppelte von dem, was er bis dahin als Bezahlung erhalten hatte.

Jimmy hatte ein starkes Bedürfnis, sich Max anzuschließen. Doch Max war in Jimmys Gegenwart gehemmt und wußte nicht recht, wie er mit ihm umgehen sollte. Ich dagegen schloß Jimmy sofort ins Herz und wurde für ihn eine Art zweite Mutter. In gewisser Weise mußte ich auch bei Max eine Mutterrolle übernehmen. Er kam mir manchmal wie ein Kind vor, das an meiner Tür ausgesetzt worden war und um das ich mich ganz einfach kümmern mußte, ob ich wollte oder nicht. Deshalb geriet ich auch jedesmal so sehr außer mir, wenn er in Schwierigkeiten kam. Mir war stets bewußt, daß er mich nicht mehr brauchen würde, sobald ich nicht mehr für ihn von Nutzen sein konnte. Deshalb habe ich immer versucht, die schwierigsten Dinge für ihn zuwege zu bringen, nicht nur das, was er wirklich benötigte, sondern auch gerade Dinge, nach denen er bloß Lust verspürte. Max war der erste Mann, dem gegenüber ich mütterliche Gefühle entwickelte. Als ich ihm sagte, was ich für ihn empfand, meinte er: »Du wirst dich noch ganz verlieren.« Ich war erstaunt, wie klar er die Dinge sah und daß er sich der Lage völlig bewußt war.

Wie alle Kinder wünschte sich Max stets, im Zentrum des Interesses zu sein. Jedes Gespräch suchte er so zu wenden, daß es sich um ihn drehte, was auch immer der Gesprächsgegenstand gewesen sein mochte. Er kleidete sich gerne chic und war eifersüchtig, wenn ich mir neue Kleider kaufte, weil er sie gerne selbst angezogen hätte statt der langweiligen Männerkleidung, die er tragen mußte. In seinen Gemälden stellte er sich und andere Männer in herrlichen Renaissancekostümen dar. In Marseille hatte ich mir einmal einen Schaffellmantel gekauft, und Max war so neidisch gewesen, daß ich auch für ihn einen bestellte. Der Mantel wurde nach Maß für Max gefertigt, und wenn er ihn trug, sah er aus wie ein slawischer Fürst.

Bereits vor unserer Landung hatte mich Max gebeten, die Familie zu verlassen und mit ihm zusammen in ein Hotelzimmer zu ziehen. Mrs. Vail hatte im Great Northern Hotel eine große Suite reservieren lassen, und wir wurden dort zunächst alle als Gäste empfangen. Gleich nach unserer Ankunft gab sie mir auch das Geld für die Flugbillets zurück, das ich für Laurence, Kay und die Kinder vorgelegt hatte. Bald wechselten wir das Hotel und zogen ins Shelton. Jimmy bestand darauf, daß wir getrennte Zimmer nahmen. Sie lagen zwar nebeneinander, hatten aber keine Verbindungstür. Nachdem ich vorher vier Jahre lang allein gelebt hatte, fing nun wieder ein Leben an, bei dem ich mir wie verheiratet vorkam.

Jimmy war glücklich, eine neue Mutter gefunden zu haben. Alles, woran Max nicht interessiert war, konnte ich mit meinem »Stiefsohn« unternehmen. Er begleitete mich, wenn ich mir neue Kleider kaufte. Ausgiebige Besuche in den Modesalons waren jetzt nämlich nötig, weil ich vor meiner Abreise aus Frankreich alles weggegeben hatte. Max wiederum konnte nicht ohne mich zum Einkaufen gehen. Alles, was er haben wollte, mußte ich für ihn aussuchen oder wenigstens auswählen helfen. Ich drängte ihn auch dazu, sich wieder völlig neu mit Anzügen auszustatten. In der amerikanischen Kleidung sah er nämlich blendend aus, zumal er eine vollendete Figur besaß und schon von Natur aus elegant war. Zusammen mit einer Taschenuhr schenkte ich ihm das diamantenbesetzte Platinlorgnon, das meiner Mutter gehört hatte. Er benutzte das Lorgnon statt einer normalen Brille; es stand ihm ausgezeichnet und ließ ihn ungemein vornehm wirken.

Während Max noch auf Ellis Island war, hatte ich André Breton besucht. Er wohnte in einem Appartement im Village, dem New Yorker Künstlerviertel. Kay Sage hatte ihm die Wohnung besorgt und auf ein halbes Jahr gemietet. Er hatte es dort zwar sehr bequem, doch sah es ganz anders aus als die sonst bei ihm übliche Wohn- und Arbeitsatmosphäre. Voller Sorge blickte er in die Zukunft, wollte aber trotzdem um keinen Preis Englisch lernen. Ich mußte ihm alles über unsere Erlebnisse in Lissabon erzählen, insbesondere über Max und Leonora; denn es hatte sich in New York das Gerücht verbreitet, wir hätten so lange mit der Abreise gezögert, weil Max sich nicht von Leonora trennen wollte. Breton hatte keine Ahnung, daß ich Max liebte, und unser Gespräch bestärkte mich wieder in der Gewißheit, daß Leonora die einzige Frau war, die Max je geliebt hat.

Bei dieser Gelegenheit konnte ich mich zum erstenmal bei Breton für sein Gedicht *Fata Morgana* bedanken, das er mir kurz vor seiner Abreise aus Frankreich geschenkt hatte. Die Veröffentlichung war durch das Vichy-Regime untersagt worden. Doch in Amerika fand sich bald ein Herausgeber, und das Gedicht wurde ins Englische übertragen. Auf seinem Weg nach Amerika hatte Breton zahlreiche Abenteuer zu bestehen, und in Kuba hatte er wochenlang auf ein Schiff warten müssen. Jetzt war er zutiefst deprimiert und wußt nicht, wie es weitergehen sollte.

Sobald Max frei war, besuchte auch er zuerst Breton und lud ihn zum Essen ein. Breton seinerseits lag viel daran, Max wieder für seine Künstlergruppe zu gewinnen, war er doch sein Hauptstar gewesen, bevor er ihn in der Eluard-Krise verloren hatte. Die Surrealisten liebten solche Katz-und-Maus-Spiele, und es war für Breton nicht einmal schwer, Max jetzt wieder für sich zu gewinnen. Als ich im Brevoort-Hotel eintraf, wo wir uns zum Essen verabredet hatten, kam Max auf mich zu und küßte mich, damit auch Breton endlich begriff, wie unser Verhältnis war. Er war denn auch ganz starr vor Staunen.

Auf Bitten von Kay Sage beschloß ich, Breton mit zweihundert Dollar pro Monat für ein Jahr über Wasser zu halten. Er sollte Muße haben und ohne drückende Sorgen darüber nachdenken können, was er in New York anfangen und wie er sein Leben weiterhin gestalten würde.

Meine erste gemeinsame Unternehmung mit Max war ein Wochenende in Long Island, zusammen mit Louis und Marion Bouché. 1938 hatte ich Louis zum letztenmal in Yew Tree Cottage gesehen. Jetzt luden sie uns ein, ein Weekend mit ihnen in Oyster Bay zu verbringen. Ich konnte es gar nicht abwarten und bat sie, uns auf der Stelle aus der unerträglichen New Yorker Hitze mitzunehmen. So geschah es, und wir wurden aufs liebenswürdigste verwöhnt. Bouché, der selbst weder abstrakt noch surrealistisch malte, hatte schon seit langem große Bewunderung für die Arbeiten von Max gehegt und schien sich in dessen Werk gut auszukennen.

Bei unserer Ankunft in New York wurde gerade eine Picasso-Ausstellung im Museum of Modern Art gezeigt. Sogar Penrose hatte seine Bilder als Leihgabe geschickt. Unter den Exponaten befanden sich einige der Bilder, die mir von Picassos Werken am vertrautesten waren. Das Museum hatte auch bereits eine Menge Bilder und Collagen von Max, zumal Alfred Barr allein vierzehn gekauft hatte. Leider waren sie im Keller abgestellt, wo das Museum of Modern Art noch manche andere Kostbarkeit verbarg. Ich weiß noch, wie ich bei einem Gang durch das Magazin *Le Miracle* von Brancusi entdeckte. Es war ein Wunder, daß diese Plastik da unten stand. Oben hatten sie *Oiseau dans l'espace* ausgestellt. Das Stück war ganz ähnlich wie das in meiner eigenen Sammlung, bloß zwanzig Jahre älter. Insgesamt war die Sammlung des Museums äußerst sehenswert, denn fast alle wichtigen Künstler waren mit bedeutenden Werken vertreten: Picasso, Braque, Léger, Dali, Rousseau, Arp, Tanguy, Calder. Aber sie hatten keinen einzigen Kandinsky. Im Garten standen Plastiken, und das Ganze wirkte von der Atmosphäre her wie ein Mädchencollege. Zugleich hatte es auch etwas von einem Jachtklub für Millionäre.

Natürlich besuchten wir auch das Museum meines Onkels. Es war einfach ein Witz. Da hingen ungefähr hundert Gemälde von Bauer in gewaltigen Silberrahmen, die die zwanzig Kandinskys überhaupt nicht zur Wirkung kommen ließen. Immerhin gab es in der Sammlung einen wunderschönen Léger von 1919, einen Juan Gris, einiges von Domela, einen John Ferren, einen Calder, einen Delaunay sowie einige unbedeutende Maler, an deren Namen ich mich nicht erinnern kann. Aus versteckten Lautsprechern tönte einem Musik von Johann Sebastian Bach entgegen, was einen irren Kontrast zu den ausgestellten Werken bildete. Das Gebäude selbst war eine kleine Kostbarkeit von Architektur, deren Kunst freilich durch die unsinnige Ausstellungsanordnung vergeudet wurde. Max nannte die Sammlung meines Onkels das »Bauer-Haus«. Das Museum of Modern Art war für ihn das »Barr-Haus«; und Gallatins Sammlung im Gebäude der New Yorker Bibliothek hieß bei ihm gar das »Bore-Haus« (Langweiler-Haus). Es war wirklich langweilig; obwohl Mr. Gallatin einige ganz hübsche abstrakte Bilder besaß, war doch die Umgebung, in der sie hingen, so öde, daß es keinen Spaß mehr machte, die Bilder zu betrachten. Max ärgerte sich auch, daß Mr. Gallatin ein Bild von ihm aus der ständigen Ausstellung entfernt hatte, weil es angeblich nicht mehr abstrakt genug für ihn war. Heute ist diese Sammlung in einem Museum in Philadelphia zu sehen.

Am stärksten fühlte sich Max in New York vom Naturwissenschaftlichen Museum angezogen. Er begeisterte sich sehr für die mathematisch-pysikalischen Objekte, die er höher schätzte als die Konstruktionen eines Pevsner. Gern besuchte er auch die Heye Foundation, das Museum des amerikanischen Indianers, worauf ihn Breton aufmerksam gemacht hatte. Es enthielt eine hervorragende Sammlung indianischer Kunst aus den verschiedensten Bereichen.

Im Gegensatz zum »Bauer-Haus« hatte mein Onkel im Plaza Hotel eine wirklich schöne Sammlung moderner Gemälde, die der Öffentlichkeit allerdings nur auf besondere Einladung hin zugänglich war, Tante Irene und Onkel Solomon wohnten dort, umgeben von all den schönen Werken. Sie hatten wundervolle Picassos, Seurats, Braques, Klees, Kandinskys, Gleizes, Delaunays, Chagalls und einen

Lissitzky. Als ich Max meiner Tante vorstellte, war sie entzückt von ihm, zugleich ein wenig verwirrt, weil sie dachte, Max hätte inzwischen die Rolle von Herbert Read in meinem Leben eingenommen. Ich sagte meiner Tante ganz offen, sie sollte alle Bauer-Bilder hinauswerfen und dafür die herrlichen Bilder aus ihrer Wohnung ins Museum hängen. »Bist du still!« rief sie. »Laß das ja nicht deinen Onkel hören! Die Bauer-Gemälde haben ihn ein Vermögen gekostet.«

Ich sah meine Tante erst wieder, als sie mir in der neuen Wohnung einen Besuch abstattete. Dort begegnete sie Laurence, den sie siebzehn Jahre nicht gesehen hatte, und hielt ihn zuerst für Max. Als ich ihren Irrtum berichtigte, meinte sie: »Ich dachte mir schon, daß da etwas nicht stimmt; denn Ernst sieht doch viel älter aus.« Tatsächlich waren beide vom selben Jahrgang, aber Max wirkte um zehn Jahre älter.

Er wurde öfters mit Laurence Vail verwechselt. Einmal hatte uns Laurence alle zum Lunch eingeladen, um Bob Coates wieder zu begrüßen. Als Bob hereinkam, traf er zuerst auf Max und hielt ihn für Laurence, den er vierzehn Jahre lang nicht gesehen hatte. Wie groß war sein Erstaunen, als Max ihn erst zu dem gesuchten alten Freund führen mußte.

Eines Abends begegnete Jimmy Leonora Carrington in einem Drugstore, und er geriet darüber in helle Aufregung. In Europa war er teils verliebt in sie gewesen, teils eifersüchtig auf sie wegen seiner abnormen Bindung an den Vater. Als Max von der Begegnung erfuhr, konnte er es gar nicht abwarten, bis er sie wiedersah. Leonora hatte alle seine Gemälde heil über den Ozean gebracht. Max nahm sie entgegen und veranstaltete bei Julien Levy eine kleine Ausstellung. Von nun an war Max wieder öfters mit Leonora zusammen, und genau in dem Moment, als ich zu Jimmy sagte, ich könne es nicht länger ertragen und müsse mich von Max trennen, wurden wir alle von meiner Schwester Hazel nach Kalifornien eingeladen.

Max war immer für Einladungen zu haben, und ich freute

mich darauf, meine Schwester wiederzusehen. In der New Yorker Hitze war es ohnehin kaum auszuhalten. Dazu kam, daß ich unbedingt die berühmte Arensberg-Sammlung in Hollywood sehen wollte. Pegeen und Jimmy reisten mit uns. Der Flug quer über die Vereinigten Staaten war unglaublich schön. Bei einer Zwischenlandung in San Francisco schauten wir uns in der Stadt um, gingen ins Theater, speisten in Chinarestaurants und besuchten das dortige Museum für moderne Kunst. In der Courvoisier-Galerie kauften wir zwei Bilder von Charles Howard. 1939 hatte ich für ihn in London eine Ausstellung veranstaltet. Es war schön, nach so langer Zeit seinen neueren Arbeiten zu begegnen und zu sehen, welche bedeutenden Fortschritte er gemacht hatte. Wir besuchten ihn in seiner Werkstatt, die auf einem Werftgelände eingerichtet war. Er schien Kummer zu haben und wirkte bedrückt.

Wir statteten auch dem Museum einen Besuch ab, das von Dr. Grace McCann Morley geleitet wurde. Ich war etwas gekränkt, als sie mir durch ihre Sekretärin ein Gespräch abschlagen ließ. Der Kontakt wurde dann aber doch hergestellt, und zwar durch den Kunsthändler Sidney Janis, der zufällig gerade im Museum zugegen war, wo er eine große Naivensammlung ausstellte. Als Janis Dr. Morley mitteilte, daß Max Ernst im Hause war, hatte sie plötzlich Zeit und empfing uns äußerst freundlich. Sie lud uns zu einem Fischessen an einem Ort ein, der uns sehr an Marseille erinnerte, fuhr uns dann in der ganzen Gegend herum und zeigte uns alle Sehenswürdigkeiten. Sie war höchst temperamentvoll und erwies sich als eine bezaubernde Gastgeberin. Als ich sie fragte, ob ich ihr meine Ausstellungen weitervermitteln dürfe, wenn mein Museum eingerichtet sei, war wie sofort einverstanden und sagte, sie hätte hundertzwanzig Ausstellungen pro Jahr zu organisieren.

Max war von der Naivenmalerei sehr beeindruckt. Ein Reporter, der zufällig im Museum war, interviewte Max und gab dessen Begeisterung für die Ausstellungsstücke wieder, was in der Kunstzeitschrift *The Art Digest* ziemlich unfreundlich kommentiert wurde. Man wollte einfach nicht glauben, daß Max diese Kunst tatsächlich schätzte, sondern sah in seinen Äußerungen eine Verhöhnung des amerikanischen Publikums. Durch einen Leserbrief mußte ich richtigstellen, daß Max Ernst diese Kunst wirklich mehr als alles andere schätzte, was in Amerika entstanden war.

In Los Angeles empfing uns eine glückliche Hazel mit einem jungen hübschen Ehemann, dem gegenüber Max schon ausgesprochen alt wirkte. Er machte gerade seine Pilotenprüfung und hatte sich vorgenommen, sobald Amerika in den Krieg eintreten würde, zur Air Force zu gehen, bei der er dann leider auch ums Leben kam. Das Paar machte einen heiteren, gelösten Eindruck, und ich muß sagen, dies war das einzige Mal, daß ich Hazel glücklich verheiratet gesehen habe. Sie befaßte sich auch mit Malerei und fragte Max, ob er ihr nicht beibringen könne, wie man einen Urwald malt. Gutgelaunt ging er auf die Frage ein und gab ihr eine Malstunde. Hinterher meinte er aber, sie hätte ihm überhaupt nicht zugehört.

Hazels Sekretär hieß Albert Bush. Er hatte Gedichte veröffentlicht und leitete eine Dichterstunde am Rundfunk. Er bat Max, ein wenig über Frankreich zu sprechen, wie es dort zuging und warum er gezwungen war, Frankreich zu verlassen, auch, welche Erfahrungen er inzwischen in Amerika gemacht hatte. Ich bereitete das Interview mit Max vor und übersetzte, was er sagen wollte, half ihm mit der Aussprache beim Vorlesen auf Englisch, das er ja noch nicht beherrschte. Als das Interview im Radio gesendet wurde, saßen Jimmy und ich zusammen in unserem neuen Buick und hörten zu. Bis auf einen kleinen Betonungsfehler ging alles gut. Jimmy hatte einen Vaterkomplex, wie er im Buch steht, und bewunderte Max mindestens so sehr wie ich. Wir versuchten beide, alles zu tun, um Max das Gefühl zu geben, eine wichtige Persönlichkeit zu sein. Im Umgang mit den Medien entwickelte Jimmy viel Geschick, und Max war unbekümmert glücklich, wenn er dann im Licht der Öffentlichkeit erschien. Fast war es, als ob Max nur lebte, solange er von einem Publikum wahrgenommen wurde. Allerdings wußte er, was er sich schuldig war, und machte sich nie zum Narren.

Während wir bei Hazel wohnten, standen uns ein Schlafzimmer mit einem Bett, eine Veranda mit einer Liege sowie ein ehemaliges Kinderzimmer zur Verfügung. Eigentlich sollte ich mit Pegeen im Kinderzimer schlafen, verbrachte aber meist die Nacht bei Max im anderen Zimmer oder auf der Veranda. Manchmal wechselte ich dreimal in der Nacht das Bett, damit die Dienstmädchen nichts merkten.

Max benutzte die Veranda als Atelier, und es war für mich immer besonders aufregend, wenn ich morgens in diesem Raum erwachte und auf der Staffelei eine neue Arbeit von Max stand. Dann fühlte ich mich, wie wenn ich eine Geburt miterlebte.

Für meinen Schwager, fürchte ich, muß die Art, wie wir über ihn hergefallen sind, recht schlimm gewesen sein, zumal er sich mit Max nicht unterhalten konnte; denn Max sprach kein Englisch, und mein Schwager konnte weder Französisch noch Deutsch.

Zu einer Party hatte Hazel auch George Biddle eingeladen, der sich für den größten Maler Amerikas hielt. Er war sehr bemüht, zu Max nett zu sein und mit ihm über den Surrealismus zu reden, obwohl der ihm in der Seele zuwider sein mußte. Da ich keine Ahnung hatte, wer Biddle war, fügte ich ihm auch noch die Kränkung zu, daß ich ganz naiv fragte: »Malen Sie etwa auch, Mr. Biddle?«

An meinem Geburtstag kochten Max und ich ein Essen für vierzehn Personen. Albert Bush brachte mir zu Ehren einen Toast aus; in Anspielung auf Oscar Wildes Titel *The Importance of Being Earnest* sagte er: »Nur Peggy weiß, wie wichtig es ist, Ernst zu sein.«

Max und ich hatten noch immer keine Vorstellung, wo wir einmal wohnen wollten und wo mein Museum eingerichtet werden sollte. So benutzten wir die Gelegenheit und schauten uns in ganz Kalifornien nach geeigneten Häusern um. Beinahe hätten wir ein Schloß mit fünfzig Zimmern bei

Malibu gekauft, das hoch in den Bergen lag. Es war nie fertiggestellt worden, weil seiner Erbauerin, einer verrückten Amerikanerin, die Mittel ausgegangen waren. In seiner unvollendeten Verlassenheit erschien uns das Anwesen wie ein surrealistischer amerikanischer Traum. In Marseille hatte ich Breton angekündigt, daß er in Amerika in meinem Museum wohnen und hofhalten solle, und das Schloß wäre der geeignete Ort dafür gewesen. Aber bei seiner Abgelegenheit war es von vorneherein klar, daß kein Mensch je dort hinausfahren würde, zumal der Fahrweg während der Regenzeit völlig unpassierbar wurde.

In Hollywood trafen wir Man Ray mit seiner jungen Frau – wieder einer neuen – sowie ein paar andere alte Bekannte aus Europa. Wir versuchten, für Pegeen eine Schule zu finden; aber sie hatte bloß Schauspielschulen im Sinn und wollte partout Filmstar werden. So entschloß ich mich, möglichst bald diese demoralisierende Umgebung zu verlassen.

Arensbergs Sammlung moderner Kunst, wegen der ich ja unter anderem in den Westen gereist war, ist wohl eine der schönsten Privatsammlungen der Welt. Jeder Raum in der komischen viktorianischen Villa war mit Gemälden vollgehängt. Selbst auf den Korridoren und Toiletten hingen so kostbare Stücke wie in den besten Sälen großer Museen. Abgesehen davon, daß er fast alle Werke von Duchamp besaß, hatte er auch schöne Brancusis, einen wunderschönen Rousseau, einen Chirico, Bilder von Tanguy, Dali, Gleizes und Delaunay. Besonders auf seine kubistische Sammlung war ich neidisch; aus späteren Epochen hatte ich allerdings schönere Stücke in meiner Sammlung. Überhaupt kann man sagen, daß ich mit dem Sammeln dort anfing, wo er aufhörte. Als ich seine Bilder sah, hatte er sich inzwischen ganz auf präkolumbische Plastik verlegt. Seinem Wesen nach muß er wohl depressiv gewesen sein. Im übrigen steckte er seine ganze Energie in das Unterfangen, endlich den Nachweis zu erbringen, daß Bacon die Shakespeare-Stücke geschrieben habe. Das änderte allerdings nichts an seiner großen Leidenschaft für Duchamp und dessen Werke. Bei Arensberg machte ich auch die Bekanntschaft von John Ferren und seiner Frau Inez. Der rotbärtige Ferren hatte viele Jahre in Paris gelebt. Später kaufte ich zwei Bilder von ihm, und seine Frau Inez brachte meinen Katalog heraus, ganz zu schweigen davon, daß sie das Manuskript meiner Memoiren getippt hat.

Nachdem wir drei Wochen bei Hazel verbracht hatten, fuhren wir mit dem Wagen zum Grand Canyon, wo ich Emily Coleman besuchen wollte. Sie war inzwischen mit einem Cowboy verheiratet und lebte auf einer Ranch. Bevor wir losfuhren, hatten wir Nachricht von Julien Levy, der in San Francisco eine kleine Galerie gemietet hatte und nun eine Ausstellung mit Bildern von Max veranstalten wollte. Ich riet Max, ruhig hinzufahren, falls er Spaß daran hätte, und sich später wieder mit uns zu treffen. Er muß aber wohl Angst gehabt haben, mich zu verlieren, denn er zog es vor, mit uns zu kommen. Am Grand Canyon ließ ich Max unter Betreuung von Jimmy zurück und fuhr allein mit Pegeen nach Holbrook, um Emily abzuholen. Beim Abschiedskuß sagte Max in tiefer Sorge: »Wirst du wohl je wiederkommen?« Danach lief er zwei Tage unruhig hin und her und wartete nur auf den Moment unserer Rückkehr. Mit Jimmy konnte er nicht viel anfangen, aber er entdeckte während unserer Abwesenheit einen Laden, in dem herrliche indianische Masken, Totempfähle und Kachinapuppen verkauft wurden. Am liebsten hätte er gleich alles mitgenommen. Sein plötzlicher Reichtum brachte ihn ständig in Versuchung, alles zu kaufen, wonach er gerade Lust verspürte. Ich versuchte, so gut es ging, ihn davon abzubringen, aber er setzte seinen Dickkopf immer wieder durch.

Emily und Max verstanden sich recht gut. Unter vier Augen gab sie mir zu verstehen, wie stark man mir die Unsicherheit Max gegenüber anmerkte. Das traf mich hart, weil ich immer gehofft hatte, meine Abhängigkeit verbergen zu können. Einige Tage danach brachten wir Emily wieder zurück zu ihrer ungepflegten Ranch. Ich habe nie begreifen können, wie sie sich in diesem unaussprechlichen Schmutz hat zu Hause fühlen können. Ihren Mann bekam ich übrigens nie zu Gesicht.

Anschließend ging es weiter nach Santa Fé, wo wir einige Tage verbrachten und sogar mit dem Gedanken spielten, uns dort niederzulassen. Aber sosehr uns die Gegend auch gefiel, wir wußten, daß wir dort vor Langeweile umkommen würden.

Nach unserer Rückkehr begann ich, mich ernstlich nach einem Domizil für mein Museum umzusehen. Laurence, der in Connecticut wohnte, versuchte mich dazu zu überreden, in seine Nachbarschaft zu ziehen, und es gab dort zwei Häuser, die wir beinahe gekauft hätten. Vom einen war Max besonders fasziniert, weil dort bereits dreizehn Selbstmorde stattgefunden hatten, und das andere war gerade zehn Minuten zuvor verkauft worden, als wir es ansahen.

In New York waren wir lange auf der Suche. Schließlich entdeckten wir ein traumhaftes Haus am Beekman Place mit Blick auf den East River. Es schien uns geradezu ideal für ein Museum, wenn es auch vom Zentrum etwas abgelegen war. Wir dachten uns schon aus, wie wir in den Räumen für das Dienstpersonal unsere Stadtwohnung einrichten würden und im übrigen auf dem Lande leben wollten. Leider wurde ein Strich durch unsere Pläne gemacht, denn man gestattete uns nicht, in diesem Viertel ein Museum zu eröffnen. Es blieb uns daher nichts anderes übrig, als das Haus zu unserem Wohnsitz zu machen, denn wir hätten es um keinen Preis wieder aufgeben mögen. Unser neues Heim war ein umgebautes Sandsteingebäude und hieß Hale House. Besonders ein riesiger Wohnraum mit Kamin hatte es uns angetan. Er sah aus wie der große Saal eines transsilvanischen Schlosses. Der Raum war so hoch wie eine Kapelle, und über die ganze Breite hatte er eine Fensterfront zum Fluß, vor der sich noch eine Terrasse befand. Im dritten Stock richteten wir unser Schlafzimmer und für Max ein schönes Atelier ein. Auch hier war noch ein Balkon, der zum Fluß hinausging. Den zweiten Stock sollte Pegeen für sich haben. Die ehemaligen Personalräume richteten wir als Gästesuite ein. Da wir beide gerne kochten, kam die geräumige Küche unseren Bedürfnissen entgegen, und wir nahmen dort oft unsere Mahlzeiten ein. Max war ein hervorragender Koch.

Wenn es auch nicht ohne Jimmys Zutun gegangen war, sollte man nicht vergessen, daß Max nur durch das Museum of Modern Art nach Amerika gekommen war. Deshalb hatten wir uns vorgestellt, das Museum würde Max einen herzlichen Empfang bereiten. Aber bei unserer Ankunft war Alfred Barr, der Direktor, verreist und schickte Max bloß ein Grußtelegramm. Danach arrangierte er eine kleine Ausstellung mit Collagen von Max und einigen anderen Leuten. Aber es wurde Herbst, bevor wir Barr persönlich kennenlernten. Von Nellie van Doesburg hatte ich bereits eine Menge über ihn gehört, und jahrelang waren seine Bücher über moderne Kunst meine Bibel gewesen. Kein Wunder also, daß ich mir eine Begegnung mit ihm herbeiwünschte. Nur war ich nicht darauf gefaßt, jemanden zu begrüßen, der wie Abraham Lincoln aussah. Er wirkte ein wenig förmlich, und im Gespräch bekam er leicht etwas wissenschaftlich Dozierendes; dabei war er schüchtern und sehr nett. Ich mochte ihn vom ersten Moment an gut leiden. Später lernte ich ihn besser kennen. Da empfand ich ihn nicht immer als aufrichtig, und ich wußte nie recht, worauf er hinauswollte. Dennoch gehört er zu den Leuten, für die ich große Hochachtung empfinde: Er hat eine Pionierleistung vollbracht und darf als Vorbild gelten.

Während wir noch im Great Northern Hotel wohnten, kam er zu uns, um sich die Arbeiten von Max anzusehen. Kurz bevor er auf Besuch kam, flog ein Spatz in unser Zimmer, und Barr war entzückt, daß der kleine gefiederte Besucher ausgerechnet zu Max, dem König der Vögel, hereingeflogen war. Mit den Bildern war Barr ganz verrückt, konnte aber das Museum nicht dazu bewegen, das zu kaufen, was er gerne gewählt hätte. Auch war er lange unentschlossen, und es gab immer noch was, worüber verhandelt werden mußte. Das Hin und Her machte mich fast wahnsinnig. Schließlich erhielt ich im Tausch für ein Bild von Max einen Malewitsch, von denen Barr dreizehn im Museumsmagazin hatte. Wir waren alle mit der Transaktion zufrieden, Max erhielt von mir das Geld, soweit es über den Tausch hinausging, und Barr war sichtlich beeindruckt von meiner echten Leidenschaft für die moderne Kunst.

Nach dem Einzug in unser Haus am Beekman Place veranstalteten wir eine große Party. Auch Leonora Carrington kam und sah bezaubernd aus. Wenigstens einmal hatte sie sich wirklich vorteilhaft angezogen; sie kam in einem improvisierten Kostüm mit einer weißen Mantille. Auch in anderer Hinsicht verlief der Abend recht aufregend, denn es kam zu einem Zweikampf zwischen dem riesigen Nicolas Calas und dem kleinen Charles Henri Ford. Als Blut zu fließen begann, lief Jimmy umher und nahm die Kandinskys von der Wand, damit sie keine Spritzer abbekamen. Über so viel hingebungsvolle Fürsorge konnte sich Barr gar nicht genug tun, weil Jimmy erst meine Bilder rettete, bevor er sich um die seines Vaters kümmerte. Durch das Blut der beiden Intellektuellen hatte das Haus die nötige Weihe erhalten. Vielleicht war es aber auch ein schlechtes Omen gewesen, denn wir fanden keinen einzigen Moment Ruhe in unserem neuen Heim. Dabei benötigte Max jetzt nichts so sehr wie Ruhe zum Arbeiten, und ich brauchte Liebe zum Leben. Da keiner dem anderen zu dem verhalf, was er am dringendsten wünschte, mußte es mit uns beiden schiefgehen.

Nun wurde es endlich Zeit, meine vielen Bilder vom Lager zu holen und sie im Haus aufzuhängen. Ich lud Alfred Barr ein, sich meine Sammlung anzusehen, und ich war ganz aufgeregt in Erwartung seines Urteils. Er kam mit seiner Frau Daisy und dem Ehepaar Soby zum Essen. Daisy hatte ich bei einer ihrer Cocktailpartys kennengelernt. Damals hatte sie mich ziemlich in Verlegenheit gebracht, weil sie mich darüber ausfragen wollte, was zwischen Max und Leonora in Lissabon vorgefallen war. Damit konnte sie bei mir natürlich keine Sympathien erwecken; aber je vertrauter wir mit der Zeit wurden, desto netter fand ich sie. Jim Soby hatte engen Kontakt mit Barr, weil er dessen Stelle am Museum übernehmen sollte und gerade in seine neue Aufgabe eingeführt wurde. Wie es zu der Umbesetzung kam und welche innenpolitischen Winkelzüge des Museums dabei eine Rolle spielten, habe ich übrigens nie verstanden und werde es wohl auch nie begreifen. Jedenfalls waren beide Herren sehr angetan von meiner Sammlung und äußerten sogar echte Bewunderung für einige meiner Bilder. An dem Abend kaufte Soby Max ein Gemälde ab. Es war eine Art Porträt von Leonora, auf einem Felsen sitzend. Das Bild hieß *Arizona*. Max hatte es bereits in Europa gemalt und in Kalifornien überarbeitet.

Nachdem Julien Levy aus Kalifornien zurückgekommen war, mietete er eine kleine Galerie in der siebenundfünfzigsten Straße. In San Francisco hatte er keinen nennenswerten Erfolg gehabt, und wir waren etwas verärgert über ihn, weil er ein Bild von Max zu einem viel zu geringen Preis verkauft hatte. Max fand auch die neue Galerie zu klein und weigerte sich, künftig noch bei Levy auszustellen. Statt dessen nahm er ein vorteilhaftes Angebot von Dudensing an, zu dem ich ihm geraten hatte.

Während meiner Freundschaft mit Max hatte ich anfänglich keine Ahnung, wie berühmt er damals schon war. Erst langsam wurde ich mir dessen bewußt. Immer wieder kamen Leute voller Respekt zu ihm und behandelten ihn ehrfürchtig wie einen großen Meister, was er sich gerne gefallen ließ. Er gewöhnte sich auch daran, ständig von Reportern fotografiert zu werden. Dabei ärgerte es ihn höchstens, wenn ich mit auf die Fotos kam. Einmal mußte er es sich aber gefallen lassen, und wir erschienen zusammen in *Vogue* mit unserem tibetanischen Lhasa-Terrier Kachina, der mit seinem weißen Haar wie Max aussah.

Die Gemälde, die Max während seiner Zeit in französischen Internierungslagern geschaffen hatte, leiteten einen ganz neuen Abschnitt in seinem Gesamtwerk ein. Der Hintergrund dieser Bilder glich unwahrscheinlich der öden Landschaft von Arizona und den Sümpfen von Louisiana. Da er seine Bilder ganz aus dem Unterbewußtsein, aus einer tief verborgenen Quelle heraus schuf, wunderte ich mich über nichts mehr, was unter seinen Händen entstand. Nach der Flucht Leonoras aus Frankreich malte er ihr Porträt in verschiedenen Fassungen, und ich war eifersüchtig, weil er nicht auch mich malte. Ich war darüber sogar ziemlich unglücklich und hielt es für einen Beweis, daß er mich nicht liebte. Um so erstaunter war ich, als ich eines Tages in sein Atelier trat und auf der Staffelei ein kleines Bild stehen sah, das ich noch nicht kannte. Es zeigte eine eigentümliche Gestalt mit einem Pferdekopf, der zugleich die Züge von Max trug. Der Körper des Mannes war mit einer schimmernden Rüstung gepanzert. Davor, und dem seltsamen Wesen zugewandt, war eine Frau mit den Händen zwischen den Beinen des Mannes abgebildet, in der ich mich wiedererkannte. Nur war ich nicht so dargestellt, wie Max mich sah und erlebte, sondern wie ich als achtjähriges Kind ausgesehen hatte. Fotos von mir aus jener Zeit zeigen eine unbestreitbare Ähnlichkeit. Vor Rührung brach ich fast in Tränen aus, und ich stürzte zu Max, um ihm zu sagen, daß er endlich auch mein Porträt geschaffen hatte. Er war selbst verwundert darüber, weil er die Fotos nicht kannte. Ich nannte das kleine Werk *Le Mariage mystique* und erbat mir das Bild als Geschenk von ihm. Ich sagte, es sei nun nicht mehr wichtig, daß er mich heiratete, da ich seiner innersten Zuneigung gewiß wäre.

Aber ich muß das Bild noch zu Ende schildern: In der Mitte war eine Figur, von der Max nicht abstritt, daß sie eine Rückenansicht von Pegeen darstellte. Auf der linken Seite war ein schreckliches Ungeheuer zu sehen, eine Frau in einem roten Kleid mit entblößtem Unterleib – offenbar mein Unterleib – und mit zwei Köpfen, die nun wiederum keinerlei menschliche Ähnlichkeit hatten. Es waren Tierköpfe, und einer sah aus wie der Kopf eines Skeletts. Der Kunsthändler Sidney Janis fand die Darstellung äußerst eindringlich und behauptete, das Ungeheuer wäre ich. Aber das war viel später, als Max dieses Thema wieder aufgriff und in einem sehr großen Bild neu bearbeitete. In dem späteren Gemälde war mein hübsches Kindergesicht verschwunden. Statt dessen zeigte sich nur noch das Porträt einer seltsam unkenntlichen Person zusammen mit Pegeen, wobei die ursprüngliche Rückenfigur von Pegeen durch einen Totempfahl ersetzt worden war, auf dem ein Kopf wie aus Gehirnmasse geformt saß.

Vorerst war ich noch sehr damit beschäftigt, meine Sammlung zu ergänzen und alle Bilder zu kaufen, die Herbert Read und ich zur Museumseröffnung in London hatten zeigen wollen. Es sollte damals eine große Übersicht über die Entwicklung der modernen Kunst von 1910 bis 1939 werden; aber viele Gemälde waren in Frankreich und wegen des Krieges unerreichbar gewesen. Jetzt konnte ich eine Reihe dieser Bilder in Amerika kaufen. Breton und Max waren mir bei der Auswahl eine große Hilfe, und Max hatte eine wunderschöne Vorlage für den Umschlagdeckel des Kataloges entworfen. Trotzdem machte mir der Text noch viel Kummer, und ich hielt den Katalog, so, wie er geplant war, für ziemlich langweilig. Ich bat daher Breton, sich zur Rettung des Unternehmens etwas einfallen zu lassen. Ohne ihn wäre es wohl tatsächlich *catastrophique* geworden, wie er sagte. Viele Stunden verbrachte er damit, persönliche Äußerungen von den beteiligten Künstlern zusammenzutragen, und wir fügten von jedem ein Foto seiner Augen bei. Bretons Vorwort geriet ausgezeichnet und enthielt fast eine vollständige Geschichte des Surrealismus. Auch Mondrian bat ich um einen Beitrag, und ich ließ auch einen Text von Arp abdrucken, den er in Europa für mich geschrieben hatte. Außerdem riet mir Breton, die Manifeste aller Kunstrichtungen aufzunehmen, die in meiner Sammlung vertreten waren. Das Resultat all dieser Bemühungen war ein außerordentlich gut gelungenes Buch, das allerdings nicht mehr bloß als Katalog bezeichnet werden konnte, sondern sich zu einer vollständigen Anthologie der modernen Kunst entwickelt hatte. Wir nannten das Buch *Art of This Century* (Kunst unseres Jahrhunderts).

Max verkaufte immer mehr Bilder und konnte entsprechend viel Geld in seine Sammlung exotischer Plastiken stecken. Wir hatten so gut wie keine Möbel, und die Atmosphäre im Haus wurde stark von den vielen indianischen Kunstwerken der verschiedensten Zeiten und Länder bestimmt. Max hatte einen kleinen Herrn namens Carlebach ausfindig gemacht, oder besser, Mr. Carlebach hatte Max ausfindig gemacht und ihm auf Kredit seine Exotensammlung überlassen. Sobald Max ein Bild verkaufte, zahlte er wieder eine Summe an Mr. Carlebach. Mich ärgerte es, daß Max kein Geld zu unserem gemeinsamen Haushalt beisteuerte. Ich glaube, er begründete dies damit, daß ich noch immer Laurence unterstützte. Schließlich ging Max so weit, daß er nicht einmal mehr genug Geld für seine Einkommenssteuer zurücklegte. Mr. Carlebach rief fast jeden Tag an, Max möge doch rasch mal in seinem Laden vorbeikommen und sich neue Sachen ansehen, die er für ihn entdeckt hätte. Carlebach hatte tatsächlich eine gute Spürnase und suchte unermüdlich überall herum, wobei er immer neues Material fand, mit dem er Max in Versuchung führen konnte. In seiner Dienstfertigkeit brachte er sogar Museen dazu, sich von einzelnen Stücken zu trennen und sie an Max zu verkaufen. Als Carlebach herausbekam, daß ich Ohrringe sammelte, packte er sofort eine ganze Kollektion zusammen, um sie mir vorzuführen. Ich ließ mich jedoch nicht breitschlagen. Dafür konnte aber Max der Versuchung nicht widerstehen und kaufte mir ein wunderschönes Paar mit spanischen Barockperlen. Trotzdem hielt ich allem weiteren Ansturm jenes Mr. Carlebach stand, da ich ja schon gesehen hatte, welchen Schaden er mit seinen Totempfählen und Masken anzurichten imstande war.

Nach Pearl Harbor stellte sich wieder die Frage nach unserer Heirat. Es ging einfach nicht länger an, mit einem »feindlichen Ausländer« in wilder Ehe zu leben, und ich bestand darauf, daß wir unser Verhältnis endlich legalisierten. Um öffentliches Aufsehen und den Gesundheitstest zu vermeiden, wollten wir zu meinem Vetter Harold Loeb nach Washington fahren und die Sache schnell in Maryland über die Bühne bringen. Am Abend vor unserer Abreise gab es noch einen fürchterlichen Streit zwischen uns, und als Pegeen nach Hause kam, sah Max ziemlich bedrückt aus. Da Pegeen von meiner Wiederverheiratung nichts wissen wollte, sagte sie: »Aber Mama, wie kannst du nur den armen Menschen dazu zwingen, dich zu heiraten! Schau dir doch an, wie er leidet.« Max und ich hielten ihr entgegen, daß das bloß von unserem Streit käme, aber Pegeen wollte es einfach nicht glauben, und es gelang ihr sogar, mich von ihrer Meinung zu überzeugen. Ich war so durcheinander, daß ich am nächsten Morgen zu Putzel lief und ihm meinen ganzen Kummer ausschüttete. Der meinte aber beruhigend, ich solle mich nicht irremachen lassen und heiraten. So rief ich Max an und fragte, in welcher Verfassung er sei. Der mochte auch nicht länger warten, und so flogen wir nach Washington.

In Maryland wurde die Trauung nicht genehmigt. Wir hatten nur fremdsprachige Scheidungsurkunden, die die Leute von der Behörde nicht lesen konnten. Außerdem hatte Max bloß ein Dokument von seiner zweiten Scheidung, das nicht als Beleg für die erste Scheidung akzeptiert wurde. So empfahl man uns, nach Virginia zu fahren. Dort mußte man nur eine Wohnung nachweisen, älter als achtzehn Jahre sein und einen Bluttest machen lassen. Jeder glaubte uns, daß wir nicht mehr minderjährig waren; den Wohnungsnachweis erhielten wir von Loebs, und den Bluttest haben wir auch überstanden. Als wir die Heiratserlaubnis in der Hand hatten, fragte man uns, wann die formelle Eheschließung stattfinden solle. Wir sagten: »Wenn's geht, sofort!« Der Beamte rief also einen in der Nähe wohnenden Richter an und sagte dann, wir könnten gleich hingehen. Die Zeremonie war ganz schlicht, und ich brauchte meinem Mann auch keinen Gehorsam zu geloben.

14

Art of This Century – ein verwirklichter Museumstraum

Die Eheschließung gewährte mir zwar eine gewisse innere Sicherheit, aber meine Hoffnung, wir würden von nun an friedlicher miteinander auskommen, ging nicht in Erfüllung. Manchmal benötigten wir Tage, um einen Streit beizulegen. Dabei ging es oft nur um Bagatellen. Zum Beispiel gab es Krach, weil Max ohne Erlaubnis meine Schere nahm (es war die Schere, mit der John Holms sich den Bart gestutzt hatte). Oder wir bekamen Streit, weil Max mich nicht ans Steuer ließ und unbedingt selbst fahren wollte; oder es ging ihm auf die Nerven, daß ich Grippe hatte und zu lange brauchte, um wieder gesund zu werden; oder wir zankten uns wegen des Layouts meines Katalogs, nachdem wir vorher stundenlang friedlich daran gearbeitet hatten. Am heftigsten wurde unsere Auseinandersetzungen, wenn er zu viele Totempfähle kaufte. Natürlich war das alles kindisch und lächerlich; aber die Zerwürfnisse regten ihn furchtbar auf. Er konnte nicht arbeiten, und es trieb ihn tagelang in New York umher. Auch ich war jedesmal unglücklich über unsere Entzweiung und versuchte stets als erste wieder einzulenken. Max wäre dazu viel zu stolz gewesen. Das schlimmste aber war, daß wir uns auch in der Öffentlichkeit stritten, eben überall, wo wir uns gerade zufällig befanden.

Während des Winters freundeten wir uns mit Amédée Ozenfant an. In Paris war er in der Avenue Reille drei Jahre lang mein Nachtbar gewesen, ohne daß wir uns kennengelernt hätten. Jetzt besuchten wir ihn öfters, und er entpuppte sich als ein sehr interessanter Mensch. Seine Frau Marthe setzte uns übrigens unvergeßlich delikate Speisen vor. Gegen den Willen all meiner Berater entschloß ich mich, ein konstruktivistisches Bild von Ozenfant zu erwerben, und ich bin froh, daß ich diese Entscheidung getroffen habe, zumal das Museum of Modern Art ihn schändlich vernachlässigt hat und lieber ein Bild von Le Corbusier ankaufte. Dabei bestand kein Grund, Le Corbusier den Vorzug zu geben. 1920 hatten sie beide noch zusammengearbeitet, und es wäre einfach unfair, die Vergleichbarkeit ihrer Leistung als Maler leugnen zu wollen.

Den ganzen Winter über arbeitete ich an meinem Katalog und schob es vor mir her, geeignete Räume für mein Museum zu mieten. Leute, die meine Bildersammlung sehen wollten, kamen zu uns. Meist blieben sie bei Max oben im Atelier hängen. Auch Putzel führte ihm neue Kunden zu, und immer mehr seiner Bilder fanden Liebhaber und Käufer. Max steckte das Geld in lauter neue Totempfähle, Kachinapuppen und Masken. Als der Frühling kam, war die Kunstsaison vorüber und der Katalog noch immer nicht ganz fertig, vor allem, weil Breton für seinen sechzehnseitigen Beitrag sehr viel Zeit benötigte und Laurence den Text noch übersetzen mußte.

Ich litt sehr darunter, daß Max nie richig vertraut mit mir wurde. Irgendwie muß ich für ihn eine Art Dame geblieben sein, vor der er stets eine Scheu behielt, und ich wurde die Zweifel nie los, ob er mich überhaupt liebte. Als ich ihn einmal bat, die Bücher, die er mir geschenkt hatte, mit Widmungen zu versehen, schrieb er sehr förmlich »Für Peggy Guggenheim von Max Ernst«. Ich war zutiefst enttäuscht, da ich mich noch gut daran erinnerte, welch spontan intime Worte er für die Widmungen an Leonora Carrington gefunden hatte. Ich glaube, er hätte mich mehr geliebt, wenn ich jünger und gewöhnlicher gewesen wäre. Er gab auch ganz offen zu, daß er für dumme, gewöhnliche Mädchen eine Schwäche hatte.

Leonora rief Max öfters an und ließ sich von ihm zum Essen einladen. Manchmal verbrachte er dann den ganzen Tag mit ihr, und sie bummelten irgendwo in New York herum. Mit mir tat er das nie. Ich war rasend vor Eifersucht und litt Höllenqualen. Normalerweise arbeitete er morgens nach dem Frühstück im Atelier und zog sich gar nicht erst richtig an. Erschien er aber im Anzug, dann fuhr es mir wie ein Stich durchs Herz, denn es bedeutete nichts anderes, als daß er den Tag wieder Leonora widmen wollte. Ich versuchte bei solchen Gelegenheiten, mir die Zeit anderweitig zu vertreiben, und ging mit Bekannten zum Lunch.

Max war so verrückt nach Leonora, daß er es einfach nicht verbergen konnte. Einmal ließ ich ihn Leonora mitbringen und bat auch Djuna Barnes zum Lunch, um sie mit Leonora bekannt zu machen. Djuna sagte, es wäre der einzige Augenblick gewesen, in dem Max einmal menschliche Wärme gezeigt hätte; denn gewöhnlich wirkte er so kalt wie ein Fisch. Zwar protestierte er immer und behauptete, er wäre schon lange nicht mehr in Leonora verliebt, im Gegenteil, er wolle nur noch mit mir leben und schlafen. Trotzdem war ich nie sicher, und es bedeutete eine große Erleichterung für mich, als Leonora nach Mexiko abreiste.

Wir wurden bei verschiedenen Leuten zu Partys eingeladen. Die schönsten Abende fanden bei Mrs. Bernard Reis statt. Sie war eine fabelhafte Gastgeberin und sorgte für ungewöhnliche Tafelfreuden. Es machte ihr Vergnügen, die Surrealisten um sich zu versammeln und ihnen in ihrem Hause freie Hand zu lassen. Breton nutzte diese Freiheit jedesmal dazu aus, sein Lieblingsspiel zu veranstalten, wobei wir alle mitmachen mußten. Er nannte es *le jeu de la vérité* (das Wahrheitsspiel). Man saß im Kreis, und Breton dirigierte das Spiel in geradezu schulmeisterlicher Pedanterie. Im Grunde ging es nur darum, die intimsten sexuellen Gefühle der Teilnehmer aufzuspüren und bloßzulegen. Es war wie eine öffentliche Psychoanalyse. Je verworfener die Dinge, die ans Licht kamen, desto aufregender wurde das Spiel. Eigentlich war es lächerlich und unreif; das Lustigste daran war für mich der ernste Eifer, mit dem Breton es betrieb, war er doch tödlich beleidigt, wenn jemand es wagte, außer der Reihe zu reden.

Im Frühjahr veranstaltete Max seine Ausstellung bei

Dudensing. Nach der Eröffnung gab ich ihm zu Ehren eine große Party. Sie gelang so gut wie sonst keine, und ohne die geringste Mühe stellte sich von Anfang an eine herrliche Stimmung ein. Die Ausstellung brachte einen bemerkenswerten Achtungserfolg, aber die Bilder wurden nicht verkauft, da sie zu hoch im Preis angesetzt waren und Dudensing nicht das richtige Publikum hatte. Es war ein Trost, daß noch in derselben Woche das Hartford Atheneum ein Bild von Max kaufte, das nicht bei der Ausstellung gezeigt wurde. In der Folge verkauften Putzel und ich die Bilder wieder an Leute, die zu mir ins Haus kamen. Ich fühlte mich glücklich in meiner Rolle als Frau eines Malers, und ich war ganz verrückt mit den neuen Gemälden. Charles Henri Ford widmete Max eine ganze Nummer seiner Zeitschrift *View*. Es entstand eine einfallsreiche und heitere Ausgabe, die sich sowohl für Max wie auch für den Herausgeber als Reklame erwies.

Max fuhr nach Chicago, wo eine weitere Ausstellung stattfand. Da ich sehr von der Veröffentlichung meines Katalogs in Anspruch genommen war, hatte ich nicht die innere Ruhe, mit ihm zu fahren. Verschiedene Buchhandlungen stellten *Art of This Century* in ihren Schaufenstern besonders heraus, und ich war ganz aufgeregt, weil meine erste Veröffentlichung so gut ankam. Dank Jimmys vorbereitender Öffentlichkeitsarbeit wurde das Buch sofort ein Verkaufserfolg.

Kurz nach seiner Rückkehr aus Chicago verliebte sich Max in ein wildes, verrücktes Mädchen. Man konnte nicht genau sagen, ob sie ständig betrunken war oder unter Drogeneinfluß stand. Gewiß, sie war sehr lustig, auch ziemlich hübsch, und sie sprühte vor Leben; aber zugleich war sie schrecklich amerikanisch und hatte irgendwie den Verstand verloren. Übrigens war es nie zu übersehen, wenn Max von einer Frau fasziniert war: Wie bei Harpo Marx traten ihm vor Lüsternheit fast die Augen aus dem Kopf. Es passierte aber nicht viel mit dem Mädchen, und bald reisten wir von New York ab, um den Sommer am Meer zu verbringen. Kaum waren wir weg, da verliebte sich Jimmy heftig in dieses Mädchen. Aus nicht vorhersehbaren Gründen kamen wir schon nach vierzehn Tagen zurück. Da hatte Jimmy aber die Affäre immerhin wieder so weit unter Kontrolle, daß er sie Max verheimlichen konnte, denn der sollte natürlich nichts davon erfahren. Ich glaube, die ganze Geschichte wurde nur durch Jimmys mächtigen Vaterkomplex ausgelöst.

Unsere Ferien gingen so schnell zu Ende, weil Max Ärger mit dem FBI bekam; und daran war ich schuld. Ich mußte persönlich nach Washington fahren, weil die Behörden Nellie van Doesburg die Einreisegenehmigung verweigert hatten. Durch Fürsprache von Freunden war wenigstens ein Anhörungsverfahren zustande gekommen. Schließlich wurde das Visum erteilt; aber es war leider zu spät, und Nellie kam nicht mehr aus Frankreich heraus.

Während meiner Abwesenheit hatte ich Pegeen mit Max im Auto nach Wellfleet, Massachusetts, hinaufgeschickt, wo sie eine Woche bei dem mit mir befreundeten chilenischen Maler Echauren Roberto Matta wohnten und sich nach einem Haus für den Sommer umsehen sollten. Als ich nachkam, glaubten sie, das Richtige gefunden zu haben. Es war aber ein abscheuliches, winziges Loch in der Wildnis mit einem Benzinofen und einer Dieselmotorpumpe. Ich fühlte mich lebhaft an jene Pumpe in Yew Tree Cottage erinnert und an alle unsere damaligen Bemühungen, sie in Gang zu halten, wenn einmal der Gärtner seinen freien Tag hatte. Um keinen Preis wollte ich da wohnen, und wir schauten uns in der ganzen Nachbarschaft nach einer anderen Ferienwohnung um. Schließlich gaben wir uns mit einer anderen Bleibe zufrieden, die noch immer kümmerlich genug war und einer Malerin in Provincetown gehörte. Die Besitzerin wohnte unter uns. Wir hatten ein Studio und einige Wohnräume sowie zahlreiche Schlafzimmer. Max bekam natürlich das Studio, und – wie üblich – wollte er auch alles andere für sich haben. Pegeen mußte um ihr Recht kämpfen, damit sie einen Platz hatte, wo auch sie malen konnte.

Auf mein Drängen zog Max bei den Mattas aus und kam mit

nach Provincetown, obwohl er mir vorhielt, daß er den Wohnsitz nicht ohne Erlaubnis der Ausländer-Kontrollbehörde wechseln dürfe. Mir kam es lächerlich vor, die Vorschriften wegen zwanzig Kilometern so ängstlich zu beachten. Aber schon am ersten Tag, als wir in Provincetown spazierengingen, hielt ein Wagen des FBI neben uns, Beamte stiegen aus, ergriffen Max am Handgelenk und sagten, sie hätten mit ihm zu reden. Auf unsere Bitte ließen sie uns zwar in Frieden, bis wir um zwei Uhr vom Essen zurückkamen; dann aber durchsuchten sie das ganze Haus, wollten wissen, in welchen Betten wir schliefen, schauten in unsere Koffer und fuhren schließlich mit Max davon, wobei sie eine französische Streichholzschachtel mitnahmen, die ihnen verdächtig vorgekommen war. »Ihr Mann kommt mal zu einer kleinen Rundfahrt mit«, hieß es. Ich war völlig verdattert und wußte nicht, was ich von der Sache halten sollte. Erst Stunden später ließen sie ihn laufen, und er kam in einem schlimmen Gemütszustand zurück. Anscheinend hatten sie ihn dazu bringen wollen, Matta als Spion zu denunzieren.

Bei ihrem nächsten Besuch beschwerten sie sich, unser Radio sei zu laut, und als Max es abdrehte, behaupteten sie, er habe kein Recht, es anzurühren, weil es ein Kurzwellenempfänger war. Das benutzten sie sogar, um einen Bericht über Max nach Boston zu schicken. Sie erschienen bei uns regelmäßig, wenn wir uns zum Essen gesetzt hatten, und die Belästigungen hörten nicht mehr auf. Endlich nahmen sie Max wieder mit, und er mußte den Report unterzeichnen, den sie über ihn gemacht hatten. Sie sagten, die Sache würde jetzt weitergereicht und sie hätten keinen Einfluß mehr auf die Angelegenheit. So warteten wir voller Sorge, bis sie einige Tage später auftauchten und verkündeten, sie müßten Max nach Boston bringen und dem dortigen Bezirksanwalt zum Verhör vorführen. Ich ließ es mir natürlich nicht nehmen, ihn auf der Fahrt zu begleiten, was sie mir als seiner Ehefrau auch nicht abschlagen durften. Endlich hatte ich einmal eine Gelegenheit, um Pegeen den Nutzen der Eheschließung vor Augen zu führen.

Die Fahrt im Dienstwagen nach Boston dauerte endlos, und bei unserer Ankunft war es schon zu spät für das Verhör; aber der Bezirksanwalt war sehr nett und erlaubte uns wenigstens, mit ihm zu sprechen und zu erklären, wer wir waren. Es stellte sich heraus, daß er irgendwann einmal bei einem Guggenheim gearbeitet hatte. Leider konnte er Max nicht ohne weiteres laufen lassen. Es hätte vorher unbedingt ein Verhör unter Anwesenheit einer Jury stattfinden müssen. Um Max zu ersparen, die Nacht über in Polizeigewahrsam auf das Verhör zu warten, rief der Anwalt die Kontrollstelle für Ausländer in New York an, die glücklicherweise sofort die volle Verantwortung für Max übernahm und Anweisung gab, ihn zu ihnen zu schicken. So erhielten wir eine Reisegenehmigung mit der Verpflichtung, uns innerhalb von zweiundsiebzig Stunden in New York zurückzumelden, was erheblich besser war, als Max zum Gefängnis begleiten zu müssen.

Zurück in New York, riefen wir unseren Freund Bernard Reis an, der mit solchen Schwierigkeiten genau Bescheid wußte. Er verhandelte sofort mit dem zuständigen Beamten und erläuterte den Sachverhalt. Als wir dann im Büro vorsprachen, wurden wir freundlich empfangen, und Max wurde unverzüglich auf freien Fuß gesetzt. Er erhielt auch die Erlaubnis, wieder nach Provincetown zu reisen, nur sollte er sich von der Küste fernhalten.

Wir blieben aber den ganzen Sommer über in unserer schönen Wohnung am East River, worunter drei Leute sehr zu leiden hatten. Der eine war Marcel Duchamp, dem wir das Haus für den Sommer zur Verfügung gestellt hatten. Der zweite war Jimmy, der zu der Zeit seinen Urlaub machte und gerne mit seiner Geliebten morgens auf unserer Terrasse gefrühstückt hätte. Der dritte war Sindbad, der auch einen Schlüssel zum Haus hatte und öfter mit seiner Freundin kam, weil er nicht wußte, wo er sonst mit ihr hätte hingehen sollen. Marcel Duchamp blieb bei uns und wohnte die Zeit über in der Gästesuite; unsere Söhne waren allerdings schlechter dran.

Da ich nun einmal in New York war, nutzte ich die Zeit, um die Vorbereitungen für mein Museum voranzubringen. Im Obergeschoß eines Gebäudes in der siebenundfünfzigsten Straße fand ich geeignete Räume. Nur hatte ich zunächst keine Ahnung, wie ich sie einrichten und dekorieren sollte. Da sagte eines Tages Putzel zu mir: »Warum läßt du dir nicht ein paar Ideen von Kiesler unterbreiten?« Ich hielt das für einen guten Vorschlag, und ahnte nicht, daß ich für die Durchführung dieser »paar Ideen« siebentausend Dollar aufbringen mußte. Kiesler war ein kleiner Mann mit einem Napoleonkomplex, der sich als verkanntes Genie betrachtete. Ich sollte ihm die Chance geben, nachdem er fünfzehn Jahre in Amerika verbracht hatte, endlich einmal etwas Sensationelles zu gestalten. Er erklärte mir, daß sich die Nachwelt an mich nicht wegen meiner Gemäldesammlung erinnern werde, sondern wegen der völlig revolutionären Weise, in der er die Bilder darbieten wolle.

Wir verbrachten manche Nacht mit Partys in unserem Haus am Fluß; es schien der kühlste Ort in ganz New York zu sein. Bei einer dieser Partys hatte ich ziemlich viel getrunken und lief einfach los, weil ich ein Abenteuer suchte. In der dritten Avenue drängte ich mich noch rasch in eine Bar, die gerade geschlossen wurde. An einem Tisch saßen Leute, die mich einluden und mir Drinks verabreichten. Ich hatte zwar nur zehn Dollar bei mir, bestand aber darauf, daß ich die Runde bezahlte. Einer der Herren meinte, es wäre besser, wenn er für den Rest der Nacht auf das Geld aufpaßte. Gegen fünf Uhr morgens machten wir uns alle auf nach Chinatown zum Essen. Ich sagte den Leuten, ich sei Gouvernante und wohne in New Rochelle. Wer sie waren, danach wollte ich mich lieber nicht erkundigen, denn es dämmerte mir bald, daß es Gangster waren, die etwas im Schilde führten. Sie hatten ihren Wagen in einer Sackgasse beim East River geparkt und stritten sich über irgend etwas, das im Rücksitz versteckt war. Trotz meines betrunkenen Zustandes wurde mir klar, daß ich nicht bei diesen Leuten bleiben durfte. Sie wollten mich nach New Rochelle fahren, was ich natürlich ablehnte. Vergeblich versuchte ich, den Rest meiner zehn Dollar zurückzubekommen, so daß ich nicht einmal Geld für ein Taxi hatte und ganz allein im Morgengrauen kilometerweit nach Hause laufen mußte. Als ich das nächste Mal an der Bar vorbeikam, war ich in Begleitung von Max und Marcel. Ich ging hinein und verlangte mein Geld zurück, denn ich war mir sicher, daß der Barkeeper damals mit nach Chinatown gekommen war. Aber er tat so, als ob er von nichts wüßte und die Leute überhaupt nicht kannte. Max hatte bei alledem bloß die große Sorge, er könne als »feindlicher Ausländer« in Schwierigkeiten geraten, falls ich es irgendwie mit Gangstern zu tun bekäme.

Ein andermal hatten wir zu meinem Geburtstag eine große Party veranstaltet, und Gypsy Rose Lee gab während des Abends ihre Verlobung mit einem Schauspieler namens Alexander Kirkland bekannt. Er war sehr hübsch und nett, sah aber nicht danach aus, als ob er zum Ehemann taugen würde. Unter den Gästen war auch William Saroyan; überhaupt waren ziemlich viele prominente Leute da, die ja recht eifersüchtig aufeinander zu sein pflegen. Putzel führte Gypsy hinauf zu Max ins Atelier, wo sie ein Bild kaufte. Eins besaß sie damals schon. Auch Jean Gorman, die damalige Mrs. Carl Van Doren, ging hinauf ins Atelier. Ausgerechnet in diesem Moment küßte mich Marcel zum erstenmal nach zwanzig Jahren gegenseitiger Anziehung. Dadurch war ich natürlich abgelenkt, sonst wäre ich hinaufgegangen und hätte mich darum gekümmert, daß bei den Verkäufen nichts schiefging. So aber brachte die völlig beschwipste Jean alles durcheinander, und Max überließ Gypsy das Bild zu einem viel zu bescheidenen Preis. Er schenkte ihr obendrein noch ein anderes Bild als Hochzeitspräsent. Als sie wieder herunterkam, wußte Gypsy genau, daß ich mich ärgerte. Es klang fast wie eine Entschuldigung, als sie meinte, es wäre unfair, daß sie an meinem Geburtstag ein Geschenk erhielte.

Eine Woche danach fuhren wir zu Gypsys Landhaus, wo

eine mitternächtliche Trauungszeremonie veranstaltet wurde. Es war wie eine Theatervorstellung, bloß daß die Zeitungsreporter so unübersehbar zahlreich und allgegenwärtig waren, daß man vor Fotoapparaten die Zeremonie kaum sah. Der Auftritt des Geistlichen hätte sich in jeder Operette sehen lassen können. Gypsy spielte hervorragend die errötende Braut, und ihr Mann – wie jeder Bräutigam – wirkte verschüchtert. Ich habe nie mitbekommen, wozu die Heirat eigentlich gut sein sollte; jedenfalls dauerte die Ehe nicht lange, und als ich Gypsy einige Monate später wiedersah, verkündete sie, es wäre alles vorbei. Bei der Trauung wurde Max von Reportern des *Life* Magazins fotografiert, wie er mit einer südamerikanischen Millonenerbin Champagner trank. *Life* benutzte das Foto, um eine bösartige Bemerkung loszulassen; Max hätte sich zuerst das Guggenheim-Vermögen erheiratet und schaue sich jetzt bereits nach einem weiteren Vermögen um, so als ob für Max der Besitz von Geld das Wichtigste im Leben gewesen wäre.

Nachdem Marcel mich endlich geküßt hatte, stellte ich mir vor, wir könnten unser lange unterdrücktes Verlangen füreinander auch ausleben. An einem Abend saß ich mit Max und Marcel beim Essen und trank zuviel. Irgendwie ritt mich der Teufel; ich lief hinaus, zog mir die Kleider aus und kam zurück in einem grünen Regenmantel aus durchsichtiger Seide. Damit lief ich im Haus herum, um Marcel aufzustacheln. Max fragte ihn, ob er mich haben wolle, worauf Marcel natürlich nichts anderes als nein sagen konnte. Ich machte die Situation noch vollends unmöglich, indem ich Max lauter böse und beleidigende Dinge an den Kopf warf, bis er endlich anfing, mich zu verprügeln. Marcel in seiner, wie üblich, distanzierten Art schaute nur zu und rührte keinen Finger.

Manchmal stattete Laurence mir einen Besuch ab, und ich hatte jemand, mit dem ich mich unterhalten konnte. Bei solch einer Gelegenheit kam Max einmal die Treppe heruntergestürzt und entriß mir unsere Hündin Kachina, als ob sie das Kind bei der Scheidung wäre. Die Geste kam so urplötzlich und bildete einen ganz unerwarteten Gegenhöhepunkt, weil alle im Raum dachten, er wolle sich auf mich stürzen und mich verprügeln. Schließlich war ich hinlänglich daran gewöhnt, daß Max an Rache glaubte und oft in Gedanken Rachegelüste wälzte. Am liebsten hätte er immer nach den unerbittlichen Gesetzen des Alten Testaments gehandelt. Aber wie sich auch hier wieder zeigte, besaß er zugleich einen wunderbaren Sinn für Humor und konnte alles in einen Spaß umbiegen, wenn er nicht zeigen wollte, daß er verletzt war. Auf Laurence war er heftig eifersüchtig. Ich beklagte mich oft bei Laurence über Max in dessen Gegenwart, was ihn ziemlich gekränkt haben muß.

Es war etwa um diese Zeit, daß Elsa Schiaparelli mit einem Anliegen zu mir kam. Ich hatte sie zwanzig Jahre zuvor kennengelernt, als sie noch *robes de style* aus schwarzem Taft trug und vorhatte, ihr Glück im Antiquitätengeschäft zu machen. Es wäre ihr damals nicht im Traum eingefallen, daß sie einmal bestimmend für die Mode der gesamten westlichen Welt werden sollte. Elsa plante eine Wohltätigkeitsveranstaltung für den Dachverband aller französischen Flüchtlingsorganisationen und suchte meine Hilfe, um eine große Surrealistenschau zu veranstalten. Gern machte ich sie mit Breton bekannt. Der mobilisierte seine Freunde, und zusammen mit Max und Marcel Duchamp inszenierte er eine große Ausstellung in dem häßlich altmodischen Whitelaw Reid Mansion. Marcel kam auf die Idee, die Decke in ihrer gesamten Länge von Wand zu Wand mit Schnüren zu überziehen. Die Folge war, daß man zwar kaum mehr etwas von den Bildern sah, der Effekt aber dennoch großartig war. Bei der Eröffnung machte ich eine Szene, weil die Leihgaben aus meiner Sammlung nicht mit meinem Namen gekennzeichnet waren, während in allen anderen Fällen die Besitzer namentlich erwähnt wurden. Genau in diesem Augenblick wurde Max von der Presse fotografiert, und da er neben der bezaubernden Daphne Hellman stand, sah es für die

Öffentlichkeit so aus, als ob ich mit meinem wütenden Gesicht dabei wäre, die Rolle der eifersüchtigen Ehefrau zu spielen.

Kiesler paßte es gar nicht, daß die Surrealistenschau vor unserer Galerie eröffnet werden sollte, da wir nahezu fertig waren. Aber einige Dinge ließen eben doch noch auf sich warten, und wir mußten den Surrealisten den Vortritt lassen. Das tat unserem Unternehmen jedoch keinen Abbruch, weil es in seiner Art etwas ganz Einmaliges und Besonderes war. Wir nannten es *Art of This Century* nach meinem Katalog, und die Eröffnung wurde mit so großer Spannung erwartet, daß wir keinerlei Rivalität zu fürchten brauchten. Sogar Max ließ ich nicht in die Galerie bis zwei Tage vor der Eröffnung. Zunächst schimpfte er, weil alle Rahmen von seinen Bildern abgenommen worden waren; als er aber sah, wie gut alle anderen Bilder in dieser rahmenlosen Präsentation wirkten, gab er sich zufrieden. Kiesler hatte tatsächlich hervorragende Arbeit geleistet. Die Ausstellung erregte ungeheures Aufsehen in der Öffentlichkeit, und in allen Zeitungen erschienen Fotos von dem Ereignis. Auch wenn nicht alle Kritiker einhellig Kieslers ultramoderne Ausstellungspräsentation guthießen, so gab es doch keinen, der die neueröffnete Galerie ignorieren konnte. Es wurde so viel darüber geschrieben, daß täglich Hunderte von Besuchern zu uns kamen.

Man muß Kiesler lassen, daß es ihm gelungen war, die Galerie in einer völlig originellen Weise zu gestalten: die Bilder wurden nicht bloß gezeigt, sie wurden inszeniert. So etwas war vorher noch nie dagewesen. Es mag sein, daß die Aufmerksamkeit der Besucher durch die neuartige Darbietung manchmal von den Bildern abgelenkt wurde; aber es war dennoch ein wunderschönes Arrangement, dessen Reiz sich niemand zu entziehen vermochte. Als ich den Auftrag erteilte, hatte ich nur darauf bestanden, daß die Bilder ungerahmt gehängt werden sollten. In jeder anderen Hinsicht durfte Kiesler seinen Vorstellungen folgen. Dabei hatte mir wohl vorgeschwebt, daß er die Bilder in die

Wände einlassen würde. Aber ihm war etwas viel Originelleres eingefallen. In der surrealistischen Abteilung der Galerie verliefen die Wände unregelmäßig geschwungen und waren aus Eukalyptus. Die Gemälde waren auf Baseballschlägern montiert, so daß sie beliebig geneigt werden konnten, und schienen ungefähr dreißig Zentimeter frei von der Wand zu schweben. Auf jedes Bild war ein Spot gerichtet, und zur Schockierung der Besucher gingen alle drei Sekunden die Lichter an und aus; abwechselnd wurde jeweils die Hälft der Bilder beleuchtet, während die andere Hälfte im Dunkeln lag. Leider beschwerten sich die Leute über das ständige Hin und Her, und Putzel machte mir klar, daß wir auf das Beleuchtungswechselbad verzichten müßten. So ließ ich die Lichter schließlich die ganze Zeit über an.

Die Abteilung der Abstrakten und Kubisten war in der Eingangshalle. Dort saß ich an meinem Schreibtisch und wurde ständig von fluoreszierendem Licht bestrahlt. Zwei Wände dieses Raumes waren von einem ultramarinblauen Vorhang bedeckt, dessen eleganter Schwung fast wie ein Zirkus wirkte. Die Gemälde hingen im rechten Winkel zum Vorhang an Schnüren von der Decke herab. In der Mitte des Raumes gruppierten sich die Bilder in Dreiecksformation und schienen im Raum zu schweben. Analog dazu waren kleine dreieckige Holzplattformen für Plastiken aufgehängt worden.

Kiesler hatte auch einen besonderen Stuhl entworfen, der sieben ganz verschiedenen Zwecken dienen konnte. Er war aus Sperrholz und mit farbigem Linoleum bezogen. Man konnte ihn als Schaukelstuhl benutzen und hatte in diesem Fall eine bequeme Lehne. Mit der Sitzfläche nach unten war er als Staffelei für Bilder und Plastiken geeignet. In dieser Position ließ er sich auch als Tisch oder Bank gebrauchen. In Verbindung mit zusätzlichen Brettern konnte man noch ganz andere Möbelstücke daraus machen.

Ungefähr neunzig Besucher sollten in der Galerie Sitzgelegenheiten vorfinden. Für diesen Zweck waren kleine blaue Faltstühle bereitgestellt worden, deren Farbton auf den Vorhang abgestimmt war. Der Boden war türkisgrün. Kiesler hatte auch einen fahrbaren Aufbewahrungsschrank für Gemälde entworfen, der zugleich als Vorführständer diente. So konnte man auf Wunsch die Bilder ohne viel Mühe hereinbringen und in den Räumen der Galerie betrachten. Es war ein hervorragend ausgedachtes Stück und ersparte mir viel Platz.

Nach der Straßenseite zu hatte die Galerie schöne Tageslichträume, in denen monatlich wechselnde Ausstellungen gezeigt wurden. Hier hingen gerahmte Bilder an einfachen weißen Wänden. Um das Tageslicht zu dämpfen, hatte Kiesler die Fenster mit matt transparenten Schirmen verkleidet. In einem Korridor war ein Drehständer mit sieben Arbeiten von Paul Klee aufgestellt, der sich jeweils ein weiteres Stück um seine Achse drehte, wenn Besucher eine Lichtschranke durchschritten. Marcel Duchamps Werke konnte man in Reproduktionsabbildungen durch ein Guckloch in der Wand betrachten, wobei man an einem hübschen, spindelig dünnen Rad drehen mußte. Die Presse nannte diesen Teil der Galerie nach dem Vergnügungspark »Coney Island«.

Hinter dem blauen Stoffvorhang hatte ich zwar noch ein Büro. Ich benutzte es aber nicht, weil ich immer in der Galerie präsent sein wollte und den direkten Kontakt mit den Besuchern suchte.

Die Eröffnung fand am 20. Oktober 1942 statt, und die Einnahmen waren für das amerikanische Rote Kreuz bestimmt. Wir verkauften die Eintrittsbilletts zu einem Dollar das Stück, und obwohl viele Einladungen bei der Post verlorengegangen waren, kamen Hunderte von Besuchern. Es wurde eine richtige Galaeröffnung. Für die Einweihung der Galerie hatt ich mir ein weißes Abendkleid machen lassen und trug zum Ausdruck meiner Unparteilichkeit je einen Ohrring von Calder und Tanguy. So waren weder die Abstrakten noch die Surrealisten benachteiligt. Um rechtzeitig fertig zu werden, hatten wir die letzten vierzehn Tage vor der Eröffnung Tag und Nacht gearbeitet, und die Handwerker waren noch im Haus, als nachmittags die ersten Leute von der Presse eintrafen.

Beinahe hätte es noch einen Skandal gegeben; denn während der Vorbereitungsarbeiten trafen immer mehr Rechnungen ein. Als ich schließlich merkte, um wieviel Kiesler seinen Kostenvoranschlag überzogen hatte, lehnte ich jede weitere Zusammenarbeit mit ihm ab und ließ ihn nicht mehr ins Haus. Nun war er aber an einem öffentlichen Echo auf seine Arbeit äußerst interessiert und schrieb an eine Reporterin, die mich interviewt hatte. Unter Drohungen verlangte er, daß bei dem Bericht auch sein Name zu nennen sei, und begründete seine Forderung damit, daß er seine Rechte wahren müsse, zumal ihm auch seine früheren Einfälle gestohlen worden waren. Die Reporterin war so verschreckt, daß sie beinahe den Artikel ganz fallenlassen wollte. Es gelang mir jedoch noch rechtzeitig, den Streit mit Kiesler beizulegen, bevor die Galerie eröffnet wurde.

Alles in allem war es ein großartiges Abenteuer für mich, und ich war jedesmal glücklich, wenn ich zur Galerie mußte und von daheim wegging, wo mich das Gefühl belastete, von Max nicht geliebt zu werden. Bei der Eröffnung sah er übrigens sehr gelöst und zufrieden aus, denn er spielte eine wichtige Doppelrolle: Er erschien zugleich als Prinzregent und als bedeutender Star der Ausstellung.

15

Das Ende einer Ehe

Einige Tage nach der Eröffnung von *Art of This Century* fuhr Max nach New Orleans, wo für ihn eine Ausstellung veranstaltet wurde. Es erregte natürlich wieder seine Eifersucht, daß er in New Orleans einen viel kleineren Besucherstrom hatte als ich in meinem New Yorker Museum.

Während seiner Abwesenheit wurde ich Max untreu, und zwar mit Marcel Duchamp – jetzt endlich, nach zwanzig Jahren. Natürlich war es viel zu spät und fast schon eine Art Inzest, so eng vertraut waren wir miteinander geworden. Vorläufig änderte sich jedoch nicht viel an unserem Zusammenleben. Max kehrte aus New Orleans zurück, und ich ging völlig in meiner Arbeit für die Galerie auf, so daß ich mich wenig um ihn kümmerte. Tagsüber war er allein in unserem riesigen Haus. Er blieb ohne Mittagessen, da das Dienstmädchen immer erst nachmittags kam, um für den Abend unser gemeinsames Essen zu bereiten. Im Eisschrank war auch nie etwas Eßbares zu finden. Dennoch empfing mich Max immer freundlich, wenn ich gegen halb sieben nach Hause kam. Er öffnete mir liebenswürdig die Tür und machte mir einen Drink. So hätten wir eigentlich den Rest des Tages glücklich miteinander verbringen können, wenn ich nicht so langweilig gewesen wäre mit meinen endlosen Berichten über das Museum, wie viele und welche Leute gekommen waren und wer Kataloge gekauft hatte. Ich ließ es mir nicht nehmen, während der Öffnungszeiten am Eingang zu sitzen und Eintrittsgeld zu kassieren, weil ich mir das nun einmal so in den Kopf gesetzt hatte. Ich glaube, es wurde mir sehr verübelt, und erst Putzel gelang es, mich endlich davon abzubringen; aber das war erst viele Monate nach der Eröffnung.

Um rechtzeitig zur Galerie zu kommen, mußte ich morgens früh aufstehen, wodurch sich Max erheblich gestört fühlte. Er lehnte es auch ab, zusammen mit mir zu frühstükken, und kam erst herunter, wenn ich aus dem Haus gegangen war. Allerdings erschien er oft sofort nach meinem Weggehen, denn ich konnte ihn durch das Fenster sehen.

Am 19. Januar 1943 jährte sich der Todestag von John Holms zum neunten Mal. Vom Gedenken an seinen unzeitigen Tod wurde ich jedesmal wieder stark aufgewühlt, und ich versuchte, wenn irgend möglich, den Tag mit Emily Coleman zu verbringen. Diesmal gaben aber Edita und Ira Morris eine Party, bei der ich nicht absagen konnte. Zu vorgerückter Stunde stand ich jedoch einfach auf, weil ich es nicht mehr aushielt, und lief davon. Ira kam besorgt hinter mir her, aber ich machte ihm klar, daß er mir nicht helfen konnte und daß ich zu Emily fahren müsse. Als ich bei ihr war, schüttete ich ihr unter Tränen mein Herz aus und erzählte ihr, daß es zwischen Max und mir keine gemeinsame Basis mehr gab. Ich glaubte erkannt zu haben, daß Max keiner echten Gefühle fähig war und zu meinen Wünschen und Gedanken keine Beziehung hatte. Am nächsten Morgen fuhr ich mit dem festen Vorsatz nach Hause, endgültig mit Max zu brechen. Ich traf ihn in tiefer Besorgnis um mich an, weil ich zum erstenmal die ganze Nacht über ausgeblieben war. Sogleich telefonierte er mit Jimmy, um ihn von meiner Rückkehr zu verständigen. Durch seinen fürsorglichen Ton ließ ich mich in meiner Entschlossenheit beirren und wieder vom Familienleben aufschlucken.

Die nächste Ausstellung in *Art of This Century* war den Werken von drei Künstlern gewidmet: Laurence Vail zeigte bemalte Flaschen, Joseph Cornell seine surrealistischen Objekte und Marcel Duchamp den kleinen Schweinslederkoffer, der die Reproduktionen seiner gesammelten Werke enthielt. Manchmal versuchte ich mir vorzustellen, wie amüsant es sein würde, zu einem Wochenendausflug dieses Köfferchen mitzunehmen statt der obligatorischen Tasche, in der nur immer die langweiligen Sachen sind, von denen man sich aus Gewohnheit einbildet, man müsse sie bei sich haben.

Die anschließende Ausstellung sollte das Werk von einunddreißig Künstlerinnen vorstellen. Ich führte damit einen Vorschlag von Marcel Duchamp aus, den er bereits in Paris angeregt hatte. Wir bildeten zu diesem Anlaß eine Jury, die sich aus Max Ernst, André Breton, Marcel Duchamp, James Sweeney, James Soby, Putzel, Jimmy und mir zusammensetzte. Auch Jimmys Freundin hatte einen Beitrag eingereicht, und als Jimmy merkte, daß ihr Bild wenig Chancen hatte, angenommen zu werden, zog er sich von der Jury zurück. Gypsy Rose Lee hatte ein sehr gelungenes Selbstporträt in Collagentechnik gemacht, und wir nahmen es gerne in unsere Ausstellung auf.

Der Kunstkritiker der *New York Times*, Edward A. Jewell, besuchte unsere Ausstellung und schrieb einen langen Artikel darüber, in dem es unter anderem hieß: »Selbst der Liftboy ist an *Art of This Century* persönlich interessiert. Beim Hinauffahren erzählte er mir, er hätte die Ausstellungsräume besonders sorgfältig gereinigt – und tatsächlich erglänzten die Räume in ungewöhnlicher Sauberkeit –, weil am Nachmittag Gypsy Rose Lee erwartet wurde.« Als dieser Artikel dem Hausverwalter vor Augen kam, warf er den Liftboy kurzerhand hinaus, weil er ihm diese Erwähnung in der bekannten Zeitung mißgönnte. Mr. Jewell tat die Sache sehr leid, denn er mußte sich ja sagen, daß der Liftboy durch ihn seinen Job verloren hatte. In der Folge hatte ich noch öfters Kontakt mit Mr. Jewell. Ich übersetzte seinen Namen ins Französische und nannte ihn nur noch *Mon Bijou de l'Epoque*. In seinem Kommentar zur surrealistischen Galerie konnte man lesen: ». . . es sieht darin einigermaßen bedrohlich aus, gewissermaßen, als ob die Zuschauer befürchten müssen, selbst an die Wand genagelt zu werden, während die Kunstwerke im Raum umherwandeln und, je nachdem, wohlwollende oder bissige Bemerkungen machen wollen.«

Für diese Ausstellung ließ ich Max einen Großteil der Vorbereitungen treffen. Er bekam den Auftrag, zu den Künstlerinnen hinzufahren, geeignete Gemälde bei ihnen auszusuchen und sie mit dem Wagen in die Galerie zu bringen. Er fühlte sich übrigens in dieser Rolle sehr wohl, da er Frauen gerne mochte und einige der Künstlerinnen äußerst attraktiv waren. Für Malerinnen hatte er eine Schwäche. Eine der Damen, die er besuchte, war Dorothea Tanning, eine hübsche Person aus dem Mittelwesten. Sie hatte stets hohe Ansprüche an ihre Umgebung, war aber selbst dumm, langweilig, vulgär und zog sich ohne jeglichen Geschmack an; nur als Malerin war sie ziemlich begabt und ahmte die Arbeitsweise von Max nach, wodurch er sich sehr geschmeichelt fühlte. Um die Tanning wurde ein unbegreiflicher Rummel gemacht, und es war nachgerade peinlich, wieviel Förderung man ihr angedeihen ließ. Selbst an der Jury wollte sie beteiligt werden, und ich mußte sie ausdrücklich zurückweisen. Wir hatten sie bereits ein Jahr zuvor bei Julien Levy kennengelernt, und Max war sofort auf sie hereingefallen. Jetzt freundete er sich enger mit ihr an, und da ich den ganzen Tag über in der Galerie arbeitete, gefiel es ihm, die Tanning zur Gesellschaft um sich zu haben. Sie spielte auch Schach mit ihm, womit ich nicht aufwarten konnte. An ihrer künstlerischen Entwicklung nahm er sehr großen Anteil, und ich konnte mich nur wundern, daß er für ihre Bilder so viel übrig hatte, denn sie blieben weit unter Leonora Carringtons Niveau, bei der man mit Recht von Genialität sprechen durfte. Mir blieb dieses Verfallensein an die Tanning ein Rätsel. Max wies meine Vorwürfe freilich zurück und behauptete mit dem größten Nachdruck, sie sei keineswegs ein solcher Niemand, wie man aus meinen Worten schließen müsse.

Einmal konnte ich der Versuchung nicht widerstehen und machte eine Expreßsendung von der Tanning auf, die an Max adressiert war. Es war ein dümmlicher Brief in schlechtem Französisch, dem ein Stück blauer Seide beilag, von dem sie behauptete, es sei ihr Haar. Ich wurde rasend vor

Eifersucht, als ich las, Max müsse ohne sie genauso unglücklich sein wie sie ohne ihn. Nachdem ich den Brief überflogen hatte, schlug ich Max mehrmals mit aller Kraft ins Gesicht. Dabei war der Brief für Max gar keine so tiefernste Sache, denn er las ihn später Emily und mir laut vor, um zu beweisen, daß es gar kein Liebesbrief sei. Er hielt die ganze Sache für einen netten Spaß.

Alexander Calder lud uns zu einem seiner *bals musette* in ein Bistro an der First Avenue ein. Max bestand darauf, die Tanning mitzubringen. Mich ärgerte das so sehr, daß ich gar nicht hingehen wollte, zumal ich mich auch gesundheitlich nicht wohl fühlte. In diesem Fall, so erklärte Max, werde er eben ohne mich zum Ball gehen. Nun wußte ich, daß Calder nichts von Max hielt, und ich konnte mir auch nicht vorstellen, daß Dorothea Tanning sehr willkommen sein würde. Jedenfalls war ich wahnsinnig eifersüchtig und fühlte mich gedemütigt. Ich rief Max bei der Tanning an und verbot ihm, sie zum Ball mitzunehmen. Ich drohte ihm an, daß ich ihn sonst aussperren würde. Er kam tatsächlich nach Hause, aber ich redete kein Wort mit ihm, ging aus und ließ ihn allein in unserer Wohnung sitzen.

Bei einer anderen Gelegenheit wurde Max ohne mich zu einer Party eingeladen, und obwohl er zunächst ablehnen wollte, verlangte ich von ihm, daß er der Einladung Folge leistete. Ich hoffte nämlich, mich mit Marcel Duchamp treffen zu können. Später behauptete Max, dieser Abend wäre der eigentliche Grund unserer Trennung gewesen, denn ich hätte es selbst zu verantworten, daß er die ganze Nacht bei der Tanning verbrachte und sie ihn für sich erobern konnte. Dabei war meine List völlig umsonst gewesen, weil ich Marcel an jenem Abend überhaupt nicht erreichte und statt dessen mit Pegeen ins Theater ging.

Von Tag zu Tag wurde ich reizbarer, und ich war schließlich in einem so labilen Nervenzustand, daß Pegeen mir überallhin nachgehen mußte und in ständiger Sorge um mich lebte, weil ich über die Straßen ging, ohne auf den Verkehr zu achten.

Um die Dinge in Ordnung zu bringen, luden wir Breton zu uns zum Essen ein, aber bei seinem Besuch wurde alles nur noch viel schlimmer. Max, Marcel Duchamp und Mary Reynolds kamen, sowie noch einige andere Bekannte. Wir gerieten über die Zeitschrift *VVV* in Streit, die von Breton zusammen mit Marcel und Max herausgegeben wurde. Max hatte mir ein kostenloses Inserat für meine Galerie in der ersten Nummer versprochen, und Breton wollte dies nicht wahrhaben. Ich versteifte mich auf meinen Anspruch, zumal ich darauf verweisen konnte, daß ich mehr als viele andere für den Surrealismus getan hatte. Breton hielt mir entgegen, er habe sein Leben lang Opfer bringen müssen, um der Wahrheit und Schönheit der Kunst zu ihrem Recht in der Welt zu verhelfen. Das könne er auch von anderen verlangen, wenn sie ernstlich etwas für die Sache tun wollten. Irgendwann an dem Abend machte Pegeen die Bemerkung, die Surrealisten seien allesamt kleinliche Leute und müßten immer Streit anfangen. Darüber war Breton zutiefst beleidigt und machte mich für die Äußerung meiner Tochter verantwortlich. Max nahm die Sache zum Anlaß, wieder einmal zur Tanning zu laufen, die ohnehin den ganzen Abend am Telefon gehangen hatte. Er blieb danach sogar mehrere Tage weg. Wenn auch Pegeen ihr Bestes versuchte, um die Sache zwischen uns auszubügeln, war doch alles vergebens. Als ich Max das nächste Mal sah, bot ich ihm an, ich wolle auf Marcels intime Freundschaft künftig verzichten, falls er bereit wäre, sich von der Tanning zu trennen; aber er meinte dazu nur, für mich wäre es kein Opfer, Marcel fahren zu lassen, wenn ich ihn jetzt satt hätte.

Während dieser schrecklichen Zeit verbrachte ich gelegentlich eine Nacht zusammen mit Marcel. Er war dabei allerdings mehr mein Krankenpfleger als mein Liebhaber; denn ich verlor allmählich jede Selbstkontrolle und konnte nur noch mit Schlafmitteln zur Ruhe kommen.

Jimmy riet mir, ich einer Psychoanalyse zu unterziehen, um wieder Kontrolle über mich zu gewinnen. Der einzige Therapeut, den ich kannte und dem ich mich anvertrauen mochte, war Breton. Ich lud ihn zum Lunch ein und erzählte ihm von meinem Kummer. Als er von meinem Verhältnis zur Marcel hörte, sagte er, Max werde nie mehr zu mir zurückkommen, weil ich seinen Stolz verletzt hätte. Er meinte, in dieser Sache sei ich zu weit gegangen; ich hätte Dinge getrieben, die auch er, Breton, nicht hätte hinnehmen können. Dann fragte er mich, warum ich eigentlich nicht mit Marcel zusammenleben wolle und immer noch auf Max Anspruch erhebe. Aber Marcel hatte doch Mary Reynolds, und wir hätten niemals eine ernsthafte Geschichte miteinander aufbauen können. Nach unserem Gespräch zog sich Breton aus der Angelegenheit zurück. Er sei nicht hinreichend qualifiziert, um mich analysieren zu können, und unter diesen Umständen sei eine Analyse ein Risiko. Abschließend empfahl mir Breton, zur Erholung aufs Land zu fahren und dort meine angegriffenen Nerven zu beruhigen.

Im Februar 1943 besuchte mich Jean Hélion in New York. Er hatte sich inzwischen in Virginia niedergelassen, nachdem sein vielbeachtetes Buch erschienen war, worin er sehr eindrucksvoll seine Flucht aus einem deutschen Gefangenenlager schilderte. Hélion nahm mein Angebot an, eine Retrospektive seiner Bilder in meiner Galerie zu zeigen. Er kam zur Eröffnung und hielt einen bewegenden Vortrag, wobei sich über hundert Besucher in der Galerie drängten. Die Einnahmen des Abends spendeten wir für das Freie Frankreich. Es war eine wunderschöne Ausstellung. James Sweeney hatte den Katalogtext verfaßt, und ich konnte mehrere Gemälde verkaufen. Ich selbst erwarb ein Bild aus dem Jahre 1934. Nach der Eröffnung gab ich zu Ehren von Hélion eine große Party in meinem Haus. Und als Hélion Pegeen sah, war er auf der Stelle in sie verliebt. Ich merkte es sofort, während Pegeen noch anderthalb Jahre brauchte, bis sie sich seiner Liebe bewußt wurde. Später hat sie ihn geheiratet.

Es war eine starke Belastung für mich, die Galerie in Gang zu halten, während mein Privatleben in einem so hoffnungslosen Zustand war. Ich kam mir vor wie jemand, der sein Haus zum Einsturz gebracht hat und nun erstaunt zwischen den Trümmern sitzt. Jeden Tag wurde es schlimmer. Wenn Max morgens in sein Atelier ging, schien es ihm nicht einmal leid zu tun, wie ich aussah. Er machte nur stichelnde Bemerkungen, weil ich jetzt besonders lange brauchte, um aufzustehen und meinen Tagesrhythmus zu finden. Das schlimmste war, daß der Plan für meine nächste Ausstellung kurzfristig umgestoßen wurde. Ursprünglich sollten die Originale in meiner Galerie gezeigt werden, die in der ersten *VVV*-Nummer abgebildet wurden. Durch den Streit über die Zeitschrift mußte ich mir innerhalb von zwei Tagen etwas völlig Neues einfallen lassen. Ich nahm eine Anregung von Jimmy auf und veranstaltete eine Gegenüberstellung von früheren und neueren Arbeiten bekannter Künstler. An je zwei Bildern von zwanzig Malern zeigte ich, was sie dreißig Jahre zuvor geschaffen hatten und in welcher Weise sie jetzt arbeiteten. Man kann sich kaum vorstellen, welch große Kontraste auf diese Weise zutage traten.

1939 hatte Herbert Read in London die Idee gehabt, einen Frühjahrssalon abzuhalten. Nun versuchte ich das gleiche in New York. Ich berief eine Jury ein. Mitglieder waren Alfred Barr, James Sweeny, James Soby, Piet Mondrian, Marcel Duchamp, Putzel und ich. Bereits im ersten Jahr zeigte sich, daß die Ergebnisse der Mühe wert waren. Wir konnten ungefähr vierzig Gemälde aus den eingereichten Arbeiten auswählen. Dabei stammten die Glanzstücke von Jackson Pollock, Robert Motherwell und William Baziotes. Alle drei hatten schon einmal Arbeiten in meiner Galerie gezeigt, als ich eine Ausstellung von Collagen und Papier collés veranstaltete. Während der Jurierung fiel uns sofort auf, daß diese drei die besten Künstler waren, die wir im ganzen Angebot entdecken konnten.

Kurz danach kam David Hare zu mir. Vorher war er Werbefotograf gewesen; inzwischen beschäftigte er sich ausschließlich mit Gipsplastiken und machte wunderschöne Arbeiten. Der surrealistische Einfluß hatte unverkennbar auf ihn gewirkt, und ich hielt Hare für den bedeutendsten Bildhauer nach Giacometti, Calder und Moore. Es fiel mir nicht schwer, ihm eine Ausstellung zu versprechen.

In der Galerie gab es manchen lustigen Zwischenfall. Zum Beispiel war Putzel zufällig zugegen, als sich ein unbedarfter Besucher darüber beschwerte, daß er in einem bestimmten kubistischen Bild keine menschlichen Züge erkennen konnte. Putzel war empört über so viel Ahnungslosigkeit und Anmaßung. Er ließ sich zu einer boshaften Bemerkung hinreißen und sagte zu dem Besucher, wenn es ihm darauf ankomme, Menschen zu sehen, solle er sich doch auf der Straße umsehen. Da käme er sicher auf seine Kosten.

Ein andermal kam eine Schülerin zu mir und fragte: »Würden Sie so freundlich sein und diesen Zettel unterschreiben, damit mein Lehrer auch glaubt, daß ich hier war? Mr. Mason hat gesagt, ich soll Miss Guggenheim oder die Herzogin um ihre Unterschrift bitten.« Wahrscheinlich meinte das Mädchen die Baroness Rebay, die Kuratorin meines Onkels Solomon, mit der ich um keinen Preis verwechselt werden wollte. Immer wieder wurde ich gefragt, welche Beziehungen ich zum Museum für Ungegenständliche Kunst hätte, und jedesmal war ich stolz zu antworten: »Keine, obwohl Mr. Guggenheim mein Onkel ist.«

Bei anderer Gelegenheit hatten wir Besuch von Mrs. Roosevelt. Leider wurde uns diese Ehre nicht in unserer Eigenschaft als Galerie für zeitgenössische Kunst zuteil, sondern die First Lady kam mit zwei Begleiterinnen, um eine Foto-Ausstellung über den Neger im amerikanischen Leben zu besichtigen. Mrs. Roosevelt war außerordentlich herzlich, und ehe sie wieder ging, versuchte ich alles mögliche, um sie dazu zu bewegen, wenigstens einen Blick in die Surrealisten-Abteilung zu werfen; aber es war nichts zu machen. Sie schützte ihre Unkenntnis in Sachen moderner Kunst vor und ging wie eine Krabbe seitwärts aus der Tür.

Mein englischer Bekannter, Jack Barker, war mit den Damen im Aufzug heraufgekommen. In seiner Ahnungslosigkeit, mit wem er es zu tun hatte, folgte er ihnen durch die Galerie und machte ihre aufgedrehten hohen Stimmen nach, mit denen sie mich begrüßten. Mrs. Roosevelt schien sein Betragen gar nicht verletzend zu empfinden. Gutgelaunt drehte sie sich um, nickte ihm zu und grüßte ihn lächelnd. Nun geriet Barker in Verlegenheit. Das Gesicht der Dame kam ihm so seltsam bekannt vor. Da ihm aber immer noch nicht einfiel, wer sie war, wußte er nicht, ob er ihr um den Hals fallen, die Hände schütteln oder eine förmliche Begrüßung zuteil werden lassen sollte. In seinem Dilemma ignorierte er den freundlichen Gruß und zeigte überhaupt keine Reaktion.

Einmal bat ich Piet Mondrian, eins seiner Gemälde wieder aufzuarbeiten, damit es in seiner ursprünglichen Reinheit herauskam. Er ließ sich nicht lange bitten, kam mit einem Köfferchen voll Utensilien und restaurierte mir nicht nur sein eigenes, sondern noch je ein Gemälde von Arp und Nicholson. Mondrian war sehr sorgfältig im Umgang mit Kunstwerken. Wenn er seine Bilder zu Ausstellungen in die Galerie brachte, waren sie immer in weißes Papier verpackt. Die Gemälde der Surrealisten, insbesondere von Max und Dali, die Mondrian bei mir sah, waren stets ein Gegenstand der Bewunderung für ihn, und auch Max schätzte Mondrians Gemälde, obwohl die beiden Maler in ihrer künstlerischen Auffassung wenig Gemeinsames haben. Mondrian sagte einmal: »Dali und Ernst sind beide bedeutende Künstler. Dali geht allerdings einen anderen Weg als die übrigen Surrealisten. Er setzt die altmeisterliche Tradition auf großartige Weise fort. Die echten Surrealisten wie Max Ernst sind mir lieber; manchmal sind sie Naturalisten auf eine eigene Weise, und sie klammern sich nicht an die Tradition. Wenn ich vom Literarischen in ihren Arbeiten absehe, fühle ich mich den Surrealisten mehr verwandt als irgendeiner anderen Kunstrichtung.«

Ich besuchte Mondrian einmal in seinem Atelier, um mir

seine neuesten Bilder anzusehen und seine Boogie-Woogie-Platten zu hören. Er hatte gerade eine frische Leinwand auf der Staffelei und skizzierte eine neue Komposition, indem er Papierstreifen prüfend hin und her schob. Er bezog mich in sein Skizzieren ein und fragte mich, wie mir die Komposition am besten gefallen würde. An dem Abend küßte er mich auch, und ich entdeckte, wie jung er noch mit seinen zweiundsiebzig Jahren war. Mondrian ging gerne zu Partys und ließ keine Vernissage aus. Erst kurz zuvor hatte er bei einer Ausstellungseröffnung in meiner Galerie teilgenommen. Als mich mein Vetter Colonel Guggenheim in *Art of This Century* besuchte, sah man ihm sein Unbehagen an den Bildern an. Ich fragte ihn, an welchem Gemälde der Sammlung er am wenigsten Anstoß nähme. Da deutete er auf den Mondrian und meinte, den würde er sich wohl schenken lassen.

16

Ein trügerischer Seelenfriede

Ich habe mich oft gefragt, weshalb gerade Kenneth McPherson dazu ausersehen war, mein Leben so gründlich zu verändern und jahrelang alle meine Gedanken auf sich zu ziehen, und warum ich ihm später nie nachgetragen habe, was wir in unserer Beziehung zueinander durchmachen mußten. Ursprünglich war er für mich nur ein Mythos gewesen, eine Sagenfigur, jemand, der mit einem geheimnisvollen Glanz umstrahlt war und dessen Reichtum, Verwöhntheit und unverantwortliches Drauflosleben meine Neugier weckten. Er war so anziehend und beliebt, daß er sich nie verpflichtet fühlte, sich an die Regeln des gesellschaftlichen Umgangs zu halten. Nie tat er, was man von ihm erwartete, verlor Adressen, kam nicht pünktlich oder an einem falschen Tag, schickte Entschuldigungstelegramme mit fadenscheinigen Begründungen. Als ich ihn endlich kennenlernte, entpuppte er sich ganz anders. Er kam zu mir, um Bilder von Max zu kaufen, und man muß mir meine Überraschung am Gesicht abgelesen haben, wie er plötzlich leibhaftig vor mir stand: ein hübscher, charmanter und bescheidener Mensch, fast schüchtern in seinem Betragen.

Bei unserer nächsten Begegnung saß ich neben ihm in *Don Giovanni,* und es herrschte eine eigentümliche Spannung zwischen uns. Auch er muß es so empfunden haben, denn er hat mich später noch wiederholt an diesen Abend erinnert. Im Taxi begleitete er mich nach Hause. Am folgenden Tag gestand ich Putzel, daß ich mich in Kenneth verlieben könnte, wenn ich nicht befürchten müßte, mich dadurch auf ein sehr unruhiges Leben einzulassen. Als ich mich dann tatsächlich in ihn verliebte, kam auch prompt die befürchtete Unruhe in mein Leben, allerdings auf ganz andere Weise, als erwartet.

Er trat in mein Leben, als ich ihn am dringendsten benötigte und als auch er auf mich angewiesen war. Im nachhinein sieht unsere Begegnung aus, als ob es gar nicht anders hätte kommen können. Ich war so unglücklich wie noch nie in meinem Leben, als er zu mir kam, und ich reagierte blindlings auf seine freundschaftliche Zuneigung, ohne an mögliche Folgen zu denken. Allein schon durch seine Größe nahm er eine dominierende Haltung zu mir ein. Zunächst sorgte er dafür, daß ich mich von Max lossagte. Dies war eigentlich die selbstverständlichste Sache von der Welt, und ich weiß nicht, warum ich mich nicht ohne einen Anstoß von außen dazu hatte durchringen können. Meine lächerliche Situation war wirklich unzumutbar geworden. Kenneths Drängen, diesen Zustand zu beenden, geschah also nicht aus Eigennutz, sondern war ein guter Rat, wie ihn mir jeder Freund hätte geben müssen. Auf seine Empfehlung hin ging ich zum Anwalt und ließ die Scheidung einreichen.

Aber ich eile den Ereignissen voraus. Kenneth hatte empfunden, wie unglücklich ich war, und lud mich zu einer Cocktailparty zu sich nach Hause ein. Dies war zwar nicht das erste Mal; aber ich spürte, daß die Einladung ganz persönlich und intimer als früher gemeint war, jedenfalls ganz anders als sonst. Im letzten Augenblick entschloß ich mich, Max mitzunehmen, und unser Gastgeber muß verwundert gewesen sein, als er uns zusammen hereinkommen sah. Er ließ sich jedoch nichts anmerken, auch später nicht, als Max die Party verließ, um wieder zur Tanning zu gehen. Auf diesen Moment hatten wir alle gewartet. Danach fühlten wir uns wie von einer großen Beklemmung befreit.

Es ist schwer zu erklären, weshalb mir Kenneth McPherson von Anfang an ein Gefühl der Geborgenheit zu vermitteln wußte; wenn er neben mir saß und den Arm um mich legte, fühlte ich mich seit Jahren zum erstenmal wieder glücklich. Schade, daß ich mich mit diesem Glück nicht begnügen konnte! Warum hielt ich mich nicht an den inneren Frieden und das Hochgefühl, das ich empfand, wenn ich mit ihm umschlungen lag und Musik hörte? Es hätte alles ganz anders kommen können. Aber leider kann ich nichts so annehmen, wie es kommt. Immer bilde ich mir ein, ich müsse die Situation von Grund auf ändern; auch habe ich mir nie vorzustellen vermocht, daß meine Pläne möglicherweise nicht in Erfüllung gehen könnten. Ich muß mir immer aufs neue den Beweis erbringen, daß ich nun einmal keine Berge versetzen und nicht die Gezeiten anhalten kann. So setzte ich auch in meiner Beziehung zu Kenneth sofort alle Hebel in Bewegung, um etwas Unerreichbares zu bewerkstelligen. Aber wenn ich auch mein Glück nicht erzwungen habe, so wurden mir dennoch andere ungeahnte Erlebnisse zuteil.

Es ist schon ein aufregendes Abenteuer, wenn man plötzlich jemanden neu kennenlernt; aber es ist noch viel erregender, wenn etwas geschieht, das man sich sehr lange im stillen herbeigewünscht hat. Ich spürte, wie ich auf Kenneths englische Prägung entzückt reagierte, obgleich mir seine britische Wesensart zunächst noch ein wenig konventionell vorkam. Kenneth redete viel, und ich merkte bald, daß er mich in die Zuhörerrolle drängte; aber das gefiel mir, und es war auf diese Weise leichter so für mich. Oft genug schon hatte ich durch meine unüberlegten Reden Verwirrung gestiftet.

Ich gab eine Party in meinem Haus am Fluß. Kenneth kam in Begleitung einer Reihe von reizenden jungen Männern und zeigte ihnen meine Wohnung. Irgendwann an dem Abend äußerte er, es müsse schön sein, solch ein großes Haus wie dieses mit jemandem zu teilen. Ob ich ihm nicht die Hälfte vermieten wolle? Oder wir könnten ein anderes Haus zusammen mieten; dann würden wir uns zur Verbindung unserer Wohnungen eine Falltür machen lassen. Jedesmal, wenn er dergleichen sagte, auch wenn ich wußte, daß es bloß im Spaß gemeint war, klammerte ich mich sofort an den Gedanken und malte mir eine Zukunft mit ihm zusammen aus. Jedenfalls nahm mein Wunsch, einen eigenen Haushalt mit Kenneth zu führen, an jenem Abend konkrete Gestalt an, und ich gab in der Folgezeit keine Ruhe, bis ich meinem Ziel näher kam. Das war zunächst gar nicht so schwer, weil Kenneth ziemlich einsam war. Er gestattete mir, Anteil an seinem Leben zu nehmen, weil er Bewunderung und Liebe brauchte. In gewisser Weise hatte er freilich die Mentalität eines Oberschülers, und Intrigen waren für ihn ein wichtiger Zeitvertreib.

Kenneth McPherson hatte irgendeine Aufgabe für den Britischen Geheimdienst zu erfüllen, die aber allem Anschein nach nicht gerade mit Arbeit verbunden war, denn die meiste Zeit verbrachte er mit Musikhören. Sein Plattenspieler lief den ganzen Tag. Auch verschwendete er sehr viel Zeit mit Essen und Trinken. In seiner Trinkfestigkeit war er fast mit John Holms zu vergleichen. Eigentlich gehörte Kenneth ins 18. Jahrhundert; denn er erinnerte in allem an einen Grandseigneur dieser Epoche, ob es sich nun um seine Erziehung, seinen Geschmack, seine Wohnungseinrichtung, sein Benehmen oder um seinen Umgang handelte. Er reagierte auf die feinsten Anspielungen; keine Feinheit entging ihm, kein Bonmot traf bei ihm auf taube Ohren. So war es immer ein Vergnügen, sich mit ihm zu unterhalten. Er war ein echt kultivierter Mensch und somit eine Oase in der Wüste der amerikanischen Gesellschaft. Leider mußten seine Qualitäten brachliegen, und er wurde auf das Niveau seines Freundes- und Bekanntenkreises heruntergezogen. Aus purer Höflichkeit paßte er sich ihnen an, um niemanden zu beschämen. Neue Freunde und Freundinnen zu gewinnen fiel ihm übrigens nicht schwer; wer mit ihm vertraut war, empfand ihn als idealen Freund, und jedem vermittelte er das Gefühl, zu ihm zu gehören.

Da er einzig dem Vergnügen lebte, wartete er stets mit Spannung auf die Eröffnung der neuen Saison mit ihren Opernpremieren und Konzerten. In den Restaurants gab er ganze Vermögen aus, denn gutes Essen und edle Weine gingen ihm über alles. Die elegantesten Anzüge waren für ihn gerade gut genug. Kenneth bevorzugte blaue Stoffe, um eine Beziehung zu seiner Augenfarbe herzustellen. Er erschien immer äußerst gepflegt, und sein Badezimmer hätte man für die Garderobe eines Filmstars halten können.

Als mein Sekretär zum Militär einberufen wurde, bestand Putzel darauf, dessen Posten bei mir zu übernehmen. Ich hatte dieser Katastrophe bereits seit längerem mit Sorge entgegengesehen. Aber nun, unter den neuen Umständen, gab ich nach, weil ich mir vorstellte, ich käme dadurch in engeren Kontakt mit Kenneth, der ein guter Freund von Putzel war.

Währenddessen ging auch meine Affäre mit Marcel noch weiter. Dies war nichts Besonderes für uns beide, die wir fast wie Bruder und Schwester miteinander umgingen und uns schon so lange kannten. Marcel tat immer so, als ob ihn nichts erschüttern könnte. Er glaubte nicht an Gefühle und schon gar nicht an Liebe; dennoch fühlte er mehr, als er zugeben mochte, und er verstand sehr gut, was ich für Kenneth empfand. Irgendwann machte Marcel endgültig Schluß und sagte, seine Frau könne von der Sache hören, weil ich viel zu indiskret sei. Mir war es nur recht so, weil mir unser Verhältnis ohnehin schon zu gefährlich geworden war und ich mich nun ganz auf Kenneth konzentrieren konnte.

Als die zweite Nummer der Zeitschrift *VVV* herauskam, gab Kiesler eine große Party. Mir schickte er selbstverständlich keine Einladung, da ich seit unseren Meinungsverschiedenheiten über die Galerierechnungen mit ihm nichts mehr zu tun gehabt hatte. Zu dieser Party wollte ich aber um jeden Preis hingehen. Als mir auch Laurence nicht zu einer Einladung verhelfen konnte, verkleidete ich mich als junger Mann und zog Sachen von Sindbad an, die noch bei mir im Hause waren. Ich fand einen hübschen blauen Anzug und eine Mütze, unter die ich mein Haar stopfen konnte. Als Make-up benutzte ich gebrannten Kork und klebte mir einen Kinn- und Backenbart an. Dann telefonierte ich mit Kenneth und bat ihn, mich mitzunehmen. Der Gedanke an die Maskerade gefiel ihm, bis er den schmuddeligen Griechenjungen sah, in den ich mich verwandelt hatte. Da hatte er Hemmungen, mich mitzunehmen, da er Kiesler kaum kannte, und ging allein in das Haus. So wagte ich mich ohne Begleitung an die Party, wurde auch ohne weiteres eingelassen und erregte einiges Aufsehen. Niemand außer Max erkannte mich, der die Party mit der Tanning fluchtartig verließ, als er meiner ansichtig wurde. Als Kiesler schließlich doch merkte, wer ich war, kam er mir so nett entgegen, daß wir uns auf der Stelle wieder vertrugen und seitdem als gute Freunde miteinander umgingen. Ich dachte mir damals, daß er mein Architekt sein müßte, falls ich jemals ein Haus in Amerika bauen würde.

Bald nach der Party begann wieder die Suche nach einem geeigneten Haus. Kenneth und ich hatten uns in den Kopf gesetzt, im Oktober in ein neues gemeinsames Heim zu ziehen. Wir mußten viele Wohnungen anschauen, bis wir etwas fanden, das uns gefiel und mit geringen Änderungen für unsere Bedürfnisse geeignet erschien. Es war ein Haus mit einer Doppelwohnung, zwei Stockwerke übereinander, die durch eine prachtvolle Treppe miteinander verbunden waren. Kenneth sollte den oberen Stock bewohnen. Dort war auch die einzige Küche, die von beiden Wohnungen aus gemeinsam benutzt werden mußte, und es war für mich nicht ganz bequem, immer hinaufsteigen zu müssen. Dafür verfügte ich in meiner Wohnung über vier Badezimmer, während Kenneth oben nur ein einziges hatte. Ich ließ den Mietvertrag von Kenneth unterzeichnen, weil er mir zu unzuverlässig erschien und ich sichergehen wollte. Danach verbrachten wir viel Zeit mit Plänen für die Dekoration unseres gemeinsamen neuen Heims. Kenneths Ideen kamen mir teilweise derart frivol und vorkriegsmäßig vor, daß ich mich kaum damit einverstanden erklären konnte. Obgleich er politisch links stand, hatte er noch immer nicht begriffen, daß eine gewisse Art von Luxus ein für allemal überlebt war und in unserer Zeit geradezu anstößig wirken mußte. Es war ein Glück, daß er auf seinen Vorschlägen nicht ernstlich bestand. Mit seiner Einwilligung ließ ich Jackson Pollock ein Wandgemälde für unsere Eingangshalle malen. Es sollte sieben Meter lang und ein Meter achtzig hoch werden. Marcel Duchamp gab Pollock den guten Rat, das Bild nicht direkt auf die Wand, sondern auf eine Leinwand zu malen, damit man es bei einem eventuellen Umzug mitnehmen konnte. Dies erwies sich in der Folge als glänzende Idee und sollte einmal der Universität von Iowa zustatten kommen, denn dort schmückt es heute die Mensa.

Pollock beschaffte sich eine riesige Leinwand und mußte in seinem Studio eine Wand einreißen, um den Bildgrund überhaupt vor sich aufhängen zu können. Dann saß er tagelang davor und wußte nicht, wie er anfangen sollte. Er steigerte sich in eine Depression hinein, schickte seine Frau aufs Land, um sich freier zu fühlen und vielleicht auf diese Weise zu neuen Einfällen zu kommen. Als sie zurückkehrte, war noch immer nichts geschehen. Endlich, nachdem er in wochenlangem Zögern nichts zuwege gebracht hatte, fing er an, wild mit Farben herumzuspritzen, und beendete die Arbeit innerhalb von drei Stunden.

Dieses Wandbild war so vollkommen ungegenständlich, wie es Pollock nie zuvor gelungen war. Es bestand aus fortlaufenden Bändern, die in rhythmischen Figuren wie Tanzspuren in Blau, Weiß und Gelb über die Leinwand liefen. Darüber war schwarze Farbe im »Tröpfelverfahren« gekleckst worden. Dieses Verfahren stammte von Max Ernst, der es als erster angewandt hat. Er hängte eine durchlöcherte Dose an einer Kordel auf und ließ durch die Löcher der hin- und herschwingenden Dose flüssige Farbe auf eine Leinwand sprenkeln. Als ich damals das erste Ergebnis sah, war ich entsetzt und konnte nichts damit anfangen; jetzt aber akzeptierte ich den Effekt, ohne zu zögern, weil er mir bereits vertraut war.

Es machte sehr große Mühe, das Bild an seinen Platz zu schaffen, zumal es größer als die Wand war, an der es hängen sollte. Pollock versuchte es zunächst allein, verlor dann aber die Nerven, als es nicht klappte. Er fuhr zu meiner Wohnung hinauf und trank aus einigen Flaschen, obwohl ich sie extra vor ihm versteckt hatte, da ich seine Schwäche kannte. Er rief nicht nur alle fünf Minuten bei mir in der Galerie an, ich solle doch endlich heimkommen und mithelfen, das Bild aufzuhängen, sondern er betrank sich auch dermaßen, daß er sich auszog und nackt in eine Party platzte, die im Wohnzimmer stattfand. Schließlich kam Marcel Duchamp mit einem Handwerker zu Hilfe und sorgte dafür, daß das Wandbild an seinen Platz kam. Es sah wunderschön aus, hätte aber unbedingt mehr Raum um sich herum benötigt, den es dann erst in Iowa gefunden hat.

Mir gefiel das Wandbild ausgezeichnet, aber Kenneth konnte es nicht ausstehen. Er ließ nie zu, daß ich die Spots anmachte, die ich eigens zur Beleuchtung des Bildes hatte installieren lassen. Das hatte zur Folge, daß man das Bild nur bei Tageslicht betrachten konnte. Dennoch wurde Pollocks Wandbild allgemein bewundert, und selbst James Soby kam einmal auf seinem abendlichen Heimweg vom Museum of Modern Art bei uns vorbei, um sich das Werk anzusehen. Er war davon tief beeindruckt.

Während Wochen waren Kenneth und ich so glücklich miteinander, daß wir uns alle möglichen Zukunftspläne ausmalten. Ich wollte sogar Putzel eine Weile allein die Galerie führen lassen, um mit Kenneth nach Kuba fliegen zu können, und Kenneth nahm sich vor, mir nach dem Kriege sein geliebtes Griechenland zu zeigen, das ich noch nicht kannte.

Solange Kenneth mit dem Einrichten und Einräumen seiner Wohnung beschäftigt war, verbrachte er alle freie Zeit bei mir. Es war ihm eine Wohltat, auf diese Weise dem Chaos zu entrinnen, das vorläufig bei ihm oben herrschte. Er hatte eine Menge kostbarer und komplizierter Möbel mitgebracht, und er gab ein Vermögen dafür aus, das Appartement neu zu gestalten. Mir wurde dabei bewußt, wie groß der Unterschied zwischen unseren Ansprüchen war. Zwar gefiel ihm die Gemütlichkeit in meinen Räumen;

andererseits hätte er es als empörende Zumutung empfunden, sich im Stil mir anzupassen. Bei ihm mußte alles ganz anders sein, und zutiefst konnten wir uns beide nicht mit dem Stilempfinden des anderen anfreunden.

Als endlich die Arbeiten in seinem Teil der Wohnung beendet waren, führte er die »Politik der geschlossenen Tür« ein. Wenn seine Freunde kamen, wollte er allein mit ihnen sein und ließ mich deutlich spüren, daß ich unerwünscht war.

Für unser gemeinsames Wohnen hatten wir ganz einfache Regelungen getroffen. So besaß zum Beispiel jeder seinen eigenen Kühlschrank. Kenneth hatte seinen in der Speisekammer, die zu seinem Gebiet zählte, während mein großer Kühlschrank in der Küche stand, die er mir überlassen hatte. Um zur Küche zu kommen, mußte ich durch »seine« Speisekammer gehen; umgekehrt mußte er in »meiner« Küche hantieren, wenn er kochte. Zum Hinaufgehen benutzte ich immer die Hintertreppe, und ich machte beim Eisholen jedesmal so viel Lärm wie möglich, um Kenneth aus seinen Gemächern hervorzulocken, denn häufig war die Tür zu seinen Räumen geheimnisvoll geschlossen. Wenn er mich hörte, kam er zu mir heraus, und gelegentlich wurde ich dann zu einem Drink eingeladen. Kenneth war ziemlich launisch, und man konnte nie genau wissen, was man bei ihm erwarten mußte.

Aus heiterem Himmel erhielt ich plötzlich die Nachricht, Pegeen sei in höchst gefährliche Gesellschaft geraten und ich solle sofort kommen und mich um sie kümmern. Selbstverständlich versuchte ich auf der Stelle, einen Flug nach Mexiko zu buchen, wohin sie allein in Ferien gefahren war, mußte aber eine volle Woche auf einen Platz in einer Maschine warten. Inzwischen versuchten Laurence und ich, Pegeen telefonisch zu erreichen. Die Gespräche wurden nur sehr schleppend vermittelt, und wenn endlich einmal ein Ferngespräch bis nach Mexiko durchkam, ging Pegeen nicht an den Apparat. Dann kamen plötzlich ein Telegramm und mehrere Briefe von ihr, in denen sie mitteilte, es ginge ihr gut und sie käme mit der ersten Maschine nach Hause, in der sie einen Platz fände.

Ich bestellte den Flug ab und war froh, nicht nach Mexiko zu müssen; denn Sindbad, der inzwischen eingezogen worden war, kam unerwartet auf Urlaub. Er wunderte sich über meine seltsame Beziehung zu Kenneth. Zwar mußte er zugeben, daß Kenneth ungewöhnlich hübsch war, aber er konnte nicht begreifen, welchen Gewinn ich mir von der neuen Situation versprach. Da ich mit meinen Kindern immer frei und offen geredet hatte, versuchte ich auch diesmal, Sindbad meine Gefühle zu erklären. Ich konnte mich ihm auch verständlich machen; aber Sindbad hielt die ganze Sache dennoch für albern und unwürdig.

Ich lud Max ein, seine restlichen Sachen abzuholen, die noch bei mir waren. Seine umfangreiche Sammlung primitiver Kunst hatte er gleich nach unserer Trennung mitgenommen. Bei seinem Besuch wollte ich die Gelegenheit nutzen, ihm Kenneths Bildersammlung zu zeigen. Kenneth besaß nämlich mehrere Bilder von Max und hatte Tanguys *Toilette de l'Air* von mir gekauft. Die Sammlung enthielt unter anderem einen herrlichen Klee, einen unwahrscheinlich schönen Miró und je ein Bild von Picasso und Braque. Von Putzel wurde Kenneth ständig zum Ankauf weiterer Werke gedrängt.

Als ich mit Max in meiner Wohnung ankam, fand ich zu meiner Überraschung Marcel Duchamp und Laurence beim Schachspiel in meinem Wohnzimmer vor. Das Zusammentreffen war so komisch, daß ich mir mit einem herzlichen Lachen Luft machen mußte. Wie gewöhnich spielte Marcel den kühlen Beobachter, während sich meine Vergangenheit, meine Gegenwart und meine Zukunft an einem Ort gleichzeitig begegneten, denn ich holte auch Kenneth zu uns herunter. In seiner Rolle als Prinzregent muß er sich ein wenig unbehaglich gefühlt haben. Max begriff nicht so recht, in welcher Beziehung ich eigentlich zu ihm stand. Wahrscheinlich ist es zahlreichen anderen Leuten ebenso ergangen, jedenfalls hat man häufig versucht, mich darüber auszufragen.

Was Kenneth wirklich von mir wollte und wodurch allein unser Zusammenleben hätte erfolgreich werden können, war freilich eine recht einseitige Sache. Wäre es nach ihm gegangen, so hätte ich ohne anderweitige Gesellschaft in meiner Wohnung leben und immer dann für ihn bereit sein müssen, wenn es ihm paßte.

Kenneth saß gerade bei mir am Bett – es war schon Mitternacht –, als es plötzlich an unserer Haustür klingelte. Es war Pegeen, die endlich aus Mexiko zurückgekommen war. Als einziges Gepäck hatte sie einen Regenmantel und eine kleine Tasche bei sich; alles andere war ihr an der Grenze abgenommen worden. Sie sah zum Erbarmen aus. Sie war froh und erleichtert, wieder zu Hause zu sein; andererseits fühlte sie sich in der neuen Umgebung etwas verloren. Die Probleme begannen sofort, weil sie und Kenneth aufeinander eifersüchtig waren. So geriet ich zwischen zwei Feuer. In den folgenden Tagen ging Pegeen immer mit, wenn ich Kenneth oben besuchte. Das war durchaus verständlich, zumal ich in meinen eigenen Räumen sicherlich nicht das Gefühl anheimelnder Ruhe ausstrahlte. Kenneth aber paßte es nicht, daß ich Pegeen uneingeladen zu ihm mitbrachte. Zugleich begann die bedauernswerte Pegeen bereits, in Kenneth ihren künftigen Stiefvater zu sehen. Manchmal nannte sie ihn im Spaß ihren »Vater«, was Kenneth sich gar nicht ungern gefallen ließ. Pegeens hohe Absätze waren unbarmherzig laut auf meinem teppichlosen Boden, und ihre durchdringende Stimme konnte man im ganzen Haus hören, was für Kenneth eine arge Belastung war.

Pegeen fühlte sich in New York unglücklich und wollte unbedingt zu der mexikanischen Familie zurück, bei der sie gewohnt hatte. Ein Sohn dieser Familie hatte es ihr angetan, und sie hatte sich in den Kopf gesetzt, ihn so bald wie möglich zu heiraten. Laurence und ich waren natürlich aus den verschiedensten Gründen dagegen und hofften, daß

Pegeen doch noch in New York auf andere Gedanken kommen würde.

Nicht lange nach Pegeens Rückkehr kündigte David Larkins, ein Freund von Kenneth, seinen bevorstehenden Besuch an. Kenneth hatte ihn schon wochenlang erwartet. In der Nacht, bevor Larkins kommen sollte, ging ich zu Kenneth hinauf und wollte bei ihm bleiben. Er bekam fast einen Tobsuchtsanfall und warf mich mit den Worten hinaus: »Was stellst du dir vor, wo doch morgen David kommt!?« Ich konnte seine Reaktion nicht begreifen. Bevor ich am nächsten Tag zur Galerie ging, bat mich Kenneth nach oben und sagte: »David ist eingetroffen. Ihr könnt euch mal guten Tag sagen!« Wir waren höflich zueinander und nahmen einen Drink zum Willkommen.

Kenneth und ich hatten schon beim Einzug in das neue Heim geplant, eine große gemeinsame Einweihungsparty zu geben, sobald alles vollständig eingerichtet war. Inzwischen hatte jeder von uns nur eine kleine vorläufige Feier mit den engsten Freunden veranstaltet. Jetzt rückte Kenneth damit heraus, daß er zu einer großen Feier einladen wolle, und zwar sollte sie unter seiner Regie veranstaltet werden, worüber ich maßlos enttäuscht war. Er erklärte, er könne meinen Namen nicht auf die Einladungskarte setzen lassen, da er ja noch verheiratet sei. Ich schluckte meinen Unmut hinunter, weil wir uns geschworen hatten, keinen Streit mehr anzufangen und gute Freunde zu bleiben, wobei die Betonung auf »Freunde« lag. Mehr als das könne er mir nicht bieten, versicherte er mir immer wieder; und wenn ich dennoch mehr empfinde, dann wäre das bloß Einbildung, oder ich würde es mir von ihm ertrotzen. Ihm kam es vor allem darauf an, daß zwischen uns Wohlwollen und Herzlichkeit herrschen sollten. Ich half also Kenneth bei der Zusammenstellung der Gästeliste. Wir berücksichtigen alle wichtigen Leute aus der New Yorker Kunstszene. Dazu kamen noch viele Bekannte von Kenneth aus anderen Kreisen. Ich an seiner Stelle hätte die Sache mehr improvisiert, aber er hatte sich in den Kopf gesetzt, daß es ein hochoffizieller Empfang werden sollte, weshalb er auch die gedruckten Einladungskarten verschicken mußte.

Die Party wurde ein völliges Fiasko. Kenneth hatte an dem betreffenden Abend Grippe und hohes Fieber, und ich fühlte mich nicht verantwortlich. Es ging schrecklich steif her, und bei den vielen Menschen war es gar nicht möglich, alles zu einem überschaubaren Ganzen werden zu lassen und die verschiedenen geplanten Beiträge zu integrieren. Das schlimmste aber war, daß David Larkins es sich zu vorgerückter Stunde einfallen ließ, mit mir schlafen zu wollen. Er erklärte, er hätte sich schon lange in mich verliebt. Da ich ziemlich viel getrunken hatte, fiel ich auch auf seine Reden herein. Ich machte eine Szene und verkündete Kenneth, daß ich alles satt hätte und mit David durchbrennen wollte. Kenneth schien nicht allzusehr betroffen zu sein und behandelte mich bloß wie ein ungezogenes Kind. Weit bin ich jedenfalls mit David nicht gekommen; aber wir gingen immerhin an diesem und am folgenden Abend zusammen ins Bett. Danach gestand er mir, daß er bei Frauen gar nichts empfinden konnte und daß ihm der Sinn mehr nach Knaben stand. Es konnte kein Zweifel bestehen, daß er im Grunde nur an Kenneth interessiert war, den wir beide liebten. Das war ja wohl auch das gemeinsame Bindeglied zwischen uns. Ich könnte verrückt werden, wenn ich an alle Männer zurückdenke, die mit mir geschlafen haben und dabei an andere Männer dachten, mit denen ich vorher zusammengewesen war.

So spielte ich wieder einmal meine Lieblingsrolle als Dorne zwischen zwei Rosen. Zu David sprach ich davon, wie sehr ich an Kenneth hing und daß ich ihn nie verlassen würde, weil er mir ein Gefühl von Frieden und Sicherheit vermittelte. Wahrscheinlich habe ich David durch meine naive Vertrauensseligkeit erst auf den Gedanken gebracht, mein Verhältnis zu Kenneth zu durchkreuzen. David war einfach eifersüchtig und hatte Angst, ich könne eines Tages Kenneth heiraten. Deshalb machte er sich sorgfältig und systematisch daran, mich aus der Wohnung zu vertreiben.

Die Umstände spielten ihm dabei in die Hände, und es dauerte nicht lange, bis mein Schicksal besiegelt war.

Dann wurde Kenneth ernstlich krank, und als er aus England auch noch die Nachricht erhielt, daß seine Mutter gestorben war, geriet er gänzlich unter Davids Einfluß. Er brach völlig zusammen und wollte niemanden mehr zu sich lassen. Als ich endlich wieder mit ihm sprach, war er mir gänzlich entfremdet, und ich merkte, daß ich ihn verloren hatte.

Erst sehr viel später wurden Kenneth und ich wieder die besten Freunde; aber das steht auf einem anderen Blatt. Wir haben wohl durch die ganze Misere hindurchgehen müssen, um zu unserem späteren guten Verhältnis zu kommen.

17

Mein Schützling Jackson Pollock

Da der kaufmännische Gesichtspunkt bei meiner Tätigkeit als Galerist ganz im Hintergrund stand, konnte *Art of This Century* bald zu einem Zentrum für die verschiedensten Manifestationen der Avantgarde werden. Die jungen amerikanischen Künstler begannen die Anregungen aufzugreifen, die mit den Emigranten aus der Alten Welt herübergekommen waren, vor allem die Impulse, die von den Abstrakten und Surrealisten ausgingen. Es entstand eine ganz neue künstlerische Stilrichtung, und Robert Coates, der Kritiker des *New Yorker*, erfand dafür den Namen »abstrakter Expressionismus«.

Es machte uns große Freude, Künstler dieser neuen Schule zu entdecken und ihnen zu einem ersten Debut in meiner Galerie zu verhelfen. Auf diese Weise kam es zu den Ausstellungen von Pollock, Motherwell, Baziotes, Hans Hofmann, Clyfford Still, Mark Rothko und David Hare. In Gruppenausstellungen wurden unter anderen Adolph Gottlieb, Hedda Sterne und Ad Reinhardt vorgestellt. Außerdem veranstalteten wir Einzelausstellungen von de Chirico, Arp, Giacometti, Hélion, Hans Richter, Hirshfield, van Doesburg, Pegeen und Laurence Vail sowie von I. Rice Pereira. Auch das Experiment mit dem Frühjahrssalon haben wir mehrfach erfolgreich wiederholt; ferner gab es, wie schon einmal zuvor, eine Ausstellung ausschließlich für Künstlerinnen. Zwischendurch zeigten wir die Werke vieler damals unbekannter Künstler.

Schon bei unserem ersten Frühjahrssalon war Pollock als der meistversprechende Maler hervorgetreten. Sowohl mein Freund Matta wie auch Putzel drängten mich, Pollock besonders zu unterstützen. Als ich ihn kennenlernte, war er im Museum meines Onkels als Tischler angestellt. Zuvor war er Meisterschüler des bekannten akademischen Malers Thomas H. Benton gewesen und hatte sich in einem mühsamen Emanzipationsprozeß von dessen Einfluß freigemacht. Zwischen 1938 und 1942 hatte Pollock seinen Lebensunterhalt im Rahmen des Arbeitsbeschaffungsprogramms für notleidende Künstler verdient, das Präsident Roosevelt organisiert hatte.

Als ich Pollock zum erstenmal ausstellte, spürte man in seinen Arbeiten noch deutlich den Einfluß Picassos und des Surrealismus; doch es gelang ihm bald, ganz er selbst zu werden und sich den ersten Platz unter den Malern seit Picasso zu erobern. Es war klar, daß er ein regelmäßiges monatliches Einkommen benötigte, um sich gänzlich der Malerei widmen zu können, und ich bot ihm einen Vertrag an. Danach erhielt er hundertfünfzig Dollar pro Monat sowie den jährlichen Gewinnüberschuß, falls ich Bilder für mehr als zweitausendsiebenhundert Dollar verkaufen konnte, wobei ein Drittel Provision für die Galerie einkalkuliert war. Falls der Verkaufserlös unter dieser Summe bliebe, wollte ich für die Differenz Bilder in Zahlung nehmen.

Es dauerte gar nicht lange, bis Pollock der wichtigste Künstler in meiner Galerie wurde. Von 1943 an bis 1947, als ich Amerika wieder verließ, widmete ich meine Arbeit fast nur noch diesem Maler. Er hatte das Glück, daß auch seine Frau, Lee Krasner, ganz für ihn lebte. Ihren eigenen Beruf als Malerin hatte sie zu seinen Gunsten an den Nagel gehängt, da er ihre volle Zuwendung in Anspruch nahm. Nachdem ich Max verloren hatte, war nun Pollock mein neuer Schützling, mit dem mich übrigens nur die Beziehung verband, wie sie zwischen Mäzen und Künstler besteht. Lee trat stets als unsere Vermittlerin auf, und sie mußte diese Funktion häufig wahrnehmen; denn Pollock war ein schwieriger Mensch, trank zuviel und konnte dadurch höchst unangenehm werden, ja manchmal sogar geradezu teuflisch. Wenn ich mich darüber beschwerte, hielt mir Lee entgegen, daß er zugleich auch das Wesen eines Engels in sich trage. Er war wie ein gefangenes Tier und hätte seine Heimat Wyoming eigentlich nie verlassen dürfen, meinte sie.

Da ich mich nun einmal verpflichtet hatte, jeden Monat einhundertfünfzig Dollar für die Pollocks aufzutreiben, begann ich, alle anderen Maler meiner Galerie zu vernachlässigen, und konzentrierte mich bloß noch darauf, Pollocks Bilder zu verkaufen. Viele andere Maler verließen mich deshalb und gingen zum Kunsthändler Sam Kootz über, der ihnen Verträge anbot, wie ich sie mir nicht leisten konnte.

Ich glaube, Pollock hatte ein tiefes Verständnis für die westamerikanische Inidianerplastik; denn sie spielte in seinen frühen Arbeiten eine große Rolle. Auch in einigen Werken, die in meiner ersten Ausstellung hingen, war diese Quelle seiner Bildvorstellungen noch zu erkennen. Die Ausstellung fand im November 1943 statt. Pollocks Gemälde waren prachtvoll und aufregend, und die Hoffnungen, die ich in ihn gesetzt hatte, wurden nicht im mindesten enttäuscht. James J. Sweeney setzte sich ganz ungewöhnlich für Pollock ein und schrieb einen einfühlsamen Katalogtext, mit dem er das Publikum für den Künstler gewann. Sweeney tat so viel, um Pollock bekannt zu machen, daß es mir fast so erschien, als ob Pollock unser gemeinsames geistiges Kind sei.

Auf gewisse Weise hatte Sweeney in meinem Leben die Rolle von Herbert Read übernommen. Bei der Galeriearbeit stand er mir immer mit Rat und Tat zur Seite. Männer, die an mir Kritik üben, ohne mir wirklich überlegen zu sein, kann ich nicht ausstehen. Bei Sweeney war es genau umgekehrt: Ich akzeptierte seine Maßstäbe, ohne daß er an mir herumkritisieren mußte, und es herrschte eine echte Harmonie zwischen uns.

Auch der Kritiker Clement Greenberg kam zu unserer Schau und pries Pollock als den bedeutendsten Künstler unserer Zeit. Wir konnten eine ganze Reihe von Bildern verkaufen. Eines wurde sogar vom Museum of Modern Art erworben. Es handelte sich um *Die Wölfin*, womit Alfred Barr zweifellos das beste Gemälde der Ausstellung herausgepickt hatte. Allerdings brauchten die zuständigen Stellen im Museum ein halbes Jahr, bevor sie sich endlich zum Kauf entschlossen. Dies war bei jedem ihrer Ankäufe so. Ganz ungewöhnich dagegen war, daß sie das Bild kauften, ohne den Preis drücken zu wollen, was wohl auf die gemeinsamen Bemühungen von Barr und Sweeney zurückzuführen war.

Später bat mich übrigens Frau Dr. Morley, die Ausstellung in ihr Museum in San Francisco übernehmen zu dürfen. Sie erwarb für ihre Sammlung ein Bild mit dem Titel *Die Hüter des Geheimnisses.*

Die großen Gemälde von Pollock verkauften sich nicht leicht. Erheblich günstiger war es, wenn er uns Gouachen brachte. Ich verschenkte zahlreiche dieser kleineren Bilder als Hochzeitsgeschenke an Freunde und Bekannte. Während der ganzen Zeit tat ich mein Bestes, das Interesse meiner Kunden und Besucher für sein Werk zu wecken, und ich widmete mich unermüdlich dieser Aufgabe, auch wenn sie häufig mit körperlicher Anstrengung verbunden war, weil ich Pollocks riesige Leinwände ständig hervorholen und wieder wegschaffen mußte. Einmal kam Mrs. Harry Winston, die bekannte Sammlerin aus Detroit, zu mir in die Galerie und wollte ein Bild von Masson kaufen. Wie stolz war ich, als es mir gelang, sie statt dessen zum Ankauf eines Pollock-Bildes zu bewegen.

1945 riet mir der Sammler und Pollock-Liebhaber Bill Davis, die monatliche Zahlung an Pollock auf dreihundert Dollar zu erhöhen und dafür die gesamte Produktion des Künstlers für meine Galerie zu sichern. Als die Zeit für Pollocks Jahresausstellung wieder heranrückte, lag ich mit einem schweren Drüsenfieber zu Bett, und Lee Pollock war ziemlich verzweifelt darüber, denn es war ihr klar, daß niemand außer mir in der Galerie etwas an den Mann bringen konnte. Putzel hatte mich inzwischen verlassen; der Bedauernswerte wollte unbedingt eine eigene Galerie in

New York eröffnen. Es wurde eine Tragödie und endete mit seinem Freitod.

Lee setzte sich so sehr für ihren Mann ein, daß sie, als ich krank zu Bett lag, jeden Morgen zu mir kam und mich beschwor, ihnen zweitausend Dollar zu leihen, damit sie ein Haus auf Long Island kaufen könnten. Sie erhoffte sich davon, daß ihr Mann mit dem Trinken aufhören würde, wenn er erst einmal aus dem unheilvollen Einfluß von New York herauskäme. Obwohl ich nicht wußte, wo ich noch zusätzliche Summen hernehmen sollte, sagte ich zu, nur um sie loszuwerden. Im nachhinein wirken alle diese Geldfragen kleinlich und lächerlich, vor allem, wenn man weiß, wieviel heute ein Gemälde von Pollock wert ist. Aber wie hätte ich das ahnen können? Solange ich damals seine Bilder verkaufte, konnte ich nie einen höheren Preis als tausend Dollar erzielen, und als ich im Jahr 1947 von Amerika wegging, gab es nicht eine einzige Galerie in New York, die bereit gewesen wäre, Pollocks Vertrag weiterzuführen. Ich habe alle Galeristen einzeln darauf angesprochen, und nur Betty Parsons wollte Pollock wenigstens einen Ausstellungstermin reservieren. Das sei das Äußerste, was sie tun könne, sagte sie mir damals, und als es zu der Ausstellung kam, mußte Pollock sogar die Unkosten der Ausstellung aus dem Erlös des einzigen Bildes bestreiten, das er verkaufen konnte und das an den Sammler Bill Davis ging. Nachdem Lee sich noch ein Bild ausgesucht hatte, weil ihr vertragsgemäß jährlich ein Werk nach freier Wahl zustand, wurden mir alle restlichen Bilder nach Venedig geschickt, wo ich mich inzwischen niedergelassen hatte. Was ich an Pollock-Bildern besaß, verschenkte ich damals eins nach dem anderen, vor allem an Museen. Aus jener Serie sind mir heute nur noch zwei Werke übrig geblieben. Außerdem habe ich noch neun frühere Arbeiten aus den Jahren 1943 bis 1946. Lee dagegen ist jetzt Millionärin, während ich mir Vorwürfe darüber machen muß, was ich für ein Dummkopf gewesen bin.

In meinen Bemühungen, Pollock zu fördern, hatte ich mit

den absurdesten Schwierigkeiten zu kämpfen. So weigerte sich zum Beispiel Dorothy Miller mit unbegreiflicher Hartnäckigkeit, Pollock in eine Ausstellung aufzunehmen, in der zwölf junge amerikanische Künstler vorgestellt werden sollten. Das Museum of Modern Art hatte sie damit betraut, eine Gruppenausstellung der ihrer Meinung nach bedeutendsten Künstler aus der jungen Generation zusammenzubringen. Als ich mich bei Alfred Barr über die einseige Auswahl beklagte, erklärte er mir, es sei nun mal Dorothy Millers Programm und man könne daran nichts ändern. Auch finanziell geriet ich in Engpässe, um die Pollocks und die Galerie unterhalten zu können. Manchmal mußte ich sogar einen »alten Meister« aus meiner Sammlung veräußern. Es traf mich hart, daß ich zum Beispiel den wunderschönen Delaunay von 1912 hergeben mußte, den ich in Grenoble gekauft hatte, als das Malerehepaar in Südfrankreich lebte. Das Bild tauchte später im Museum of Modern Art auf, und ich betrachtete den Verlust dieses Gemäldes als eine der sieben Tragödien meines Sammlerlebens.

Als zweites bereue ich die Dummheit, daß ich mir die Gelegenheit entgehen ließ und *La Terre Labourée* (Gepflügte Erde) von Miró nicht gekauft habe, als mir das Bild 1939 in London für fünfzehnhundert Dollar angeboten wurde. Wenn das Bild heute überhaupt auf den Markt käme, wäre es fünfzigtausend Dollar wert.

Das dritte Unglück war, daß ich während des Krieges in New York einen Kandinsky von 1936 mit dem Titel *Beherrschende Kurve* verkaufte, nur weil ich auf den Rat von Leuten hörte, die mir einredeten, das Bild sei faschistisch. Zu meinem Kummer sah ich das Gemälde später in Rom in einer Ausstellung wieder, in der die Sammlung meines Onkels Solomon vorgestellt wurde.

Daß ich Picassos *Pêche de Nuit à Antibes* (Nächtlicher Fischfang in Antibes) nicht kaufte, war die vierte Fehlentscheidung. Als ich 1950 das Bild hätte bekommen können, hatte ich nicht genügend Bargeld flüssig. Obwohl mir mein Finanzberater Bernard Reis den Kauf dringend empfahl, zauderte ich und mochte mein Kapital nicht antasten. Heute hängt auch dieses Gemälde als besondere Kostbarkeit im Museum of Modern Art.

Der fünfte Schlag traf mich, als ich eine Plastik von Henri Laurens und ein Aquarell von Klee veräußern mußte, um für Nellie van Doesburg die Überfahrt nach New York bezahlen zu können, und der sechste, als mir die beiden letzten Bilder von Klee, die mir noch verblieben waren, am hellichten Tag aus der Galerie gestohlen wurden.

Das Schlimmste aber bleibt, daß ich achtzehn Pollocks verschenkt habe. Immerhin kann ich mich damit trösten, daß ich meine ganze wunderschöne Sammlung zu einer Zeit zusammenkaufen konnte, als das Preisgefüge noch normal und die Welt der Bilder noch nicht zu einem Investmentmarkt geworden war.

Da alle Künstler in der Galerie gerne gesehen waren, wurde sie eine Art Klub, wo man sich traf. Besonders Mondrian kam häufig zu Besuch. Ich hatte zwei seiner wunderschönen großen Zeichnungen aus seiner kubistischen Zeit von einer New Yorker Galerie erworben, und ich mochte sie viel lieber als seine späteren Gemälde, von denen ich aber auch eins besaß.

Im Winter 1946 bat ich Alexander Calder, mir ein Kopfteil für mein Metallbett zu machen. Ich stellte mir vor, daß dies eine wunderbar erfrischende Abwechslung zu den Messingbetten aus Großmutters Zeit sein würde. Calder versprach es mir zwar, aber er hatte ständig anderes zu tun und schob die Sache vor sich her. Als ich ihm bei einer Party wieder begegnete, sagte ich zu ihm: »Sandy, warum hast du denn noch immer nicht mein Bett gemacht?« Seine hübsche Frau Louisa – übrigens eine Nichte von Henry James – war zugegen, und als sie meine seltsame Frage hörte, spitzte sie die Ohren und drängte später ihren Mann, meinen Auftrag endlich in Angriff zu nehmen. Wegen des Krieges war das einzige greifbare Material Silber, so daß das Rohmaterial teurer als Calders gesamte Arbeit wurde. Ein Mobile konnte es freilich nicht werden, aber Calder hängte einen Fisch und einen Schmetterling so auf, daß sie sich frei im Raum bewegten. Der Hintergrund sah aus wie Seerosen und Meerespflanzen. Seitdem bin ich nicht nur die einzige Frau auf der Welt, die in einem Bett von Alexander Calder schläft, sondern ich habe auch als einzige ein Paar riesiger beweglicher Ohrringe von ihm. Alle anderen Frauen in New York, die das Glück hatten, ein Schmuckstück von Calder gemacht zu bekommen, besitzen bloß Broschen, Armbänder oder Halsketten.

Der Kunsthändler Sidney Janis bat mich nach Morris Hirshfields Tod, diesem Maler eine Gedenkausstellung auszurichten. Es wurde eine wundervolle Präsentation, und ich erwarb ein Bild, das wohl als das beste gelten darf, das damals in meiner Galerie hing. Es hat den Titel *Zwei Frauen vor dem Spiegel* und zeigt zwei Frauen bei der Toilette; man sieht, wie sie sich parfümieren, ihr Haar kämmen und bürsten und Lippenstift auflegen. Die Anordnung der Dinge im Raum ist alles andere als naturalistisch, und das Spiegelbild wäre nach physikalischen Gesetzen überhaupt nicht so möglich. Hirshfield hat sich auch insofern eine künstlerische Freiheit erlaubt, als er die schwellenden Gesäßformen der zwei Frauen gleich viermal vorkommen läßt. Das führte dazu, daß das Bild von lüsternen Bewunderern zahlreiche Nadelstiche abbekam, als es unten in der Eingangshalle meiner Wohnung hing.

Im Sommer 1945 besuchte mich eine langjährige Freundin Emily Coleman wieder einmal in New York. Sie kam in Begleitung eines ganz unwahrscheinlichen Menschen namens Marius Bewly. Er war eine wirklich unvergeßliche Persönlichkeit, sah aus wie ein Priester, hatte auch tatsächlich früher einmal Theologie studiert und sprach mit einem seltsam falschen englischen Akzent. Er war mir von Anfang an sympathisch, und ich fragte ihn sofort, ob er in meiner Galerie Sekretär werden wollte. Die Idee sagte ihm zu, und er nahm mein Angebot ohne Zögern an. Wir haben ausgezeichnet zusammen arbeiten können und sind gute Freunde geblieben, als mich Marius ein Jahr später verließ, um an der Columbia-Universität seinen Doktor der Philosophie zu machen. Marius war ein hochgebildeter Mensch und glänzender Schriftsteller, und alles, was er sagte, war bemerkenswert. Er hatte einen wunderbaren Sinn für Humor und für alles, was das Leben lebenswert macht. Deshalb konnte er auch so viel für moderne Bilder empfinden. Zwar war er als Verkäufer in der Galerie nicht sonderlich erfolgreich, aber er erwarb selbst zahlreiche Stücke aus meinen Ausstellungen.

Als Marius fortging, schickte er mir als Ersatz einen seltsamen jungen Mann, der für den Sekretärsposten denkbar ungeeignet war, weil er noch nicht einmal maschineschreiben konnte und nie pünktlich kam, ja manchmal sogar einfach wegblieb. Ständig wurde ich durch Telefonanrufe für ihn in Trab gehalten, da immer irgendwelche Freunde wichtige Dinge mit ihm zu besprechen hatten. Das einzige, worin mein neuer Sekretär sich aus freien Stücken nützlich machte, war, daß er meine Lhasaterrier ausführte, offenbar, weil sich dadurch Anknüpfungspunkte zu den Herrchen anderer Lhasaterrier ergaben. Auf diese Weise kam er mit vornehmen Leuten wie Lily Pons, John Carradine und Philip Barry ins Gespräch.

Kachina, unsere erste Lhasahündin, war von Max Ernst mitgenommen worden, bevor wir uns endgültig trennten. Als wir die Bedingungen unserer Scheidung aushandelten, versuchte ich zu erreichen, daß ich Kachina jeweils ein halbes Jahr bei mir haben durfte; aber da dies nicht als Klausel in unseren Scheidungsvertrag aufgenommen werden konnte, mußte ich mich damit begnügen, von Max lange nach unserer Trennung zwei Welpen zu kaufen, die Kachina geworfen hatte.

Sosehr ich auch an *Art of This Century* hing, so war mir Europa doch wichtiger als Amerika, und nach Kriegsende konnte ich es nicht abwarten, bis ich wieder jenseits des Atlantiks war. Mir schien damals, daß ich allmählich zur

Sklavin meiner Galerie wurde, und ich fühlte mich physisch überanstrengt. Selbst eine so notwendige Sache wie mittags eine Stunde zum Lunch zu gehen hatte ich mir abgewöhnen müssen. Jedesmal, wenn ich für kurze Zeit zum Arzt oder Friseur ging, konnte ich sicher sein, daß irgendein hohes Tier oder ein wichtiger Museumsdirektor während meiner Abwesenheit in der Galerie erschien und enttäuscht feststellte: »Miss Guggenheim ist ja nie anzutreffen.« Nicht nur, daß ich Bilder von Pollock und aus den laufenden Ausstellungen verkaufen mußte, ich hatte auch für die Vermittlung der Bilder zu Wanderausstellungen und anderen Galerien zu sorgen. Am schlimmsten war dies im letzten Jahr, als ich wegen meines unfähigen Sekretärs alle Korrespondenzen selbst tippen mußte. Ich kam mir fast wie ein Strafgefangener vor und hielt die Belastung nicht mehr aus. Von Levi Straus, der damals französischer Kulturattaché bei uns war, erhielt ich ein Empfehlungsschreiben an den französischen Konsul. Er bestätigte mir, daß ich nach Europa reisen müsse, um französische und europäische Kunst zu studieren. Unter diesem Vorwand gelangte ich schließlich wieder nach Paris und von dort aus weiter nach Venedig, weil Mary McCarthy und ihr Mann, Bowden Broadwater, mich baten, sie unbedingt auf ihrer Fahrt dorthin zu begleiten.

Für mich stand es damals bereits fest, daß Venedig einmal meine neue Heimat werden sollte. Seit jeher hatte ich mich in dieser Stadt wohler als irgendwo sonst auf der Welt gefühlt, und ich war mir auch sicher, daß ich die unvermeidliche Einsamkeit dort am leichtesten ertragen würde. So begann ich denn mit der Suche nach einem Palazzo, in dem ich meine Sammlung unterbringen konnte und der auch einen Garten für meine Hunde haben sollte. Bis ich das Richtige gefunden hatte, sollte es freilich noch mehrere Jahre dauern. Inzwischen mußte ich wieder nach New York zurück, um alle notwendigen Schritte für die Schließung der Galerie zu erledigen. Die letzte Ausstellung in *Art of This Century* war eine Retrospektive für Theo van Doesburg, die anschließend durch die gesamten Vereinigten Staaten wanderte. Nellie kam von Frankreich herüber und brachte die Bilder mit. In New York war sie mein Gast. Schon während des Krieges hatte ich versucht, diese Ausstellung zu veranstalten; aber es war mir nicht gelungen, weil Nellie nicht mehr rechtzeitig aus Frankreich herauskommen konnte.

Nun verkaufte ich Kieslers phantastische Möbel und Erfindungen. Die Leute rissen sich um jedes Stück, und um Komplikationen zu vermeiden, durfte jeder mitnehmen, was er sofort bezahlte. Für den bedauernswerten Kiesler blieb nicht einmal ein einziges Stück zur Erinnerung übrig.

Vom Konzept her hat Betty Parsons mein Erbe angetreten. Welch ein Glück, daß wenigstens sie da war, um unbekannten Künstlern auf den Weg zu helfen! Meine Sammlung ließ ich vorläufig einlagern; dann flog ich mit meinen beiden Hunden nach Europa, und es sollte weitere zwölf Jahre dauern, ehe ich wieder nach Amerika zurückkehrte.

Nachdem ich von New York weggegangen war, hatte Pollock noch einmal seine Bilder in Betty Parsons Galerie mit kümmerlichem Erfolg gezeigt. Wenige Monate danach lief mein Vertrag mit Pollock aus, und er blieb ohne Kontrakt bei Betty, bis er 1952 von Sidney Janis' Galerie übernommen wurde. Ich war in Venedig weit weg von New York und bekam zunächst nicht mehr mit, was sich dort abspielte. Aber mit der Zeit merkte ich, daß man alles, was ich für Pollock getan hatte, entweder herabminderte oder schlichtweg vergaß.

Im Laufe der nächsten Jahre erschienen Kataloge und Artikel, in denen ich einfach übergangen oder völlig falsch erwähnt wurde. Zum Beispiel schrieb Sam Hunter, der spätere Kurator des Museums von Minneapolis, in einem Katalog zu einer Pollock-Wanderausstellung, ich sei »Pollocks erste Kunsthändlerin« gewesen, was den Sachverhalt doch überhaupt nicht trifft. Im Katalog der Ausstellung in

São Paulo und im Katalog des Museums of Modern Art wurde Sweeneys Einführung zu meiner ersten Pollock-Ausstellung zwar zitiert, aber dem Museum meines Onkels zugeschrieben, wo doch Pollock bloß als Tischler in der Werkstatt gearbeitet hatte. In der großen Pollock-Biographie kam ich mit keinem Wort vor. Pollocks erste Ausstellung in Europa wurde dem Studio Fachetti in Paris zugeschrieben, während von meinen Ausstellungen in Mailand und Venedig nicht die Rede war. Das schlimmste war ein Artikel im *Time*-Magazin, das Pollock vorhielt, er hätte seinen Erfolg bei der Biennale genutzt, nach Europa zu reisen und seine Karriere durch Ausstellungen im Correr-Museum in Venedig und in Mailand voranzubringen. Pollock war zwar wütend und schrieb eine Gegendarstellung, in der er erklärte, er habe die Vereinigten Staaten nie verlassen; aber mein Name wurde weder im einen noch im anderen Text erwähnt. Ich beschwerte mich bei Alfred Barr und Sam Hunter, und Barr tat auch sein Bestes, um die Dinge in Ordnung zu bringen. Von nun an wollte ich aber nichts mehr riskieren und mich auf niemand mehr verlassen. Als Pollocks Bilder in Rom gezeigt wurden, schrieb ich einen genauen Bericht an Giovanni Carandente, den Assistenten des Museumsdirektors. Wenigstens in Italien wollte ich nicht in meiner Leistung für die moderne Kunst verkannt werden.

1956 erschien unter dem Titel *Modern Art in USA* ein Buch von Rudi Blesh. Da Blesh zu den Künstlern gehört, die in meiner New Yorker Galerie ausgestellt haben, kannte er die Verhältnisse aus eigener Anschauung. Er schrieb über die Dinge, wie er sie sah und wie sie wirklich gewesen sind. Das war wohl der Grund, weshalb das Buch kein gutes Echo fand, besonders natürlich bei all den Leuten, die Pollock als erste entdeckt haben wollten.

In einigen Fällen hatte ich leider auch den Eindruck, als ob Pollock selbst hinter den verletzenden Fälschungen steckte und eine große Undankbarkeit bei ihm zum Ausdruck käme. Deshalb war ich auch so schroff abweisend, als mich 1956 Lee Pollock anrief, ob ich ihr in Venedig ein Zimmer besorgen könne. Ich behauptete rundweg, in Venedig sei alles voll. Wenige Tage später telegrafierte Clement Greenberg, ich möchte Lee vorsichtig die Nachricht von Pollocks Tod beibringen, der bei einem Autounfall ums Leben gekommen war; sie sei doch wohl bei mir. Man stelle sich meine Gefühle vor! Möglicherweise wäre es ein passender Schluß für mein Verhältnis zu Pollock gewesen, wenn ich Lee in diesem Moment bei mir gehabt hätte, aber es ist eben anders gekommen.

Als ich 1958 zur großen Pollock-Ausstellung im Museum für moderne Kunst nach Rom fuhr, war ich tief bewegt, als ich all die riesigen Gemälde wiedersah, die ich jahrelang hin und her geschleppt hatte, um Leute zum Kauf zu bewegen, wenn nicht gar zu zwingen. Diese Phase meiner Galeriezeit war seit 1934 zweifellos die interessanteste und wichtigste meines Lebens, und der Einsatz für Pollock wohl eine meiner achtbarsten Leistungen.

18

Venedig und die Biennale

Vedova war der erste Künstler, den ich in Venedig kennenlernte. Ich saß im Café Angelo am Rialto, und da ich niemanden in Venedig kannte, erkundigte ich mich beim Inhaber des Cafés, wo man in dieser Stadt moderne Künstler anträfe. »Gehen Sie zum anderen Angelo, dem Restaurant bei San Marco«, sagte er, »und fragen Sie dort nach Vedova.« Ich notierte mir diesen Namen auf einer Streichholzschachtel und machte mich auf den Weg zum »anderen« Angelo. Dort wurde ich sofort mit Vedova und seinem Kollegen Santomaso bekannt gemacht, die mich herzlich empfingen. Sie waren sehr an moderner Kunst interessiert, kannten sogar die Sammlung meines Onkels, und wir freundeten uns rasch an. Da sie untereinander nur venezianischen Dialekt redeten, verbrachte ich in ihrer Gesellschaft schlimme Stunden, weil ich kein Wort von dem verstand, was sie miteinander sprachen. Nur wenn ich mit dem einen oder anderen allein war, ging es besser, da ich ein wenig Italienisch konnte.

Vedova malte abstrakte Bilder. Er war ein großer, bärtiger Mensch, glaubte an den Kommunismus und hatte während des Krieges als Partisan gekämpft. Er war noch ziemlich jung und ganz verrückt nach hübschen Mädchen. Santomaso war klein, neigte zur Fülligkeit und war kultivierter als sein Freund. Auch er ließ seine Augen gerne schweifen; aber er war verheiratet und hatte ein Kind. In der venezianischen Geschichte kannte er sich hervorragend aus und wußte faszinierende Dinge aus der großen Vergangenheit seiner Stadt zu berichten. In Venedig war es damals nach dem Kriege üblich, daß Maler kostenlos im Restaurant essen konnten und zum Tausch Bilder mitbrachten, die sie gerade gemalt hatten. So hingen denn auch zahlreiche Bilder von meinen neuen Freunden an den Wänden des Angelo.

Santomaso verdanke ich es, daß ich bei der 24. Biennale meine Sammlung ausstellen konnte. Er hatte Kontakt mit Rodolfo Pallucchini, dem Generalsekretär der Biennale, und schlug ihm vor, die Sammlung im griechischen Pavillon zu zeigen, der damals wegen des Bürgerkrieges leer stand.

Die Biennale, die 1895 zum erstenmal abgehalten wurde, ist eine internationale Ausstellung zeitgenössischer Kunst, die jedes zweite Jahr in den öffentlichen Gärten an der Lagune nahe dem Lido stattfindet. Das Gelände hat einen eigentümlichen Charakter durch einige häßliche Gebäude erhalten, die dort in der Mussolini-Ära errichtet worden sind. Die Bäume und die Gartenanlagen werden liebevoll gepflegt und bilden einen wunderschönen Hintergrund für die verschiedenen Pavillons. Mitte Juni, wenn die Biennale eröffnet wird, blühen die Lindenbäume und verbreiten ihren betörenden Duft. Ich habe dies immer als heftige Konkurrenz zur Ausstellung empfunden, denn es ist weit angenehmer, sich in die Gärten zu setzen, als in den viel zu heißen und schlecht belüfteten Pavillons umherzugehen.

Die verschiedenen Länder gestalten die Ausstellungen in ihren Pavillons in eigener Verantwortung. Im italienischen Hauptpavillon findet man nur selten etwas Brauchbares an den kilometerlangen Wänden: da hängt ein langweiliges Bild neben dem anderen. Die meisten italienischen Künstler, die auf der Biennale ihre Arbeiten ausstellen, tun es Jahr für Jahr aus reiner Gewohnheit. Im übrigen gibt es zahlreiche kleine und große Einzelausstellungen, die eigentlich zeitgenössischen Künstlern vorbehalten sein sollen; aber aus Gott weiß welchen Gründen tauchen immer wieder klassische Meister wie Delacroix, Courbet, Constable, Turner und sogar Goya auf. Auch den älteren modernen Meistern werden Einzelausstellungen gewidmet: Picasso, Braque, Miró, Arp, Ernst, Giacometti, Marini, Klee, Mondrian und der Zöllner Rousseau sind in Retrospektiven gezeigt worden. Daneben hat es Kollektivausstellungen der Futuristen und der Fauves gegeben. Offenbar bestand ein großer Nachholbedarf, denn bis 1948 war in Italien moderne Kunst lediglich durch die Futuristen sowie durch Picasso und Klee bekannt geworden.

Zur Eröffnung der Biennale kommt stets der italienische Staatspräsident in vollem Ornat, und man läßt es sich nicht nehmen, für die Prozession von der Präfektur zum Ausstellungsgelände die traditionellen venezianischen Prunkboote herauszuholen.

Im Jahre 1948, nach so vielen Jahren der Nichtbenutzung, waren die Pavillons in einem üblen Zustand, und die Reparaturarbeiten zogen sich bis zur letzten Minute hin. Mein Pavillon wurde unter Leitung von Carlo Scarpa renoviert, der damals einer der fortschrittlichsten Architekten in Venedig war.

Der Generalsekretär Pallucchini war in Sachen der modernen Kunst recht wenig bewandert. Er hatte sich als ausgezeichneter Kenner der italienischen Renaissance einen Namen gemacht, und man muß es ihm hoch anrechnen, daß er sich überhaupt der schwierigen Aufgabe unterzog, diese Ausstellung einzurichten. Als er sich zur Vorbereitung eines Vortrages in meinem Pavillon umschaute, sollte ich ihm helfen, die verschiedenen Schulen auseinanderzuhalten, die in meiner Sammlung vertreten waren. Er kannte die Maler noch nicht einmal dem Namen nach.

Pallucchini konnte äußerst streng und unerbittlich sein und erinnerte mich an einen protestantischen Pfarrer. Solange mein Pavillon noch nicht fertig eingerichtet war, gestattete er mir nicht, auf das Ausstellungsgelände zu kommen. Ich war darüber empört, da alle anderen Leute, die sich in Venedig für moderne Kunst interessierten, offenbar Erlaubnisscheine erhalten hatten. Endlich wurde auch ich eingeladen und von Pallucchinis Adjutanten, Umbro Apollonio, herumgeführt. Er war ein sehr netter Mann, und während ich mit ihm sprach, gewann ich den Eindruck, daß er zum erstenmal im Leben eine Aufgabe mit echter Anteilnahme und Freude erledigt hatte. Er war sichtlich froh über meine Anerkennung seiner Leistung, und wir freundeten uns rasch an. Auch er hatte allerdings von moderner Kunst keine Ahnung, denn in Italien hatte man von den Surrealisten, von Brancusi, Arp, Giacometti und Malewitsch nie etwas gehört. Daß Santomaso über die Kunst außerhalb Italiens etwas wußte, war einem Aufenthalt in Paris nach 1945 zuzuschreiben. Auch hatten er und Vedova zufällig einzelne Exemplare der Zeitschriften *Minotaur* und *Cahiers d'Art* gesehen, die während des Krieges heimlich nach Italien geschmuggelt worden waren.

Die Biennale von 1948 wurde allgemein als Neubeginn empfunden, und die ausländischen Pavillons versuchten, sich in Aufwand und Anspruch gegenseitig zu überbieten; nur der Eiserne Vorhang machte sich für einige Länder noch als arges Hindernis bemerkbar. Ich durfte meine Sammlung erst drei Tage vor der Eröffnung nach meinen Wünschen hängen. Glücklicherweise durfte ich alles selbst entscheiden, und man hatte mir eine Reihe tüchtiger Hilfskräfte zugeordnet, die meine ständigen Änderungswünsche und Neuanordnungen mit Fassung ertrugen. Wir schafften es noch rechtzeitig vor dem Eröffnungstag, und obwohl alles viel zu dicht gehängt werden mußte, sah das Ergebnis insgesamt doch freundlich und einladend aus. Die Bilder hingen hier auf weißen Wänden und wirkten ganz anders als in Kieslers Dekor für *Art of This Century*.

Ich wußte, daß es bei der Eröffnungsfeier höchst förmlich zuging, aber wie gewöhnlich hatte ich weder Hut noch Strümpfe noch Handschuhe, und ich fand mich in einem ziemlichen Dilemma. Von einer Freundin mußte ich mir Strümpfe und Strumpfhalter ausborgen, und statt eines Hutes trug ich ein Paar extravagante Ohrringe, die wie riesige Margeritenblüten aussahen und aus venezianischen Glasperlen bestanden. Graf Eli Zorzi in seiner Funktion als Leiter des Presseamtes der Biennale hatte mir seinerzeit die offizielle Einladung zur Teilnahme an der Ausstellung überbracht. Nun gab er mir genaue Anweisungen, wie ich mich dem Staatspräsidenten Einaudi gegenüber zu verhalten hatte. Ganze fünf Minuten seien für die Besichtigung meiner Sammlung vorgesehen, und ich solle die Zeit nutzen, um dem Präsidenten so viel wie möglich über die moderne Kunst zu sagen. Kurz darauf erhielt ich völlig entgegengesetzte Instruktionen von Pallucchini, der mich zur Zurückhaltung mahnte, da der Präsident von physisch schwacher Konstitution sei und ihn das umfangreiche Besichtigungsprogramm gewiß sehr ermüden werde, zumal mein Pavillon der letzte in seinem Rundgang sei.

Als Seine Exzellenz schließlich bei mir eintrat, grüßte mich der Präsident und fragte: »Wo ist Ihre Sammlung?« Ich wies auf meine Bilder und sagte: »Hier, bitte.« Aber er hatte eigentlich fragen wollen, wo meine Sammlung zu Hause sei. Nun versuchte ich mich mehr an Graf Zorzis als an Pallucchinis Anweisungen zu halten und sagte einige Sätze über die Sammlung. Zum Glück strömten aber sogleich auch die Fotografen herein und machten Aufnahmen von den Anwesenden. Besonders stolz war ich nachher über ein Foto, das den Staatspräsidenten, den Erziehungsminister Gonella und mich unter meinem hübschen Calder-Mobile zeigte.

Noch am selben Vormittag erhielt ich Besuch vom amerikanischen Botschafter und seinen Konsulatsbeamten. Der Pavillon der Vereinigten Staaten war noch nicht eröffnet worden, da die Exponate nicht termingerecht herübertransportiert werden konnten, und unser Botschafter, James Dunn, äußerte sich sehr befriedigt darüber, daß durch meine Sammlung wenigstens ein Beitrag aus Amerika am Eröffnungstag zu sehen war. Mit dem Blick auf einen Picasso meinte er, daß einiges ja »fast noch normal« zu nennen sei, was ich dem Publikum zu bieten hätte.

Die Einführung zu meiner Ausstellung im Biennale-Katalog hatte Professor Argan verfaßt. Der Aufsatz war ziemlich verwirrend, weil der gute Professor seine Schwierigkeiten mit den verschiedenen Kunstrichtungen hatte, die in meiner Sammlung vertreten sind. Bruno Alfieri, Leiter und Besitzer einer Buchhandlung, hatte mir nahegelegt, einen kleinen Sonderkatalog aufzulegen, der in meinem Pavillon verkauft werden sollte, obwohl es ja den offiziellen Beitrag über meine Sammlung im Gesamtkatalog gab. In aller Eile schrieb ich eine kurze Einführung, die leider schlecht und teilweise sogar ganz falsch übersetzt wurde. Ich geriet über diese Sache in helle Aufregung und brach sogar in Tränen aus. Leider konnte ich selbst zu wenig Italienisch, um für die nötigen Berichtigungen sorgen zu können. Deshalb bat ich Alfred Barrs Frau Marga, die Halbitalienerin war und gerade in Venedig Urlaub machte, mir bei den Korrekturen zu helfen. Für meine Bitte suchte ich mir allerdings den unmöglichsten Moment aus, denn ich sprach sie an Bord eines Vaporetto an, und sie mußte aussteigen, bevor sie nur einen Teil des Textes hatte durchsehen können.

Meine Freude über die Teilnahme an der Biennale wurde durch zwei bedauerliche Vorfälle getrübt: Zum einen fehlte plötzlich ein kleines Bronzeteil von einer David-Hare-Plastik. Irgend jemand muß es wohl als »Andenken« mitgenommen haben. Zum anderen traf Pallucchini die höchst willkürliche Entscheidung, daß eine Matta-Zeichnung aus der Ausstellung entfernt werden mußte. Offenbar befürchtete er, daß Mattas hocherotische Darstellung von Nymphen und Kentauren Anstoß erregen könnte, zumal der Besuch einer Priestergruppe erwartet wurde. Die Zeichnung selbst schien sich dagegen zu sträuben, von der Wand genommen zu werden, denn beim Abhängen fiel das Bild um, und das Glas zersprang in tausend Stücke.

Eine dritte Katastrophe konnte von Bruno Alfieri gerade eben noch verhindert werden, als nämlich die Arbeiter ein zerlegtes Calder-Mobile für Stahlbänder der Verpackungskisten hielten und wegwerfen wollten.

Meine Ausstellung fand großes öffentliches Interesse, und mein Pavillon hatte ungewöhnlich viele Besucher zu verzeichnen. Durch das lebhafte Treiben befand ich mich in einer Hochstimmung. Am meisten gefiel mir, daß der

Name Guggenheim auf den Wegweisern der Biennale neben den Namen der beteiligten Länder stand, wie wenn es sich um ein neues europäisches Land gehandelt hätte.

Mein nächster berühmter Besucher war Bernard Berenson. Als er die Stufen zu meinem Pavillon heraufkam, begrüßte ich ihn und sprach davon, welch wichtige Bedeutung seine Bücher für mein Kunstverständnis gehabt hatten. Er fragte aber nur trocken: »Und wie können Sie dann das hier vertreten?« Natürlich war mir schon zuvor klar, daß er für die moderne Kunst nichts übrig hatte, und ich ließ mich nicht erschüttern. Ich erklärte ihm, alte Meister hätte ich mir nicht leisten können, und außerdem hielte ich es für eine Pflicht, die Kunst der eigenen Zeit zu fördern. Er meinte aber: »Wären Sie mal lieber zu mir gekommen! Ich hätte Ihnen erschwingliche Angebote besorgen können.« Von den Bildern meiner Ausstellung mochte er noch am liebsten die Arbeiten von Max Ernst und von Pollock. Der eine war ihm aber zu erotisch, und Sex gehörte seiner Meinung nach nicht in den Bereich wahrer Kunst, und an Pollock störte ihn das dekorative Element. Völlig entsetzt war Berenson über eine kleine Bronze von Moore. Es handelte sich um die Figur einer Liegenden, die Berenson schlichtweg als entartet bezeichnete. Immerhin lud er mich zu einem Besuch ein.

Als ich ihn in »I Tatti«, seinem Haus bei Florenz, aufsuchte, war ich beim Rundgang durch seine Sammlung viel höflicher als er bei seinem Besuch in meinem Pavillon. Ich empfand es als jammerschade, daß ihm so wenig von all den herrlichen Gemälden geblieben war, die einmal durch seine Hände gegangen sein mußten. Für den Fall, daß er mich in Venedig noch einmal besuchen wollte, versprach ich ihm, meine Bilder alle zuhängen zu lassen, damit sein Empfinden durch ihren Anblick nicht mehr verletzt würde. Er fragte mich, wem ich meine Sammlung einmal hinterlassen wolle, und ich muß ihn trotz seiner damals bereits fünfundachtzig Jahre zutiefst erschreckt haben, als ich sagte: »Ihnen, Mr. Berenson.«

Es konnte nicht ausbleiben, daß ich als Folge der häufigen öffentlichen Erwähnung von zahlreichen Leuten belagert wurde, die mir alles mögliche verkaufen wollten. Fast traute ich mich schon nicht mehr in die Empfangshalle des Hotels hinunter, weil sich dort sogleich zahlreiche Menschen auf mich stürzten. Ich bat Vittorio Carrain, einen der jungen Besitzer des Angelo, mir beizustehen. Er wurde bald mein Sekretär und arbeitete jahrelang mit mir in gutem Einvernehmen. Vittorio war ein Intellektueller, sehr musikalisch und vielseitig gebildet. Auch diente er mir als Schlüssel zum venezianischen Leben, da ich so gut wie keine Zeitungen las. Ihm gefiel die Atmosphäre, die mich umgab, und er war sehr nett zu mir. Jahrelang hat er sich als ein getreuer Freund und als unschätzbarer Helfer erwiesen, wenn es um die Organisation von Ausstellungen und die Herstellung von Katalogen ging.

Bei der Biennale hatte ich die Kunsthistorikerin Ingeborg Eichman eingeladen, in meinem Pavillon Vorträge zu halten, um dem Publikum die verschiedenen modernen Kunstrichtungen zu erläutern. Schon zum ersten Vortrag über die Kubisten und Abstrakten kamen so viele Besucher, daß wir die Fortsetzung der Reihe absagen mußten, denn das Gedränge war geradezu gefährlich, und wir hätten Beschädigungen an den Bildern riskiert. Immerhin waren sie kurz zuvor unter hohem Aufwand gereinigt und herrlich aufgefrischt worden.

Alle paar Tage ging ich zur Biennale und nahm meine Hunde mit. In einem Restaurant am Eingang zu dem Gelände wurden sie immer besonders nett behandelt und mit Eiscreme traktiert. Kein Wunder, daß sie alle Zeichen der Freude erkennen ließen, sobald es zur Biennale ging. Sie waren übrigens die einzigen Hunde, die in die Ausstellung mitgenommen werden durften. Wenn ich sie in dem Riesenlabyrinth verloren hatte, fand ich sie jedesmal in der Picasso-Ausstellung wieder, woraus man erkennen kann, wie nützlich ihre Erziehung in *Art of This Century* für sie gewesen sein muß.

Als die Biennale zu Ende ging, erhob sich die Frage, was nun mit den Bildern geschehen sollte. Bis dahin hatte ich noch angenommen, daß die Sammlung ganz selbstverständlich in Italien verbleiben könne, nachdem die Biennale-Verwaltung bereit gewesen war, alle Kosten für den Transport nach Europa zu übernehmen. Aber in dieser Erwartung sah ich mich getäuscht: Die Bilder waren nur mit einer befristeten Einfuhrgenehmigung zur Ausstellung geholt worden und mußten wieder außer Landes gebracht werden, wenn ich nicht drei Prozent Zoll entrichten wollte. Ich zögerte die Entscheidung längere Zeit hinaus.

Gerade, als ich mich dazu entschlossen hatte, die Sammlung aus Italien ausführen zu lassen, um sie bei der Wiedereinfuhr an der Grenze mit einem geringeren Schätzwert zu verzollen, kam vom Museum in Turin die Anfrage, ob ich die Sammlung dort auszustellen bereit wäre. Das erschien wie eine Rettung in höchster Not; aber einen Tag bevor der Transport nach Turin abgehen sollte, entschied sich der Turiner Magistrat dagegen, daß so etwas Modernes bei ihnen gezeigt würde, und der Plan konnte nicht durchgeführt werden.

Nun bat mich der namhafte Kritiker Dr. Carlo Ragghianti, meine Sammlung in Florenz zeigen zu dürfen. Er hatte für diese Ausstellung den Keller des Strozzipalastes, die sogenannte »Strozzina«, vorgesehen und wollte aus den Räumen eine moderne Galerie machen. Er wünschte sich meine Sammlung als Auftakt einer Ausstellungsreihe, und Dr. Ragghianti machte einen ausgezeichneten Katalog, der seither zur Grundlage meines italienischen Sammlungskatalogs geworden ist.

Als ich in Florenz eintraf, war ich zunächst über den viel zu kleinen Raum enttäuscht, der in der Strozzina zur Verfügung stand; außerdem waren stoffbespannte Zwischenwände angebracht worden, die man auch für Duschvorhänge hätte halten können. Dr. Ragghianti war jedoch sehr entgegenkommend und willigte sogleich ein, die häßlichen, beengenden Stellwände beseitigen zu lassen. Auch war er mit meinem Vorschlag einverstanden, die Präsentation der Sammlung in drei aufeinanderfolgende Ausstellungen aufzuteilen: die erste wurde den Kubisten und Abstrakten gewidmet, die zweite den Surrealisten und die dritte der jüngeren Malergeneration. Die Idee erwies sich als durchaus realisierbar und wurde ein willkommener Grund, drei Mal nach Florenz zu reisen. Bei einer dieser Gelegenheiten lernte ich eine reizende, etwas weltfremde Dichterin kennen. Sie war von der großen Zahl meiner Bilder so beeindruckt, daß sie ganz ehrfürchtig fragte: »Wie hat Peggy das nur geschafft, so viele Bilder zu malen?«

Als nächstes wurde ich eingeladen, die Sammlung in den Räumen des Palazzo Reale in Mailand auszustellen. Nie zuvor oder danach hatte ich so viel Platz zu meiner Verfügung, und die Reaktion der Öffentlichkeit war unerwartet positiv, so daß uns bald die Kataloge ausgingen. Wir hatten nur noch wenige Exemplare zum Ausleihen an die Besucher, während eine Neuauflage gedruckt wurde. Zu diesem Katalog schrieb Francesco Flora das Vorwort, und die Einnahmen der Mailänder Ausstellung wurden dem italienischen Künstlerverband gestiftet, der damit sein chronisches Defizit ausgleichen konnte.

Aber auch nach dieser erfolgreichen Ausstellung war das Problem des weiteren Verbleibs der Sammlung noch immer nicht gelöst. Alle Versuche schlugen fehl, mit den zuständigen Behörden in Rom eine befriedigende Vereinbarung auszuhandeln, obwohl ich dem Magistrat von Venedig angeboten hatte, der Stadt meine Sammlung zu vermachen, falls der Einfuhrzoll gestrichen würde. Die alten Philister im Außenministerium blieben eisern und ließen mich nicht durchschlüpfen. Vorerst wurden die Bilder im Museum für moderne Kunst in Venedig untergebracht. Das Museum hat seinen Sitz in einem wunderschönen Gebäude aus dem 17. Jahrhundert, der Cà Pesaro, das der Architekt Longhena entworfen hat. Dr. Guido Perocco war der Kurator, dem meine Bilder anvertraut wurden. Er wachte darüber, daß ich nicht zu viele zu meinem Privatgebrauch aus der Sammlung entnahm.

Ein Jahr nach der Biennale bat mich Dr. Giulio Lorenzetti, der damalige Direktor der Cà Pesaro, eine amerikanische Ausstellung in zwei kleinen Räumen zu veranstalten. Der bedauernswerte Herr tat gewiß bloß seine Pflicht, als er die Einladung aussprach, denn er muß vor der modernen Kunst einen noch größeren Horror gehabt haben als Pallucchini. Zur gleichen Zeit stellte ich für den Direktor des Britischen Instituts, das im schönen Palazzo Sagredo residierte, eine Ausstellung mit Werken britischer Künstler zusammen.

Wenn man alle diese Veranstaltungen zusammennimmt, kann man wohl nicht behaupten, ich hätte meine Bilder im Verborgenen gehalten und verkümmern lassen.

19
Palazzo Venier dei Leoni

Ich mußte noch bis 1949 warten, ehe sich eine geeignete Unterkunft für meine Sammlung fand; und zwar wurde sie mir durch Flavio Paulon, die Sekretärin des Grafen Zorzi, vermittelt. Es handelte sich um den unvollendet gebliebenen Bau eines Palazzo am Canal Grande, der 1748 von der Familie Venier begonnen worden war. Dieses angesehene venezianische Geschlecht, aus dem zwei Dogen entsprossen waren, soll angeblich Löwen im Garten seines Palazzos gehalten haben. Vielleicht läßt sich die Herkunft des Namens »Venier dei Leoni« aber auch daraus ableiten, daß die Vorderfront des Palastes mit achtzehn Löwenköpfen geschmückt war.

Der ganze Palast war aus weißem Stein gebaut und von wildem Wein überwachsen. Es ist freilich etwas viel gesagt, wenn hier vom »ganzen« Palast geredet wird; denn über den ersten Stock ist das Gebäude nie hinausgekommen. Deshalb spricht man in Venedig auch vom *palazzo non compiuto,* dem unvollendeten Palast. Immerhin bot das Grundstück mehr Platz als sonst irgendein Palazzo am Canal Grande und hatte zudem den beachtlichen Vorzug, daß das Gebäude nicht unter Denkmalschutz stand. So bestand die Möglichkeit, gewisse bauliche Veränderungen vorzunehmen, wie sie für die Aufnahme der Sammlung notwendig waren. Den Fronteingang betrat man durch einen hübschen Hof, von dem aus einige Stufen zum Kanal hinunterführten, und hinter dem Haus, auf der dem Kanal abgewandten Seite, befand sich einer der größten Gärten in Venedig mit sehr alten Bäumen. Das flache Dach benutzte ich alsbald zum Sonnenbaden. Es machte mir lediglich etwas Sorge, daß meinem Palazzo die Präfektur gegenüberlag. Der Herr Präfekt aber reagierte ganz gelassen und sagte nur: »Wenn ich Mrs. Guggenheim auf ihrem Dach beim Sonnenbaden erblickte, weiß ich, daß der Frühling da ist.«

Signora Paulon konnte ihren Mann für die Aufgabe gewinnen, das Gebäude für mich herzurichten. Dafür, daß der Palazzo seit 1938 mehrfach den Besitzer gewechselt hatte, war er übrigens in bemerkenswert gutem Zustand. Früher, um 1910, hatte die Dichterin Luise Casati in einem Flügel des Palazzo gewohnt und aufsehenerregende Feste à la Diaghilew darin gefeiert. Statt der sagenhaften Löwen hielt sie echte Leoparden in ihrem Garten. 1938 erwarb die Viscountess Castlerosse das Haus und steckte ein Vermögen in seine Restaurierung. Als sie das Anwesen übernahm, war das Gebäude fast nur noch eine Ruine, und ich glaube, die Marchesa Casati kann kaum mehr als ein notdürftiges Dach über dem Kopf gehabt haben. Lady Castlerosse ließ sich sechs marmorne Badezimmer einbauen und wunderschöne Mosaikfußböden legen. Die Liberty-Stuckverzierungen, die ebenfalls auf ihren Wunsch hin angebracht worden waren, mußte ich entfernen lassen, weil sie meinem Geschmack überhaupt nicht entsprachen. Schon nach dem ersten Jahr lieh Lady Castlerosse den Palast ihrem Freund Douglas Fairbanks junior. Später diente das Gebäude der Reihe nach deutschen, britischen und amerikanischen Truppen als Quartier.

Im Herbst 1949 veranstaltete ich im Garten des Palazzo eine Ausstellung mit moderner Plastik. Der angesehene Kunstkritiker Professor Giuseppe Marchiori schrieb das Vorwort zum Katalog. Gezeigt wurden Werke von Arp, Brancusi, ein Mobile von Calder, drei Arbeiten von Giacometti sowie je eine Skulptur von Lipchitz, Moore, Pevsner und Hare, alle aus meiner Sammlung. Dazu kamen noch je ein Werk von Mirko, Consagra, Salvatore und zwei Vianis, die wir von den Künstlern als Leihgabe empfingen. Einen wichtigen Akzent erhielt die Ausstellung durch eine Skulptur von Marino Marini, die ich damals von ihm in Mailand kaufte.

Ursprünglich war ich zu Marini gefahren, um auch von ihm eine Leihgabe zu erbitten. Als ich aber die einzige fertige Arbeit, die in seinem Atelier zur Verfügung stand, sah, konnte ich nicht widerstehen und erwarb sie für meine Sammlung. Es war ein Reiterstandbild. Der Reiter hat seine Arme ekstatisch auseinandergeworfen, und um den Ausdruck der Verzückung noch zu steigern, hatte Marini seinem Reiter einen Penis in voller Erektion gegeben. Als er die Plastik für mich in Bronze gießen ließ, wurde der Phallus als Einzelteil gearbeitet, so daß man ihn nach Belieben an- und abschrauben konnte. Marini stellte die Plastik im Hof mit dem Blick über den Kanal zur gegenüberliegenden Präfektur auf und nannte seine Statue *Engel der Zitadelle.* Den besten Blick auf das Standbild hat man von meinem Wohnzimmerfenster aus, und ich schaute oft heimlich hinaus, um die Reaktionen der Besucher auf die Plastik zu beobachten.

An bestimmten Feiertagen kamen die Nonnen im Motorboot an meinem Haus vorbei. Bei solchen Anlässen schraubte ich meinem Reiter natürlich den Penis ab und verstaute ihn in einer Schublade. Genauso verfuhr ich, wenn ich besonders spießige Besucher empfangen mußte. Manchmal vergaß ich allerdings diese Vorkehrung und fand mich dann mit einiger Verlegenheit mit dem unübersehbaren Phallus konfrontiert. Da half denn nur noch, das anstoßerregende Objekt, so gut es ging, zu übersehen. In Venedig verbreitete sich damals das Gerücht, daß ich mehrere auswechselbare Phalli von verschiedener Größe für meine Plastik besäße und je nach Bedarf und Gelegenheit zur Schau stellte.

Eine meiner Giacometti-Plastiken, die ich bei der Ausstellung zeigen wollte, wurde auf dem Weg von Mailand zu mir im Zollamt von Padua festgehalten. Wir mußten hinfahren, um sie persönlich abzuholen. Es war eine hübsche Figur ohne Kopf, und als wir sie im offenen Wagen mit hoher Geschwindigkeit auf der Autostrada transportierten, muß jeder, der uns sah, die Figur für einen enthaupteten Leichnam gehalten haben. Leider befand sich die Gipsfigur in so schlechtem Zustand, daß ich sie in Venedig erst aufarbeiten lassen mußte. Das besorgte der Bildhauer Pietro Consagra für mich, mit dem ich damals viel zusammenarbeitete. Sehr geschickt stellte er den Originalzustand wieder her und ließ die Plastik für mich in Bronze gießen. So empfindlich das Gips-Original auch sein mag, es hat sich seither stets gegenüber seinem Bronzeabguß behaupten können.

1950 wurde ich von einer Künstlerorganisation gebeten, ihnen meine Pollocks für eine Ausstellung zu leihen. Ich besaß damals noch dreiundzwanzig große Bilder von ihm. Zunächst hieß es, die örtlichen Behörden wollten einen Saal für diese Veranstaltung zur Verfügung stellen. Als sich dies jedoch zerschlug, kam ich den Leuten zu Hilfe und bat Dr. Lorenzetti, uns den Napoleonsaal im Correr-Museum gegenüber San Marco zur Verfügung zu stellen. Die Künstlerorganisation hatte zwar den Plan zu der Ausstellung gehabt, ließ es aber jetzt an der notwendigen Initiative fehlen. Kaum, daß die Leute dazu bereit waren, den Katalog drucken zu lassen, für den ich die Einführung und Bruno Alfieri ein Vorwort geschrieben hatte. Den Transport und das Hängen der Bilder mußten Vittorio Carrain und ich allein besorgen. Besonders kümmerlich war das Plakat, und als die Kataloge ausgegangen waren, wollten sie keine mehr nachdrucken lassen. Schließlich wurde ich so wütend, daß ich die Verantwortung für die Ausstellung selbst übernahm, was insofern eine gewisse Berechtigung hatte, als ja nur Bilder aus meinem Besitz ausgestellt wurden. Ich sorgte dafür, daß ein neuer Katalog gedruckt wurde, bei dem ich Alfieris Artikel über Pollock wegließ. Tausende von Besuchern sahen die Ausstellung, weil die Bilder in einem Saal hingen, durch den jeder hindurchgehen mußte, der das Correr-Museum besichtigen wollte. Nachts war der Saal beleuchtet, und ich weiß noch, wie ich auf der Piazza saß und die Pollock-Bilder durch die hohen Fenster des Museums herausleuchten sah und das Bewußtsein genoß, San Marco vor mir und die Pollock-Gemälde hinter mir zu haben. Es war, wie wenn Pollock durch diese Konfrontation an den ihm gebührenden historischen Platz gebracht worden wäre, ja, als ob auf diese Weise seine Bedeutung als wichtigster Maler unserer Epoche erst richtig herausgestellt würde. Wenn überhaupt jemand, so hatte er ein Anrecht darauf, in dieser wundervollen Szenerie ausgestellt zu werden. Es konnte nicht ausbleiben, daß die Maler der jungen Generation durch diese Veranstaltung tief beeindruckt und beeinflußt wurden.

Die Erfahrungen mit der Pollock-Ausstellung machten mir Mut, und auf meine Bitte hin stellte mir Dr. Lorenzetti die »Sala degli Specchi«, den Spiegelsaal, im Palazzo Giustinian zur Verfügung. Der Giustinian-Palast war das Hauptquartier der Biennaleverwaltung, und ich wollte meinem Schwiegersohn Jean Hélion dort eine Ausstellung einrichten. Leider stand das Unternehmen im Zeichen eines Unsterns, und es ging fast alles schief. Zunächst dauerte es endlos lange, bis Christian Zervos, der Herausgeber der *Cahiers d'Art*, die Einführung zum Katalog geschrieben hatte. Als der Text endlich eintraf, war er viel zu lang. Bevor ich ihn übersetzen ließ, mußte ich ihn kürzen, wodurch sich wiederum mein Schwiegersohn gekränkt fühlte. Dann wurden die Bilder beim Zoll nicht rechtzeitig abgefertigt, wie es in Italien des öfteren geschieh, so daß wir beinahe die Ausstellung hätten absagen müssen. Schließlich gelang es Vittorio Carrain, auch diese Schwierigkeiten aus dem Wege zu räumen. Dafür gab es neue: Zwei Tage bevor die Ausstellung eröffnet werden sollte, ließ der Eigentümer der Brokatbehänge diese von den Wänden des Spiegelsaals abnehmen, und wir mußten die kahlen Wände notdürftig mit Sackleinen verkleiden. Und schließlich, als ob die Götter sich gegen uns verschworen hätten, gab es am Ausstellungstermin ein schreckliches Unwetter. Das Transparent, mit dem wir das Publikum auf unsere Ausstellung hinweisen wollten, wurde so durchnäßt, daß die rote Farbe heruntertropfte und einer jungen Dame das Kleid ruinierte. Zum Schluß wurde das Transparent vom Sturm zerfetzt und gänzlich hinweggerissen. Man darf es ruhig einen Triumph des Willens über die Widerspenstigkeit der Materie nennen, daß wir uns dennoch nicht von der Ausstellung abhalten ließen.

Hélion zeigte drei Perioden seiner Entwicklung: seine frühen naturalistischen Arbeiten, die abstrakten Bilder aus der Vorkriegszeit und die realistischen Werke, die er seit 1943 malte. In diese letzte Phase gehörten thematisch gebundene Bilder wie Menschen unter Schirmen, Leute mit Zeitungen, Akte, Stilleben mit Brot und dergleichen. Die Besucher waren sehr interessiert, Hélions Entwicklung zu einem rein realistischen Maler in dieser Ausstellung verfolgen zu können.

Zwei Dinge hatten mich die Erfahrungen mit Hélions Ausstellung gelehrt. Ich entschloß mich, nie wieder Werke auszustellen, die erst aus dem Ausland herbeigeschafft werden mußten, und mit Sicherheit nie mehr irgendwelche Behörden um Ausstellungsräume zu bitten. Damals waren meine eigenen Sorgen wegen der Verzollung meiner Sammlung noch immer nicht behoben. Dr. Sandberg vom Stedelijk-Museum schlug mir vor, ich sollte meine Bilder zu einer Ausstellung nach Amsterdam schicken, sie sodann im Palais des Beaux Arts in Brüssel zeigen und sie schließlich an das Kunsthaus in Zürich weitergeben. Auf diese Weise hätte ich einen glaubhaften Grund, die Werke über die Grenze zu bringen und nachher wieder einzuführen. Ich griff den Vorschlag dankbar auf, und die Aktion hatte den gewünschten Erfolg; denn als die Bilder und Plastiken aus Zürich zurückkehrten, brauchte ich nur noch den niedrigsten Zolltarif zu entrichten.

Ich war sehr glücklich, meine Sammlung nach der langen Tournee wieder bei mir zu haben und sie nun auch in meinem Palazzo aufhängen zu dürfen. Aber jetzt stellte sich die Frage nach dem Platz, den die vielen Werke benötigten. Ich beauftragte drei Mailänder Architekten, die Herren Belgioioso, Peressutti und Rogers, mir durch einen Aufsatz auf das Flachdach des Palazzo neuen Raum zu schaffen. Der

Plan, den sie mir vorlegten, verriet deutlich den Einfluß von Le Corbusier. Sie hatten vor, auf dem Dach eine zweistökkige Galerie zu errichten, die – wie das bei ihrem großen Vorbild oft der Fall ist – auf Stützsäulen ruhte. Die Front zum Kanal sollte der Fassade des Dogenpalastes angeglichen werden. Auf diese Weise gedachten sie, Vergangenheit und Gegenwart miteinander zu verbinden. Mir gefiel der Entwurf überhaupt nicht, und es bestand für mich kein Zweifel, daß die Belle Arti von Venedig, die oberste Baubehörde, die jeglichen Bau in der Stadt kontrolliert, niemals bereit gewesen wäre, die Ausführung solcher Pläne zu genehmigen. Im übrigen hätte mich die Sache sechzigtausend Dollar gekostet, das heißt, fast soviel wie der gesamte Palast mit dem dazugehörigen Grundstück. Eine so hohe Summe konnte ich unmöglich ein zweites Mal aufbringen. Bereits für den Ankauf des Palazzo hatte Bernard Reis fest angelegtes Kapital für mich flüssig machen müssen.

Peressutti war über meinen Rückzieher entsetzlich enttäuscht und fragte mich, ob ich nicht ein Bild verkaufen und dadurch die erforderliche Summe aufbringen könne. Wenn mir das Projekt wirklich gefallen hätte und die Kunstpreise damals schon so hoch wie heute gewesen wären, würde ich vielleicht das Opfer gebracht haben, um das Museum in der vorgeschlagenen Weise zu verwirklichen.

Um den dringend notwendigen Raum zu schaffen, blieb mir vorläufig nichts anderes übrig, als nach und nach alle Zimmer des Untergeschosses in Galerieräume zu verwandeln. Anfangs hatte dort das Personal gewohnt und gearbeitet; einige Räume waren auch als Ateliers Künstlern zur Verfügung gestellt worden. Zunächst machten wir uns an die Umgestaltung des riesigen Wäsche- und Bügelzimmers, und Matta half mir, daraus einen richtigen Ausstellungsraum zu machen. Auf die gleiche Weise wurden mit der Zeit die anderen Zimmer umfunktioniert. Zum Schluß mußten sich die Dienstboten mit erheblich kleineren Räumen begnügen, und die Wäsche wurde in einem Becken im Hof gewaschen.

Als mich die Prinzessin Pignatelli einmal in meinem Palazzo besuchte, rief sie aus: »Wenn Sie doch bloß die fürchterlichen Bilder in den Kanal werfen wollten! Sie könnten das schönste Haus in Venedig haben.« Das war von Anfang an eine weitverbreitete Meinung, die sich auch im Lauf der Jahre nicht änderte. Niemand in Venedig hielt etwas von der modernen Einrichtung des traditionsreichen Gebäudes. Aber die Sammlung verlangte nun einmal ein modernes Dekor. Anstelle eines venezianischen Leuchters hatte ich ein Mobile von Calder aufhängen lassen, das aus gebrochenen Glas- und Porzellanstücken zusammengesetzt war und das nach Ansicht mancher Betrachter aussah, als ob seine Bestandteile von einer Müllhalde aufgelesen worden wären. Die Sofas und Sessel waren mit weißem Plastikmaterial bezogen, das jeden Morgen feucht gereinigt werden konnte, denn meine große Hundefamilie fühlte sich am wohlsten in den bequemen Sesseln. Ich hatte mir aus Amerika einen Lhasarüden mitbringen lassen, und im Laufe der Jahre wurden insgesamt siebenundfünfzig Welpen in meinem Haus geboren. Ungefähr sechs Lhasas hatte ich ständig um mich. Über meinen Sitzmöbeln lagen schwarz-weiß gestreifte Felldecken, an denen die Hunde gerne herumleckten. Das war auch nicht gerade venezianisch und wurde häufig mißbilligt.

Zwar von venezianischer Herkunft, aber zugleich sehr unvenezianisch im Gebrauch ist ein *forcole,* den ich in meinem Garten aufgestellt habe. Das ist eine Rudergabel, wie sie die Gondolieri benutzen. Alfred Barr brachte mir das hübsche Stück als Geschenk mit. Wer seinen Gebrauch nicht kennt, bewundert den Gegenstand als moderne Plastik, und so hatte es Alfred auch gemeint.

Zu Beginn stand den Besuchern an Museumstagen das ganze Haus offen. Selbst mein Schlafzimmer blieb vor Besuchern nicht verschont, weil dort mein Calder-Bett stand. Es sah vor der türkisfarbenen Wand so aus, als ob es genau für diese Stelle gemacht worden wäre. In diesem Raum hängt auch ein Gemälde von Francis Bacon, übrigens das einzige Bild von ihm, das ich ohne Schaudern betrachten kann. Es stellt einen ganz sympathischen Affen dar, der auf einer Truhe hockt und einen Schatz bewacht. Der Hintergrund ist in fuchsienfarbigen Pastelltönen gehalten und paßt natürlich ebenfalls hervorragend zu meiner türkisfarbenen Wand. Desgleichen verträgt sich das Bild auch gut mit dem Vorhang, der aus einem indischen Sari gefertigt wurde, und mit einer Marabudecke in verwandtem Farbton. Die übrigen Wandflächen in meinem Schlafzimmer sind mit der Ohrringsammlung geschmückt. Sie besteht aus mehr als hundert Paaren, die ich aus der ganzen Welt zusammengebracht habe. Ferner hängen in dem Zimmer venezianische Spiegel, und als weitere Kostbarkeiten gibt es noch die surrealistischen Objekte von Cornell und Laurence Vails bemalte Flaschen zu sehen.

Die Kombination all dieser Gegenstände ergibt eine ungewöhnliche und phantastische Atmosphäre, und es war nicht leicht, das Publikum aus diesem Raum fernzuhalten. Aber schließlich ließ sich diese Veränderung nicht mehr vermeiden. Jetzt dürfen nur noch persönliche Freunde in den Raum und diejenigen Besucher, die ausdrücklich darum bitten. Mein Speisezimmer, in dem die Kubisten hängen, muß dagegen regelmäßig zugänglich bleiben. Dieser Raum enthält venezianische Möbel aus dem fünfzehnten Jahrhundert. Ich hatte sie viele Jahre zuvor in Venedig erworben, dann in meinen verschiedenen Wohnungen in Pramousquier, Paris und Petersfield gehabt und schließlich hierher zurückgebracht. Die kubistischen Bilder erfahren durch die alten Möbel eine fabelhafte Ergänzung.

Nachdem alle räumlichen Möglichkeiten des Palazzo bis zum letzten ausgenutzt waren, entschloß ich mich später, einen Pavillon in den Garten bauen zu lassen. Dort wenigstens hätte ich genug Platz für meine Sammlung gehabt. Aber im Garten standen Bäume, und in Venedig darf niemand einen Baum fällen, selbst wenn er ihm gehört. Deshalb entschied ich mich, den Pavillon entlang einer Mauer errichten zu lassen, die mein Grundstück vom Nachbarhaus trennt. Nebenan residierte der amerikanische Konsul, für den das State Department einige Jahre zuvor das Anwesen gekauft hatte. (Die direkte Nachbarschaft des amerikanischen Konsulats hatte übrigens den erfreulichen Nebeneffekt, daß ich jahrelang Tag und Nacht von Sicherheitskräften mitbewacht wurde.)

Während ich auf die Baugenehmigung wartete, hatte ich mehrfach die Pläne umgestoßen. Zunächst hatte ich mir einen Pavillon gewünscht, der den Gebäuden auf Chirico-Gemälden ähneln sollte, aber Vittorio Carrain riet mir davon ab, weil die Arkadengliederung fatal an faschistische Bauwerke erinnert hätte. Mein Freund Martyn Coleman, auf dessen Rat in Stilfragen ich mich immer verlassen konnte, empfahl mir, an das vorhandene Gebäude eine Loggia anbauen zu lassen. So gut es ging, kopierten wir den Flügel der von Palladio erbauten Villa Emo in Fanzole, nur mußte meine Loggia viel kleiner werden, weil der Platz nicht für elf Bögen, sondern höchstens für sechs reichte. Die Belle-Arti-Behörde stimmte diesem Plan schließlich zu. Da die nächste Biennale zwei Monate später eröffnet werden sollte, mußte ich mich mit dem Bau sehr beeilen.

Die Eröffnung der Biennale war für Venedig inzwischen zu einem Ereignis ersten Ranges geworden. Wer immer in der Kunstwelt Rang und Namen hat, gibt sich für eine Woche in der Lagunenstadt ein Stelldichein. Es kommen die Leute, die die Ausstellungen organisieren, die Architekten, die die neuen Pavillons gebaut haben, es kommen nicht nur die eingeladenen Künstler, sondern auch die nichteingeladenen, soweit sie es sich leisten können. Auch die wichtigsten Kunstkritiker lassen sich sehen und natürlich sämtliche Galeristen, die gerade eine Ausstellung haben. Es ist eine große Kunstmesse, und es geht zu wie auf einer Börse. Da ich als Sammlerin bekannt bin und kein Geheimnis daraus mache, daß ich, solange ich kann, bei der Biennale neue Stücke für meine Sammlung erwerben will, weiß ich mich während dieser Tage vor Anrufen und Besuchen kaum zu retten. Ich tausche mit anderen Sammlern meine Erfahrungen aus, und die Partys nehmen während der Biennalewoche kein Ende. Gewöhnlich veranstalte ich eine große Cocktailparty in meinem Garten; deshalb mußte nicht nur der Anbau rechtzeitig beendet sein, sondern auch der Garten durch und durch neu gestaltet werden, weil ich ihn in den zehn Jahren meines Hierseins einfach wild hatte wachsen lassen und die Bauarbeiten einigen Schaden angerichtet hatten. Ich war glücklich, daß wir unseren Termin einhalten konnten, und jedermann war erstaunt, wieviel Platz der Garten bot. Im neuen Anbau zeigte ich die Werke jüngerer Künstler, die ich während der letzten Jahre erworben hatte. Es sah fabelhaft aus, und ich nannte die Ausstellung »meine Biennale«.

Später brachte ich alle meine surrealistischen Gemälde und Plastiken in dem nochmals nach den ursprünglichen Plänen erweiterten Anbau unter. Bei dieser Gelegenheit wurde die Sammlung neu geordnet. Von diesem Moment an konnte ich auch meine Bibliothek und mein Wohnzimmer für mich reservieren, und es war nicht mehr nötig, daß Besucher in diese Räume geführt wurden. Ich ließ die Zimmer weiß streichen, und als das schmutzige Dunkelblau beseitigt war, das ich zehn Jahre lang hatte erdulden müssen, schien ein neues Leben für mich anzubrechen.

Seit 1952 wohnte der jungen Maler Tancredi Parmeggiani bei mir. Er benutzte aber nur noch seinen Vornamen, weil der Familienname allzu fatal an den berühmten Käse erinnerte. Tancredi erhielt von mir monatlich fündundsiebzig Dollar, und er gab mir dafür jedesmal zwei Gouachen von den Arbeiten, die er in der Zwischenzeit gemalt hatte. Zu Beginn seiner künstlerischen Laufbahn waren seine Bilder sehr geometrisch und erinnerten ein wenig an van Doesburg, weshalb auch Nellie besonderes Gefallen an den Sachen fand. Schließlich aber prägte sich sein eigener Stil deutlich aus. Er war, was man in Italien einen *spazialista* nennt, ein Maler, bei dem die Darstellung des Raumes die wichtigste Rolle spielt. Bald füllten seine Gouachen mein Haus. Sie waren äußerst zart und duftig, und nachdem ich sie ein Jahr lang nur als Geschenke weggegeben hatte, wurden seine Arbeiten recht beliebt und fanden viele Käufer. Da wir im Palazzo nur ein Gästezimmer übrig hatten, in dem wir die Gouachen zeigen und verkaufen konnten, mußten wir sie auf einem Bett übereinander geschichtet aufbewahren. Als James Sweeney bei seinem Besuch in Venedig die Arbeiten zu Gesicht bekam, sagte er sofort: »Geben Sie dem Jungen Leinwand und Farben, damit er größere Bilder malen kann. Der Junge braucht große Formate!« Ich folgte Sweeneys Rat, mit dem Erfolg, daß ich bald nicht mehr wußte, wo man die Bilder aufbewahren und vorführen sollte.

Tancredi hauste jahrelang in einem der Kellerateliers, und es ging ein Aufatmen durch das Haus, als er endlich auszog. Er hatte nämlich das Hauspersonal häufig dadurch zur Verzweiflung gebracht, daß er in seinem Atelier mit den Schuhen in Farbe trat und sie dann durch das ganze Haus trug. Nach seinem Auszug dauerte es volle vier Tage, bis die letzten Farbkrusten vom Boden seines Zimmers entfernt werden konnten. Der Raum ist inzwischen zu einem kleinen Pollock-Museum geworden.

Außer Tancredi hatte ich noch einen weiteren Schützling namens Edmondo Bacci. Er war ein lyrischer Maler, ein Mittvierziger, dessen Arbeitsweise an Kandinsky orientiert war. Er führte ein sehr geordnetes und regelmäßiges Leben, und mit ihm lief daher alles sehr ruhig und problemlos ab. Tancredi dagegen war damals kaum älter als dreißig und brachte mit seiner temperamentvollen Art manche Unruhe ins Haus. Wiederholt schleppte er sämtliche Bilder davon, kam dann aber wenige Tage später wieder mit ihnen an. Zunächst hatte ich ihm sein monatliches Geld jeweils in einer Summe ausgezahlt. Das hatte aber zur Folge, daß er immer alles auf einen Schlag ausgab und dann mehr haben wollte. Darum versuchte ich, ihm wöchentliche Teilzahlungen zu geben, wodurch er sich jedoch bevormundet vorkam. Er lief sogar in Venedig herum und verkündete jedem, der es hören wollte, er werde mich verklagen, weil ich seine Karriere ruiniert hätte. Dessenungeachtet waren Bacci und Tancredi die beiden italienischen Maler, an deren Werk ich den größten Gefallen fand, und an den Wänden meiner Privaträume hingen viele ihrer Gemälde. Daneben liebte ich auch Vedovas Malerei, und ich besitze zwei seiner Arbeiten.

Dies war aber auch alles, wofür ich mich in Italien einsetzen mochte. Im übrigen beschränkte ich mich darauf, mein Haus dreimal wöchentlich der Öffentlichkeit zugänglich zu machen. Santomaso war sehr enttäuscht, weil er gehofft hatte, ich würde um mich herum ein neues dynamisches Zentrum für die Kunstwelt Italiens schaffen. Aber was ich in diesem Lande vorfand, war nicht dazu angetan, meine Begeisterung zu wecken. Mit der Zeit verlor ich sogar jegliches Interesse, denn die Malerei ist von Biennale zu Biennale immer dürftiger geworden. Es sieht fast so aus, als ob man bloß noch die großen Meister kopiert, die vor vierzig Jahren die entscheidenden Werke geschaffen und damit eine Wende in der modernen Kunst herbeigeführt haben. Alles wird immer gleichförmiger und langweiliger. Zwar habe ich nicht aufgehört, auch weiterhin neue Arbeiten zu erwerben, wann immer es mir möglich war; aber ich merke, daß ich an der zeitgenössischen Skulptur unendlich viel mehr Freude habe als an der heutigen Malerei.

Seitdem meine Sammlung für das Publikum geöffnet ist, kommen Leute aus der ganzen Welt zur Besichtigung, und da ich einen regelmäßigen »Salon« für Intellektuelle pflege, entstand eine gewisse Konfusion. Zwar ist zu den Öffnungszeiten jedermann willkommen, aber es gibt Leute, die das nicht begreifen wollen und meinen, auch ich müsse als Sehenswürdigkeit jederzeit zur Verfügung stehen. So werde ich plötzlich von Leuten angerufen, von denen ich noch nie etwas gehört habe. Sie führen sich unter den merkwürdigsten Vorwänden ein. Die Leute wissen einfach nicht mehr, wie man sich benimmt, und mit Wehmut denkt man an die Zeiten zurück, als man noch auf gute Manieren Wert legte.

Mein »Salon« ist ein gänzlich ungezwungenes Beisammensein, und wer eine Einladung hat, kann kommen, wenn er Lust hat. Meine persönlichen Gäste bitte ich stets um eine Eintragung in mein Gästebuch, und besonders erfreut bin ich, wenn sich Dichter oder Maler durch ein Gedicht oder durch eine Zeichnung bei mir in angenehmer Erinnerung halten.

Die berühmtesten Gäste meines Hauses waren Giacometti und Truman Capote. Als Giacometti Annette heiratete, kam er auf seiner Hochzeitsreise zu mir. Auch Nancy Cunard war damals gerade in Venedig und besuchte mich. Giacometti sagte von ihr, sie sähe aus wie ein rassiges Rennpferd. Irgendwann während seines Aufenthaltes bot mir Giacometti seine sechs venezianischen Statuen für eine Million französischer Francs der alten Währung an. Natürlich habe ich sofort zugesagt; aber leider bin ich nie in ihren Besitz gekommen, obwohl Giacometti mit Recht der Meinung war, sie gehörten nach Venedig in meine Sammlung. Ich fürchte, sein Kunsthändler Pierre Matisse hatte etwas gegen die Transaktion und verhinderte den Verkauf an mich.

Truman Capote begegnete ich zufällig in meiner Eingangshalle. Ich sah vor mir einen kleinen Mann in Hauspantoffeln herumlaufen. Wir kamen ins Gespräch und freundeten uns rasch an. Anschließend verbrachte er zwei Monate als Gast in meinem Palazzo. Damals schrieb er *Die Musen sprechen*. Ständig war er damit beschäftigt, auf seine schlanke Linie zu achten, und er brachte auch mich dazu, Diät zu leben. Jeden Abend nahm er mich mit zu Harry's Bar, wo ich immer nur Fisch essen durfte. Zum Lunch gestattete er mir leichte Eierspeisen. Capote ist immer ein unterhaltsamer Tischgenosse gewesen und sprühte vor Einfällen. Es war mir ein großes Vergnügen, ihn eine Weile unter meinem Dach beherbergen zu dürfen.

Bei Partys des amerikanischen Konsulats hatte ich Mrs. Clare Boothe Luce kennengelernt. Nachdem sie zur amerikanischen Botschafterin in Italien ernannt worden war, lud ich sie ein, sich einmal meine Sammlung anzusehen. Sie kam tatsächlich eines Abends, wenn auch ziemlich spät, und hatte ein großes Gefolge bei sich. Zwar hatte ich den Eindruck, daß niemand von ihnen viel von Kunst verstand, aber wie gewöhnlich war Mrs. Luce sehr höflich und charmant. Sie war hervorragend angezogen und sah jünger und strahlender aus als je zuvor. Am meisten schien sie an den Bildern meiner Tochter Gefallen zu finden. Als ich darauf hinwies, daß die Menschen in Pegeens Bildern seltsamerweise nie in Beziehung zueinander zu stehen scheinen und nie miteinander sprechen, meinte Mrs. Luce: »Vielleicht haben sie sich eben nichts zu sagen.« In meinem Speisezimmer traf Mrs. Luce drei italienische Maler an: Dova, Tancredi und Crippa. Mrs. Luce wollte sich verbindlich zeigen, und wie man dies von Botschaftern kennt, fragte sie, wen die Herren wohl für den besten lebenden Maler in Italien hielten. Alle drei antworteten wie aus der Pistole geschossen: »Mich.«

Mrs. Luce empfand die Beleuchtung in meinen Korridoren als zu schwach, um die Gemälde richtig betrachten zu können. Sie hatte zweifellos recht. Ich griff ihre Kritik dankbar auf und ließ starke Leuchtröhren installieren. Diese Episode gab Gelegenheit zu einem hübschen italienischen Wortspiel; denn die Italiener nannten Mrs. Luce *La Luce* (Das Licht), und so hat mir Mrs. Luce das Licht ins Haus gebracht.

Graf Zorzi, der unter anderem die Veröffentlichungen der Biennale betreute und der zu meinem großen Kummer inzwischen verstorben ist, gehörte zu den wenigen großen alten Herren der venezianischen Gesellschaft. Er stammte von einem Dogen ab, was niemanden wunderte, der seine feine Lebensart, seine ausgezeichneten Manieren und seinen Sinn für Humor persönlich erlebte. In Fragen des Protokolls verließ sich die Verwaltung der Biennale ganz auf ihn. Dies war jedoch nicht das einzige, worin seine Erfahrung und Sachkenntnis hervortrat. Er leitete auch die

Redaktion der Zweimonatsschrift der Biennale. Wiederholt forderte er mich auf, Beiträge zu schreiben. So wünschte er sich einen Artikel über Pollock, zu dem ich mich aber nie entschließen konnte. Dafür erhielt er von mir einen Artikel, an dem ihm auch gelegen war, nämlich über meinen Werdegang als Kunstsammlerin. Ferner schrieb ich über die Malerei meiner Tochter sowie über Bill Congdon. In diesem Text versuchte ich, die Tatsache zu würdigen, daß Congdon der erste Maler seit Turner war, der Venedig im innersten Wesen verstand. Im Artikel über Pegeen griff ich Herbert Reads These auf, daß sie in ihrem Stil dieselbe magisch naive Qualität bewahrt hatte, die ihr schon als Elfjährige eigen war.

Nach jener ersten Ausstellung meiner Sammlung bei der Biennale von 1948 wurde ich ständig um Leihgaben gebeten. Anfangs gab ich diesem Begehren gerne statt. Als jedoch mein Haus der Öffentlichkeit zugänglich gemacht worden war, konnte ich nicht mehr beliebig Bilder und Plastiken aus der Sammlung hergeben. Pallucchini ärgerte sich einmal sehr über einen abschlägigen Bescheid von mir, und er schrieb mir einen empörten Brief, in dem er mir Undankbarkeit vorwarf. Ich vergälte es ihm übel, was er alles schon für mich getan hätte. Damals schrieb ich ihm zurück und erklärte, daß vielmehr er zu Dank verpflichtet sei, weil ich der Biennale seinerzeit meine Sammlung ausgeliehen hatte, die ja wohl zum wichtigsten Anziehungspunkt der damaligen Schau geworden war; ich sei daher der Ansicht, daß wir uns nichts mehr gegenseitig vorzurechnen brauchten. Meine Antwort machte Pallucchini so wütend, daß er mich von der offiziellen Gästeliste der Biennale streichen ließ und ich keine Einladung mehr erhielt. Im Jahre 1952 mußte ich sogar auf Santomasos freundliches Angebot zurückgreifen, der mir seine eigene Einladung zur Verfügung stellte, damit ich an der Eröffnung teilnehmen konnte.

Nach dem Tode von Graf Zorzi schrieb Pallucchini einen wunderbaren Nachruf in der Biennale-Zeitschrift. Ich war tief gerührt und konnte nicht umhin, Pallucchini meine Dankbarkeit für seine guten Worte auszudrücken. Auf diese Weise kam es zu einer Aussöhnung zwischen uns, und ich erhielt auch wieder wie früher die Einladungen.

Es gab einen Moment, als ich in Erwägung zog, den Biennale-Pavillon der Vereinigten Staaten zu übernehmen, der den Grand Central Art Galleries gehörte. Sie wollten ihn damals für zwanzigtausend Dollar veräußern. Aber dann überlegte ich mir, daß ich mir durch diesen Schritt eine schreckliche Verantwortung aufgeladen hätte und mir diesen Kauf wohl auch gar nicht leisten konnte. Außerdem wäre mit der Verwaltung des Pavillons unweigerlich die Verpflichtung verbunden gewesen, alle zwei Jahre nach New York zu reisen und dort die Exponate für die nächste Biennale auszusuchen. Dazu hätte ich die großen Ausgaben für Transport und Versicherung der Ausstellungsstücke tragen müssen. Es liegt auf der Hand, daß dies alles die Leistungsfähigkeit eines einzelnen weit übersteigt und daß allenfalls ein Museum dieser Aufgabe gewachsen sein könnte, sofern nicht der Staat selbst seine Repräsentationspflicht erfüllt. Alle anderen ausländischen Pavillons wurden von großen Organisationen oder von ihrer jeweiligen Regierung getragen. Nur wir Amerikaner erhielten keine staatliche Unterstützung für die Beteiligung an der Biennale. Glücklicherweise hat 1954 das Museum of Modern Art den amerikanischen Pavillon gekauft, womit er zweifellos in besseren Händen war, als er es bei mir hätte sein können.

1950 gestaltete Alfred Frankfurter, der Herausgeber von *Art News,* die Ausstellung im amerikanischen Pavillon, bei der auch drei Gemälde von Pollock vertreten waren. Das bei weitem beste Bild jener Biennale war Pollocks Werk *Number 1 1948,* das aus dem Besitz des Museum of Modern Art stammte. Es war ein so wunderschönes Werk, daß es alles überstrahlte, was sonst noch auf der Biennale zu sehen war, obgleich zur selben Zeit Kollektivausstellungen von Rousseau, Matisse und Kandinsky veranstaltet wurden. Ich erinnere mich noch genau, wie erstaunt ich selbst über diese

Erkenntnis war, weil es mir durch meinen persönlichen Umgang mit dem Menschen Pollock nicht leichtgefallen war, seine Größe als Maler zu akzeptieren.

Die Biennale von 1950 zeigte auch eine kleine gemischte Skulpturenausstellung in einem lächerlich ungenügenden Raum. In einem kleinen Vorraum des italienischen Pavillons wurden Werke von Arp, Zadkine und Laurens ausgestellt. Giacometti zog seine Teilnahme zurück, als er erfuhr, welch dürftigen Raum man Laurens zugebilligt hatte. Auch Arp war es zu Ohren gekommen, daß man seine Plastiken ungünstig präsentiert hätte; aber als er in den Hauptraum kam, der Viani vorbehalten war, wurde er sichtlich vergnügt und meinte: »Ich habe gar keinen so üblen Platz erwischt.«

1954 wurde Arp durch eine sehr schöne Ausstellung geehrt. Er und Max Ernst erhielten in jenem Jahr den wichtigsten Kunstpreis der Biennale. Max besuchte mich bei dieser Gelegenheit in meinem neuen Haus und schrieb mir ins Gästebuch: »Ein alter Freund ist zurückgekehrt für immer, immer und immer.« So haben wir schließlich wieder unseren Frieden miteinander gemacht.

Die Preise, die bei der Biennale verliehen werden, erregen jedesmal aufs neue die Gemüter. Hinter den Kulissen wird viel Politik getrieben, und nie ist jemand mit den Entscheidungen zufrieden. Die vier wichtigsten Preise, zwei für besondere Leistungen auf dem Gebiet der Malerei und zwei auf dem der Plastik, werden von der Presidenza del Consiglio dei Ministri sowie von der Stadt Venedig verliehen. Daneben gibt es eine beachtliche Anzahl anderer Kleinpreise, die von Privatpersonen und Geschäftsfirmen aus ganz Italien kommen. Auch das Restaurant Angelo ist mit einem Kunstpreis vertreten. Inzwischen wird das Restaurant von meinem Ex-Sekretär geführt, nachdem sein Bruder Renato bei einem Autounfall ums Leben kam. Auf Renatos Initiative ging es zurück, daß das Restaurant zu einem Treffpunkt für Künstler wurde und sich im Laufe der Zeit die Wände des Restaurants mit zeitgenössischen Bildern füllten. Da Renato außer für die Kunst auch für Rugby-Spieler eine Schwäche hatte, ergab sich eine eigentümliche Mischung der verschiedenen Elemente, die den Charakter des Restaurants bestimmten.

Im Jahre 1956 hatte das Museum of Modern Art den amerikanischen Pavillon dem Chicago Art Institute überlassen. Dessen Kuratorin Katherine Kuh veranstaltete eine Ausstellung unter dem Titel *Die amerikanischen Maler und die Großstadt*. Katherine kam zu mir auf Besuch. Bei der Gelegenheit kaufte sie ein Bild von Bacci. Besonders beeindruckt war sie von meinen beiden Dienstmädchen, die sie für meine »Kuratorinnen« hielt, weil sie mir halfen, die riesigen Leinwände hin und her zu transportieren. Montags, mittwochs und freitags waren diese beiden italienischen Landmädchen die Empfangsdamen in meinem Museum. An den Tagen, an denen das Haus für den Publikumsverkehr geöffnet ist, ziehe ich mich gewöhnlich in meine Gemächer zurück. Hinterher lasse ich mir gern erzählen, was es während des Nachmittags Besonderes gegeben hat. Einmal berichteten sie mir ganz entsetzt, daß jemand vor einer Studentengruppe auf einen Braque aus der kubistischen Phase gedeutet und das Bild als ein Werk Picassos bezeichnet habe. »Und warum habt ihr denn nichts gesagt?« wollte ich wissen. »Das konnten wir doch nicht«, sagten sie, »es war ein Professor.« So wurden meine beiden Dienstmädchen mit der Zeit zu tüchtigen, kompetenten Museumshelferinnen, wie denn auch meine zwei Gondolieri sich bald hervorragend auf das Hängen von Bildern verstanden.

Als ich 1948 einmal über den Campo Manin ging, sah ich im Schaufenster einer kleinen Kunstgalerie ein aufregendes Bild. Zunächst hätte ich es beinahe für einen Pollock gehalten. Um mich zu vergewissern, ging ich hinein und lernte den jungen Künstler kennen, der das Bild gemalt hatte. Es war Allan Davie, ein hochgewachsener Schotte mit rotem Bart. Er stellte mir auch seine Frau vor. Sie hieß Billie, war blond und stammte ebenfalls aus Schottland. Ich kaufte sofort ein Bild von Allan, und wir freundeten uns an. Später erhielt ich von seinem Vater einen reizenden Brief. Der alte Herr war protestantischer Pfarrer und bedankte sich auf liebenswürdige Weise für das Interesse, das ich an den Arbeiten seines Sohnes zeigte. Allan Davie entwickelte rasch einen eigenen Stil, und obwohl jahrelang niemand außer mir seine Arbeiten kaufte, war er doch einer der besten britischen Maler der jungen Generation. Inzwischen hat er endlich in London und New York die verdiente Anerkennung gefunden; aber bis dahin mußte er sich und seine Familie mühselig mit Goldschmiedearbeiten durchbringen.

Im Jahre 1950 lernte ich Dr. Eugene Colp, den Kurator des Museums von Tel Aviv, kennen. Er bat mich um eine große Anzahl von Bildern als Leihgabe zu einer Ausstellung in seinem Museum. Damals waren meine Kellerräume mit den Beständen meiner Sammlung überfüllt, und da es in den Räumen feucht und muffig war, fiel es mir nicht schwer, eine beachtliche Anzahl von Bildern zu verschenken, damit sie wenigstens in gutem Zustand erhalten blieben. Darunter waren auch jene Pollock-Gemälde, um die es mir später besonders leid tat. Als Colp mit seiner Bitte um Leihgaben kam, riet mir Bernhard Reis, dem Museum die Bilder nicht nur vorübergehend, sondern auf Dauer zu überlassen. So gestattete ich Colp, zunächst vierunddreißig und später noch einige weitere Bilder mitzunehmen. Dr. Colp war heftig für mich entflammt. Als er ich einmal fragte, was uns verbinde, sagte ich: »Nichts als vierunddreißig Gemälde.«

In meinem Keller lagerten unter anderem die vielen Bilder, die ich in meiner New Yorker Galeriezeit jeweils bei den Ausstellungen erworben hatte, zum Beispiel Werke von Baziotes, Motherwell, Still, Virginia Admiral, Pousette-Dart, Laurence Vail, Pegeen, Kenneth Scott, Janet Sobel, Rothko, Hirshfield und Gorky. 1953 fragten mich meine Freunde Walter Shaw und Jean Guerin, die in Bordighera wohnten, ob ich ihnen die Bilder nicht einmal für eine

Ausstellung amerikanischer Kunst zur Verfügung stellen wolle. Die Veranstaltung stand unter der Schirmherrschaft der Stadt Bordighera und war somit hochoffiziell. Cocteau erklärte sich bereit, das Vorwort zum Katalog zu schreiben, und unter diesen Bedingungen nahm ich die Einladung gerne an. Mit Laurence Vail und meinem damaligen Freund, Raoul Gregorich, fuhr ich zur Eröffnung. Wir trafen mit Cocteau zusammen und wurden zunächst von meinen Freunden zu einem Lunch eingeladen, bei dem es lustig und unterhaltsam zuging. Das feierliche Festbankett war dagegen um so langweiliger, und Raoul ging schon vorzeitig weg. Am Abend erfuhr ich zu meiner angenehmen Überraschung, daß wir Gäste der Stadt Bordighera waren. Man hatte drei sehr hübsche Hotelzimmer für uns reserviert. Mein Freund Raoul war eigentlich nur an schnellen Autos interessiert und ist ja leider auch bald danach in einem Sportwagen ums Leben gekommen. Von Kunst hielt er nicht viel; aber er war, wie Herbert Read es formulierte, auf seine Weise ein Philosoph. Wenn Raoul auch stark übertrieb, so war es doch rührend, wie er einmal sagte, ich würde »in die Geschichte eingehen«.

20

Wiedersehen mit New York

Als ich das erste Mal wieder nach New York kam, hatte ich es zwölf Jahre nicht mehr gesehen. Ich wollte eigentlich zur Eröffnung des Museums für die Solomon-Guggenheim-Sammlung fahren. Mein Onkel starb leider noch vor der Fertigstellung des neuen Gebäudes, und sein Neffe Harry Guggenheim übernahm die Verantwortung für die Sammlung. Es war ein Segen für das Museum, daß Harry die frühere Kuratorin, Baroness Rebay, durch meinen guten Freund James J. Sweeney ersetzte. Ich erwartete die Einladung zur Eröffnung im Winter 1959, und ich hielt mich bereit, ohne lange weitere Vorbereitung nach New York zu fliegen. Als aber Weihnachten herannahte, ohne daß ich die erwartete Nachricht aus Amerika erhielt, folgte ich vorerst einer Einladung nach Mexiko.

Diese Mexikoreise wurde ein wunderbares Erlebnis für mich. Von allem, was ich während eines Monats dort sah, waren die Ruinen von Palenque das aufregendste Erlebnis; die Plastiken wie die Architektur in dieser herrlich wilden Umgebung sind einfach überwältigend. Etwas Schöneres und Bedeutenderes habe ich unter den Ruinen aller anderen Orte nicht mehr gesehen.

Was meine Eindrücke vom Mexiko unserer Tage betrifft, so muß ich gleich von vorneherein sagen: Ich finde die Riesenwandbilder von Diego Rivera, Orozco und Siqueiros, mit denen die öfffentlichen Gebäude in Mexiko geschmückt sind, scheußlich. Begeistert dagegen war ich von Tamayo sowie von zwei außerordentlichen Künstlerinnen: Frida Kahlo, Diego Riveras Frau, und Leonora Carrington, die nun schon seit langem in Mexico City ihre neue Heimat gefunden hat. Leonora war noch immer sehr schön. Sie hatte einen ungarischen Fotografen geheiratet, und aus der Ehe waren zwei Söhne hervorgegangen. Als Malerin war sie längst arriviert und hatte sich sehr vervollkommnet. Noch immer malte sie Tiere und Vögel, die ein wenig an die Kreaturen bei Bosch erinnerten; aber ihre Arbeiten wirkten dennoch sehr persönlich.

Frida Kahlo war damals bereits tot und ihre Wohnung in ein Museum umgewandelt worden. Ihre Arbeiten waren mir vertraut, weil ich ihre Begabung für die surrealistische Darstellungsweise schon lange zuvor erkannt und Frida Kahlo in meine Ausstellung amerikanischer Künstlerinnen aufgenommen hatte. Das kleine Museum war rührend und erfüllte mich mit Trauer. Man spürte, wie sie in diesem Haus gelitten haben mußte. 1954 war sie an den Folgen einer Verletzung gestorben, die sie sich in ihrer Jugend bei einem Autounfall zugezogen hatte. Sie war praktisch zeitlebens Invalidin gewesen. Viele ihrer Gemälde bezogen sich auf physischen Schmerz.

Bei seinem Tod hinterließ ihr Mann, Diego Rivera, seinen Kindern kein Geld, was sie nicht davon abhielt, ihn auch weiterhin zu verehren. Merkwürdigerweise hatte Rivera aber genug Geld zurückgelegt, um sich selbst ein Denkmal zu errichten. Auch den Entwurf dafür hatte er geliefert. Es stand irgendwo in den Vorstädten von Mexico City an einem gottverlassenen Platz zwischen den Elendsquartieren der Armen und Ärmsten. Der pyramidenförmige Bau war eine dürftige Anlehnung an die Architektur der Mayas. Darin wollte er nicht nur seine Gebeine untergebracht wissen, sondern auch seine Gemälde und die Sammlung präkolumbianischer Kunst, die er zusammengetragen hatte.

Als ich schließlich nach New York kam, war die Eröffnung des Guggenheim-Museums noch immer nicht in Sicht. Sweeney hatte mir die Terminverschiebung zwar schon mitgeteilt, aber ich hatte nun mal geplant, vor meinem Rückflug nach Venedig unbedingt auch New York einen Besuch abzustatten. Sweeney wußte, daß ich kommen wollte, und hatte meinen Vetter gebeten, mich durch das Museum zu führen. Seit fünfunddreißig Jahren hatte ich Harry nicht mehr gesehen und war froh, ihm endlich wieder zu begegnen. Es war mir auch eine große Freude, als ich nach meiner Rückkehr aus Amerika in Venedig den folgenden Brief von Harry erhielt:

> »Vor Deinem Besuch in New York, bei dem wir uns wieder miteinander vertraut gemacht haben, hatte ich immer gedacht, Du würdest vielleicht einmal Deine Sammlung unserer Stiftung vermachen wollen, die jetzt in das neue Gebäude von Frank Lloyd Wright einzieht. Inzwischen habe ich mir die Sache gründlich überlegt und glaube jetzt, daß Deine Stiftung und Dein Palast, die ja dank Deiner Bemühungen weltweite Bedeutung gewonnen haben, wie Du es auch vorgesehen hast, dem italienischen Staat hinterlassen werden sollten.
> Ich bin sicher, daß Deine Sammlung dort am besten aufgehoben ist, und ich muß sagen, daß dies auch vom Familienstandpunkt, der mir immer besonders am Herzen liegt, die günstigste Regelung zu sein scheint.
> Ich hoffe, Du hast bei dem Aufenthalt bei uns in New York die Pläne für die Ergänzung Deiner Sammlung fördern können. Mögest Du auch in Zukunft durch Deinen Einsatz für die moderne Kunst dem Fortschritt dienen und noch lange Freude an Deiner Sammlertätigkeit haben!«

Später wurde dann aber doch eine andere Regelung getroffen, und zwar, als mich 1969 die Solomon-Guggenheim-Stiftung in New York einlud, meine Sammlung dort zu zeigen. Es wurde um die Angelegenheit viel Aufhebens gemacht, da man jetzt in New York damit rechnete, meine Sammlung einmal zu erben. Ich hatte mit dem Gedanken selbst immer wieder gespielt und befand mich mit meiner Sammlung in der Lage einer Frau, die sich danach sehnt, daß man ihr einen Heiratsantrag macht. Mein Vetter Harry lag gerade im Krankenhaus. Ich durfte ihn aber besuchen, und bei dieser Gelegenheit kamen wir nun zu einer Übereinkunft. Es wurde festgelegt, daß meine Sammlung unter meinem Namen in Venedig bleiben und später unter die Obhut der Guggenheim-Stiftung gestellt werden sollte. Die Sammlung bleibt demnach ohne jegliche Veränderung in der Form erhalten, in der ich sie hinterlasse. Ich habe dann dem Guggenheim-Museum zunächst den Palazzo und später die Sammlung unter der Bedingung vermacht, daß ich bis zu meinem Tod dort wohnen und auch die Sammlung selbst verwalten darf.

Harry schien seine Verantwortung als Leiter des Museums sehr ernst zu nehmen, und es war offensichtlich nicht leicht für ihn, als Puffer und Vermittler zwischen den – wie er sie nannte – »zwei egoistischen Genies« zu wirken. Er meinte damit Sweeney und den damals bereits recht betagten Wright. Harrys Position zwischen den beiden Widersachern war keineswegs beneidenswert; aber ich schlug mich sofort auf Sweeneys Seite, weil ich ziemlich sicher war, daß Wright, wie einst Kiesler bei mir, in erster Linie bloß an seine Architektur dachte und nicht etwa an die Bilder, die darin gezeigt werden sollten. Man kann sich kaum vorstellen, wie konträr die Ansichten von Sweeney und Wright einander gegenüberstanden. Armer Sweeney! Daß er mit dem Direktorenposten des Museums auch noch diesen Mühlstein erben mußte! Sweeney war ein absoluter, ja, fanatischer Purist, was das Präsentieren der Kunstwerke betraf. Das Interieur seiner Wohnung ähnelte einem Mondrian-Gemälde. Es war wohl ein Glück für Sweeney, daß Wright kurze Zeit später starb, und ich glaube, daß auf diese Weise manche von seinen Problemen gelöst wurden.

Wenn man vor dem Museum steht, sieht das Gebäude

wie eine riesige Hochgarage aus. Für die Größe der Anlage war der Bauplatz viel zu klein. Der Neubau wirkt wie eingeklemmt zwischen den Nachbarhäusern. Man hätte das Museum auf einen Hügel im Central Park stellen müssen. Statt dessen steht es jetzt auf der falschen Seite der Fifth Avenue. Um den mächtigen freien Mittelraum herum, der für Ausstellungen von Plastiken vorgesehen ist, windet sich serpentinenartig eine gleichmäßig ansteigende Rampe. Dies war Wrights berühmter Einfall. Die Wände treten mit zunehmender Höhe ständig weiter nach außen zurück, und ein Betonsockel hält den Betrachter in gebührendem Abstand von den Exponaten. Der Blickwinkel ist dadurch freilich nicht besonders günstig. Vorgesehen war, daß die Gemälde, an Gestellen befestigt, frei von der Wand hängen sollten. Erstaunlich, wie Kieslers Ideen immer wieder kopiert wurden! Die Farben, die man für den Innenraum gewählt hatte, erschienen mir häßlich: hauptsächlich Beigetöne, und an einigen Stellen Weiß. Aber ich traute es Sweeney durchaus zu, daß er eines Tages auch mit diesen Problemen fertig werden würde. Im stillen war ich froh, daß ich in Venedig meinen bescheidenen Bau im Garten hatte, und zum erstenmal in meinem Leben tat es mir nicht mehr um das ungeheure Vermögen leid, das mein Vater durch seine eigenwilligen Transaktionen verloren hatte, bevor er mit der *Titanic* unterging.

Der schönste Tag, den ich damals in den Vereinigten Staaten verlebte, war, als ich die Sammlung Barnes besichtigte. Normalerweise kann man die Barnes-Stiftung nur nach Voranmeldung besuchen; aber ein guter Freund hatte für mich eine Sondereinladung beschafft, weil ich schon wenige Tage später abreisen mußte. Das Haus, in dem sich die Barnes-Sammlung befindet, liegt in einem wunderschönen Park und ist weder besonders groß noch irgendwie auffällig modern; aber die Gemäldesammlung ist wirklich unglaublich reichhaltig. Bei der Besichtigung wird man nicht nach Art typischer Museen von den Bildern fern und in weihevollem Abstand gehalten, sondern man geht mit ihnen als Gegenständen der vergleichenden Betrachtung und Forschung um. Die Werke stehen Kunsthistorikern und Kunststudenten als Anschauungsmaterial zur Verfügung, und die Bilder werden zu Studienzwecken von den Wänden genommen. Die Kuratorin, Miss Violette de Mazia, führt dabei die Aufsicht und ist zugleich als Dozentin in der Sammlung tätig. Sie war sehr nett und gastfreundlich zu mir. Als ich sie nach einem Katalog der Sammlung fragte, schien sie allerdings über mein Ansinnen ernsthaft schokkiert zu sein. Ich benötigte eine halbe Stunde, bis ich mir über die Anordnung der Bilder klar wurde. Nie zuvor habe ich so viele Meisterwerke in einem auch nur annähernd vergleichbaren Durcheinander hängen sehen. Stellenweise waren die Gemälde zu fünft übereinander angeordnet. Von dem großen Raum am Eingang einmal abgesehen, luden zwanzig Zimmer zur Besichtigung ein. In einem Umgang im Oberstock gab es eine Serie großer Matisse-Bilder anzuschauen, die speziell für den Raum geschaffen waren; aber man mußte schon all seine Konzentrationsfähigkeit zusammennehmen, um jedes der Bilder einzeln zu betrachten, weil die Nachbarbilder viel zu dicht daneben hingen. Damit man sich einen Begriff von den Kunstschätzen in diesem Haus machen kann, seien hier einige Zahlen erwähnt: In der Sammlung gab es zweihundertvierzig Renoirs, einhundertzwanzig Cézannes, dreiundvierzig Matisses, dreißig Picassos, zwanzig Rousseaus, zwölf Seurats und fündundzwanzig Soutines! Daneben enthielt die Sammlung Gemälde von Modigliani, Manet, Daumier, Van Gogh, Courbet, Klee, Vlaminck, Degas, Jean Hugo, Laurens, Utrillo, Braque und Dérain. Auch einige beachtliche Bilder alter Meister waren zu besichtigen: Tizian, Tintoretto, Cranach, Van de Velde und Frans Hals. Ein Raum enthielt alte amerikanische Möbel, ein anderer war voll von Plastik und Schmuck aus präkolumbischer Zeit. Überall waren die Wände mit schmiedeeisernen Zierformen aus der amerikanischen Siedlungszeit geschmückt.

Ich hätte einen ganzen Monat in der Sammlung verbringen mögen, aber meine Besuchszeit war auf zwei Stunden beschränkt. So wanderte ich zwei- oder dreimal durch alle Räume. Danach fuhr ich noch zum Philadelphia Museum, um mir die Sammlungen Arensberg und Gallatin in ihren neuen Ausstellungssälen anzusehen. Ich war tief beeindruckt von Henry Cliffords Form der Darbietung der Exponate. Von diesen Schätzen abgesehen, weist das Museum noch viele andere Kostbarkeiten auf. Ich durchwanderte die Gänge und betrachtete den indischen Tempel von Madura, den Saal aus einem chinesischen Palast, das japanische Teehaus, die japanische Gelehrtenstube, den Kreuzgang von Saint-Michel-de-Cuxa von Toulouse, den Brunnen von Saint-Genis-des-Fontaines und die zahlreichen italienischen, französischen und englischen Interieurs, die diesen Teil der Sammlung ergänzen.

Nach solch einem Tag war es der passende Höhepunkt, seinen Cocktail in einer bedeutenden Privatsammlung zu trinken. Die Atmosphäre der Wohnung des Sammerehepaares Mr. und Mrs. Ben Heller, das mich eingeladen hatte, wird von Bildern hervorragender zeitgenössischer Maler bestimmt, vor allem von Pollock, Philip Guston, Stamos und Rothko, um nur die wichtigsten zu nennen. Die Hellers lebten ganz und gar für ihre Sammlung. Alles in ihrer Wohnung war der richtigen Hängung ihrer Bilder untergeordnet. Sie hatten sogar Wände abreißen lassen, um Platz für Pollocks sagenhaftes Bild *Blue Poles* zu schaffen. Die Räume waren übrigens so kahl, daß man sie für ein Mittelding zwischen Heiligtum und Hospital hätte halten können. Aber so geht es denen, die sich der modernen Kunst verschreiben; und die Hellers sind keineswegs die einzigen Opfer dieser Leidenschaft.

Während der zwölf Jahre, die ich nicht mehr in New York gewesen war, hatten sich die Dinge in der Kunstszene doch ungemein verändert. Ich konnte es kaum begreifen: der Kunstmarkt war ein riesiges Geschäftsunternehmen geworden. Nur den wenigsten Leuten ging es noch ernstlich um die Bilder. Die meisten kauften aus reinem Snobismus oder um Steuern zu sparen. Sie vermachten ihre Bilder irgendwelchen Museen, behielten sich aber das Recht vor, die Werke bis zu ihrem Tod bei sich behalten zu dürfen, was auch eine Art ist, den Kuchen zu essen und gleichzeitig zu behalten. Es gab Maler, die es sich nicht leisten konnten, mehr als einige wenige Werke pro Jahr zu verkaufen, weil jetzt sie und nicht mehr ihre Kunden das Finanzamt zu fürchten hatten. Die Preise waren in schwindelerregende Höhen gestiegen, und die Leute kauften nur noch, was wirklich teuer war, weil sie allem Preiswerten mangels anderer Maßstäbe mißtrauten. Manche sogenannten Sammler kauften bloß als Wertanlage und ließen die Bilder in Lagern horten, ohne sie eines Blickes zu würdigen. Dafür riefen sie fast jeden Tag bei ihrer Galerie an und wollten wissen, welchen »Kurswert« ihre Bilder inzwischen erreicht hatten. Es war, als ob sie bloß auf den günstigsten Moment warteten, um die »Aktien« mit Gewinn wieder abstoßen zu können. Maler, deren Werke ich früher nur mit großer Mühe für sechshundert Dollar los wurde, erhielten jetzt zwölftausend Dollar für ein Bild. Irgend jemand versuchte sogar, mir einen Brancusi-Kopf für fünfundvierzigtausend Dollar zu verkaufen! Bei dieser ständigen Preissteigerung war es begreiflich, daß Lee Pollock die Bilder, die sie von ihrem Mann besaß, zurückhielt und nicht einmal an Museen verkaufen wollte.

Von den Sachen, die ich sah und die ich mir hätte kaufen wollen, konnte ich mir kein Stück leisten. Es war alles viel zu teuer. Immerhin waren einige Künstler so nett, daß sie mir ein günstigeres Preisangebot machten. Ich wandte mich aber einem für mich neuen Sammelgebiet zu und fing an, präkolumbische und primitive Kunst zu kaufen. Innerhalb weniger Wochen wurde ich auf diese Weise stolze Besitzerin von zwölf phantastischen Werken aus dem genannten Bereich. Es waren Masken und Skulpturen aus Neuguinea, aus Belgisch-Kongo, aus dem französischen Sudan, aus

Peru, Brasilien, Mexiko und Neuirland. Ich fühle mich lebhaft an die Tage erinnert, als Max die Schätze seiner Sammlung Stück für Stück aus unserem Haus wegholte. Jetzt war es so, als ob sie alle zurückkehrten. Ich geriet sogar selbst in die Netze des gefährlichen Mr. Carlebach, der früher so viele Stücke an Max verkauft hatte. Carlebach führte inzwischen eine großartige Galerie an der Madison Avenue. Auch seine Preise waren entsprechend gestiegen, hielten sich jedoch noch im Rahmen des Erschwinglichen.

Schon Jahre zuvor hatte Clement Greenberg angekündigt, er wolle bei meiner Rückkehr nach New York eine Ausstellung unter dem Titel »Hommage à Peggy« veranstalten. Alle Maler, die ich während des Krieges entdeckt und gefördert hatte, meine »Kriegskinder«, wie ich sie nannte, sollten zusammen gezeigt werden. Es hätte eine riesige Ausstellung werden müssen, und es war die Rede davon, daß sie mit einer großen Champagnerparty beginnen sollte. Aber ich mußte ablehnen. Greenberg war inzwischen künstlerischer Berater bei French & Co., wo die Ausstellung hätte stattfinden müssen. Nun wußte ich aber überhaupt nichts mit den Kunstwerken anzufangen, die bei French & Co. ausgestellt und vertreten wurden; und was meine »Kriegskinder« jetzt so malten, gefiel mir auch nicht mehr. Mit einem Satz gesagt: Die bildende Kunst dieser Tage kann mir gestohlen bleiben. Seitdem bloß noch Profitgier eine Rolle spielt, scheint alles zum Teufel zu gehen.

21
Ausklang

Im Jahre 1960 reiste ich mit John Cage ins Land der aufgehenden Sonne. Er war zu einer Konzertreise durch verschiedene Städte Japans eingeladen, und ich begleitete ihn auf der Tournee. Obwohl ich mit John Cages Musik nicht viel anzufangen wußte, ließ ich mir dennoch keines der Konzerte entgehen und versuchte, mich in die befremdlichen Klänge einzuhören. In Japan gefiel mir besonders Kyoto; aber mir blieb nie genügend Zeit, die schönen Tempel lange genug anzuschauen, weil Cage an den Sehenswürdigkeiten nicht interessiert war. Nur für ganz absonderliche Dinge nahm er sich Zeit: So suchte er zum Beispiel einen ganzen Nachmittag lang nach einer bestimmten Krawatte, wie er sie sich schon einmal Jahre zuvor in Japan hatte machen lassen. Wenn ich mir etwas in Ruhe ansehen wollte, mußte ich mich fortstehlen. Es gelang mir aber, mich nach einer Weile abzusetzen und nach Bangkok, Hongkong und vor allem Angkor Wat zu fahren und ohne Hast alles zu besichtigen, was mich zum Verweilen einlud. Für Angkor Wat waren nur zwei Tage vorgesehen; da ich aber die Zeit voll ausnutzen konnte, habe ich fast alle Gebäude der Tempelstadt gesehen. Die vom Verfall bedrohten Bauten im Dschungel bieten einen überwältigenden Anblick, und ich war lebhaft an meine Eindrücke vom Besuch der Kultstätte von Palenque erinnert. Angkor Wat ist zweifellos einer der herrlichsten Orte, die ich je gesehen hatte.

1960 war es, glaube ich, daß auch André Malraux einmal nach Venedig kam. Der französische Konsul brachte ihn mit zu mir, um ihm die Sammlung zu zeigen. Malraux war von Pegeen fasziniert und konnte gar nicht aufhören, ihre Bilder zu interpretieren. Von seinen Erklärungen hat sie bestimmt kein Wort verstanden; aber man sah es ihr an, daß sie über und über glücklich war, von ihm so viel Zuwendung und Aufmerksamkeit zu erfahren. Einige Tage nach seinem Besuch schickte er mir Fotos von zwei Masken, die er besaß. Die Fotos waren wunderschön; aber ich habe nie erfahren, warum er sie mir eigentlich geschickt hat. Vielleicht dachte er, ich sei an den Masken interessiert und wolle sie kaufen.

Etwa um dieselbe Zeit war eine Einladung des Musée de L'Art Moderne in Paris an mich ergangen, meine Sammlung in dem von der Stadt Paris verwalteten Flügel zu zeigen. Nellie van Doesburg riet mir dringend davon ab, weil die Räume meiner Sammlung nicht würdig seien. Als ich Malraux um Rat fragte, behauptete er, falls ich mich zur Zusage entschließen könne, würde man die Säle bestimmt genauso gepflegt herrichten wie die des staatlich verwalteten Museumsflügels. Nur gut, daß ich nicht auf ihn gehört und gewartet habe, bis meine Sammlung einige Jahre später in der Orangerie gezeigt wurde.

1961 besuchte mich ein Mann namens Egidio Constantini, der mich um Hilfe bat, damit er eine Reihe von Glasskulpturen verwirklichen konnte. Er hatte vielversprechende Entwurfszeichnungen nach Arbeiten berühmter Künstler angefertigt, und es fehlten ihm die finanziellen Mittel, um die Arbeiten in Glas ausführen zu lassen. In seiner Verzweiflung fing er sogar an zu weinen, und da ich Männer nicht weinen sehen kann, versprach ich, ihm zu helfen. Aber auch ohne seine Tränen hielt ich das Konzept für beachtlich und der Unterstützung wert. Constantini machte seine Glasskulpturen nach Motiven von Picasso, Arp, Max Ernst, Cocteau, Calder, Le Corbusier, Chagall, Matta, Kokoschka und vielen anderen. Cocteau fand für diese Glasarbeiten den Namen *La Fucina degli Angeli* (Schmiede der Engel). Mein Haus ist inzwischen voll von diesen Glasarbeiten, und ich habe auch eine große Zahl dieser Werke an Museen in Amerika weitergegeben. Es gelang mir, zahlreiche seiner Arbeiten zu verkaufen, Constantini bekannt zu machen und sogar eine Ausstellung im Museum of Modern Art in New

York für ihn zu erwirken. Dafür ist Constantini mir immer sehr dankbar geblieben, was ich von vielen anderen Künstlern nicht behaupten kann.

Es war wohl auch im Jahre 1961, daß ich Claire Falkenstein bat, mir neue Gitterpforten für das Gartenportal zu machen. Ich hatte Fotografien von sehr schönen Metallarbeiten gesehen, die sie für irgend jemanden an der Adriaküste gefertigt hatte, und sie gefielen mir so ausnehmend gut, daß ich Claire den Auftrag erteilte. Sie allein schien mir fähig, ein zeitgemäßes Gitterwerk zu schaffen, das zugleich der Tradition und dem Anspruch des Palazzo gerecht wurde. Eigentlich war es eine ungewöhnlich anstrengende Arbeit für eine Frau. Die Künstlerin schweißte Rundeisen zusammen und fügte Glasabfälle aus Murano in die Metallkomposition ein. Auf diese Weise entstand ein unwahrscheinlicher Effekt, und jeder, der am Tor vorbeikommt, bleibt erstaunt stehen und kann sich der eigentümlichen Wirkung nicht entziehen. Herbert Read befürchtete zwar, das Gitter könne sich als nicht widerstandsfähig genug erweisen; aber es hat sich schon über viele Jahre hin aufs beste bewährt. Auf Claires Art, mit den schlanken Eisenstäben umzugehen, bezog ich mich, wenn ich ihr gelegentlich zum Abschied sagte: »Na, nun geh mal heim und mach dich wieder ans Stricken!« Bei einer Ausstellung schrieb ich ihr in den Katalog: »Claire trat vor die Pforten des Himmels, und der heilige Petrus wies sie barsch ab: ›Was willst du? Du kannst nicht in den Himmel kommen!‹ Aber Claire antwortete: ›Ich habe doch die Pforten selbst gemacht!‹ – ›Das ist was anderes‹, sprach Petrus, ›dann komm mal rein, meine Tochter!‹«

Der amerikanische Dichter Alan Anson schrieb zwei reizvolle Singspiele und führte sie in meinem Garten unter Mitwirkung all unserer Freunde auf. Später verließ er Venedig und nahm seinen ständigen Wohnsitz in Athen. Doch jedesmal, wenn er auf der Durchreise in Venedig war, besuchte er mich.

1962 wurde ich schließlich zur Ehrenbürgerin der Stadt

Venedig ernannt. Ort der Zeremonie war die Stadthalle, wo mir ein wunderschönes Blumenbouquet und ein handgeschriebenes Pergament überreicht wurden. Es folgte ein kleiner Umtrunk. Danach wurde ich bei einem Festessen im Angelo von all meinen Freunden gefeiert.

Ich glaube, es war noch im selben Jahr, daß Joseph Losey mit Jeanne Moreau den Film *Eva* drehte und mich bat, darin eine Rolle zu übernehmen. Ich brauchte nichts weiter zu tun, als an einem Spieltisch zu sitzen und Baccarat zu spielen. Nun hatte ich zwar keine Ahnung, wie man Baccarat spielte, aber ein sehr netter Mann neben mir, wahrscheinlich ein Gondoliere, der nur für den Film in modisch billige Kleidung gesteckt worden war, zeigte mir geduldig, wie gespielt wurde. Er machte die Einsätze für mich. Ich verstehe es heute noch nicht, wofür ich eigentlich bezahlt wurde. Es war immerhin eine beachtliche Summe, und meine einzige Leistung bestand darin, daß ich ziemlich früh aufstehen mußte, um rechtzeitig ins Casino zu kommen.

Das Peinlichste, was mir je in Venedig unterlief, geschah, als Prinz Philip zu einer meiner Partys erschien. Er erinnerte sich an eine frühere Gelegenheit, bei der er als Gast von Lady Castlerosse auf einem Ball in meinem Palazzo gewesen war. Er gedachte auch eines Flirts mit einer jungen Dame, die inzwischen längst glücklich verheiratet war und vier Kinder hatte. Als er das erzählte, war Prinzessin Elisabeth erst mit zwei Kindern gesegnet. Sofort spitzte ich die Ohren und reagierte mit der Bemerkung: »Na, dann hat es Ihre Freundin von damals wohl weiter gebracht als Sie!« Erst an dem betretenen Schweigen, das sich um mich her verbreitete, erkannte ich, wie peinlich meine ungenierte Äußerung empfunden wurde.

Bei einer anderen Gelegenheit muß ich Tennessee Williams, ohne es zu wollen, ziemlich verletzt haben. Er war mit seinem Freund zu einem meiner Salonabende gekommen. Williams wurde mir nicht ausdrücklich vorgestellt, so daß ich keine Ahnung hatte, wer denn nun der Dramatiker und wer der Freund war. Als ich schon eine ganze Weile mit

Williams gesprochen hatte, fragte ich ihn daher ganz naiv: »Sagen Sie, schreiben Sie vielleicht etwa auch?«

Irgendwann kam einmal der italienische Senatspräsident Amintore Fanfani mit seiner Frau zur Besichtigung meiner Galerie. Er wurde von Museumsdirektor Giovanni Carandente und zwei Sicherheitsbeamten begleitet. Carandente hielt eine Einführung und geleitete das hohe Paar durch meine Sammlung. Fanfani schien jedoch nicht im geringsten an den Exponaten interessiert zu sein und gab auch keinerlei Kommentar. Um so reizender war seine Frau zu mir. Sie erzählte mir, daß ihr Mann auch male, und lud mich nach Rom ein, um seine Arbeiten anzuschauen. Ich fürchte, Signor Fanfani war bloß zu mir gekommen, um eventuell auch einmal in meiner Sammlung vertreten zu sein.

1965 wurde mir wieder eine hohe Auszeichnung zuteil; ich wurde nämlich von der Tate Gallery in London eingeladen, fast meine gesamte Sammlung in ihren Räumen zu zeigen. Es wurde ein Riesenswirbel um die Sache gemacht. Der Hauptrestaurator des Museums kam persönlich, um die Gemälde für den Transport vorzubereiten, und ich hatte ihm gegenüber sogar Schuldgefühle, weil ich nicht genug für die Erhaltung meiner Sammlungsstücke getan hatte. Einige hatten das Restaurieren bereits dringend nötig. Auch die Tate Gallery machte sich wohl Hoffnungen, einmal meine Sammlung erben zu können. Sie veranstalteten ein großes Festessen für mich und borgten sich zu dieser Gelegenheit echtes Tafelsilber aus. Ich durfte die Bilder selbst hängen, aber es war das letzte Mal, daß ich diese Aufgabe übernahm. Die Eröffnung war ein prachtvolles Ereignis. Ich ging am Arm des neuen Direktors, Norman Read, umher und begrüßte die Ehrengäste. Die Ausstellung wurde ein umwerfender Erfolg. Von der Eingangstreppe hinunter bis weit auf die Straße hinaus standen die Leute Schlange. Die einzige Konkurrenz zu meiner Schau war Churchills Begräbnis. Wegen des starken Andrangs mußte die Ausstellung sogar noch um zwei Wochen verlängert werden. Ein erfreuliches Nebenergebnis der Londoner Schau war, daß einige Bilder noch sorgfältig restauriert wurden, ehe sie zu mir nach Venedig zurückkehrten.

1966 wurde die Lagunenstadt von einem schrecklichen Hochwasser heimgesucht. Vierundzwanzig Stunden lang war die Stadt völlig überflutet, und als das Wasser wieder zurückging, hinterließ es einen stinkenden, öligen Schlamm, der alles, aber auch alles überzog und sogar meine Löwenköpfe bedeckte. Es war das zweite Mal, daß mein Keller unter Wasser stand. Glücklicherweise geschah den Bildern nichts, weil sie alle fertig in Kisten verpackt für den Abtransport nach Stockholm bereitstanden.

Insgesamt litt Venedig jedoch so sehr unter dem Hochwasser, daß man endlich ernsthaft über die Restaurierung der Stadt nachzudenken begann. In verschiedenen Ländern wurden Hilfsorganisationen ins Leben gerufen. Sie alle vollbrachten wahre Wunder an Wiederherstellungsleistungen in Venedig, die freilich auch vor der Überschwemmung schon dringend erforderlich gewesen wären. Ich wurde Ehrenmitglied des amerikanischen Hilfskomitees und habe jedes Jahr viel Geld dafür gestiftet. Es ist zwar nicht auszuschließen, daß sich einmal alle diese Rettungsaktionen als vergeblich erweisen könnten, wenn nämlich der Boden von Venedig noch erheblich weiter absinkt; aber wir hoffen doch alle, daß eine Lösung gefunden wird, den Untergang dieser Stadt zu verhindern. Es wäre ein unbeschreiblicher Verlust für die Menschheit.

Ein Jahr also nach der Ausstellung in der Tate Gallery ging meine Sammlung nach Stockholm. Pontius Hulten hatte sie sich für sein Museum gewünscht. Der König eröffnete die Ausstellung persönlich; ich durfte den Monarchen durch die Sammlung führen. Aber wenn ich mich nicht sehr getäuscht habe, galt sein Interesse weniger der modernen Kunst als vielmehr seinen archäologischen Studien, seinen Ausgrabungen und der klassischen chinesischen Kunst.

Noch während meines Aufenthaltes in Stockholm suchte

mich Knud Jensen vom Museum in Louisiana bei Kopenhagen auf und bat mich, im Anschluß an die Stockholmer Ausstellung die Sammlung in seinen Räumen zeigen zu dürfen. Um mir Louisiana zu zeigen, lud er mich und Pegeen nach Kopenhagen ein; aber auch bevor ich das wunderschöne Museum sah, hatte ich mich bereits zur Zusage entschlossen. Die drei Tage in Dänemark waren wunderschön, und es waren meine letzten glücklichen Tage mit Pegeen, die wenige Monate später starb. Sam Kaner, der die Königliche Galerie in Kopenhagen leitet und selbst malt, führte uns in der dänischen Hauptstadt umher und war reizend um uns bemüht.

An der Ausstellungseröffnung in Dänemark habe ich nicht teilgenommen, sondern war zu Freunden nach Mexiko gereist. Dort überraschte mich die traurige Nachricht von Pegeens Tod. Ach, meine arme, liebe Pegeen! Sie war ja nicht nur meine Tochter gewesen, sondern hatte sich auch wie eine Mutter, Freundin oder Schwester um mich gekümmert. Ihr unzeitiger und unbegreiflicher Tod ließ mich völlig verzweifelt zurück. Niemanden auf der Welt hatte ich so geliebt wie sie, und plötzlich war alles Licht aus meinem Leben gewichen. Pegeen war eine äußerst begabte naive Malerin. Jahrelang hatte ich ihr Talent gefördert und ihre Bilder verkauft, und sie fing gerade an, echten Erfolg zu genießen: man hatte sie zu Einzelausstellungen in Kanada, in Stockholm und in Philadelphia eingeladen.

1967 plante ich, mein Museum erweitern zu lassen. Ich hatte inzwischen sehr viele neue Gemälde und Plastiken in meiner Sammlung. Obwohl ich zahlreiche Stücke an amerikanische Museen weitergegeben hatte, sah ich mich genötigt, neuen Raum zu schaffen. Dies ließ sich allerdings nur im Kellergeschoß bewerkstelligen. Einige frühere Hausangestellte hatten im Laufe der Zeit aus diesem oder jenem Grund den Dienst quittiert. Ihre Zimmer wurden frei und konnten jetzt zu neuen Ausstellungsräumen umgestaltet werden. Diese Arbeiten hatten bereits vor Pegeens Tod begonnen. Nun widmete ich meiner Tochter einen Raum ganz allein. Die Bilder, die ich jetzt noch von ihr besaß, wollte ich verständlicherweise nicht mehr verkaufen, weshalb ich auch meine Verkaufsgalerie von diesem Moment an schloß.

In Pegeens Raum hängen zwölf Gemälde, die sie zu verschiedenen Zeiten ihres Lebens geschaffen hatte. Das früheste stammt aus ihrem zwölften Lebensjahr. Constantini verehrte mir eine wunderschöne Glasarbeit, die er mit ihr zusammen gefertigt hatte. Das Stück ist zur Hauptattraktion dieses Raumes geworden. Die Plastik besteht aus zwölf Teilen und sieht ganz wie Pegeens Malerei aus. Außer den Gemälden und der Plastik stellte ich auch ein Foto von Pegeen aus, wie sie im Garten in meinem byzantinischen Thronsessel sitzt, sowie ein hübsches Pergament, auf dem ihre Lebensdaten verzeichnet sind. Dieser Raum ist mein Grabmal für Pegeen.

Im Jahre 1967 wurde mir erneut eine öffentliche Ehrung zuteil, und zwar wurde mir der Titel eines *Commandatore* der italienischen Republik verliehen. Es sollte wieder eine offizielle Zeremonie stattfinden, aber wegen Pegeens Tod lehnte ich die Feier ab. Ich erhielt ein Pergament und eine Medaille, die ich freilich nicht trage, sondern in einer kleinen Vitrine ausgestellt habe. So gerät man in die Rolle der alten Dame, die ihre Medaillen vorführt. Ich glaube, in ganz Italien gibt es außer mir nur noch zwei weitere Frauen, die mit dem Titel *Commandatore* geehrt worden sind.

1968 begleitete ich den Fotografen Roloff Beny auf eine Studienreise nach Indien. Er reiste dorthin als Gast des Staates, weil er ein Buch über das Land vorbereitete. Wir reisten kreuz und quer durch das riesige Land und legten fast zweitausend Kilometer zurück. Das Warten war mir freilich lästig, und ich wurde manchmal fast wahnsinnig vor Ungeduld, wenn Roloff ein Foto nach dem anderen machte und alles aufnehmen mußte, was ihm vor die Linse kam. Roloff ist ein hervorragender Fotograf. Seine Fotos sind immer Kunstwerke, und jedes einzelne sieht aus wie ein Gemälde. Bei unserer Rundreise besuchten wir die wunderbarsten Orte ganz abseits der üblichen Touristenrouten, und ich hatte den Eindruck, daß außer uns Fremde dort normalerweise nicht hinkamen. Das Reisen war diesmal ganz anders als bei einem vorhergegangenen Besuch in Indien.

Mit der Zeit fing die Arbeit in der Galerie an, mir beschwerlich zu fallen, und 1973 bat ich einen langjährigen Bekannten, zu mir zu ziehen und mir bei der Verwaltung des Museums zu helfen. John Hohnsbeen wohnt seither jeden Sommer in meinem Palazzo. Er verkauft die Kataloge – denn der Museumseintritt ist zwar gratis, aber die Kataloge müssen bezahlt werden –, er macht Besorgungen für mich und erledigt meine Korrespondenz.

Im Winter 1972 wurden fünfzehn sehr wertvolle kleine Gemälde aus der Sammlung gestohlen. Die Diebe drangen durch das Fenster des Pollock-Raumes ein, trugen die Beute zum Frontausgang hinaus und deponierten die geraubten Bilder vorerst in einem leerstehenden Haus auf dem Nachbargrundstück. Unser Polizeipräfekt ist ein reger Mensch, der sogar vor Beziehungen zu Ganovenkreisen nicht zurückschreckt, wenn er dadurch seine Ermittlungen zum Erfolg führen kann. Innerhalb von vierzehn Tagen gelang es ihm, die Bilder wiederzufinden; sie waren zusammengerollt irgendwo im Schlamm in der Nähe von Mestre vergraben.

Zehn Monate später geschah erneut ein Einbruchdiebstahl in meinem Haus. Zwar hatte mir die Guggenheim-Stiftung in New York längst versprochen, eine Alarmanlage einbauen zu lassen; aber sie ließen sich so viel Zeit, daß ich ihnen schrieb, sie sollten sich beeilen, sonst wäre es zu spät. Leider hatte ich mit meinen Befürchtungen recht. Diesmal durchbrachen die Diebe das dicke eiserne Gitter an meinem Wohnzimmerfenster nach dem Canal Grande zu und stahlen sechzehn kleinere Bilder. Die Nacht war ungewöhnlich neblig, und man konnte seine Hand nicht vor den Augen sehen. Ich war zwar im Haus, und die Hunde bellten wie verrückt, aber ich dachte, sie hätten Witterung von einer Katze bekommen. Die Polizei tappte monatelang im dunkeln, und ich fing an, mir ernstlich Sorgen wegen des Verlustes zu machen. Dann spielte ich meinen letzten Trumpf aus: Ich ließ das Gerücht verbreiten, ich wolle einen als besonders scharf bekannten Versicherungsdetektiv aus Mailand kommen lassen. Am Tag darauf wurden die Bilder zurückgebracht! Inzwischen habe ich eine Alarmanlage, wie sie bei einer so wertvollen Sammlung unentbehrlich ist. Leider wird sie nur zu häufig ohne Grund ausgelöst.

In einem langen Korridor im Untergeschoß meines Palazzo hängen viele Zeichnungen und Gouachen. Einmal hielt ein Besucher einem anderen seine Tasche hin und sagte: »Halten Sie das bitte mal auf!« Dann nahm er eine Tanguy-Gouache von der Wand, steckte sie in den aufgehaltenen Beutel und ging seelenruhig damit fort. Glücklicherweise hatte ein anderer Besucher den Vorfall beobachtet und alarmierte John Hohnsbeen. Der eilte dem Dieb sofort nach, und es war gar nicht schwer, den Tanguy wiederzubekommen. Der seltsame Mensch machte nämlich keinerlei Anstalten, sich zu widersetzen oder fortzulaufen. Brav begleitete er Hohnsbeen zurück ins Haus und wartete, bis die Polizei endlich kam und ihn in Gewahrsam nahm. Wahrscheinlich stand der Mann unter Drogeneinwirkung.

1975 erhielt ich die Einladung vom Louvre, meine Sammlung in der Orangerie zu zeigen. Dies war eine hohe Auszeichnung und zugleich meine Rache dafür, daß die Verwaltung des Louvre 1940 abgelehnt hatte, meine Bilder vor den Nazis zu retten. Dieser Umstand wurde in der Presse besonders herausgestrichen, und die späte Wiedergutmachung erfüllte mich mit Genugtuung. Es gab eine gewisse Unstimmigkeit, als Jean Leymarie beim Arrangieren der Ausstellung meine zwei Brancusi-Vögel so vor die Fenster stellte, daß man sie im Gegenlicht nicht gut sehen konnte. Ich bat, man möchte sie anders plazieren, aber ich wurde äußerst unhöflich abgewiesen. Leymarie behauptete, er hätte die Vögel zu den Bäumen draußen in Beziehung setzen müssen. Auch alle anderen Beteiligten waren wenig entgegenkommend und behandelten mich, als ob ich kein

Recht hätte, einen so bescheidenen Wunsch zu äußern. Jeder meinte, er wisse es besser als ich; aber ich ließ nicht locker und habe mich schließlich doch durchsetzen können. Ähnlich wie in der Tate Gallery wurde auch diese Ausstellung zu einer Massenwallfahrt und mußte über den ursprünglichen Termin hinaus verlängert werden. Es kamen einhundertzwanzigtausend Besucher!

Dr. Ezio Gribaudo, der Herausgeber meines Sammlungskatalogs und verantwortlicher Mitarbeiter am modernen Museum Turin, schrieb mir 1976 und bat mich, meine Sammlung in Turin zeigen zu dürfen. Bereits 1949 war von Turin eine Einladung an mich ergangen. Damals war die Ausstellung in letzter Minute abgesagt worden, weil die Exponate für jene Zeit noch schockierend modern wirkten. Und so durfte ich auch diese späte Anerkennung noch erleben. Diesmal waren zwei moderne Architekten damit beauftragt worden, die Ausstellung zu gestalten. Ihre Vorstellung von Modernität bestand allerdings vor allem darin, daß sie alle Skulpturen ohne jede erkennbare Ordnung auf Tische stellten, die durchweg mit türkisfarbenem Linoleum bedeckt waren. Sie machten keinen Unterschied zwischen großen und kleinen Plastiken und wollten sogar die beiden großen Giacometti-Figuren auf diese Tische stellen. Es gelang mir, sie wenigstens davon abzubringen. Immerhin waren die beiden Herren – anders als ihre Kollegen in der Orangerie – sehr nett und höflich und ließen ich auch etwas sagen.

Der kommunistische Bürgermeister begrüßte mich äußerst freundlich, und beim Empfang gab es Kaviar und geräucherten Lachs; ich erhielt Orchideen und einen Bildband über die Kunstschätze des Piemont. Während meines Besuches in Turin wurde ich ständig von Giorgio Balmas, dem städtischen Kulturbeauftragten, begleitet, der ebenfalls zur Kommunistischen Partei gehört. Bei allen Fahrten wurden wir von einem Polizeifahrzeug mit zwei Beamten eskortiert. Dr. Balmas erläuterte mir, daß meine Ausstellung eigentlich aus dem Programm herausfalle, für das sich der

Magistrat entschieden hätte; die Chance, die Sammlung zu zeigen, sei aber so einmalig, daß man eine Ausnahme gemacht habe. Es kamen achtzigtausend Besucher, und auch in Turin wurde die Ausstellungsdauer um zwei Wochen verlängert.

1967 hatte mich Frau Agnelli gebeten, ihr zu einer Surrealismus-Ausstellung, die sie im Museum für moderne Kunst in Turin veranstaltete, Leihgaben zu schicken. Damals schrieb sie mir, daß meine Bilder die Höhepunkte unter den ausgestellten Bildern gewesen wären. 1976 war es also das zweite Mal, daß Werke aus meiner Sammlung dort gezeigt wurden. Am Eingang zur Ausstellung hingen zwei riesig vergrößerte Fotografien: die eine zeigte den Reiter von Marini, der zu schwer für den Transport gewesen war, die andere war Man Rays Porträt von mir aus den zwanziger Jahren, das mich in einem Poiret-Kostüm und mit einem Kopfschmuck von Vera Strawinsky zeigt. In einer Vitrine waren Fotos und Dokumente über mein Leben als Kunstsammlerin ausgelegt.

Wie bei meinem Besuch zur Eröffnung der Schau war ich auch zum Ende der Ausstellung vom Magistrat der Stadt als Gast eingeladen; aber ich lehnte ab, weil ich den Anblick des blaugrünen Linoleums nicht mehr ertragen konnte, und blieb in Venedig. Ich hatte keine Ahnung, daß um diese Zeit mein Blutdruck auf dreihundert gestiegen war. So kam es, daß mir eines Tages schwindelig wurde. Ich fiel in Ohnmacht und brach mir acht Rippen. Siebzehn Tage mußte ich im Ospedale Civile verbringen. Die Schwestern waren außerordentlich lieb und freundlich. Da aber nur zwei Schwestern für vierzig Patienten sorgen mußten, war kaum daran zu denken, daß man einmal gebadet wurde. Zu meinem Entsetzen wurde mir die Bettpfanne von männlichen Hilfspflegern gebracht. Irgendwie habe ich auch dies überstanden, zumal ich eine überwältigende Anteilnahme von all meinen Freunden und Bekannten erlebte, die mich mit Blumen, Früchten, Wein und Süßigkeiten in unvorstellbaren Mengen eindeckten und mich über mein Schicksal hinwegzutrösten versuchten.

In Venedig hielt ich mir lange Zeit einen hübschen Fiat mit

einer schicken Ghia-Karosserie, dazu ein Motorboot, das der berühmte Oscar auf Bestellung gefertigt hatte, sowie natürlich eine Gondel. Als letzte mir verbleibende Freude behielt ich dann nur noch die Gondel. Auch sie war ein handgearbeitetes Einzelstück, das mit geschnitzten Löwenköpfen geschmückt war; den Bug ziert ein goldener Löwe. Zuerst benutzte ich die Gondel wie ein Auto, fuhr darin zu Partys, erledigte damit meine Besorgungen usw. Tag und Nacht stand sie mir auf Abruf zur Verfügung. Später benutzte ich sie nur noch vier Stunden täglich, und jetzt beschränke ich mich sogar auf nur zwei Stunden, die ausreichen müssen, seitdem die Gondolieristunden unerschwinglich teuer geworden sind. Mein Motorboot gab ich auf, als mein lieber Chauffeur nach zwölf Jahren plötzlich den Dienst bei mir quittierte, weil er eine Taxilizenz erhalten hatte. Dies ist der heißersehnte Wunschtraum eines jeden Fahrers in Venedig, und Guido hatte ungewöhnliches Glück, daß er die Lizenz bekam. Seitdem habe ich ihn nur ein einziges Mal wiedergesehen, und er war offensichtlich völlig zufrieden mit seinem Schicksal. Jetzt besitze ich die letzte private Gondel in Venedig, nachdem auch die wenigen anderen Halter von Privatgondeln auf Motorboote umgestiegen sind. Jeden Nachmittag während der wärmeren Jahreszeit, wenn die Sonne untergeht, lasse ich mich zwei Stunden mit der Gondel fahren, und nichts kann mich von dieser eisernen Gewohnheit abbringen. Gelegentlich nehme ich Freunde oder Bekannte mit, und nur, wenn sie sich beeilen, dürfen sie zu einer Kirchenbesichtigung aussteigen; denn ich mag die kostbare Fahrzeit so wenig wie möglich unterbrechen.

1978 teilte mir Jacqueline Bograd mit, der amerikanische Verlag Holt, Rinehart & Winston hätte sie beauftragt, meine Biographie zu schreiben. Sie kam nach Venedig und war eine reizende junge Dame, mit der ich mich gut verstand. Ich war glücklich, daß durch sie all die schrecklichen Behauptungen richtiggestellt werden können, die John Davis in seinem Buch über die Guggenheims über mich in Umlauf gesetzt hat.

Nach einem kleinen Buch mit Anekdoten aus meinem Leben und einer Einleitung zu einem Fotoband über Venedig hatte ich sechzehn Jahre nicht mehr zur Feder gegriffen. Dann erhielt ich eines Tages das Angebot des amerikanischen Verlegers Louis Barron, zwei frühere autobiographische Versuche zusammenzufassen und meine vollständige Lebensgeschichte zu schreiben. Ich konnte mich nicht sofort dazu entschließen, nahm aber dann doch einen neuen Anlauf. Zwischendurch versuchte nämlich der französische Konsul Henri Tronc, aus meinen geplanten Memoiren einen Bestseller zu machen. Er stellte sich vor, ich sollte bloß auf Tonband sprechen oder lesen, aber es gelang mir nicht, auf diese Weise etwas Brauchbares zu produzieren, und so wurde nie etwas aus der Sache. Dafür nahm ich mir vor, ein Buch ganz nach meinen eigenen Vorstellungen zu machen, so daß die vergeblichen franko-amerikanischen Bemühungen immerhin zu dem hier vorliegenden Ergebnis führten.

Am Schluß dieser Erinnerungen soll noch des 26. August 1978 gedacht werden. An diesem Tag feierte ich meinen achtzigsten Geburtstag. Der Direktor des Gritti-Hotels gab mir zu Ehren ein Festessen und lud zweiundzwanzig Gäste dazu ein, die ich mir als Tischgenossen auswählen durfte. Mein Sohn Sindbad hielt eine Stegreifrede. Danach sprachen der britische Generalkonsul, der Filmregisseur Joseph Losey und Dr. Guido Perocco, der Direktor des Museums für moderne Kunst in Venedig. Zur Gratulation hatte man für mich ein Transparent aufgehängt mit den ehrenvollen Worten: »Der letzten Dogaressa«, und auf der Tafel stand ein wunderhübsches Modell meines Palazzo aus Zuckerwerk, das von innen beleuchtet war. Als ich zum Empfang fuhr und aus meiner Gondel stieg, waren die amerikanische und italienische Flagge ausgerollt, und ich wurde von einem Heer von Fotografen begrüßt. Der Abend ging damit zu Ende, daß wir alle zusammen einen Bericht über mich im italienischen Fernsehen anschauten.

Manche Leute werfen mir vor, ich wäre verantwortlich für

alles, was heute gemalt wird, weil ich diese Künstler gefördert und ermuntert hätte. Aber diesen Vorwurf muß ich entschieden zurückweisen. Ich kann nicht das geringste dafür. In den frühen vierziger Jahren herrschte ein echter reiner Pioniergeist in Amerika, und es wäre gar nicht möglich gewesen, der neuen Kunstrichtung, die sich ihren Weg bahnte, Einhalt gebieten zu wollen. Der abstrakte Expressionismus entwickelte sich mit innerer Notwendigkeit, und ich habe ihn nach Kräften gefördert, was ich auch nicht zu bereuen habe. Die neue Bewegung brachte einen Maler wie Pollock hervor, oder vielmehr, Pollock brachte die neue Bewegung zur Blüte, und schon dies allein gibt uns im nachhinein recht. Was aber die übrigen Maler betrifft, so weiß ich nicht, was in sie gefahren ist. Es gibt auch Leute, die meinen, ich hätte inzwischen festgefahrene Ansichten und könne mich nicht mehr auf das Neue einstellen. Vielleicht haben sie recht, wer weiß?

Jedenfalls hat es in diesem Jahrhundert manche großartige künstlerische Stilentwicklung gegeben, und die bedeutendste, die alle anderen überragt, ist zweifellos der Kubismus. Durch diese Bewegung wurde der Begriff von Kunst von Grund auf umgestaltet und erneuert. Man begreift, daß dies als Folge der industriellen Revolution geschehen mußte. Kunst spiegelt nun einmal ihre Zeit wider und muß sich deshalb mit den raschen und ungeheuren Veränderungen der Welt selbst verwandeln. Man darf wohl nicht erwarten, daß alle zehn Jahr neue Genies erwachen, und das zwanzigste Jahrhundert hat gewiß sein Soll an Genies erfüllt. Dann und wann muß ein Feld auch brachliegen. Daraus erklärt sich für mich, weshalb wir heute so viel Malerei haben, die man eigentlich nicht mehr als Malerei bezeichnen kann. Ich meine, wir sollten mit den Genies zufrieden sein, die uns das zwanzigste Jahrhundert beschert hat: Picasso, Matisse, Mondrian, Kandinsky, Klee, Léger, Braque, Gris, Ernst, Miró, Brancusi, Arp, Giacometti, Lipchitz, Calder, Pevsner, Moore und Pollock. Jetzt ist die Zeit des Sammelns und Bewahrens angebrochen, nicht die des Schaffens, und es wird Zeit, den Menschen die großen Schätze zu vermitteln, die wir zu hüten haben.

Biographisches Namensverzeichnis

Dieses Verzeichnis erhebt keinen Anspruch auf Vollständigkeit. Persönlichkeiten, deren Bedeutung als allgemein bekannt betrachtet werden kann, sind nur mit ihren Lebensdaten aufgeführt:

Aragon, Louis (*1897), franz. Schriftsteller. Begann als Dadaist und Surrealist, wurde 1930 Kommunist und verfaßte eine Reihe von Romanen, die den Niedergang des Bürgertums schildern.

Arp, Hans (1887–1966), deutsch-franz. Bildhauer, Maler und Dichter. 1916 Mitgründer des »Cabaret Voltaire«, der Zürcher Keimzelle des Dadaismus. Schloß sich 1925 in Paris den Surrealisten an.

Bacon, Francis (*1909), engl. Maler. Autodidakt. Verbindet die Technik des Abstrakten Expressionismus mit einer abbildhaften Malerei, z. T. nach Fotos.

Barnes, Djuna (*1892), amerik. Schriftstellerin. Lebte fast ihr ganzes Leben in Europa. Ihr Hauptwerk ist der 1936 erschienene Roman *Nightwood* (dt. »Nachtgewächs«, 1959).

Barr jr., Alfred H. (*1902), Gründer und erster Direktor des Museum of Modern Art in New York.

Baziotes, William (1912–1963), amerik. Maler. Gründete zusammen mit Motherwell, Newman und Rothko 1948 in New York eine Malschule. Vertreter der amerikanischen Abstrakten und des »Action Painting«.

Beckett, Samuel (*1906), irischer, seit 1937 in Paris lebender Schriftsteller und Dramatiker, schreibt englisch und französisch. Erhielt 1969 den Nobelpreis für Literatur.

Berenson, Bernard (1865–1959), Kunsthistoriker und Verfasser kunsttheoretischer Schriften. Größter Kenner der italienischen Renaissancemalerei.

Brancusi, Constantin (1876–1957), rumän. Bildhauer. Lebte seit 1904 in Paris. Wegbereiter der abstrakten Plastik.

Braque, Georges (1882–1963)

Brauner, Victor (1903–1966), rumän. Maler. Lebte seit 1925 in Frankreich und gehörte von 1930 an zum Kreis der Surrealisten um André Breton.

Breton, André (1896–1966), franz. Schriftsteller. Ursprünglich Nervenarzt, seit 1919 Anhänger der Dada-Bewegung. 1924 wurde er aufgrund seines *Ersten surrealistischen Manifestes* Wortführer dieser Richtung.

Cage, John (*1912), amerik. Komponist. Schüler von Arnold Schönberg. Erzielt in seinen Kompositionen ganz neue Klangwirkungen.

Calder, Alexander (1898–1976), amerik. Bildhauer. Nach Drahtplastiken und scherzhaften Gebilden aus verschiedenen Materialien war er eine Zeitlang strenger Konstruktivist (»Stabiles«) und schuf später mit seinen beweglichen »Mobiles« eine neue Kunstgattung.

Chagall, Marc (*1887)

Chirico, Giorgio de (1888–1976), Hauptvertreter der modernen ital. Malerei. Schuf Bilder von traumhafter Unwirklichkeit und hatte maßgebend Anteil an der Entwicklung des

Surrealismus. Wandte sich im Alter von der modernen Kunst ab.

Cocteau, Jean (1889–1963)

Dali, Salvador (*1904)

Delaunay, Robert (1885–1941), franz. Maler. Gilt als einer der Pioniere der abstrakten Kunst. Entwickelte einen besonderen kubistischen, »Orphismus« genannten Stil. Heiratete 1910 die russ. Malerin und Kostümbildnerin Sonia Terk (1885–1979).

Delvaux, Paul (*1898), belgischer surrealistischer Maler. Von de Chirico und Max Ernst beeinflußt.

Doesburg, Theo van, eigentl. Christian E. M. Küpper (1883 bis 1931), holl. Maler. Gründete mit Mondrian 1917 die Zeitschrift *De Stijl,* die die Entwicklung der abstrakten Kunst wesentlich beeinflußte.

Duchamp, Marcel (1887–1968), franz.-amerik. Maler. Führender Meister des Dada, gab auch den Surrealisten wichtige Anregungen. Beschäftigte sich, nachdem er selber die Malerei aufgab, mit kunsttheoretischen Fragen.

Duncan, Isadora (1878–1927), amerik. Tänzerin und Tanzpädagogin.

Eluard, Paul (1895–1952), franz. Dichter. Führender Vertreter des Dadaismus, später des Surrealismus.

Ernst, Max (1891–1975)

Giacometti, Alberto (1901–1966), schweizer. Bildhauer. Arbeitete seit 1922 in Paris. Über den Kubismus und Surrealismus fand er zu der für ihn typischen Gestaltung stabförmiger Menschenskulpturen.

Gleizes, Albert (1881–1953), franz. Maler. Einer der ersten Anhänger des Kubismus und dessen führender Theoretiker. Befaßte sich später viel mit sakraler Wandmalerei.

Hofmann, Hans (1880–1966), deutsch-amerik. Maler. Ging nach Jahren in Paris und München 1930 in die USA und wirkte an zahlreichen Malschulen. Übte großen Einfluß auf die jüngeren amerik. Maler der informellen Kunst und des »Action Painting« aus. Machte bereits vor Pollock Versuche mit der gestischen Malerei des »Drip Painting«.

Joyce, James (1882–1941), irischer Dichter. Verließ Irland 1904 für immer und lebte zuerst in Triest, dann in Paris und später in Zürich.

Kandinsky, Wassily (1866–1944), russ. Maler. Gründete 1911 zusammen mit Franz Marc und August Macke den »Blauen Reiter«. Seit 1922 Lehrer am Bauhaus. Emigrierte 1933 nach Frankreich.

Klee, Paul (1879–1940)

Laurens, Henri (1885–1954), franz. Bildhauer. Empfing starke Impulse von Picasso, Braque, Léger und übertrug kubistische Bildprobleme ins Plastische. Löste sich später vom Kubismus und wandte sich wieder mehr dem menschlichen Formorganismus zu.

Le Corbusier, eig. Charles Edouard Jeanneret (1887–1965), franz.-schweiz. Maler und Architekt. Lebte seit 1917 in Paris und stand den Kubisten nahe; gründete 1920 zusammen mit Ozenfant die Zeitschrift *l'Esprit nouveau,* welche den »Purismus« vertrat, eine Richtung, die den Kubismus vor dekorativen Tendenzen bewahren wollte. Ab 1922 entwickelte er einen neuen Wohnbaustil und wurde zum einflußreichsten Vertreter moderner Baukunst.

Léger, Fernand (1881–1955), franz. Maler. Nach der Abkehr vom Impressionismus gelangte er mit dem Aufkommen des Kubismus um 1910 zu geometrischen Abstraktionen, deren Formgesetze denen der Mechanik gleichen sollten.

Lipchitz, Jacques (1891–1973), aus Litauen gebürtiger Bildhauer. Lebte seit 1909 in Paris, ab 1941 in den USA. Er arbeitete zunächst in kubistischen Formen und schuf später surrealistische Skulpturen.

Marini, Marino (*1901), ital. Bildhauer und Maler. Schuf Plastiken, vor allem Pferde mit Reiter, in Holz und Bronze in einem von archaischer, besonders etruskischer Kunst bestimmten Stil.

Masson, André (*1896), franz. Maler und Graphiker. War zunächst vom Surrealismus beeinflußt. Nach kubistischen und impressionistischen Phasen wandte er sich vom Gegenständlichen ab und wurde richtungweisend für die Entwicklung des Abstrakten Expressionismus.

Matta, Roberto, eig. Roberto Sebastian Matta Echaurren (*1911), chilen. Maler. Studierte ursprünglich in Paris Architektur bei Le Corbusier. Schloß sich den Surrealisten an und begann 1938 zu malen, stark von Marcel Duchamp beeinflußt. Matta seinerseits übte starken Einfluß aus auf die amerikanische Kunst des Abstrakten Expressionismus.

Miró, Joan (*1893)

Mondrian, Piet (1872–1944), niederl. Maler. Ging 1911 nach Paris, wo er, vom Kubismus beeinflußt, seinen unverwechselbaren Stil fand. Mitgründer (1917) der Stijl-Bewegung. Seit 1940 in New York.

Moore, Henry (*1894), engl. Bildhauer. Bringt das Körper-

Raum-Problem in seinen ausgehöhlten Figuren zum Ausdruck.

Motherwell, Robert (*1915), amerik. Maler. Autodidakt. Hauptvertreter des Abstrakten Expressionismus. Gründete 1947/48 zusammen mit Baziotes, Newman und Rothko die Schule »Subjects of the Artists«.

Nicholson, Ben (*1894), engl. Maler. Führender abstrakter Meister.

Ozenfant, Amédée (1886–1966), franz. Maler. Vor allem auch als Kunsttheoretiker und Lehrer bedeutend. Gab gemeinsam mit Le Corbusier das Manifest des »Purismus«, *Après le cubisme,* heraus.

Pevsner, Antoine (1886–1962), russ.-franz. Maler und Bildhauer. Begann in Rußland mit abstrakter Malerei, ging 1923 in Paris zur Plastik über. Mitbegründer der Gruppe »Abstraction-Création«. Wurde mit seinen »Konstruktionen im Raum« zum Vorläufer der heutigen Kinetik.

Picabia, Francis (1879–1953), franz. Maler span. Herkunft. Führer der franz. Dadaisten; stand seit 1926 in Paris dem Kreis der Surrealisten nahe.

Picasso, Pablo (1881–1973)

Pollock, Jackson (1912–1956), amerik. Maler. Hauptvertreter des Abstrakten Expressionismus. Kam durch H. Hofmann, Duchamp, Matta, Max Ernst mit dem Surrealismus in Berührung. Entwickelte seit 1947 seine Technik des Farbdripping und wurde zum Inaugurator des »Action Painting«.

Pound, Ezra (1885–1972), amerik. Dichter. Lebte seit 1909 in Europa, vorwiegend in Italien.

Ray, Man (1890–1976), amerik. Maler und Fotograf. Lebte von 1921–1940 in Paris und nahm 1925 dort an der ersten Surrealistenausstellung teil. Erkannte früh die Möglichkeiten der fotografischen Technik für die moderne Kunst.

Read, Sir Herbert (1893–1968), engl. Schriftsteller und Kunsthistoriker. Vertritt in seinen Schriften die Theorie von der sozialen Aufgabe der Kunst.

Richter, Hans (1888–1976), deutscher Maler und Filmavantgardist. Gehörte 1917 zum Kreis der Zürcher Dadaisten. Stand dem Surrealismus nahe und machte schon früh Experimente mit dem künstlerisch abstrakten Film. Kehrte im Alter zur Malerei zurück.

Rousseau, Henri, gen. *le Douanier,* »der Zöllner« (1844 bis 1910), franz. Maler. Beamter beim Pariser Stadtzoll. Übte mit seinen poetischen Märchen- und Traumbildern einen wesentlichen Einfluß auf die moderne Malerei aus.

Rothko, Mark (1903–1970), amerik. Maler russ. Herkunft. Einer der Hauptvertreter des Abstrakten Expressionismus. Versucht in seinen rechteckigen Farbzonen mittels der Farbe in die Raumtiefe einzudringen.

Still, Clyfford (*1904), amerik. Maler. Gilt neben Pollock als Pionier der Malerei in Riesenformaten. Gehört mit Newman, Rothko u.a. zu den großen »Farbgestikern« des Abstrakten Expressionismus.

Tanguy, Yves (1900–1955), franz. Maler. Ursprünglich Matrose, begann 1924 zu malen und gehörte zu den bedeutendsten Vertretern des Surrealismus. Seit 1939 lebte er in den USA.

Personenregister